Die übertragende Auflösung

Eine Untersuchung zum Recht der Aktiengesellschaft, der Gesellschaft mit beschränkter Haftung und der Kommanditgesellschaft

Schriften zum Gesellschafts-, Bilanz- und Unternehmensteuerrecht

Herausgegeben von Barbara Grunewald und Joachim Hennrichs

Band 39

Zur Qualitätssicherung und Peer Review der vorliegenden Publikation

Die Qualität der in dieser Reihe erscheinenden Arbeiten wird vor der Publikation durch den Herausgeber der Reihe geprüft.

Notes on the quality assurance and peer review of this publication

Prior to publication, the quality of the work published in this series is reviewed by the editor of the series.

Mauritz Rogier

Die übertragende Auflösung

Eine Untersuchung zum Recht der Aktiengesellschaft, der Gesellschaft mit beschränkter Haftung und der Kommanditgesellschaft

PETER LANG

Bibliografische Information der Deutschen Nationalbibliothek
Die Deutsche Nationalbibliothek verzeichnet diese Publikation in der Deutschen Nationalbibliografie; detaillierte bibliografische Daten sind im Internet über http://dnb.d-nb.de abrufbar.

Zugl.: Köln, Univ., Diss., 2021

Gedruckt auf alterungsbeständigem, säurefreiem Papier.
Druck und Bindung: CPI books GmbH, Leck

D 38
ISSN 1867-500X
ISBN 978-3-631-86418-0 (Print)
E-ISBN 978-3-631-87388-5 (E-PDF)
E-ISBN 978-3-631-87389-2 (EPUB)
DOI 10.3726/b19547

Peter Lang – Berlin · Bern · Bruxelles · New York · Oxford · Warszawa · Wien

Diese Publikation wurde begutachtet.

www.peterlang.com

Meinem Vater

Vorwort

Die vorliegende Arbeit wurde im Sommersemester 2021 von der Rechtswissenschaftlichen Fakultät der Universität zu Köln als Dissertation angenommen. Rechtsprechung und Literatur wurden bis Oktober 2021 berücksichtigt.

Mein besonderer Dank gilt zunächst meiner Doktormutter, Frau Prof. Dr. *Barbara Grunewald*, für die hervorragende Betreuung der Arbeit und ihre wertvollen Anregungen. Bei Frau Prof. Dr. Dr. h. c. *Barbara Dauner-Lieb* möchte ich mich für die rasche Erstellung des Zweitgutachtens bedanken. Ferner bedanke ich mich bei den Herausgebern der „Schriften zum Gesellschafts-, Bilanz- und Unternehmensteuerrecht", Frau Prof. Dr. *Barbara Grunewald* und Herrn Prof. Dr. *Joachim Hennrichs*, für die Aufnahme der Arbeit in diese Schriftenreihe.

Herzlich bedanken möchte ich mich auch bei meinen Eltern, *Ilona Rogier* und Dr. *Joachim Rogier*, die mir immer Rückhalt gegeben und mich bei der Verfolgung meiner Ziele stets gefördert und unterstützt haben. Mein persönlicher Dank gilt schließlich meiner lieben Frau, *Mara Rogier*, für ihre Unterstützung und ihr Verständnis während der Zeit meines Promotionsvorhabens.

Düsseldorf, im Oktober 2021
Mauritz Rogier

Inhaltsübersicht

Inhaltsverzeichnis

Abkürzungsverzeichnis

a. A.	anderer Ansicht
ABl.	Amtsblatt der Europäischen Gemeinschaften/ Europäischen Union
Abs.	Absatz (Absätze)
a. F.	alte Fassung
AG	Aktiengesellschaft; Die Aktiengesellschaft (Zeitschrift)
AktG	Aktiengesetz
allg. M.	allgemeine Meinung
Anh.	Anhang
Art.	Artikel
Aufl.	Auflage
BAnz.	Bundesanzeiger
BayObLG	Bayerisches Oberstes Landesgericht
BayObLGZ	Entscheidungen des Bayerischen Obersten Landesgerichts in Zivilsachen
BB	Der Betriebs-Berater
Bd.	Band
Begr.	Begründung
Beschl.	Beschluss
BGB	Bürgerliches Gesetzbuch
BGBl.	Bundesgesetzblatt
BGH	Bundesgerichtshof
BGHZ	Entscheidungen des Bundesgerichtshofs in Zivilsachen
BKR	Zeitschrift für Bank- und Kapitalmarktrecht
BT-Drs.	Bundestags-Drucksache
BVerfG	Bundesverfassungsgericht
BVerfGE	Entscheidungen des Bundesverfassungsgerichts
bzw.	beziehungsweise
DB	Der Betrieb
d. h.	das heißt
DiskE	Diskussionsentwurf
DM	Deutsche Mark
DNotZ	Deutsche Notarzeitung
DStR	Deutsches Steuerrecht (Zeitschrift)
DZWIR	Deutsche Zeitschrift für Wirtschafts- und Insolvenzrecht

E	Entwurf
EG	Europäische Gemeinschaften
Einl.	Einleitung
EWiR	Entscheidungen zum Wirtschaftsrecht
f., ff.	folgende
Fn.	Fußnote(n)
FS	Festschrift
GbR	Gesellschaft bürgerlichen Rechts
GG	Grundgesetz
GmbH	Gesellschaft mit beschränkter Haftung
GmbHG	Gesetz betreffend die Gesellschaften mit beschränkter Haftung
GmbHR	GmbH-Rundschau
Halbs.	Halbsatz
HGB	Handelsgesetzbuch
h. M.	herrschende Meinung
Hrsg.	Herausgeber
hrsg. v.	herausgegeben von
insbes.	insbesondere
InsO	Insolvenzordnung
i. V. m.	in Verbindung mit
JA	Juristische Arbeitsblätter
JR	Juristische Rundschau
JuS	Juristische Schulung
JZ	Juristenzeitung
Kap.	Kapitel
KG	Kommanditgesellschaft
KGaA	Kommanditgesellschaft auf Aktien
LG	Landgericht
Lief.	Lieferung
Ls.	Leitsatz
LwAnpG	Landwirtschaftsanpassungsgesetz
MittBayNot	Mitteilungen der Bayerischen Notarkammer
MittRhNotK	Mitteilungen der Rheinischen Notarkammer
m. w. N.	mit weiteren Nachweisen
NJW	Neue Juristische Wochenschrift
NJW-RR	NJW-Rechtsprechungs-Report Zivilrecht
Nr.	Nummer(n)
NZG	Neue Zeitschrift für Gesellschaftsrecht
OLG	Oberlandesgericht

RegE	Regierungsentwurf
RG	Reichsgericht
RGBl.	Reichsgesetzblatt
RGZ	Entscheidungen des Reichsgerichts in Zivilsachen
Rn.	Randnummer(n)
RNotZ	Rheinische Notar-Zeitschrift
S.	Seite(n)
sog.	sogenannt
SpruchG	Gesetz über das gesellschaftsrechtliche Spruchverfahren
SpTrUG	Gesetz über die Spaltung der von der Treuhandanstalt verwalteten Unternehmen
str.	streitig
Syst. Darst.	Systematische Darstellungen
u.	und
u. a.	unter anderem
UmwBerG	Gesetz zur Bereinigung des Umwandlungsrechts
UmwG	Umwandlungsgesetz
v.	von; vom
vgl.	vergleiche
Vorb.	Vorbemerkung(en)
WM	Wertpapier-Mitteilungen
WpÜG	Wertpapiererwerbs- und Übernahmegesetz
z.	zu, zum, zur
z. B.	zum Beispiel
ZGR	Zeitschrift für Unternehmens- und Gesellschaftsrecht
ZHR	Zeitschrift für das gesamte Handelsrecht und Wirtschaftsrecht
ZIP	Zeitschrift für Wirtschaftsrecht

1. Teil. Einleitung

A. Problemstellung

Ein zentrales Recht der Gesellschafter einer AG, einer GmbH und einer KG besteht darin, die Gesellschaft wieder aufzulösen und die einmal begründeten Rechte und Pflichten als Gesellschafter damit wieder zu beseitigen. Die Ausübung des Auflösungsrechts hat zur Folge, dass die Gesellschaft abgewickelt werden muss. Im Rahmen der Abwicklung muss das Vermögen der Gesellschaft "flüssig gemacht" werden. Sofern das ganze Gesellschaftsvermögen durch einen gesellschaftsfremden Dritten erworben wird, ergeben sich grundsätzlich keine Besonderheiten. Problematisch ist jedoch der Fall, dass das ganze Gesellschaftsvermögen im Zusammenhang mit der Auflösung der Gesellschaft an den Mehrheitsgesellschafter veräußert wird. Dieser Vorgang wird heute gewöhnlich als „übertragende Auflösung"[1] bezeichnet.[2]

Bei einer übertragenden Auflösung besteht die Gefahr, dass die Vermögensinteressen der Minderheitsgesellschafter beeinträchtigt werden. Während bei einer Veräußerung des ganzen Vermögens einer Gesellschaft im Zusammenhang mit ihrer Liquidation an einen gesellschaftsfremden Dritten die Interessen des Mehrheitsgesellschafters und der Minderheitsgesellschafter typischerweise gleichgerichtet sind, weil auch der Mehrheitsgesellschafter daran interessiert ist, dass der Dritte einen möglichst hohen Kaufpreis für das Gesellschaftsvermögen zahlt, befindet sich der Mehrheitsgesellschafter bei einer übertragenden Auflösung in einem Interessenkonflikt. Bei einer übertragenden Auflösung ist der Mehrheitsgesellschafter nämlich sowohl Käufer des ganzen Gesellschaftsvermögens als auch Gesellschafter der veräußernden Gesellschaft. Er steht damit wirtschaftlich gesehen auf beiden Seiten des Kaufvertrags. Wegen dieses Interessenkonflikts besteht für die Minderheitsgesellschafter die Gefahr, dass der Mehrheitsgesellschafter seinen gesellschaftsfremden Interessen den Vorzug gibt und versucht, zulasten der Gesellschaft einen unangemessenen Kaufpreis für den Erwerb des Vermögens der Gesellschaft durchzusetzen, und die Minderheitsgesellschafter deshalb einen Anteil am Liquidationserlös erhalten, der nicht dem wirklichen Wert ihrer Beteiligung entspricht.[3]

---

1 Der Begriff geht zurück auf *Lutter/Drygala*, in: FS Kropff, 1997, S. 191, 193.

2 Näher zum Begriff der übertragenden Auflösung 2. Teil. A.

3 Vgl. zum Vorstehenden auch *Henze*, ZIP 1995, 1473, 1478; *Lutter/Drygala*, in: FS Kropff, 1997, S. 191, 202 f.

Darüber hinaus wirkt sich die übertragende Auflösung, anders als die Veräußerung des ganzen Gesellschaftsvermögens an einen gesellschaftsfremden Dritten, auf die mittelbare Beteiligung des Mehrheitsgesellschafters und auf die mittelbare Beteiligung der Minderheitsgesellschafter an dem Unternehmen der Gesellschaft unterschiedlich aus. Zwar verlieren sowohl der Mehrheitsgesellschafter als auch die Minderheitsgesellschafter ihre Mitgliedschaft in der Gesellschaft, weil die Gesellschaft liquidiert wird. Anders als der Mehrheitsgesellschafter büßen die Minderheitsgesellschafter aber auch ihre mittelbare Beteiligung an dem Unternehmen der Gesellschaft ein. Die Minderheitsgesellschafter können damit nicht mehr an den künftigen Erträgen und dem künftigen Werterhöhungspotenzial des Unternehmens der Gesellschaft partizipieren.

Wegen der beschriebenen Unterschiede bei der Veräußerung des ganzen Vermögens einer Gesellschaft im Zusammenhang mit ihrer Liquidation zum einen an einen gesellschaftsfremden Dritten und zum anderen an ihren Mehrheitsgesellschafter handelt es sich bei der übertragenden Auflösung um einen „Sonderfall"[4], der einer besonderen Untersuchung und rechtlichen Behandlung bedarf. Dabei geht es im Kern um die Frage, wie die Interessen der Minderheitsgesellschafter bei einer übertragenden Auflösung geschützt werden können. Konkret geht es zunächst darum, ob eine übertragende Auflösung überhaupt zulässig ist und, sofern man das bejaht, welche Erfordernisse und Grenzen bei der übertragenden Auflösung zu beachten sind. So wird in der Literatur diskutiert, ob die Zulässigkeit der übertragenden Auflösung voraussetzt, dass der Mehrheitsgesellschafter in einem bestimmten Mindestumfang an der Gesellschaft beteiligt ist, wie etwa bei einem aktienrechtlichen Squeeze-out (vgl. § 327a Abs. 1 Satz 1 AktG).[5] Des Weiteren stellt sich die Frage, ob der Schutz der Vermögensinteressen der Minderheitsgesellschafter, der nach den bei einer übertragenden Auflösung einschlägigen gesetzlichen Regelungen besteht, ausreichend ist oder im Wege der Rechtsfortbildung angepasst und ergänzt werden muss. Dabei wird etwa erwogen, den Minderheitsgesellschaftern durch eine entsprechende Anwendung der Regelungen des Spruchverfahrens die Möglichkeit zu geben, gerichtlich überprüfen zu lassen, ob der mit dem Mehrheitsgesellschafter vereinbarte Kaufpreis angemessen ist.[6]

Bei der Beantwortung der vorstehend aufgeworfenen Fragen sind jedoch auch die berechtigten Interessen des Mehrheitsgesellschafters zu berücksichtigen.

---

4 *Lutter/Leinekugel*, ZIP 1999, 261, 264; vgl. auch *Wiedemann*, ZGR 1999, 857, 863 ff.

5 Dazu 4. Teil. B.

6 Dazu 5. Teil. B. I.

Der Mehrheitsgesellschafter kann unterschiedliche Gründe dafür haben, eine übertragende Auflösung anzustreben und durchzuführen. Beispielsweise kann er hiermit eine unternehmerisch gebotene Umstrukturierung innerhalb eines Konzerns anstreben, bei der die Trennung von den Minderheitsgesellschaftern lediglich mittelbare Folge dieser unternehmerischen Entscheidung und nicht deren eigentliches Ziel ist.

Für den Mehrheitsgesellschafter eröffnet die übertragende Auflösung aber auch die Möglichkeit, sich von den Minderheitsgesellschaftern zu trennen und das Unternehmen der Gesellschaft allein fortzuführen. Auch hieran kann der Mehrheitsgesellschafter ein berechtigtes unternehmerisches Interesse haben. Denn die Beteiligung von Minderheitsgesellschaftern kann für den Mehrheitsgesellschafter mit erheblichen Nachteilen verbunden sein.[7]

Vor allem können die Minderheitsgesellschafter von der Gesellschafterversammlung[8] beschlossene Maßnahmen, die der Mehrheitsgesellschafter für erforderlich oder zweckmäßig hält, zwar nicht verhindern, aber deren Umsetzung erheblich verzögern, insbesondere indem sie gegen die zugrunde liegenden Gesellschafterbeschlüsse gerichtlich vorgehen. Das kann vor allem dann zu erheblichen Problemen führen, wenn an der Gesellschaft ein „räuberischer Aktionär" beteiligt ist oder ein „Dauerstreit" zwischen dem Mehrheitsgesellschafter und einem Minderheitsgesellschafter besteht, weil das Klagerecht in solchen Fällen häufig missbraucht wird. Aber auch dann, wenn der Mehrheitsgesellschafter und ein Minderheitsgesellschafter schlicht unterschiedliche Vorstellungen über die künftige Ausrichtung der Gesellschaft haben, kann es zu nicht begründeten Klagen und einer erheblichen Verzögerung der Durchsetzung von unternehmerischen Entscheidungen des Mehrheitsgesellschafters kommen.

Darüber hinaus ist die Beteiligung von Minderheitsgesellschaftern regelmäßig mit einem erheblichen Aufwand verbunden, der zum Beispiel durch die Vorbereitung und Durchführung von Gesellschafterversammlungen entsteht. Insbesondere bei einer Beschlussfassung über wichtige Maßnahmen ist es regelmäßig erforderlich, die Minderheitsgesellschafter vor der Beschlussfassung umfassend zu informieren, womit häufig ebenfalls ein großer Aufwand verbunden ist. Mit der Stellung eines Alleingesellschafters sind auch weitere Vorteile verbunden. Beispielsweise muss ein Alleingesellschafter bei Vorliegen eines

---

7 Vgl. zum Nachstehenden auch BVerfG, NJW 2001, 279, 280 – MotoMeter.

8 Im Rahmen der Untersuchung wird die Hauptversammlung der AG aus Gründen der Vereinfachung auch als Gesellschafterversammlung bezeichnet.

Gewinnabführungsvertrags mit der Gesellschaft keine Ausgleichszahlungen an außenstehende Gesellschafter (vgl. § 304 Abs. 1 Satz 1 AktG) leisten.

Vor dem beschriebenen Hintergrund kann es damit unternehmerisch und wirtschaftlich geboten sein, dass der Mehrheitsgesellschafter eine übertragende Auflösung durchführt, um das Unternehmen der Gesellschaft, gegebenenfalls deutlich erfolgreicher, allein fortzuführen.

Die oben aufgeworfenen unterschiedlichen Fragestellungen bei einer übertragenden Auflösung haben vor allem im aktienrechtlichen Schrifttum zu einer regen Diskussion geführt. Anlass hierfür waren unter anderem die Linotype-Entscheidung[9] des Bundesgerichtshofs und ein über mehrere Instanzen[10] geführter Rechtsstreit wegen der übertragenden Auflösung der MotoMeter AG, der auch zu einer Entscheidung des Bundesverfassungsgerichts[11] geführt hat.[12] Zur GmbH finden sich insbesondere im Zusammenhang mit einer Entscheidung[13] des Bundesgerichtshofs zur übertragenden Auflösung einer GmbH aus dem Jahr 1980 einige Stellungnahmen in der Literatur. Seitdem wurde die übertragende Auflösung der GmbH aber nur noch vereinzelt vertiefend behandelt. Die übertragende Auflösung der KG war bisher, soweit ersichtlich, nicht Gegenstand eingehender Erörterungen im Schrifttum.

B. Praktische Bedeutung

Die praktische Bedeutung der übertragenden Auflösung steht außer Frage.[14] Das zeigt bereits die Vielzahl der hierzu ergangenen Gerichtsentscheidungen und veröffentlichten Stellungnahmen in der Literatur. Weil viele Einzelfragen der übertragenden Auflösung aber nach wie vor umstritten und noch nicht höchstrichterlich entschieden sind, wird der Weg der übertragenden Auflösung in der Praxis häufig nicht beschritten, selbst dann nicht, wenn die übertragende

9 BGHZ 103, 184 – Linotype; diese Entscheidung wurde auch deshalb viel beachtet, weil der BGH in dieser Entscheidung erstmals anerkannt hat, dass eine Treuepflicht auch zwischen den Aktionären einer AG besteht.

10 LG Stuttgart, DB 1993, 472; OLG Stuttgart, ZIP 1995, 1515 – MotoMeter I; BGH, Beschl. v. 5. 12. 1994 – II ZR 8/94 (Nichtannahme der Revision – nicht veröffentlicht); LG Stuttgart, DB 1993, 473; OLG Stuttgart, ZIP 1997, 362 – MotoMeter II.

11 BVerfG, NJW 2001, 279 – MotoMeter.

12 Vgl. auch BayObLGZ 1998, 211, 213 – Magna Media.

13 BGHZ 76, 352.

14 Vgl. nur *Bayer/Lieder/Hoffmann*, AG 2017, 717, 724: „(…) das klassische Instrumentarium der übertragenden Auflösung [ist] noch immer von praktischer Bedeutung (…)".

Auflösung im Einzelfall das einzig mögliche Verfahren ist, um das gewünschte Ziel zu erreichen, oder wenn die übertragende Auflösung deutliche Vorzüge gegenüber anderen in Betracht kommenden Strukturmaßnahmen bietet.

Bei der AG hat die praktische Bedeutung der übertragenden Auflösung in den letzten Jahren zudem abgenommen. Denn der Gesetzgeber hat mit der Einführung der Squeeze-out-Regelungen (§§ 327a ff. AktG, § 62 Abs. 5 UmwG, §§ 39a ff. WpÜG) gesetzliche Verfahren geschaffen, mit denen der Mehrheitsaktionär ebenfalls das Ziel erreichen kann, sich von den Minderheitsaktionären zu trennen und das Unternehmen der Gesellschaft allein fortzuführen. Allerdings setzen diese Verfahren nach den gesetzlichen Regelungen voraus, dass der Mehrheitsaktionär mindestens 90 bzw. 95 Prozent des Grundkapitals der Gesellschaft hält. Ein solches Beteiligungserfordernis besteht nach den gesetzlichen Regelungen für die übertragende Auflösung der AG nicht.[15]

Für die GmbH und die KG sieht das Gesetz die Möglichkeit eines Squeeze-out nicht vor. Damit ist die übertragende Auflösung bei der GmbH und der KG nach den gesetzlichen Regelungen das einzige Verfahren, mit dem der Mehrheitsgesellschafter ohne Zustimmung der Minderheitsgesellschafter und ohne Vorliegen eines wichtigen Grunds[16] das Ziel erreichen kann, das Unternehmen der Gesellschaft allein fortzuführen.[17] Bei der KG hat eine übertragende Auflösung darüber hinaus den Vorteil, dass der Ablauf eines Sperrjahrs nicht abgewartet werden muss, bevor der Liquidationserlös an die Gesellschafter verteilt und die Gesellschaft beendet werden kann, wie dies bei der AG und der GmbH erforderlich ist (vgl. § 272 Abs. 1 AktG, § 73 Abs. 1 GmbHG).[18]

C. Ziel der Untersuchung

Die übertragende Auflösung berührt, wie bereits ausgeführt,[19] sowohl die Interessen der Minderheitsgesellschafter als auch die Interessen des Mehrheitsgesellschafters. Einerseits werden die Vermögensinteressen der Minderheitsgesellschafter bei einer übertragenden Auflösung in einem besonderen

---

15 Zu der Frage, ob ein solches Beteiligungserfordernis bei der übertragenden Auflösung der AG dennoch zu beachten ist, 4. Teil. B. I.

16 Zu der Frage, ob ein wichtiger Grund bei der übertragenden Auflösung trotzdem vorliegen muss, 4. Teil. D.

17 Bei der KG gilt das aber nur, wenn der Gesellschaftsvertrag eine übertragende Auflösung auf Grundlage einer Mehrheitsentscheidung zulässt, dazu 4. Teil. B. III.

18 Näher zum Sperrjahr bei der AG und der GmbH 2. Teil. B. II.

19 Dazu 1. Teil. A.

Maße gefährdet. Die Minderheitsgesellschafter bedürfen deshalb eines angemessenen Schutzes. Andererseits hat der Mehrheitsgesellschafter ein berechtigtes Interesse an einer übertragenden Auflösung. In der vorliegenden Untersuchung sollen deshalb die Voraussetzungen herausgearbeitet werden, unter denen es unter Abwägung der Interessen der Minderheitsgesellschafter auf der einen und der Interessen des Mehrheitsgesellschafters auf der anderen Seite gerechtfertigt ist, eine übertragende Auflösung durchzuführen.

Ein besonderes Augenmerk soll hierbei auf die GmbH und die KG gelegt werden, für die die übertragende Auflösung bisher kaum vertiefend behandelt wurde. Durch die gemeinsame Untersuchung der übertragenden Auflösung der AG, der GmbH und der KG soll versucht werden, Erkenntnisse, die bei der einen oder der anderen Gesellschaftsform gewonnen werden, für die anderen Gesellschaftsformen fruchtbar zu machen.

D. Gang der Darstellung

Der nachfolgende zweite Teil der Untersuchung beschäftigt sich mit dem Begriff und den gesetzlichen Grundlagen der übertragenden Auflösung. Im dritten Teil wird untersucht, ob die übertragende Auflösung grundsätzlich zulässig ist. Der vierte Teil beschäftigt sich sodann mit den Erfordernissen und den Grenzen der Zulässigkeit der übertragenden Auflösung. Im fünften Teil wird die Frage behandelt, wie der Schutz der Vermögensinteressen der Minderheitsgesellschafter bei der übertragenden Auflösung sichergestellt werden kann. Schließlich werden die gewonnenen Ergebnisse im sechsten Teil der Arbeit in Thesen zusammengefasst.

Die rechtlichen Fragestellungen der übertragenden Auflösung werden im Rahmen der Untersuchung für die AG, die GmbH und die KG gemeinsam behandelt, soweit keine wesentlichen rechtsformspezifischen Besonderheiten bestehen, die eine getrennte Behandlung erforderlich machen.

2. Teil. Begriff und Grundlagen der übertragenden Auflösung

In diesem Teil wird zunächst der Begriff der übertragenden Auflösung näher erläutert (dazu unter A.). Im Anschluss daran werden die gesetzlichen Grundlagen der übertragenden Auflösung dargestellt, die sich aus zwei Elementen zusammensetzt, zum einen aus der Auflösung der Gesellschaft und zum anderen aus der Veräußerung des ganzen Vermögens der Gesellschaft. Die Auflösung der Gesellschaft ist für die AG, die GmbH und die KG ausdrücklich gesetzlich geregelt. Die gesetzlichen Voraussetzungen der Auflösung durch Beschluss der Gesellschafterversammlung und ihre Auswirkungen werden nachfolgend kurz dargestellt (dazu unter B.). Im Aktienrecht findet sich mit § 179a AktG zudem eine Vorschrift, die die Veräußerung des ganzen Vermögens der AG ausdrücklich regelt. Auf diese Vorschrift wird im Folgenden ebenfalls eingegangen (dazu unter C.).

A. Begriff der übertragenden Auflösung

Der Begriff „übertragende Auflösung" geht auf einen grundlegenden Beitrag von *Lutter/Drygala*[20] zu dem Thema zurück und ist heute insbesondere für die AG weit verbreitet.[21] Von einer übertragenden Auflösung wird gesprochen, wenn eine Gesellschaft liquidiert und ihr ganzes Vermögen in diesem Zusammenhang an ihren Mehrheitsgesellschafter veräußert wird.[22]

---

20 *Lutter/Drygala*, in: FS Kropff, 1997, S. 191 ff.

21 Vgl. nur BVerfG, NJW 2001, 279, 279 – MotoMeter; BayObLGZ 1998, 211, 213 – Magna Media; *Austmann*, in: Münch. HdB. GesR IV, 5. Aufl. 2020, § 75 Rn. 11; *Grunewald*, in: Münch. Komm. AktG, 5. Aufl. 2020, Vorb. z. § 327a Rn. 12 f.; *Henze*, in: FS Peltzer, 2001, S. 181, 182; *Hoffmann-Becking*, in: Münch. HdB. GesR IV, 5. Aufl. 2020, § 66 Rn. 5; *Holzborn*, in: Spindler/Stilz, AktG, 4. Aufl. 2019, § 179a Rn. 34; *Roth*, NZG 2003, 998, 998; *Seibt*, in: K. Schmidt/Lutter, AktG, 4. Aufl. 2020, § 179a Rn. 24; *Stein*, in: Münch. Komm. AktG, 5. Aufl. 2021, § 179a Rn. 71; zur GmbH auch *Berner*, in: Münch. Komm. GmbHG, 3. Aufl. 2018, § 60 Rn. 97; *Casper*, in: Ulmer/Habersack/Löbbe, GmbHG, 2. Aufl. 2016, § 60 Rn. 42.

22 Vgl. etwa BVerfG, NJW 2001, 279, 279 – MotoMeter; BayObLGZ 1998, 211, 211 ff. – Magna Media; *Grunewald*, ZIP 2002, 18, 20; *Hoffmann-Becking*, in: Münch. HdB. GesR IV, 5. Aufl. 2020, § 66 Rn. 5; *Holzborn*, in: Spindler/Stilz, AktG, 4. Aufl. 2019, § 179a Rn. 34; *Lieder*, in: Münch. HdB. GesR VIII, 5. Aufl. 2018, § 3 Rn. 24; *Lutter/*

Im Einzelnen besteht die übertragende Auflösung aus den folgenden Schritten:[23]

Der Mehrheitsgesellschafter entschließt sich, das ganze Vermögen der Gesellschaft, also typischerweise das Unternehmen der Gesellschaft, zu übernehmen. Daraufhin beschließt die Gesellschafterversammlung mit den Stimmen des Mehrheitsgesellschafters und gegebenenfalls gegen die Stimmen der Minderheitsgesellschafter, die Gesellschaft aufzulösen. Der Kaufvertrag zwischen der Gesellschaft und dem Mehrheitsgesellschafter über das ganze Gesellschaftsvermögen wird vor der Beschlussfassung über die Auflösung oder danach geschlossen. In der gleichen Gesellschafterversammlung wie der Auflösungsbeschluss oder in einer späteren Versammlung wird der Beschluss über die Veräußerung des ganzen Gesellschaftsvermögens gefasst. Die Auflösung und der Verkauf stehen in einem zeitlichen und sachlichen Zusammenhang.

Nach der Auflösung der Gesellschaft wird die Gesellschaft abgewickelt.[24] Im Rahmen der Abwicklung überträgt die Gesellschaft das verkaufte Gesellschaftsvermögen im Wege der Einzelrechtsnachfolge auf den Mehrheitsgesellschafter und der Abwicklungserlös wird an die Gesellschafter verteilt. Der Abwicklungserlös besteht in der Regel im Wesentlichen aus dem Kaufpreis, den der Mehrheitsgesellschafter für das Gesellschaftsvermögen gezahlt hat. Anschließend wird die Gesellschaft beendet und geht damit unter. Mit dem Untergang der Gesellschaft verlieren die Gesellschafter ihre Mitgliedschaft in der Gesellschaft.

Eine übertragende Auflösung liegt auch dann vor, wenn das ganze Vermögen der Gesellschaft an eine Tochtergesellschaft des Mehrheitsgesellschafters veräußert wird.[25] Dagegen wird der Begriff der übertragenden Auflösung bei einer Veräußerung des ganzen Gesellschaftsvermögens an einen gesellschaftsfremden Dritten üblicherweise nicht verwendet.[26]

Neben der Bezeichnung übertragende Auflösung werden bisweilen auch andere Begriffe für den vorstehend beschriebenen Vorgang verwendet. In Anlehnung an einen über mehrere Instanzen geführten und viel beachteten

---

Drygala, in: FS Kropff, 1997, S. 191, 193; *Roth*, NZG 2003, 998, 998; *Stein*, in: Münch. Komm. AktG, 5. Aufl. 2021, § 179a Rn. 71; *Zetzsche*, in: Kölner Komm. AktG, 3. Aufl. 2020, § 179a Rn. 133.

23 Vgl. zum Folgenden auch *Holzborn*, in: Spindler/Stilz, AktG, 4. Aufl. 2019, § 179a Rn. 34; *Stein*, in: Münch. Komm. AktG, 5. Aufl. 2021, § 179a Rn. 71; *Zetzsche*, in: Kölner Komm. AktG, 3. Aufl. 2020, § 179a Rn. 133.

24 Näher zur Abwicklung der Gesellschaft 2. Teil. B. II.

25 Statt vieler *Seibt*, in: K. Schmidt/Lutter, AktG, 4. Aufl. 2020, § 179a Rn. 24.

26 So aber *Wilhelm/Dreier*, ZIP 2003, 1369, 1369.

Rechtsstreit[27] wegen der übertragenden Auflösung der MotoMeter AG, der später auch Anlass für die MotoMeter-Entscheidung[28] des Bundesverfassungsgerichts war, wird vereinzelt von der „MotoMeter-Methode“[29] gesprochen. Das Bundesverfassungsgericht verwendete in der MotoMeter-Entscheidung neben dem Begriff „übertragende Auflösung“ auch die Bezeichnung „auflösende Übertragung“[30]. Darüber hinaus wird mitunter der Begriff „auflösungsbedingte Übertragung“[31] verwendet.[32]

B. Grundlagen der Auflösung der Gesellschaft

Die Auflösung der AG, der GmbH und der KG ist gesetzlich detailliert geregelt und für die unterschiedlichen Rechtsformen grundsätzlich ähnlich ausgestaltet (vgl. §§ 262 ff. AktG, §§ 60 ff. GmbHG, §§ 161 Abs. 2, 131 ff. HGB). Nach der gesetzlichen Systematik ist die „Auflösung“ nicht gleichbedeutend mit dem Untergang der Gesellschaft als juristische Person.[33] Vielmehr vollzieht sich das Ausscheiden der Gesellschaft aus dem Rechtsleben grundsätzlich in den drei Schritten Auflösung, Abwicklung und Beendigung.[34]

I. Auflösung der Gesellschaft

1. *Voraussetzungen des Auflösungsbeschlusses*

Der erste Schritt bei einer übertragenden Auflösung, die Auflösung der Gesellschaft durch Beschluss der Gesellschafterversammlung, ist für die AG, die

---

27 LG Stuttgart, DB 1993, 472; OLG Stuttgart, ZIP 1995, 1515 – MotoMeter I; BGH, Beschl. v. 5. 12. 1994 – II ZR 8/94 (Nichtannahme der Revision – nicht veröffentlicht); LG Stuttgart, DB 1993, 473; OLG Stuttgart, ZIP 1997, 362 – MotoMeter II.

28 BVerfG, NJW 2001, 279 – MotoMeter.

29 So etwa *Zetzsche*, in: Kölner Komm. AktG, 3. Aufl. 2020, § 179a Rn. 133.

30 BVerfG, NJW 2001, 279, 280 – MotoMeter.

31 *Wiedemann*, ZGR 1999, 857, 860; so auch *Henze*, in: FS Wiedemann, 2002, S. 935, 939.

32 Vereinzelt wird auch die Bezeichnung „sale of asset-Squeeze-Out“ verwendet, vgl. *Wolf*, ZIP 2002, 153, 154; *Wilhelm/Dreier*, ZIP 2003, 1369, 1370; auch *Roth*, NZG 2003, 998, 998 hält diesen Begriff für treffend.

33 Zur AG *Koch*, in: Münch. Komm. AktG, 5. Aufl. 2021, § 262 Rn. 12; zur GmbH *Scheller*, in: Scholz, GmbHG, 12. Aufl. 2021, § 60 Rn. 5; zur KG *K. Schmidt*, in: Münch. Komm. HGB, 4. Aufl. 2016, § 131 Rn. 6.

34 Zur AG *Koch*, in: Münch. Komm. AktG, 5. Aufl. 2021, § 262 Rn. 14; zur GmbH *Scheller*, in: Scholz, GmbHG, 12. Aufl. 2021, § 60 Rn. 1 ff.; zur KG *K. Schmidt*, in: Münch. Komm. HGB, 4. Aufl. 2016, § 131 Rn. 6.

GmbH und die KG ausdrücklich gesetzlich geregelt. Bei der AG bedarf der Auflösungsbeschluss einer Mehrheit von mindestens drei Viertel des vertretenen Grundkapitals (§ 262 Abs. 1 Nr. 2 AktG). Für den Beschluss über die Auflösung der GmbH ist eine Mehrheit von drei Viertel der abgegebenen Stimmen erforderlich (§ 60 Abs. 1 Nr. 2 GmbHG); eine bestimmte Kapitalmehrheit schreibt das Gesetz nicht vor. Bei der KG gilt für den Auflösungsbeschluss nach den gesetzlichen Regelungen das Einstimmigkeitsprinzip (§§ 161 Abs. 2, 131 Abs. 1 Nr. 2, 119 Abs. 1 HGB). Das Einstimmigkeitsprinzip ist jedoch dispositiv (vgl. §§ 161 Abs. 2, 109 HGB). Der Gesellschaftsvertrag der KG kann also vorsehen, dass die Auflösung durch eine Mehrheitsentscheidung beschlossen werden kann.[35] In der Praxis wird von dieser Möglichkeit häufig Gebrauch gemacht. Weitergehende Voraussetzungen für den Auflösungsbeschluss sehen die gesetzlichen Regelungen nicht vor.

2. *Wirkung des Auflösungsbeschlusses*

Der Auflösungsbeschluss wird sofort wirksam, wenn er nicht unter einer aufschiebenden Bedingung gefasst wird.[36] Zwar müssen die Auflösung der AG, der GmbH oder der KG zur Eintragung in das Handelsregister angemeldet werden (§ 263 Satz 1 AktG, § 65 Abs. 1 Satz 1 GmbHG, §§ 161 Abs. 2, 143 Abs. 1 Satz 1 HGB). Die Eintragung hat aber nur deklaratorische Bedeutung.[37]

Die Auflösung bewirkt, wie bereits erwähnt, nicht, dass die Gesellschaft als juristische Person untergeht. Vielmehr besteht die Gesellschaft unter Wahrung ihrer Identität fort.[38] Nach der wohl allgemeinen Meinung zur AG[39] und der

---

35 Zu den Anforderungen an eine solche Mehrheitsklausel 4. Teil. B. III.

36 Zur AG *Koch*, in: Münch. Komm. AktG, 5. Aufl. 2021, § 262 Rn. 41; zur GmbH *Berner*, in: Münch. Komm. GmbHG, 3. Aufl. 2018, § 60 Rn. 102 f.; zur KG *K. Schmidt*, in: Münch. Komm. HGB, 4. Aufl. 2016, § 131 Rn. 21.

37 Zur AG *Hoffmann-Becking*, in: Münch. HdB. GesR IV, 5. Aufl. 2020, § 66 Rn. 11; zur GmbH *Limpert*, in: Münch. Komm. GmbHG, 3. Aufl. 2018, § 65 Rn. 34; zur KG *K. Schmidt*, in: Münch. Komm. HGB, 4. Aufl. 2016, § 143 Rn. 20.

38 Zur AG *Drescher*, in: Henssler/Strohn, GesR, 5. Aufl. 2021, § 262 AktG Rn. 1; zur GmbH *Kleindiek*, in: Lutter/Hommelhoff, GmbHG, 20. Aufl. 2020, § 69 Rn. 1 f.; zur KG *Haas*, in: Röhricht/Graf v. Westphalen/Haas, HGB, 5. Aufl. 2019, § 131 Rn. 2.

39 Vgl. etwa BGH, NJW-RR 2007, 99, 99 f.; *Bachmann*, in: Spindler/Stilz, AktG, 4. Aufl. 2019, § 262 Rn. 5; *Grunewald*, in: Münch. Komm. AktG, 5. Aufl. 2020, § 327a Rn. 4; *Hoffmann-Becking*, in: Münch. HdB. GesR IV, 5. Aufl. 2020, § 66 Rn. 1; *Koch*, in: Münch. Komm. AktG, 5. Aufl. 2021, § 262 Rn. 12; *Riesenhuber*, in: K. Schmidt/Lutter, AktG, 4. Aufl. 2020, § 262 Rn. 1.

ganz herrschenden Auffassung zur KG[40] hat die Auflösung aber zur Folge, dass der auf eine werbende Tätigkeit gerichtete Zweck der Gesellschaft durch den Abwicklungszweck ersetzt wird. Bei der GmbH wird der werbende Zweck der Gesellschaft nach einer im Vordringen befindlichen und mittlerweile wohl überwiegenden Ansicht durch den Abwicklungszweck dagegen nur überlagert.[41] Der Streit, ob der Abwicklungszweck den werbenden Zweck der Gesellschaft ersetzt oder überlagert, ist aber eher dogmatischer Natur und wirkt sich regelmäßig nicht aus. Der Abwicklungszweck ist insbesondere darauf gerichtet, das Gesellschaftsvermögen zu liquidieren, die Verbindlichkeiten der Gesellschaft zu begleichen und die verbleibenden Mittel an die Gesellschafter auszukehren.[42]

3. *Zweck der Auflösungsregelungen*

Dem Auflösungsrecht der unterschiedlichen Gesellschaftsformen liegt die selbstverständliche Überlegung zugrunde, dass eine Gesellschaft nicht für immer bestehen kann, sondern bei Vorliegen bestimmter Bedingungen aus dem Rechtsleben ausscheiden muss.[43] Die Regelungen des Auflösungsrechts sollen dabei eine ordnungsgemäße Beendigung der Gesellschaft ermöglichen.[44]

Der Zweck der Regelungen über die Auflösung der Gesellschaft durch Beschluss der Gesellschafterversammlung wird darin gesehen, den Gesellschaftern die Möglichkeit zur Desinvestition ihrer in die Gesellschaft eingesetzten Mittel zu geben.[45] Vereinzelt wird weitergehend angenommen, dass der Zweck

---

40 Vgl. nur *Habersack*, in: Staub, HGB, 5. Aufl. 2009, § 145 Rn. 16 m. w. N. auch zur Gegenansicht; *Roth*, in: Baumbach/Hopt, HGB, 40. Aufl. 2021, § 131 Rn. 2; a. A. (Zwecküberlagerung) *K. Schmidt*, in: Münch. Komm. HGB, 4. Aufl. 2016, § 156 Rn. 10 f.

41 *K. Schmidt/Scheller*, in: Scholz, GmbHG, 12. Aufl. 2021, § 69 Rn. 3; *Berner*, in: Münch. Komm. GmbHG, 3. Aufl. 2018, § 60 Rn. 17; *Haas*, in: Baumbach/Hueck, GmbHG, 22. Aufl. 2019, § 60 Rn. 9; *Kleindiek*, in: Lutter/Hommelhoff, GmbHG, 20. Aufl. 2020, § 69 Rn. 2; a. A. (Zweckänderung) *Altmeppen*, GmbHG, 10. Aufl. 2021, § 60 Rn. 6; *Casper*, in: Ulmer/Habersack/Löbbe, GmbHG, 2. Aufl. 2016, § 60 Rn. 120; *Wicke*, GmbHG, 4. Aufl. 2020, § 60 Rn. 1.

42 Vgl. zur AG *Koch*, in: Münch. Komm. AktG, 5. Aufl. 2021, § 262 Rn. 12; zur GmbH *Schluck-Amend*, in: MAH GmbH-Recht, 4. Aufl. 2018, § 23 Rn. 96; zur KG *Habersack*, in: Staub, HGB, 5. Aufl. 2009, § 145 Rn. 35.

43 Vgl. *Bachmann*, in: Spindler/Stilz, AktG, 4. Aufl. 2019, § 262 Rn. 1.

44 Vgl. zur AG *Koch*, in: Hüffer/Koch, AktG, 15. Aufl. 2021, § 262 Rn. 1.

45 Zur AG *Koch*, in: Hüffer/Koch, AktG, 15. Aufl. 2021, § 262 Rn. 1; *Riesenhuber*, in: K. Schmidt/Lutter, AktG, 4. Aufl. 2020, § 262 Rn. 2; *Wermeckes*, in: Heidel, AktR, 5. Aufl. 2020, § 262 Rn. 1; zur GmbH *Casper*, in: Ulmer/Habersack/Löbbe, GmbHG, 2. Aufl. 2016, § 60 Rn. 2; zur KG *Hillers*, Personengesellschaft, 1989, S. 6.

dieser Regelungen darin liege, es den Gesellschaftern zu ermöglichen, sich ihrer Pflichten als Gesellschafter wieder zu entledigen.[46]

II. Abwicklung der Gesellschaft

Nach beschlossener Auflösung findet die „Abwicklung" bzw. „Liquidation" der Gesellschaft statt (vgl. § 264 Abs. 1 AktG, § 66 Abs. 1 GmbHG, §§ 161 Abs. 2, 145 Abs. 1 HGB). Die Abwicklung ist für alle drei untersuchten Gesellschaftsformen ausführlich gesetzlich geregelt (vgl. §§ 264 ff. AktG, §§ 65 ff. GmbHG, §§ 161 Abs. 2, 145 ff. HGB). Im Rahmen der Abwicklung der Gesellschaft haben die Liquidatoren die laufenden Geschäfte der Gesellschaft zu beenden, die Forderungen einzuziehen, die Gläubiger zu befriedigen und das übrige Vermögen der Gesellschaft in Geld umzusetzen (§ 268 Abs. 1 Satz 1 AktG, § 70 Satz 1 GmbHG, §§ 161 Abs. 2, 149 Satz 1 HGB). Bei der AG und der GmbH müssen die Gläubiger der Gesellschaft durch eine Bekanntmachung in den Gesellschaftsblättern aufgefordert werden, ihre Ansprüche anzumelden (§ 267 AktG, § 65 Abs. 2 Satz 2 GmbHG). Für die KG ist ein solcher Aufruf der Gläubiger nicht gesetzlich vorgeschrieben.

Das nach der Begleichung der Verbindlichkeiten verbleibende Vermögen der Gesellschaft wird an die Gesellschafter verteilt (§ 271 Abs. 1 AktG, § 72 Satz 1 GmbHG[47], §§ 161 Abs. 2, 155 Abs. 1 HGB). Im Grundsatz richtet sich die Verteilung des verbleibenden Vermögens bei der AG nach den Anteilen der Gesellschafter am Grundkapital (§ 271 Abs. 2 AktG), bei der GmbH nach dem Verhältnis der Geschäftsanteile der Gesellschafter (§ 72 Satz 1 GmbHG) und bei der KG nach dem Verhältnis der Kapitalanteile der Gesellschafter (§§ 161 Abs. 2, 155 Abs. 1 HGB).

Bei der AG und der GmbH darf das verbleibende Vermögen der Gesellschaft jedoch erst verteilt werden, wenn ein Jahr seit dem Tag vergangen ist, an dem der Aufruf der Gläubiger bekanntgemacht worden ist (sog. Sperrjahr; § 272 Abs. 1 AktG, § 73 Abs. 1 GmbHG). Diese Regelung ist für beide Gesellschaftsformen zwingend.[48] Von ihr kann selbst mit Zustimmung aller (bekannten)

---

46 Vgl. zur GmbH *Casper*, in: Ulmer/Habersack/Löbbe, GmbHG, 2. Aufl. 2016, § 60 Rn. 2.

47 Obwohl § 72 Satz 1 GmbHG nur vom „Vermögen der Gesellschaft" spricht ist auch hier – wie in § 271 Abs. 1 AktG und in § 155 Abs. 1 HGB – das nach der Berichtigung der Verbindlichkeiten verbleibende Vermögen der Gesellschaft gemeint; vgl. *Haas*, in: Baumbach/Hueck, GmbHG, 22. Aufl. 2019, § 72 Rn. 2.

48 Zur AG allg. M.; vgl. statt aller *Koch*, in: Münch. Komm. AktG, 5. Aufl. 2021, § 272 Rn. 3; zur GmbH OLG Rostock, NJW-RR 1996, 1185, 1186; *H. F. Müller*, in: Münch. Komm. GmbHG, 3. Aufl. 2018, § 73 Rn. 1 m. w. N.

Gläubiger nicht abgewichen werden, weil die Regelung auch dem Schutz der – gegebenenfalls nur vorläufig – unbekannten Gläubiger dient.[49]

Für die KG ist ein Sperrjahr dagegen nicht vorgeschrieben. Das verbleibende Vermögen der KG darf grundsätzlich verteilt werden, sobald alle Verbindlichkeiten beglichen wurden.[50] Die Gesellschafter können jedoch im Gesellschaftsvertrag oder durch einen einstimmigen Beschluss eine abweichende Regelung treffen und vorsehen, dass mit der Verteilung des Vermögens bereits vor der Begleichung sämtlicher Verbindlichkeiten begonnen werden soll.[51]

III. Beendigung der Gesellschaft

Bei der AG und der GmbH haben die Abwickler den Schluss der Abwicklung zur Eintragung in das Handelsregister anzumelden (§ 273 Abs. 1 Satz 1 AktG, § 74 Abs. 1 Satz 1 GmbHG). Die Abwicklung der AG und der GmbH ist beendet, wenn die Abwickler die laufenden Geschäfte abgeschlossen, die Forderungen eingezogen, das Vermögen verwertet, die Gläubiger befriedigt und das danach verbleibende Vermögen der Gesellschaft an die Gesellschafter verteilt haben.[52] Zusätzlich ist der Ablauf des Sperrjahrs abzuwarten (§ 272 Abs. 1 AktG, § 73 Abs. 1 GmbHG).[53] Ist die Anmeldung zum Handelsregister ordnungsgemäß erfolgt, vermerkt das Registergericht die Löschung der Gesellschaft im Handelsregister (§ 273 Abs. 1 Satz 2 AktG, § 74 Abs. 1 Satz 2 GmbHG). Die Wirkung der Löschung ist sowohl im Aktienrecht[54] als auch im GmbH-Recht[55] seit Langem umstritten. Nach der Lehre vom Doppeltatbestand, die sich im Aktienrecht im Vordringen befindet und die im GmbH-Recht herrschend ist, geht die

---

49 Zur AG *Koch*, in: Münch. Komm. AktG, 5. Aufl. 2021, § 272 Rn. 3; zur GmbH *H. F. Müller*, in: Münch. Komm. GmbHG, 3. Aufl. 2018, § 73 Rn. 1.

50 *K. Schmidt*, in: Münch. Komm. HGB, 4. Aufl. 2016, § 155 Rn. 41.

51 Wohl h. M.; vgl. nur *K. Schmidt*, in: Münch. Komm. HGB, 4. Aufl. 2016, § 155 Rn. 41 f. m. w. N. auch zur Gegenansicht.

52 Vgl. zur AG *Koch*, in: Münch. Komm. AktG, 5. Aufl. 2021, § 273 Rn. 3; zur GmbH *H. F. Müller*, in: Münch. Komm. GmbHG, 3. Aufl. 2018, § 74 Rn. 3.

53 Zur AG RGZ 77, 268, 273; *Koch*, in: Münch. Komm. AktG, 5. Aufl. 2021, § 273 Rn. 3; zur GmbH *H. F. Müller*, in: Münch. Komm. GmbHG, 3. Aufl. 2018, § 73 Rn. 12, § 74 Rn. 3.

54 Vgl. zum Meinungsstand *K. Schmidt*, in: Großkomm. AktG, 4. Aufl. 2013, § 273 Rn. 2 f.

55 Vgl. zum Meinungsstand *K. Schmidt/Scheller*, in: Scholz, GmbHG, 12. Aufl. 2021, § 74 Rn. 14 f.

Gesellschaft als juristische Person und Rechtsträger erst unter, wenn die Gesellschaft sowohl vermögenslos als auch im Handelsregister gelöscht ist.[56]

Bei der KG ist nach der Beendigung der Abwicklung das Erlöschen der Firma von den Abwicklern zur Eintragung in das Handelsregister anzumelden (§§ 161 Abs. 2, 157 Abs. 1 HGB). Nach herrschender Meinung hat die Eintragung jedoch nur deklaratorische Bedeutung.[57] Danach endet die KG bereits in dem Zeitpunkt, in dem die Abwicklung beendet ist.[58] Dies wird angenommen, wenn die Gesellschaft über kein Aktivvermögen mehr verfügt.[59]

C. Grundlagen der Veräußerung des ganzen Gesellschaftsvermögens

Der zweite Schritt der übertragenden Auflösung ist die Veräußerung des ganzen Vermögens der Gesellschaft. Im Aktienrecht ist neben der Auflösung der Gesellschaft auch die Veräußerung des ganzen Gesellschaftsvermögens in § 179a AktG ausdrücklich gesetzlich geregelt. Diese Vorschrift hat eine lange Geschichte und geht auf § 303 HGB 1897 zurück, der durch das Handelsgesetzbuch von 1897[60] eingeführt wurde. Im Recht der GmbH und der KG findet sich keine dem § 179a AktG entsprechende Bestimmung.

I. Aktiengesellschaft (§ 179a AktG)

1. Regelungsinhalt des § 179a AktG

a) Zustimmungserfordernis

Nach § 179a Abs. 1 Satz 1 AktG bedarf ein Vertrag, durch den sich eine AG zur Übertragung ihres ganzen Gesellschaftsvermögens verpflichtet, ohne dass die Übertragung unter die Vorschriften des Umwandlungsgesetzes fällt, auch dann

56 Vgl. zu den Einzelheiten zur AG *K. Schmidt*, in: Großkomm. AktG, 4. Aufl. 2013, § 273 Rn. 2 f.; zur GmbH *K. Schmidt/Scheller*, in: Scholz, GmbHG, 12. Aufl. 2021, § 74 Rn. 14 f.

57 Vgl. statt vieler *Haas*, in: Röhricht/Graf v. Westphalen/Haas, HGB, 5. Aufl. 2019, § 155 Rn. 12 m. w. N.; vgl. zum Meinungsstand und zur Gegenansicht auch *K. Schmidt*, in: Münch. Komm. HGB, 4. Aufl. 2016, § 157 Rn. 9 f.

58 *Haas*, in: Röhricht/Graf v. Westphalen/Haas, HGB, 5. Aufl. 2019, § 155 Rn. 12 m. w. N.; vgl. auch *K. Schmidt*, in: Münch. Komm. HGB, 4. Aufl. 2016, § 157 Rn. 9.

59 *Haas*, in: Röhricht/Graf v. Westphalen/Haas, HGB, 5. Aufl. 2019, § 155 Rn. 12 m. w. N.; vgl. auch *K. Schmidt*, in: Münch. Komm. HGB, 4. Aufl. 2016, § 157 Rn. 9.

60 HGB v. 10. 5. 1897, RGBl. S. 219.

eines Beschlusses der Hauptversammlung nach § 179 AktG, wenn damit keine Änderung des Unternehmensgegenstands verbunden ist.

aa) Gegenstand und Bedeutung der Zustimmung

Das Zustimmungserfordernis nach § 179a Abs. 1 Satz 1 AktG bezieht sich nur auf den schuldrechtlichen Vertrag, mit dem sich die AG dazu verpflichtet, ihr ganzes Vermögen zu übertragen, also etwa auf einen Kaufvertrag. Die dinglichen Verfügungsgeschäfte, mit denen diese Verpflichtung erfüllt wird, bedürfen nicht der Zustimmung nach § 179a AktG.[61] Das lässt sich sowohl der Überschrift („Verpflichtung zur Übertragung des ganzen Gesellschaftsvermögens") als auch dem Wortlaut („verpflichtet") der Vorschrift entnehmen.

Durch § 179a Abs. 1 Satz 1 AktG wird damit die organschaftliche Vertretungsmacht des Vorstands beschränkt.[62] Schließt der Vorstand den schuldrechtlichen Vertrag ohne die erforderliche Zustimmung der Hauptversammlung, ist der Vertrag nach den allgemeinen Grundsätzen solange schwebend unwirksam, bis die Hauptversammlung dem Vertrag zustimmt oder die Zustimmung endgültig verweigert.[63] Der Zustimmungsbeschluss der Hauptversammlung wird mit seinem Zustandekommen wirksam und bedarf nicht der Eintragung in das Handelsregister.[64] Mit Wirksamwerden des Zustimmungsbeschlusses der Hauptversammlung wird der Vertrag *ex tunc* wirksam.[65]

Die Hauptversammlung kann den Vorstand durch Beschluss dazu verpflichten, den Kaufvertrag über das ganze Gesellschaftsvermögen vorzubereiten und abzuschließen (vgl. § 83 Abs. 1 Satz 2 AktG).[66] Das gilt auch dann, wenn der Weisungsbeschluss mit den Stimmen des Mehrheitsgesellschafters und gegen die Stimmen der Minderheitsgesellschafter gefasst wird.[67]

---

61 Vgl. zum Vorstehenden BGHZ 82, 188, 197 f. – Hoesch/Hoogovens; LG Mainz, AG 1998, 538, 538; *Koch*, in: Hüffer/Koch, AktG, 15. Aufl. 2021, § 179a Rn. 3; *Stein*, in: Münch. Komm. AktG, 5. Aufl. 2021, § 179a Rn. 16, 39, 41; einschränkend *Timm*, AG 1980, 172, 175 f.

62 BGHZ 82, 188, 195 – Hoesch/Hoogovens; *Henze*, in: FS Wiedemann, 2002, S. 935, 939; *Koch*, in: Hüffer/Koch, AktG, 15. Aufl. 2021, § 179a Rn. 15; *K. Schmidt*, GesR, 4. Aufl. 2002, § 30 V 2 a, S. 929 („§ 179a AktG hat Außenwirkung!"); *Seibt*, in: K. Schmidt/Lutter, AktG, 4. Aufl. 2020, § 179a Rn. 9; a. A. *Mülbert*, Unternehmensgruppe, 1995, S. 175, 180.

63 *Seibt*, in: K. Schmidt/Lutter, AktG, 4. Aufl. 2020, § 179a Rn. 11.

64 *Walz*, in: MAH AktR, 3. Aufl. 2018, § 50 Rn. 27.

65 *Stellmann/Stoeckle*, WM 2011, 1983, 1987.

66 Allg. M.; vgl. nur *Fleischer*, in: Spindler/Stilz, AktG, 4. Aufl. 2019, § 83 Rn. 5.

67 Vgl. *Stein*, in: Münch. Komm. AktG, 5. Aufl. 2021, § 179a Rn. 44.

bb) Begriff des „ganzen" Gesellschaftsvermögens

Die Zustimmung der Hauptversammlung ist gemäß § 179a Abs. 1 Satz 1 AktG nur erforderlich, wenn sich die Gesellschaft in dem Vertrag zur Übertragung ihres „ganzen" Gesellschaftsvermögens verpflichtet. Das setzt aber nicht voraus, dass sämtliche aktiven und passiven Vermögensgegenstände den Gegenstand des Vertrags bilden. Vielmehr bedarf es der Zustimmung der Hauptversammlung auch dann, wenn die Gesellschaft lediglich unwesentliche Teile des Vermögens nicht überträgt.[68]

Umstritten ist allerdings, unter welchen Voraussetzungen die zurückbleibenden Vermögensgegenstände als wesentlich oder unwesentlich einzuordnen sind. Ein Teil der Literatur stellt (primär) auf quantitative Kriterien ab.[69] Danach kommt es maßgeblich darauf an, ob aus quantitativer Sicht ein wesentlicher Teil des Vermögens bei der Gesellschaft verbleibt. Die herrschende Meinung zieht jedoch (primär bzw. ausschließlich) qualitative Kriterien heran. Maßgeblich ist danach, ob es der Gesellschaft mit dem verbleibenden Vermögen noch möglich ist, ihren satzungsmäßigen Unternehmensgegenstand fortzuführen.[70] Einigkeit besteht aber insoweit, dass es für die Anwendung des § 179a AktG nicht darauf ankommt, ob auch passive Vermögensgegenstände übertragen werden.[71]

cc) Keine Übertragung nach dem Umwandlungsgesetz

Mit der Formulierung „ohne daß die Übertragung unter die Vorschriften des Umwandlungsgesetzes fällt" soll zum Ausdruck gebracht werden, dass das Zustimmungserfordernis nach § 179a Abs. 1 Satz 1 AktG nur gilt, wenn das

---

68 RGZ 124, 279, 294 ff.; BGHZ 83, 122, 128 f. – Holzmüller; OLG Düsseldorf, AG 1994, 228, 231; *Bayer/Lieder/Hoffmann*, AG 2017, 717, 721; *Feldhaus*, BB 2009, 562, 562; *Henze*, in: FS Boujong, 1996, S. 233, 244; *Holzborn*, in: Spindler/Stilz, AktG, 4. Aufl. 2019, § 179a Rn. 19; *Koch*, in: Hüffer/Koch, AktG, 15. Aufl. 2021, § 179a Rn. 4 f.; *Stein*, in: Münch. Komm. AktG, 5. Aufl. 2021, § 179a Rn. 17; a. A. *Bredthauer*, NZG 2008, 816, 817.

69 Eingehend *Mertens*, in: FS Zöllner, Bd. I, 1998, S. 385, 386 ff.; so auch *Stein*, in: Münch. Komm. AktG, 5. Aufl. 2021, § 179a Rn. 18 f.

70 So mit Unterschieden im Detail BGHZ 83, 122, 128 – Holzmüller; OLG Düsseldorf, ZIP 2018, 72, 76; *Bayer/Lieder/Hoffmann*, AG 2017, 717, 720 f.; *Haberstock/Greitemann*, in: Hölters, AktG, 3. Aufl. 2017, § 179a Rn. 4; *Holzborn*, in: Spindler/Stilz, AktG, 4. Aufl. 2019, § 179a Rn. 19; *Hüren*, RNotZ 2014, 77, 80 ff.; *Seibt*, in: K. Schmidt/Lutter, AktG, 4. Aufl. 2020, § 179a Rn. 8; *Strohn*, in: Henssler/Strohn, GesR, 5. Aufl. 2021, § 179a AktG Rn. 4.

71 *Seibt*, in: K. Schmidt/Lutter, AktG, 4. Aufl. 2020, § 179a Rn. 8.

Vermögen der Gesellschaft im Wege der Einzelrechtsnachfolge übertragen wird.[72] Dagegen gehen die Vorschriften des Umwandlungsgesetzes dem § 179a AktG als *lex specialis* vor, wenn eine Übertragung im Wege der Gesamtrechtsnachfolge mittels einer im Umwandlungsgesetz geregelten Maßnahme erfolgt.[73]

dd) Änderung des Unternehmensgegenstands unerheblich

Ein Beschluss der Hauptversammlung ist nach dem Wortlaut des § 179a Abs. 1 Satz 1 AktG auch dann erforderlich, wenn die Übertragung des Vermögens der Gesellschaft keine Änderung des Gegenstands des Unternehmens zur Folge hat. Damit soll sichergestellt werden, dass bei einer Änderung der wirtschaftlichen Struktur der Gesellschaft die Zustimmung der Hauptversammlung auch dann eingeholt werden muss, wenn die Zustimmung nicht aus anderen Gründen erforderlich ist, insbesondere wenn mit der Übertragung des ganzen Gesellschaftsvermögens keine Änderung des Unternehmensgegenstands verbunden ist und die Satzung daher nicht geändert werden muss.[74] Liegen die Voraussetzungen des § 179a Abs. 1 Satz 1 AktG vor, ist ein Beschluss der Hauptversammlung aber auch dann einzuholen, wenn ein Beschlusserfordernis bereits aus anderen Gründen besteht.[75]

ee) Erforderliche Mehrheit

Der Beschluss der Hauptversammlung über die Zustimmung zu dem Verpflichtungsvertrag bedarf gemäß § 179 Abs. 2 Satz 1 AktG, auf den § 179a Abs. 1 Satz 1 AktG verweist, einer Mehrheit, die mindestens drei Viertel des bei der Beschlussfassung vertretenen Grundkapitals umfasst. Zudem ist gemäß § 133 Abs. 1 AktG die Mehrheit der abgegebenen Stimmen erforderlich.[76]

b) Informationspflichten

Darüber hinaus bestimmt § 179a Abs. 2 AktG, dass im Zusammenhang mit der Hauptversammlung, die über die Zustimmung zu dem Verpflichtungsvertrag beschließt, bestimmte Informationspflichten zu beachten sind.[77] Ab dem

72 *Stein*, in: Münch. Komm. AktG, 5. Aufl. 2021, § 179a Rn. 22; vgl. zur Bedeutung und Entstehungsgeschichte dieses Zusatzes auch 5. Teil. A. II. 3. d) cc) (2).

73 *Stein*, in: Münch. Komm. AktG, 5. Aufl. 2021, § 179a Rn. 22.

74 Begr. RegE UmwBerG, BT-Drs. 12/6699, S. 177.

75 *Stein*, in: Münch. Komm. AktG, 5. Aufl. 2021, § 179a Rn. 46.

76 *Stein*, in: Münch. Komm. AktG, 5. Aufl. 2021, § 179a Rn. 50.

77 Vgl. hierzu und zu den weiteren Informationspflichten im Zusammenhang mit der beschlussfassenden Hauptversammlung auch 5. Teil. A. II. 1. a).

Zeitpunkt der Einberufung der Hauptversammlung muss der Vertrag in den Geschäftsräumen der Gesellschaft zur Einsicht der Aktionäre ausgelegt werden; jedem Aktionär ist auf Verlangen eine Abschrift zu erteilen. Alternativ kann der Vertrag für denselben Zeitraum über die Internetseite der Gesellschaft zugänglich gemacht werden. Auch in der Hauptversammlung ist der Vertrag zugänglich zu machen. Zudem hat der Vorstand den Vertrag zu Beginn der Hauptversammlung zu erläutern.[78] Nach der Hauptversammlung ist der Vertrag der Niederschrift über die Verhandlung (§ 130 AktG) als Anlage beizufügen.

c) Auflösung aus Anlass der Übertragung

Für den Fall, dass die Gesellschaft aus Anlass der Übertragung des Gesellschaftsvermögens aufgelöst wird, bestimmt § 179a Abs. 3 AktG, dass der Anmeldung der Auflösung der Verpflichtungsvertrag in Ausfertigung oder öffentlich beglaubigter Abschrift beizufügen ist.

2. Entstehungsgeschichte des § 179a AktG

a) § 303 HGB 1897

Die Regelung des § 179a AktG geht auf § 303 HGB 1897 zurück, der durch das Handelsgesetzbuch von 1897[79] eingeführt wurde. Das Recht der AG war im dritten Abschnitt des Handelsgesetzbuchs von 1897 geregelt. In der Denkschrift zum Entwurf des Handelsgesetzbuchs von 1897 wurde die Einführung des § 303 HGB 1897 damit begründet, dass die Veräußerung des gesamten Gesellschaftsvermögens eine „besondere Art der Liquidation" darstelle, die von dem regelmäßigen Verlauf der Liquidation so erheblich abweiche, dass es erforderlich erscheine, ihre wesentlichen Voraussetzungen und Wirkungen zu regeln.[80] Die Vorschrift war dementsprechend Teil des Auflösungsrechts, das im fünften Titel „Auflösung und Nichtigkeit der Gesellschaft" geregelt war.

§ 303 Abs. 1 Satz 1 HGB 1897 legte fest, dass eine „Verwerthung" des Gesellschaftsvermögens durch Veräußerung des Vermögens „im Ganzen" nur aufgrund eines Beschlusses der Hauptversammlung zulässig ist. Für den Beschluss war eine Mehrheit von drei Viertel des bei der Beschlussfassung vertretenen Grundkapitals erforderlich. Das Mehrheitserfordernis wurde mit "Rücksicht auf

---

78 Zu den Anforderungen an diese Erläuterungspflicht 5. Teil. A. II. 1. a).

79 HGB v. 10. 5. 1897, RGBl. S. 219.

80 *Schubert/Schmiedel/Krampe*, Quellen zum HGB 1897, Bd. II/2, 1988, S. 1087.

die Wichtigkeit der Maßregel und ihre eingreifende Bedeutung für die Interessen der Aktionäre“ vorgesehen.[81]

Der Beschluss der Hauptversammlung hatte nach § 303 Abs. 2 HGB 1897 die Auflösung der Gesellschaft zur Folge, „sofern diese nicht bereits aufgelöst war“. In der Denkschrift hieß es hierzu: „Kommt der Beschluß zu Stande, so hat er (…) die Auflösung der Gesellschaft von Rechtswegen zur Folge (…). Das Vermögen der Gesellschaft bildet die nothwendige Voraussetzung ihres Bestehens, und eine Fortdauer der Gesellschaft zum Zwecke der Ausnutzung der Gegenleistung des Uebernehmers kann nicht in Frage kommen.“[82]

Schließlich regelte § 303 Abs. 3 HGB 1897 die Anwendbarkeit des Auflösungsrechts. § 303 Abs. 3 Satz 1 HGB 1897 erklärte das Auflösungsrecht für grundsätzlich anwendbar und erweiterte die Befugnisse der Abwickler. In der Denkschrift wurde hervorgehoben, dass „namentlich die Maßregeln, welche die Befriedigung der Gesellschaftsgläubiger aus dem Gesellschaftsvermögen zu sichern bestimmt sind, zu entsprechender Anwendung kommen müssen“[83]. Dies deutet darauf hin, dass die Regelung vorwiegend dem Gläubigerschutz dienen sollte.[84] Nach § 303 Abs. 3 Satz 2 HGB 1897 durfte das Gesellschaftsvermögen nur unter Beachtung der für die Verteilung an die Aktionäre geltenden Vorschriften auf den Erwerber übertragen werden. Eine Übertragung auf den Erwerber durfte damit insbesondere erst nach der Befriedigung der Gläubiger und dem Ablauf eines Sperrjahrs erfolgen.

Hinsichtlich des Erfordernisses der Befriedigung der Gläubiger führte die Denkschrift aus: „Die Befriedigung der Gläubiger erfolgt zwar namens der Gesellschaft, aber für Rechnung des Uebernehmers, da unter den Parteien die Uebertragung des Vermögens im Ganzen bedungen ist. Dem Uebernehmer muss es deshalb überlassen bleiben, die zur Befriedigung der Gläubiger erforderlichen Beträge, soweit die bereiten Mittel der Gesellschaft nicht ausreichen, zu beschaffen.“[85] Hieraus lässt sich entnehmen, dass mit einer Veräußerung des Gesellschaftsvermögens „im Ganzen“ im Sinne des § 303 HGB 1897 die Veräußerung sämtlicher passiven – und wohl auch aktiven – Vermögensgegenstände der Gesellschaft gemeint war, also regelmäßig das gesamte Unternehmen der

---

81 *Schubert/Schmiedel/Krampe*, Quellen zum HGB 1897, Bd. II/2, 1988, S. 1087 f.
82 *Schubert/Schmiedel/Krampe*, Quellen zum HGB 1897, Bd. II/2, 1988, S. 1088.
83 *Schubert/Schmiedel/Krampe*, Quellen zum HGB 1897, Bd. II/2, 1988, S. 1087.
84 Vgl. BGHZ 220, 354, 362.
85 *Schubert/Schmiedel/Krampe*, Quellen zum HGB 1897, Bd. II/2, 1988, S. 1088.

Gesellschaft. Wie bereits dargelegt,[86] wird der Begriff des „ganzen“ Gesellschaftsvermögens im Sinne des § 179a AktG deutlich weiter verstanden.

Das Erfordernis, dass das Unternehmen erst nach dem Ablauf des Sperrjahrs auf den Erwerber übertragen werden darf, war nach der Denkschrift[87] ein Grund für die bereits angesprochene Erweiterung der Befugnisse der Abwickler nach § 303 Abs. 3 Satz 1 HGB 1897. Die Abwickler sollten in die Lage versetzt werden, das Unternehmen weiterzuführen, bis es nach dem Ablauf des Sperrjahrs an den Erwerber übertragen werden durfte. Nach den Ausführungen in der Denkschrift konnte die Geschäftsführung aber auch schon vor dem Ablauf des Sperrjahrs weitestgehend dem Erwerber überlassen werden. Die Abwickler müssten in diesem Fall jedoch überwachen, dass das Gesellschaftsvermögen von dem Vermögen des Erwerbers getrennt blieb.[88]

b) § 255 AktG 1937

Im Rahmen der Einführung des Aktiengesetzes von 1937[89] wurde § 303 HGB 1897 durch § 255 AktG 1937 ersetzt. Die wesentliche Änderung gegenüber § 303 HGB 1897 bestand darin, dass der Beschluss der Hauptversammlung über die Veräußerung des Gesellschaftsvermögens nicht mehr zwingend zur Auflösung der Gesellschaft führte. § 303 Abs. 2 HGB 1897, der dies angeordnet hatte, wurde in § 255 AktG 1937 nicht übernommen. Diese Änderung wurde wie folgt begründet: „Grund dieser Regelung ist das wirtschaftlich verständliche Bestreben, eine einmal erfolgte Zusammenfassung von Kapital der Wirtschaft zu erhalten und nicht ohne zwingenden Grund aufzulösen. (…) Die Vermögensübertragung hat nunmehr die Auflösung nur noch zur Folge, wenn die Auflösung ausdrücklich von der Gesellschaft gleichzeitig oder nachträglich beschlossen wird.“[90] Dementsprechend war § 255 AktG 1937 auch nicht mehr Teil des Auflösungsrechts. Die Vorschrift war vielmehr Bestandteil des zweiten Teils „Vermögensübertragung. Gewinngemeinschaft.“ des Dritten Buchs „Verschmelzung. Vermögensübertragung. Umwandlung.“ des Aktiengesetzes von 1937.

---

86 Dazu 2. Teil. C. I. 1. a) bb).

87 *Schubert/Schmiedel/Krampe*, Quellen zum HGB 1897, Bd. II/2, 1988, S. 1088.

88 Zum Ganzen *Schubert/Schmiedel/Krampe*, Quellen zum HGB 1897, Bd. II/2, 1988, S. 1088.

89 Gesetz über Aktiengesellschaften und Kommanditgesellschaften auf Aktien (AktG) v. 30. 1. 1937, RGBl. I S. 107.

90 *Klausing*, AktG von 1937, S. 219.

Das in § 303 Abs. 1 HGB 1897 vorgesehene Zustimmungserfordernis wurde in § 255 Abs. 1 AktG 1937 übernommen. Abweichend von § 303 Abs. 1 HGB 1897 sprach § 255 Abs. 1 AktG 1937 nun jedoch nicht mehr von einer „Veräußerung", sondern von einer „Übertragung (…), die nicht unter die §§ 233 bis 254 fällt" (Vorschriften über die Verschmelzung und die Vermögensübertragung), und nicht mehr vom Gesellschaftsvermögen „im Ganzen", sondern vom „ganzen" Gesellschaftsvermögen. Statt als Folge des Beschlusses der Hauptversammlung die Auflösung der Gesellschaft anzuordnen, wie dies in § 303 Abs. 2 HGB 1897 vorgesehen war, enthielt § 255 Abs. 2 AktG 1937 lediglich eine Formvorschrift, die den der Maßnahme zugrunde liegenden Verpflichtungsvertrag betraf.[91]

§ 255 Abs. 3 Satz 1 AktG 1937 traf, wie § 303 Abs. 3 Satz 1 HGB 1897, eine Regelung über die Anwendbarkeit des Auflösungsrechts und die Befugnisse der Abwickler. Das Auflösungsrecht war nach dieser Regelung nur einschlägig, wenn „aus Anlaß der Übertragung des Gesellschaftsvermögens die Auflösung der Gesellschaft beschlossen" wird. § 303 Abs. 3 Satz 2 HGB 1897, der vorsah, dass das Gesellschaftsvermögen nur unter Beachtung der für die Verteilung an die Aktionäre geltenden Vorschriften, also insbesondere erst nach dem Ablauf eines Sperrjahrs, auf den Erwerber übertragen werden durfte, wurde nicht übernommen. Schließlich wurde in § 255 Abs. 3 Satz 2 AktG 1937 neu geregelt, dass der Anmeldung der Auflösung der Verpflichtungsvertrag in Ausfertigung oder öffentlich beglaubigter Abschrift beizufügen ist.

c) *§ 361 AktG 1965*

Durch das Aktiengesetz von 1965[92] wurde § 255 AktG 1937 im Wesentlichen in § 361 AktG 1965 übernommen. Die Regelungen des § 255 Abs. 1 und 2 AktG 1937 wurden in § 361 Abs. 1 AktG 1965 zusammengefasst. Allerdings bezog sich das Erfordernis der Zustimmung der Hauptversammlung nach § 361 Abs. 1 AktG 1965 nicht mehr auf den Vorgang der Übertragung des ganzen Gesellschaftsvermögens, sondern auf den Vertrag, durch den sich die Gesellschaft zur Übertragung des ganzen Gesellschaftsvermögens verpflichtet. Damit wurde die Wirksamkeit des Verpflichtungsvertrags ausdrücklich von der Zustimmung der Hauptversammlung abhängig gemacht. Nach der Gesetzesbegründung

---

91 Für den Vertrag ordnete § 255 Abs. 2 AktG 1937 die entsprechende Anwendung des § 235 Abs. 1 AktG 1937 an. Der Vertrag bedurfte danach der gerichtlichen oder notariellen Beurkundung. Zudem wurde § 310 BGB a. F. (jetzt § 311b Abs. 2 BGB) für nicht anwendbar erklärt, sodass auch künftiges Vermögen übertragen werden konnte.

92 AktG v. 6. 9. 1965, BGBl. I S. 1089.

sollte hiermit eine entsprechende Änderung in § 340 Abs. 1 AktG 1965, der die Beschlussfassung der Hauptversammlung bei einer Verschmelzung regelte, übernommen werden.[93] Auch bei der Verschmelzung bezog sich das Beschlusserfordernis nun nicht mehr auf den Vorgang der Verschmelzung, sondern auf den Verschmelzungsvertrag. Dadurch sollte klargestellt werden, dass der Vorgang ohne die Zustimmung der Hauptversammlung im Außenverhältnis nicht wirksam wird.[94]

Eine weitere Neuerung bestand darin, dass in § 361 Abs. 2 AktG 1965[95] zugunsten der Aktionäre bestimmte Informationspflichten im Hinblick auf den Verpflichtungsvertrag vorgesehen wurden. Die Einführung dieser Informationspflichten wurde ebenfalls mit der Übernahme der entsprechenden Änderungen bei der Verschmelzung begründet.[96] Für die Verschmelzung wurden in § 340 Abs. 3 AktG 1965[97] die gleichen Informationspflichten geschaffen. Dadurch sollte gewährleistet werden, dass sich die Aktionäre vor der Beschlussfassung ausreichend über den Vertrag unterrichten können.[98]

Schließlich wurde mit Ausnahme der Regelung über die Befugnis der Abwickler auch § 255 Abs. 3 AktG 1937 in § 361 Abs. 3 AktG 1965 übernommen. Die Regelung über die Befugnisse der Abwickler entfiel, weil die Befugnisse der Abwickler im Rahmen der Gesetzesänderung allgemein erweitert wurden.[99]

---

93 Begr. RegE AktG 1965, BT-Drs. IV/171, S. 253 (zu § 349 AktG-E 1965).

94 Begr. RegE AktG 1965, BT-Drs. IV/171, S. 249 (zu § 328 AktG-E 1965).

95 „Der Vertrag ist von der Einberufung der Hauptversammlung an, die über die Zustimmung beschließen soll, in dem Geschäftsraum der Gesellschaft zur Einsicht der Aktionäre auszulegen. Auf Verlangen ist jedem Aktionär unverzüglich eine Abschrift zu erteilen. In der Hauptversammlung ist der Vertrag auszulegen. Der Vorstand hat ihn zu Beginn der Verhandlung zu erläutern. Der Niederschrift ist er als Anlage beizufügen."

96 Begr. RegE AktG 1965, BT-Drs. IV/171, S. 253 (zu § 349 AktG-E 1965).

97 „Der Verschmelzungsvertrag ist von der Einberufung der Hauptversammlung an, die über die Zustimmung beschließen soll, in dem Geschäftsraum der Gesellschaft zur Einsicht der Aktionäre auszulegen. Auf Verlangen ist jedem Aktionär unverzüglich eine Abschrift zu erteilen. In der Hauptversammlung ist der Vertrag auszulegen. Der Vorstand hat ihn zu Beginn der Verhandlung zu erläutern. Der Niederschrift ist er als Anlage beizufügen."

98 Begr. RegE AktG 1965, BT-Drs. IV/171, S. 249 (zu § 328 AktG-E 1965).

99 Begr. RegE AktG 1965, BT-Drs. IV/171, S. 253 (zu § 349 AktG-E 1965).

d) § 179a AktG 1994

Im Rahmen der Reform des Umwandlungsgesetzes durch das Umwandlungsbereinigungsgesetz[100] wurden mit Ausnahme des § 361 AktG 1965 sämtliche Vorschriften des Vierten Buchs des Aktiengesetzes von 1965 (§§ 339 bis 393 AktG 1965) über die Verschmelzung, die Vermögensübertragung und die formwechselnde Umwandlung in das Umwandlungsgesetz übernommen. § 361 AktG 1965 wurde aufgehoben und im Wesentlichen in § 179a AktG integriert. § 179a AktG wurde in den ersten Abschnitt „Satzungsänderung" (§§ 179 bis 181 AktG) des sechsten Teils des Aktiengesetzes eingefügt.[101]

Das noch in § 361 Abs. 1 Satz 1 AktG 1965 vorgesehene Erfordernis der notariellen Beurkundung des Verpflichtungsvertrags wurde nicht in § 179a AktG übernommen, weil, wie es in der Regierungsbegründung hierzu heißt, die Vorschrift des § 311 BGB a. F. (jetzt § 311b Abs. 3 BGB) eine besondere Regelung zum Formerfordernis überflüssig mache.[102] Auch der in § 361 Abs. 3 Satz 1 AktG 1965 enthaltene Hinweis auf die Anwendbarkeit des Auflösungsrechts ist entfallen. Nach der Regierungsbegründung hatte dieser Hinweis nur klarstellende Bedeutung.[103]

3. Zweck des § 179a AktG

a) Schutz der Dispositionsfreiheit der Aktionäre

aa) Gesetzesmaterialien

Nach der Begründung des Regierungsentwurfs zum Umwandlungsbereinigungsgesetz[104], durch das § 179a AktG eingeführt wurde, liegt der wesentliche Zweck des § 179a AktG darin sicherzustellen, dass die Hauptversammlung die Entscheidung über die Veräußerung des ganzen Gesellschaftsvermögens trifft. Zu § 361 AktG 1965 (der Vorgängerregelung des § 179a AktG) heißt es dort:

> „Sein wesentlicher Zweck ist, die Zuständigkeit der Hauptversammlung für den Fall zu begründen, daß sich die wirtschaftliche Struktur des Unternehmens der Aktiengesellschaft ändert, ohne daß die Zuständigkeit der Hauptversammlung schon aus anderen Gründen, etwa durch das Erfordernis einer Satzungsänderung infolge Veränderung des Unternehmensgegenstandes, gegeben ist."[105]

---

100 UmwBerG v. 28. 10. 1994, BGBl. I S. 3210.
101 Näher zu dieser Gesetzesänderung 5. Teil. A. II. 3. d) bb) (2).
102 Begr. RegE UmwBerG, BT-Drs. 12/6699, S. 177.
103 Begr. RegE UmwBerG, BT-Drs. 12/6699, S. 177.
104 UmwBerG v. 28. 10. 1994, BGBl. I S. 3210.
105 Begr. RegE UmwBerG, BT-Drs. 12/6699, S. 177.

Zur Übernahme des ursprünglich in § 361 AktG 1965 vorgesehenen Beschlusserfordernisses in § 179a Abs. 1 Satz 1 AktG heißt es in der Gesetzesbegründung weiter:

> „Die Übertragung des gesamten Gesellschaftsvermögens wird im Regelfall eine Änderung des Unternehmensgegenstandes zur Folge haben und damit eine Satzungsänderung erforderlich machen. In diesem Fall greifen die §§ 179 bis 181 AktG unmittelbar ein. Es kann jedoch vorkommen, daß die Satzung einen solchen Veräußerungsvorgang bereits abdeckt. Für diesen Fall muß Vorsorge getroffen werden, daß die Hauptversammlung die Entscheidung trifft, weil es sich um eine sogenannte faktische Satzungsänderung handeln kann. Deshalb sollen die Vorschriften des Aktiengesetzes über die Satzungsänderung ergänzt werden (§ 179a Abs. 1 Satz 1)."[106]

Auch die Gründe dafür, dass die Hauptversammlung über die Veräußerung entscheiden soll, lassen sich den zitierten Ausführungen entnehmen. Es ist zum einen die Nähe der Veräußerung des ganzen Gesellschaftsvermögens zu den klassischen Strukturmaßnahmen, die grundsätzlich in den Zuständigkeitsbereich der Hauptversammlung fallen („die Zuständigkeit der Hauptversammlung für den Fall zu begründen, daß sich die wirtschaftliche Struktur des Unternehmens der Aktiengesellschaft ändert"), und zum anderen die Nähe zu einer Satzungsänderung, für die ebenfalls die Hauptversammlung zuständig ist („die Hauptversammlung die Entscheidung trifft, weil es sich um eine sogenannte faktische Satzungsänderung handeln kann").

bb) Herrschende Meinung

Diese Sichtweise des Gesetzgebers entspricht grundsätzlich der wohl herrschenden Meinung, die auch vom Bundesgerichtshof vertreten wird. Die Vertreter der herrschenden Meinung heben jedoch hervor, dass mit dem Zustimmungserfordernis auch eine Beschränkung der Vertretungsmacht des Vorstands verbunden sei. Durch § 179a AktG solle „die Dispositionsfreiheit der Aktionäre gewahrt werden, indem das Gesetz sie durch das Zustimmungserfordernis davor schütze, dass die Verwaltung ohne ihren Willen das Vermögen der Aktiengesellschaft, das die Grundlage ihrer satzungsmäßigen Unternehmenstätigkeit bilde, aus der Hand gebe oder fremden Einflüssen unterwerfe".[107] Dem ist zuzustimmen.

---

106 Begr. RegE UmwBerG, BT-Drs. 12/6699, S. 177.

107 BGHZ 220, 354, 365; so bereits BGHZ 82, 188, 195 f. – Hoesch/Hoogovens; BGHZ 83, 122, 128 – Holzmüller; so auch *Brocker/Schulenburg*, BB 2015, 1993, 1994; *Holzborn*, in: Spindler/Stilz, AktG, 4. Aufl. 2019, § 179a Rn. 1; *Hübner*, in: FS Stimpel, 1985, S. 791, 792 f.; *Hüren*, RNotZ 2014, 77, 78; *Koch*, in: Hüffer/Koch, AktG, 15. Aufl. 2021, § 179a Rn. 1; *Leitzen*, NZG 2012, 491, 492; *Schoppe*, Aktieneigentum, 2011, S. 264;

b) Schutz vor unangemessener Vertragsgestaltung

aa) Gesetzesmaterialien

Ein weiterer Zweck des § 179a AktG kann der Regierungsbegründung zum Aktiengesetz von 1965 entnommen werden. Mit dem Aktiengesetz von 1965 wurden, wie bereits erwähnt,[108] die Informationspflichten, die auch heute noch im Wesentlichen in § 179a Abs. 2 AktG enthalten sind, in § 361 Abs. 2 AktG 1965 eingefügt. Das wurde mit der Übernahme der entsprechenden Änderungen bei der Verschmelzung begründet, für welche in § 340 Abs. 3 AktG 1965 die gleichen Informationspflichten geschaffen wurden.[109] Die Einführung dieser Informationspflichten begründete der Gesetzgeber wie folgt: „Dadurch wird gewährleistet, daß die Aktionäre sich vor der Beschlußfassung ausreichend über den Vertrag unterrichten können."[110] Danach besteht ein weiterer Zweck des § 179a AktG darin sicherzustellen, dass die Gesellschafter vor der Beschlussfassung in angemessener Weise über den Inhalt des Vertrags informiert werden, mit dem sich die Gesellschaft zur Übertragung ihres ganzen Gesellschaftsvermögens verpflichtet.

bb) Teil der Literatur

Dieser weitere Regelungszweck wird auch von einem Teil der Literatur anerkannt. Die Vertreter dieser Ansicht präzisieren den Zweck des § 179a AktG aber richtigerweise dahingehend, dass die Aktionäre durch die in dieser Vorschrift vorgesehenen Informationspflichten (in Verbindung mit dem Zustimmungserfordernis) vor einer unangemessenen Vertragsgestaltung und damit letztlich auch vor einer Beeinträchtigung ihrer Vermögensinteressen geschützt werden sollen.[111]

Seibt, in: K. Schmidt/Lutter, AktG, 4. Aufl. 2020, § 179a Rn. 2; *Servatius*, in: FS Stilz, 2014, S. 601, 602 f.; *Stein*, in: Münch. Komm. AktG, 5. Aufl. 2021, § 179a Rn. 6; *Stellmann/Stoeckle*, WM 2011, 1983, 1986; *Timm*, Konzernspitze, 1980, S. 104 f.; *Timm*, AG 1980, 172, 175; *Weber*, DNotZ 2018, 96, 109; *Werner*, GmbHR 2018, 888, 888.

108 Dazu 2. Teil. C. I. 2. c).

109 Begr. RegE AktG 1965, BT-Drs. IV/171, S. 253 (zu § 349 AktG-E 1965).

110 Begr. RegE AktG 1965, BT-Drs. IV/171, S. 249 (zu § 328 AktG-E 1965).

111 *Brocker/Schulenburg*, BB 2015, 1993, 1994; *Decker*, NZG 2018, 447, 448; *Holzborn*, in: Spindler/Stilz, AktG, 4. Aufl. 2019, § 179a Rn. 1; *Hüren*, RNotZ 2014, 77, 78; *Koch*, in: Hüffer/Koch, AktG, 15. Aufl. 2021, § 179a Rn. 1; *Leitzen*, NZG 2012, 491, 492; *Schoppe*, Aktieneigentum, 2011, S. 264; *Seibt*, in: K. Schmidt/Lutter, AktG, 4. Aufl. 2020, § 179a Rn. 2; *Servatius*, in: FS Stilz, 2014, S. 601, 603 f.; *Stein*, in: Münch. Komm. AktG, 5. Aufl. 2021, § 179a Rn. 7; *Werner*, GmbHR 2018, 888, 888; a. A.

c) *Weitere Zwecke*

Nach Ansicht von *Kropff*[112], der sich das OLG Stuttgart[113] in einer Entscheidung zur übertragenden Auflösung einer AG angeschlossen hat, besteht der Hauptzweck des § 361 AktG 1965 (jetzt im Wesentlichen § 179a AktG) darin, „die Aktionäre, namentlich eine Aktionärsminderheit, im Falle der Übertragung an einen Großaktionär zu schützen".[114] Diese Auffassung ist jedoch vereinzelt geblieben; aus der Entstehungsgeschichte dieser Vorschrift lassen sich auch keine Anhaltspunkte entnehmen, die diese Sichtweise stützen.

Die Aktionäre, insbesondere die Minderheitsaktionäre, sollen durch § 179a AktG auch nicht davor geschützt werden, dass sie ihre Mitgliedschaft in der Gesellschaft verlieren.[115] Der Zweck des § 179a AktG besteht auch nicht darin, die Aktionäre schlechthin vor einer Veräußerung des Vermögens der Gesellschaft zu bewahren;[116] es ist vielmehr Sache der Mehrheit, hierüber zu befinden.[117]

II. Gesellschaft mit beschränkter Haftung und Kommanditgesellschaft

Für die GmbH und die KG gibt es, wie bereits erwähnt, keine dem § 179a AktG entsprechende Vorschrift. Auf die Frage, ob § 179a AktG auf die GmbH und die KG analog anwendbar ist, wird an späterer Stelle eingegangen.[118]

Wagner, in: Heidel, AktR, 5. Aufl. 2020, § 179a Rn. 3, der in § 179a AktG ausschließlich eine Kompetenznorm sieht.

112 *Kropff*, in: Geßler/Hefermehl/Eckardt/Kropff, AktG, 14. Lief. (1993), § 361 Rn. 3.

113 OLG Stuttgart, ZIP 1997, 362, 362 – MotoMeter II.

114 Ähnlich *Koch*, in: Hüffer/Koch, AktG, 15. Aufl. 2021, § 179a Rn. 1; *Küting*, DStR 2003, 838, 841; *Servatius*, in: FS Stilz, 2014, S. 601, 604.

115 *Holzborn*, in: Spindler/Stilz, AktG, 4. Aufl. 2019, § 179a Rn. 1; *Seibt*, in: K. Schmidt/Lutter, AktG, 4. Aufl. 2020, § 179a Rn. 2; *Stein*, in: Münch. Komm. AktG, 5. Aufl. 2021, § 179a Rn. 8.

116 *Holzborn*, in: Spindler/Stilz, AktG, 4. Aufl. 2019, § 179a Rn. 1; *Stein*, in: Münch. Komm. AktG, 5. Aufl. 2021, § 179a Rn. 8.

117 *Stein*, in: Münch. Komm. AktG, 5. Aufl. 2021, § 179a Rn. 8.

118 Dazu 4. Teil. A. II. 2. a) (GmbH) und 4. Teil. A. III. 2. a) (KG).

3. Teil. Zulässigkeit der übertragenden Auflösung

In diesem Teil wird untersucht, ob die übertragende Auflösung grundsätzlich zulässig ist, ob also Gründe vorliegen, die der Zulässigkeit der übertragenden Auflösung nicht nur im Einzelfall, sondern generell entgegenstehen. Dabei wird zunächst erörtert, ob die übertragende Auflösung mit dem Verfassungsrecht vereinbar ist (dazu unter A.). Anschließend wird die Vereinbarkeit der übertragenden Auflösung mit dem geltenden einfachen Recht untersucht (dazu unter B.).

A. Vereinbarkeit mit Verfassungsrecht

Aus verfassungsrechtlicher Sicht hat sich das Bundesverfassungsgericht in der MotoMeter-Entscheidung[119] aus dem Jahr 2000 eingehend mit der Zulässigkeit der übertragenden Auflösung einer AG befasst.

I. MotoMeter-Entscheidung des Bundesverfassungsgerichts

In der MotoMeter-Entscheidung[120] hat das Bundesverfassungsgericht den „Schlußpunkt“[121] unter einen über mehrere Instanzen geführten Rechtsstreit gesetzt, der die übertragende Auflösung der MotoMeter AG zum Gegenstand hatte. Der Beschwerdeführer war als Minderheitsaktionär an der Gesellschaft beteiligt. Der Mehrheitsaktionär der Gesellschaft hielt etwa 99 Prozent des Grundkapitals. Er gründete zunächst eine GmbH, an die die Gesellschaft sodann ihr ganzes Vermögen für einen Preis von DM 120 Millionen verkaufte. Dies entsprach einem Preis von DM 500 je Aktie. Ein zuvor von der Gesellschaft in Auftrag gegebenes Gutachten hatte einen Anteilswert von DM 475 je Aktie ermittelt. Nach Abschluss des Kaufvertrags beschloss die Hauptversammlung der Gesellschaft mit den Stimmen des Mehrheitsaktionärs und gegen die Stimmen des Beschwerdeführers, die Gesellschaft aufzulösen (§ 262 Abs. 1 Nr. 2 AktG) und dem Kaufvertrag zuzustimmen (§ 361 AktG 1965; heute im Wesentlichen § 179a AktG).

---

119 BVerfG, NJW 2001, 279 – MotoMeter (AG).
120 BVerfG, NJW 2001, 279 – MotoMeter (AG).
121 *Henze*, in: FS Peltzer, 2001, S. 181, 181.

Das Bundesverfassungsgericht hat in der Entscheidung festgestellt, dass die übertragende Auflösung grundsätzlich zulässig ist, sofern die ausscheidenden Minderheitsaktionäre für den Verlust ihrer Mitgliedschaft wirtschaftlich voll entschädigt werden und die Möglichkeit haben, den vom Mehrheitsaktionär für das Gesellschaftsvermögen gezahlten Preis gerichtlich überprüfen zu lassen.

Art. 14 Abs. 1 GG, der das in der Aktie verkörperte Anteilseigentum schütze, schließe es nicht grundsätzlich aus, „eine Aktionärsminderheit gegen ihren Willen aus einer Aktiengesellschaft zu drängen“[122]. Das gelte auch dann, wenn dies mittels einer übertragenden Auflösung geschehe. Denn hierfür könne es „eine Reihe legitimer Gründe“[123] geben. Bereits das Vorhandensein von Minderheitsaktionären bringe für den Mehrheitsaktionär „erheblichen Aufwand, potenzielle Schwierigkeiten und unter Umständen die Verzögerung der von ihm als sinnvoll erachteten unternehmerischen Maßnahmen“[124] mit sich.

Soweit das Gesetz dem Mehrheitsaktionär ermögliche, eine übertragende Auflösung durchzuführen, müssten die Minderheitsgesellschafter aber hinreichend geschützt werden. Dieser Schutz könne sich allerdings auf die Vermögenskomponente der Beteiligung beschränken. Werden Minderheitsaktionäre durch die übertragende Auflösung aus der Gesellschaft gedrängt, beeinträchtige dies zwar auch die mit jeder Mitgliedschaft verbundene Leitungs- und Herrschaftskomponente des Aktieneigentums. Diese sei bei Minderheitsaktionären aber ohnehin nur sehr begrenzt bedeutsam, weil ihre Einflussmöglichkeiten auf die Unternehmenspolitik der Gesellschaft grundsätzlich gering seien. Daher könne das Interesse der Minderheitsaktionäre hinter das Interesse des Mehrheitsaktionärs an der freien Entfaltung seiner unternehmerischen Initiative zurückgestellt werden, sofern die schutzwürdigen Interessen der ausscheidenden Minderheitsaktionäre gewahrt blieben.

Wegen Art. 14 Abs. 1 GG sei es jedoch erforderlich, dass die „Minderheitsaktionäre, die gegen ihren Willen aus der Gesellschaft (…) gedrängt werden, wirtschaftlich ‚voll‘ entschädigt werden“[125]. Das stelle aber die Verfassungskonformität des § 179a AktG nicht infrage.[126] Die Gerichte müssten allerdings von Verfassungs wegen prüfen, ob der Mehrheitsaktionär bei einer übertragenden

122 BVerfG, NJW 2001, 279, 279 – MotoMeter (AG).
123 BVerfG, NJW 2001, 279, 281 – MotoMeter (AG).
124 BVerfG, NJW 2001, 279, 280 – MotoMeter (AG).
125 BVerfG, NJW 2001, 279, 280 – MotoMeter (AG).
126 Für die Vereinbarkeit des § 361 AktG 1965 (jetzt im Wesentlichen § 179a AktG) mit dem Grundgesetz bereits OLG Stuttgart, ZIP 1997, 362, 363 – MotoMeter II (AG).

Auflösung einen Preis für das Vermögen der Gesellschaft entrichtet, der dem Wert der Unternehmensbeteiligung der Gesellschafter entspricht. Diese Überprüfung könne aus verfassungsrechtlicher Sicht entweder im Anfechtungsverfahren oder im Spruchverfahren erfolgen.[127]

II. Reaktionen im Schrifttum auf die MotoMeter-Entscheidung

Die MotoMeter-Entscheidung des Bundesverfassungsgerichts ist im Schrifttum ganz überwiegend auf Zustimmung gestoßen.[128] Nur vereinzelt wurde die Entscheidung kritisiert.[129] Insbesondere wurde eingewandt, dass die Gewährleistung einer vollen Entschädigung der ausscheidenden Minderheitsgesellschafter den Bestandsschutz der Mitgliedschaft nicht ersetzen könne.[130]

III. Stellungnahme

1. *Aktiengesellschaft*

Für die AG ist der MotoMeter-Entscheidung des Bundesverfassungsgerichts zuzustimmen. Aus verfassungsrechtlicher Sicht bestehen keine grundsätzlichen Bedenken gegen die übertragende Auflösung der AG. Zwar beeinträchtigt die übertragende Auflösung das mitgliedschaftliche Bestandsinteresse der Minderheitsaktionäre. Das steht, wie das Bundesverfassungsgericht überzeugend dargelegt hat,[131] der Zulässigkeit der übertragenden Auflösung aber nicht entgegen. Denn diese Beeinträchtigung ist nicht erheblich und der Mehrheitsgesellschafter kann legitime Gründe für eine übertragende Auflösung haben. Allerdings müssen die Vermögensinteressen der Minderheitsgesellschafter, die bei einer übertragenden Auflösung gefährdet sind, angemessen und effizient geschützt werden.[132] Bei Beachtung dieser Vorgaben werden die bei einer übertragenden Auflösung berührten Interessen des Mehrheitsgesellschafters und der

---

127 Zum Ganzen BVerfG, NJW 2001, 279, 279 ff. – MotoMeter (AG).

128 Vgl. etwa *Bauer*, NZG 2000, 1214, 1214 f.; *Neye*, EWiR 2000, 913, 914; *Rühland*, WM 2002, 1957, 1962 ff.; *Rühland*, Ausschluss, 2004, S. 74 ff.; *Schoppe*, Aktieneigentum, 2011, S. 264 ff.; vgl. auch *Fleischer*, DNotZ 2000, 876 ff.; *Grunewald/Müller*, JZ 2001, 1120, 1124 f.; *Raiser*, in: FS Kümpel, 2003, S. 437, 446 f.; *Schön*, in: FS Ulmer, 2003, S. 1359, 1388 ff.

129 *Hanau*, NZG 2002, 1040, 1042 ff.; *Wilhelm/Dreier*, ZIP 2003, 1369, 1372 f.

130 *Hanau*, NZG 2002, 1040, 1042 f.

131 Vgl. BVerfG, NJW 2001, 279, 279 f. – MotoMeter.

132 Vgl. BVerfG, NJW 2001, 279, 280 f. – MotoMeter; dazu 5. Teil.

Minderheitsgesellschafter angemessen zum Ausgleich gebracht. Dagegen würde ein generelles Verbot der übertragenden Auflösung einseitig nur die Interessen der Minderheitsgesellschafter berücksichtigen und die berechtigten Interessen des Mehrheitsgesellschafters außer Acht lassen.

Überzeugend ist hierbei auch der folgende Hinweis des Bundesverfassungsgerichts in der MotoMeter-Entscheidung: „Die rechtliche Bewertung ändert sich nicht dadurch, dass die Gesellschaft, aus der der Minderheitsaktionär gedrängt wird, eine besonders gute Rentabilität verspricht. Bloße, in dem aktuellen Wert des konkreten Eigentums noch nicht abgebildete Gewinnerwartungen und in der Zukunft liegende Verdienstmöglichkeiten sowie Chancen und Gegebenheiten, innerhalb derer ein Unternehmer seine Tätigkeit entfaltet, liegen grundsätzlich außerhalb des Schutzbereichs der Eigentumsgarantie (…); dies gilt auch für das Aktieneigentum."[133] Das bedeutet, dass die mittelbare Beteiligung der Gesellschafter an dem Unternehmen der Gesellschaft, die die Minderheitsgesellschafter durch die übertragende Auflösung verlieren, nach Auffassung des Bundesverfassungsgerichts für sich genommen verfassungsrechtlich nicht geschützt ist.

2. *Gesellschaft mit beschränkter Haftung*

Auch bei der GmbH ist die Zulässigkeit der übertragenden Auflösung aus verfassungsrechtlicher Sicht an Art. 14 Abs. 1 GG zu messen. Art. 14 Abs. 1 GG schützt das in den GmbH-Anteilen verkörperte Eigentum.[134] Der Schutz des Anteilseigentums umfasst sowohl die mitgliedschaftliche Stellung als auch die vermögensrechtliche Position der Gesellschafter.[135] Beide Elemente werden durch die übertragende Auflösung berührt. Denn die Minderheitsgesellschafter verlieren hierbei gegen ihren Willen ihre Mitgliedschaft in der Gesellschaft (mitgliedschaftliche Stellung) und für die Minderheitsgesellschafter besteht die Gefahr, dass ihr Anteil am Liquidationserlös den Verlust ihrer Beteiligung an der Gesellschaft nicht vollständig kompensiert (vermögensrechtliche Position).[136]

a) *Mitgliedschaftliche Stellung*

Im Hinblick auf die mitgliedschaftliche Stellung der Gesellschafter hat das Bundesverfassungsgericht in der MotoMeter-Entscheidung zur AG die mit

---

133 BVerfG, NJW 2001, 279, 280 – MotoMeter.

134 *Papier/Shirvani*, in: Maunz/Dürig, GG, 94. Lief. (2021), Art. 14 Rn. 310.

135 Vgl. BVerfG, NJW 2001, 279, 279 – MotoMeter (AG).

136 Vgl. BVerfG, NJW 2001, 279, 279 – MotoMeter (AG).

der übertragenden Auflösung verbundene Beeinträchtigung der Leitungs- und Herrschaftskomponente der Beteiligung der Minderheitsgesellschafter gegen die von den Minderheitsgesellschaftern ausgehende Beeinträchtigung der Interessen des Mehrheitsgesellschafters abgewogen.[137]

aa) Interessen des Mehrheitsgesellschafters

Im Rahmen dieser Abwägung hat das Bundesverfassungsgericht aufseiten des Mehrheitsgesellschafters der AG vor allem darauf abgestellt, dass schon die Existenz der Minderheitsgesellschafter für den Mehrheitsgesellschafter „erheblichen Aufwand, potenzielle Schwierigkeiten und unter Umständen die Verzögerung der von ihm als sinnvoll erachteten unternehmerischen Maßnahmen“[138] mit sich bringe. Weiter hat es darauf hingewiesen, dass die Durchsetzung anstehender unternehmerischer Maßnahmen erleichtert werde, wenn ein Gesellschafter alle Anteile an einer Gesellschaft hält.[139] Insoweit ist die Situation bei der GmbH im Wesentlichen vergleichbar.

Der „Aufwand“, der durch das Vorhandensein von Minderheitsgesellschaftern entsteht, ist bei der GmbH zwar typischerweise geringer, weil das Verbandsrecht der GmbH nach den gesetzlichen Regelungen weniger formalistisch ausgestaltet ist als bei der AG und an einer GmbH in der Regel weniger Gesellschafter beteiligt sind als an einer AG. Das Vorhandensein von Minderheitsgesellschaftern bedeutet aber auch bei der GmbH regelmäßig einen erheblichen Aufwand.

Allerdings kommt dem durch das Vorhandensein von Minderheitsgesellschaftern verursachten Aufwand in diesem Zusammenhang keine entscheidende Bedeutung zu. Im Vordergrund steht, dass die Minderheitsgesellschafter das Interesse des Mehrheitsgesellschafters an der freien Entfaltung seiner unternehmerischen Initiative auch bei der GmbH erheblich beeinträchtigen können. Denn auch bei der GmbH können die Minderheitsgesellschafter die von dem Mehrheitsgesellschafter als geboten angesehenen und angestrebten unternehmerischen Maßnahmen erheblich verzögern, insbesondere indem sie gegen den mit den Stimmen des Mehrheitsgesellschafters gefassten Beschluss klageweise vorgehen.

Zudem sind auch bei der GmbH für den Gesellschafter, der sämtliche Anteile an der GmbH hält, gesetzliche Erleichterungen vorgesehen. Ein Alleingesellschafter kann beispielsweise „von der relativ schwerfälligen sowie für Gesellschaft

---

137 Vgl. BVerfG, NJW 2001, 279, 279 f. – MotoMeter (AG).
138 BVerfG, NJW 2001, 279, 280 – MotoMeter (AG).
139 Vgl. BVerfG, NJW 2001, 279, 280 – MotoMeter (AG).

und Gesellschafter aufwändigen und kostenintensiven Abhaltung einer formalen Gesellschafterversammlung“[140] absehen und dennoch Beschlüsse fassen (vgl. § 48 Abs. 2 GmbHG). Hierdurch kann der Alleingesellschafter deutlich schneller auf aktuelle Entwicklungen in der GmbH reagieren.[141]

bb) Interessen der Minderheitsgesellschafter

Aufseiten der Minderheitsgesellschafter hat das Bundesverfassungsgericht in der MotoMeter-Entscheidung zur AG im Rahmen der Abwägung vor allem darauf abgestellt, dass die Leitungs- und Herrschaftskomponente der Beteiligung der Minderheitsgesellschafter eine ganz untergeordnete Rolle spiele, weil sie die Unternehmenspolitik der Gesellschaft ohnehin nicht wesentlich beeinflussen könnten.[142] Bei der GmbH kommt der Leitungs- und Herrschaftskomponente der Beteiligung der Minderheitsgesellschafter nach den gesetzlichen Regelungen sogar eine noch geringere Bedeutung als bei der AG zu, sofern der Mehrheitsgesellschafter die Stimmrechte hält, die erforderlich sind, um eine übertragende Auflösung durchzuführen.

Um die übertragende Auflösung einer GmbH ohne Zustimmung der Minderheitsgesellschafter zu beschließen, muss der Mehrheitsgesellschafter über mindestens drei Viertel der Stimmrechte verfügen (vgl. zum Auflösungsbeschluss § 60 Abs. 1 Nr. 2 GmbHG).[143] Verfügt der Mehrheitsgesellschafter über Stimmrechte in dieser Höhe, haben die Minderheitsgesellschafter nach den gesetzlichen Regelungen nicht die Möglichkeit, die Unternehmenspolitik der Gesellschaft wesentlich zu beeinflussen. Vielmehr kann der Mehrheitsgesellschafter der GmbH, wie bei der AG, alle wesentlichen Maßnahmen der Gesellschaft, die in die Beschlusskompetenz der Gesellschafter fallen, mit seiner Stimmenmehrheit beschließen und allein durchsetzen.[144] Anders als bei der AG kann der Mehrheitsgesellschafter der GmbH sogar die Mitglieder des Vertretungsorgans unmittelbar bestellen und abberufen (vgl. §§ 46 Nr. 5, 47 Abs. 1 GmbHG). Bei der GmbH kann der Mehrheitsgesellschafter darüber hinaus über Maßnahmen der Geschäftsführung entscheiden. Denn die Gesellschafter haben ein Weisungsrecht gegenüber den Geschäftsführern,[145] welches der Mehrheitsgesellschafter aufgrund

---

140 *Liebscher*, in: Münch. Komm. GmbHG, 3. Aufl. 2019, § 48 Rn. 140.

141 Vgl. *Liebscher*, in: Münch. Komm. GmbHG, 3. Aufl. 2019, § 48 Rn. 140.

142 BVerfG, NJW 2001, 279, 280 – MotoMeter (AG).

143 Näher zu dem Mehrheitserfordernis bei der übertragenden Auflösung der GmbH 4. Teil. B. II.

144 Näher dazu 4. Teil. B. II. 2. b) cc).

145 Vgl. nur *Stephan/Tieves*, in: Münch. Komm. GmbHG, 3. Aufl. 2019, § 37 Rn. 115 ff.

seiner Stimmenmehrheit durch Gesellschafterbeschluss ebenfalls allein ausüben kann.[146] Die Minderheitsgesellschafter haben bei diesen Stimmrechtsverhältnissen lediglich Teilhabe-, Informations- und Kontrollrechte.[147]

Aufseiten der Minderheitsgesellschafter hat das Bundesverfassungsgericht in der MotoMeter-Entscheidung zur AG darüber hinaus berücksichtigt, dass die Minderheitsgesellschafter bei einem funktionsfähigen Kapitalmarkt die Möglichkeit haben, das Kapital, das sie als Ausgleich für den Verlust ihrer Mitgliedschaft erhalten, in ein vergleichbares Unternehmen zu investieren.[148] Diese Möglichkeit steht auch den Minderheitsgesellschaftern einer GmbH offen, obwohl die Verkehrsfähigkeit von GmbH-Anteilen deutlich geringer ist als die Verkehrsfähigkeit von Aktien. Die ausscheidenden Minderheitsgesellschafter haben aber jedenfalls die Möglichkeit, den für ihre GmbH-Anteile erhaltenen Liquidationserlös durch den Erwerb von Aktien an einer AG, die Träger eines vergleichbaren Unternehmens ist, zu reinvestieren. Auf die Rechtsform des Unternehmensträgers kann es insoweit nicht ankommen. Die Minderheitsgesellschafter könnten nach den gesetzlichen Regelungen auch nicht verhindern, dass die GmbH in eine AG formgewechselt wird, wenn der Mehrheitsgesellschafter über Stimmrechte verfügt, mit denen er eine übertragende Auflösung beschließen kann (vgl. § 240 Abs. 1 Satz 1 UmwG).

cc) Ergebnis der Abwägung

Aus verfassungsrechtlicher Sicht ist die Interessenlage bei der GmbH nach den gesetzlichen Regelungen daher mit der Interessenlage bei der AG vergleichbar. Die Abwägung fällt bei der GmbH ebenfalls zugunsten des Mehrheitsgesellschafters aus. Auch bei der GmbH kann das Interesse der Minderheitsgesellschafter hinter das Interesse des Mehrheitsgesellschafters an der freien Entfaltung seiner

---

146 Für das Weisungsrecht ist regelmäßig die einfache Mehrheit und ausnahmsweise eine Drei-Viertel-Mehrheit der Stimmen erforderlich, vgl. nur *Schneider/Schneider*, in: Scholz, GmbHG, 12. Aufl. 2021, § 37 Rn. 78 f.; *Stephan/Tieves*, in: Münch. Komm. GmbHG, 3. Aufl. 2019, § 37 Rn. 109.

147 Insbes.: Recht zur Teilnahme an der Gesellschafterversammlung; Stimmrecht in der Gesellschafterversammlung (§ 47 Abs. 2 GmbHG); Recht auf Einberufung der Gesellschafterversammlung (Anteil von zehn Prozent des Stammkapitals erforderlich, § 50 Abs. 1 GmbHG); Recht auf Ankündigung von Gegenständen zur Tagesordnung (Anteil von zehn Prozent des Stammkapitals erforderlich, § 50 Abs. 2 GmbHG); Auskunfts- und Einsichtsrecht (§ 51a GmbHG); Recht zur Anfechtung von Gesellschafterbeschlüssen (§ 245 AktG analog).

148 BVerfG, NJW 2001, 279, 280 – MotoMeter (AG).

unternehmerischen Initiative zurückgestellt werden.[149] Bei der GmbH ergeben sich aus der mitgliedschaftlichen Stellung der Minderheitsgesellschafter damit ebenfalls keine verfassungsrechtlichen Bedenken gegen die Zulässigkeit der übertragenden Auflösung.

Das Ergebnis der Abwägung kann aber in den seltenen Ausnahmefällen anders ausfallen, in denen ein einzelner Minderheitsgesellschafter,[150] der über weniger als ein Viertel der Stimmrechte verfügt,[151] nach dem Gesellschaftsvertrag über die gesetzlichen Regelungen hinaus wesentliche Leitungs- und Herrschaftsrechte hat, wie dies mitunter bei Familiengesellschaften vorkommt. Zu denken ist beispielsweise an den Fall, dass ein Minderheitsgesellschafter nach dem Gesellschaftsvertrag das Recht hat, einen Geschäftsführer zu bestellen. Eine relevante Leitungs- und Herrschaftskomponente der Beteiligung des Minderheitsgesellschafters kann sich hieraus aber nur ergeben, wenn der von dem Minderheitsgesellschafter zu bestellende Geschäftsführer durch den oder die von dem Mehrheitsgesellschafter zu bestellenden Geschäftsführer oder durch einen allein mit den Stimmen des Mehrheitsgesellschafters gefassten Gesellschafterbeschluss jedenfalls bei wesentlichen Maßnahmen nicht überstimmt werden kann. Andernfalls bleibt es dabei, dass der Mehrheitsgesellschafter die Geschicke der Gesellschaft allein bestimmen kann. Zu denken ist weiter an den Fall, dass der Gesellschaftsvertrag abweichend von den gesetzlichen Bestimmungen für wesentliche Maßnahmen die Zustimmung sämtlicher Gesellschafter verlangt. Allerdings wird in einem solchen Fall nach dem Gesellschaftsvertrag in aller Regel auch für die Auflösung der Gesellschaft und die Veräußerung des ganzen Gesellschaftsvermögens die Zustimmung sämtlicher Gesellschafter erforderlich sein, sodass eine übertragende Auflösung ohnehin nur mit Zustimmung der Minderheitsgesellschafter durchgeführt werden kann.

---

149 Vgl. BVerfG, NJW 2001, 279, 280 – MotoMeter (AG).

150 Bei der grundrechtlichen Abwägung kommt es nicht auf die Gesamtheit der Minderheitsbeteiligungen, sondern nur auf den individuellen Minderheitsgesellschafter an, weil nur der einzelne Minderheitsgesellschafter und nicht die Gesamtheit der Minderheitsgesellschafter Träger des Eigentumsgrundrechts ist; näher dazu 4. Teil. B. I. 2. c).

151 Wie unter 3. Teil. A. III. 2. a) bb) ausgeführt, muss der Mehrheitsgesellschafter über mindestens drei Viertel der Stimmrechte verfügen, um die übertragende Auflösung einer GmbH ohne Zustimmung der Minderheitsgesellschafter beschließen zu können.

b) *Vermögensrechtliche Position*

Soweit es um die vermögensrechtliche Position der Minderheitsgesellschafter der GmbH geht, gelten die Überlegungen, die das Bundesverfassungsgericht in der MotoMeter-Entscheidung zur AG angestellt hat,[152] für die GmbH entsprechend. Auch bei der übertragenden Auflösung der GmbH müssen die ausscheidenden Minderheitsgesellschafter einen Ausgleich in Höhe des Werts ihrer Anteile erhalten und die Möglichkeit haben, das gerichtlich überprüfen zu lassen.[153]

c) *Zwischenergebnis*

Im Ergebnis gelten die Grundsätze, die das Bundesverfassungsgericht in der MotoMeter-Entscheidung[154] zur übertragenden Auflösung der AG aufgestellt hat, für die GmbH entsprechend.[155] Damit ist auch die übertragende Auflösung der GmbH verfassungsrechtlich nicht zu beanstanden. Die übertragende Auflösung der GmbH setzt damit aus verfassungsrechtlicher Sicht ebenfalls voraus, dass die ausscheidenden Minderheitsgesellschafter einen Ausgleich in Höhe des Werts ihrer Anteile erhalten und die Möglichkeit haben, das gerichtlich überprüfen zu lassen.

3. *Kommanditgesellschaft*

Die verfassungsrechtliche Betrachtung der übertragenden Auflösung ist bei der KG grundlegend anders als bei der AG und der GmbH. Bei der KG stellt sich die Frage, ob eine übertragende Auflösung aus verfassungsrechtlicher Sicht zulässig ist, nicht unmittelbar. Nach den hier einschlägigen gesetzlichen Vorschriften des Handelsgesetzbuchs kann ein Beschluss über die Auflösung der Gesellschaft nämlich nur einstimmig, also nur mit Zustimmung aller Komplementäre und Kommanditisten, wirksam gefasst werden (§§ 161 Abs. 2, 131 Abs. 1 Nr. 2, 119 Abs. 1 HGB).[156] Das Einstimmigkeitsprinzip gilt auch für einen Beschluss der Gesellschafterversammlung über die Veräußerung des ganzen Gesellschaftsvermögens, und zwar unabhängig davon, ob man darin eine außergewöhnliche

152 Vgl. dazu BVerfG, NJW 2001, 279, 280 f. – MotoMeter (AG).

153 Näher dazu 5. Teil.

154 BVerfG, NJW 2001, 279 – MotoMeter (AG).

155 *v. Morgen*, WM 2003, 1553, 1557, Fn. 49; nach *Berner*, in: Münch. Komm. GmbHG, 3. Aufl. 2018, § 60 Rn. 97 ist die Entscheidung des BVerfG auf die GmbH „nur beschränkt übertragbar".

156 *Schmid*, in: Münch. HdB. GesR II, 5. Aufl. 2019, § 45 Rn. 33.

Geschäftsführungsmaßnahme (§§ 161 Abs. 2, 164 Satz 1, 116 Abs. 2 HGB) oder ein Grundlagengeschäft (§§ 161 Abs. 2, 119 Abs. 1 HGB) sieht.

Allerdings können die Gesellschafter der KG als Ausfluss ihrer Privatautonomie im Gesellschaftsvertrag eine abweichende Regelung treffen und das Mehrheitsprinzip einführen.[157] In diesem Fall ist es dem Mehrheitsgesellschafter auch bei der KG möglich, eine übertragende Auflösung allein und ohne Zustimmung der Minderheitsgesellschafter zu beschließen, wenn er die im Gesellschaftsvertrag festgelegte Stimmenmehrheit besitzt. Das ist aber aus verfassungsrechtlicher Sicht auch bei der KG unbedenklich. Denn zwischen den Gesellschaftern einer KG besteht typischerweise kein „strukturelles Ungleichgewicht" und damit kein Anlass, die Privatautonomie einzuschränken. Bei der übertragenden Auflösung der KG muss aber ebenfalls gewährleistet sein, dass die ausscheidenden Minderheitsgesellschafter einen Ausgleich in Höhe des Werts ihrer Beteiligung erhalten und die Möglichkeit haben, das gerichtlich überprüfen zu lassen.[158]

IV. Ergebnis

Aus verfassungsrechtlicher Sicht ist die übertragende Auflösung der AG, der GmbH und der KG grundsätzlich zulässig. Es muss jedoch sichergestellt werden, dass die ausscheidenden Minderheitsgesellschafter einen Ausgleich in Höhe des Werts ihrer Beteiligung erhalten und die Möglichkeit haben, das gerichtlich überprüfen zu lassen.

B. Vereinbarkeit mit einfachem Recht

Aus Sicht des einfachen Rechts wurden unterschiedliche Gründe gegen die Zulässigkeit der übertragenden Auflösung eingewandt. Nachfolgend wird zunächst ein kurzer Überblick über den Meinungsstand zur Zulässigkeit der übertragenden Auflösung der AG, der GmbH und der KG gegeben (dazu unter I.). Anschließend wird auf die einzelnen Gründe eingegangen, die der Zulässigkeit der übertragenden Auflösung entgegengehalten werden (dazu unter II.). Abschließend werden die Gründe dargelegt, die für die Zulässigkeit der übertragenden Auflösung sprechen (dazu unter III.).

157 Dazu 4. Teil. B. III.
158 Näher dazu 5. Teil.

I. Überblick über den Meinungsstand

1. *Aktiengesellschaft*

Für die AG wird unterschiedlich beurteilt, ob die übertragende Auflösung zulässig ist. Ein Teil der Literatur lehnt die Zulässigkeit der übertragenden Auflösung der AG generell ab.[159] Nach ganz herrschender Meinung ist die übertragende Auflösung der AG dagegen zulässig.[160] Allerdings schränkt ein Teil der Vertreter

---

159 *Bachmann*, ZIP 2009, 1249, 1255; *Bachmann*, in: Spindler/Stilz, AktG, 4. Aufl. 2019, § 262 Rn. 36; *Ehmann*, in: Grigoleit, AktG, 2. Aufl. 2020, § 179a AktG Rn. 12; *Hirte*, Bezugsrechtsausschluß, 1986, S. 150 ff.; *Schwab*, in: K. Schmidt/Lutter, AktG, 4. Aufl. 2020, § 243 Rn. 17; *Wilhelm/Dreier*, ZIP 2003, 1369, 1375 (anders dann aber *Wilhelm*, in: FS Huber, 2006, S. 1019, 1028 ff.; zweifelnd *Wilhelm*, KapGesR, 5. Aufl. 2020, Rn. 672, Fn. 978); im Ergebnis auch *Hanau*, NZG 2002, 1040, 1047, der eine übertragende Auflösung nur für zulässig hält, wenn die Gesellschaft ohnehin „liquidationsreif" ist; zweifelnd *Singhof*, in: Spindler/Stilz, AktG, 4. Aufl. 2019, § 327a Rn. 8.

160 BGHZ 103, 184, 189 ff. – Linotype; OLG Stuttgart, ZIP 1995, 1515, 1517 ff. – MotoMeter I; OLG Stuttgart, ZIP 1997, 362, 362 – MotoMeter II; LG Stuttgart, DB 1993, 472, 472; *Austmann*, in: Münch. HdB. GesR IV, 5. Aufl. 2020, § 75 Rn. 11; *Bauer*, NZG 2000, 1214, 1214; *Bayer*, in: Lutter, UmwG, 6. Aufl. 2019, Einl. I Rn. 55; *Even/Vera*, DStR 2002, 1315, 1319; *Fleischer*, ZGR 2002, 757, 788 f.; *Fleischer*, in: Großkomm. AktG, 4. Aufl. 2007, Vor §§ 327a Rn. 47; *Friedrich*, BB 1994, 89, 94; *Grunewald*, in: Münch. Komm. AktG, 5. Aufl. 2020, Vorb. z. § 327a Rn. 13; *Habersack*, in: Emmerich/Habersack, Aktien- und GmbH-Konzernrecht, 9. Aufl. 2019, § 327a AktG Rn. 10; *Halm*, NZG 2000, 1162, 1164; *Henze*, ZIP 1995, 1473, 1474 ff.; *Henze*, in: FS Wiedemann, 2002, S. 935, 949; *Holzborn*, in: Spindler/Stilz, AktG, 4. Aufl. 2019, § 179a Rn. 36; *Klöhn*, Abfindungsansprüche, 2009, S. 307; *Koch*, in: Münch. Komm. AktG, 5. Aufl. 2021, § 262 Rn. 49; *Koch*, in: Hüffer/Koch, AktG, 15. Aufl. 2021, § 179a Rn. 21; *Kossmann*, NZG 1999, 1198, 1200; *Küting*, DStR 2003, 838, 844; *Land/Hasselbach*, DB 2000, 557, 560; *Leinekugel*, Ausstrahlungswirkungen, 2000, S. 29 f.; *Lieder*, in: Münch. HdB. GesR VIII, 5. Aufl. 2018, § 3 Rn. 24; *Lutter/Drygala*, in: FS Kropff, 1997, S. 191, 213; *Lutter/Leinekugel*, ZIP 1999, 261, 263; *v. Morgen*, WM 2003, 1553, 1555; *Pluskat*, WM 2002, 833, 839; *Reichert*, ZHR-Beiheft 68 (1999), S. 25, 32 f.; *Roth*, NZG 2003, 998, 999; *Rühland*, WM 2002, 1957, 1958; *Rühland*, Ausschluss, 2004, S. 74 ff.; *Scharpf*, Ausschluss, 2004, S. 177 ff.; *Schmidt-Hern*, in: Beck. HdB. AG, 3. Aufl. 2018, § 18 Rn. 5; *Schnorbus*, Gestaltungsfreiheit, 2001, S. 138 ff.; *Schnorbus*, in: K. Schmidt/Lutter, AktG, 4. Aufl. 2020, Vorb. zu §§ 327a Rn. 12; *Schoppe*, Aktieneigentum, 2011, S. 279; *Schwichtenberg*, DStR 2001, 2075, 2077 f.; *Seibt*, in: K. Schmidt/Lutter, AktG, 4. Aufl. 2020, § 179a Rn. 25; *Stein*, in: Münch. Komm. AktG, 5. Aufl. 2021, § 179a Rn. 73; *Timm*, NJW 1988, 1582, 1583; *Wasmann*, in: Kölner Komm. AktG, 3. Aufl. 2013, § 1 SpruchG Rn. 32; *Wilhelm*, in: FS Huber, 2006, S. 1019, 1028 ff. (anders aber noch *Wilhelm/Dreier*, ZIP 2003, 1369, 1375; zweifelnd *Wilhelm*, KapGesR, 5. Aufl.

der herrschenden Meinung die Zulässigkeit der übertragenden Auflösung ein. Hierauf wird an späterer Stelle eingegangen.[161]

2. *Gesellschaft mit beschränkter Haftung*

Die Frage nach der Zulässigkeit der übertragenden Auflösung wird auch im GmbH-Recht unterschiedlich beurteilt. Vereinzelt wird die Auffassung vertreten, dass die übertragende Auflösung der GmbH in jedem Fall unzulässig sei.[162] Nach herrschender Meinung ist die übertragende Auflösung der GmbH jedoch grundsätzlich zulässig.[163]

3. *Kommanditgesellschaft*

Im KG-Recht wird die Zulässigkeit der übertragenden Auflösung, soweit ersichtlich, im Grundsatz allgemein bejaht.[164]

2020, Rn. 672, Fn. 978); *Wolf*, ZIP 2002, 153, 154 ff.; vgl. auch Begr. RegE UmwG 1956, BT-Drs. 2/2402, S. 11.

161 Dazu 4. Teil.

162 *Altmeppen*, GmbHG, 10. Aufl. 2021, § 60 Rn. 19; *Grunewald*, Ausschluß, 1987, S. 299 f.; *Martens*, GmbHR 1984, 265, 269 f.; *Timm*, JZ 1980, 665, 669 f. (anders dann aber *Timm*, NJW 1988, 1582, 1583); wohl auch *Lieder*, in: MHLS, GmbHG, 3. Aufl. 2017, § 13 Rn. 172; unklar *Römermann*, in: MHLS, GmbHG, 3. Aufl. 2017, Anh. § 47 Rn. 337.

163 BGHZ 76, 352, 353 ff.; *Gesell*, in: Rowedder/Schmidt-Leithoff, GmbHG, 6. Aufl. 2017, § 70 Rn. 17; *Haas*, in: Baumbach/Hueck, GmbHG, 22. Aufl. 2019, § 70 Rn. 8a; *Heckschen/Strnad*, in: Heckschen/Heidinger, GmbH, 4. Aufl. 2018, Kap. 18 Rn. 16; *Helm/Haaf*, in: Beck. HdB. GmbH, 6. Aufl. 2021, § 18 Rn. 45; *Kleindiek*, in: Lutter/Hommelhoff, GmbHG, 20. Aufl. 2020, § 60 Rn. 6, § 70 Rn. 14; *Kolmann/Riedemann*, in: Saenger/Inhester, GmbHG, 4. Aufl. 2020, § 72 Rn. 16; *v. Morgen*, WM 2003, 1553, 1557; *Nerlich*, in: MHLS, GmbHG, 3. Aufl. 2017, § 60 Rn. 46 f.; *Paura*, in: Ulmer/Habersack/Löbbe, GmbHG, 2. Aufl. 2016, § 70 Rn. 20; *Roth*, in: Bork/Schäfer, GmbHG, 4. Aufl. 2019, § 60 Rn. 9; *K. Schmidt/Scheller*, in: Scholz, GmbHG, 12. Aufl. 2021, § 70 Rn. 18.

164 OLG Hamm, BB 1954, 913, 913; *Haas*, in: Röhricht/Graf v. Westphalen/Haas, HGB, 5. Aufl. 2019, § 145 Rn. 7, § 149 Rn. 14; *Habersack*, in: Staub, HGB, 5. Aufl. 2009, § 149 Rn. 36; *Hillers*, Personengesellschaft, 1989, S. 66; *Hillmann*, in: EBJS, HGB, 4. Aufl. 2020, § 145 Rn. 24, § 149 Rn. 18; *Kamanabrou*, in: Oetker, HGB, 7. Aufl. 2021, § 149 Rn. 12; *Klöhn*, in: Henssler/Strohn, GesR, 5. Aufl. 2021, § 149 HGB Rn. 15; *Roth*, in: Baumbach/Hopt, HGB, 40. Aufl. 2021, § 149 Rn. 4; *Schäfer*, in: Staub, HGB, 5. Aufl. 2009, § 131 Rn. 23; *K. Schmidt*, in: Münch. Komm. HGB, 4. Aufl. 2016, § 145 Rn. 39, § 149 Rn. 37.

II. Gründe gegen die Zulässigkeit

1. *Verstoß gegen die gesellschaftsrechtliche Treuepflicht*

Zunächst stellt sich die Frage, ob die gesellschaftsrechtliche Treuepflicht der Zulässigkeit der übertragenden Auflösung der AG, der GmbH und der KG entgegensteht. Die gesellschaftsrechtliche Treuepflicht hat ihren Ursprung im Personengesellschaftsrecht. Heute ist jedoch anerkannt, dass die Treuepflicht ein allgemeiner rechtsformübergreifender Grundsatz des Verbandsrechts ist. Die Treuepflicht gilt also nicht nur für die KG,[165] sondern auch für die GmbH[166] und die AG[167]. Sie ist sowohl in dem Verhältnis zwischen der Gesellschaft und den Gesellschaftern zu beachten als auch in der Beziehung der Gesellschafter untereinander.[168]

Die Gesellschafter sind aufgrund der gesellschaftsrechtlichen Treuepflicht verpflichtet, in gesellschaftlichen Angelegenheiten auf die Interessen der Gesellschaft und die gesellschaftsbezogenen Interessen der übrigen Gesellschafter angemessen Rücksicht zu nehmen.[169] Ein Gesellschafter verletzt die ihm obliegende Treuepflicht beispielsweise, wenn er unzulässige Sondervorteile verfolgt.[170] Der konkrete Inhalt und die Intensität der Treuepflicht hängen im Übrigen von den Umständen des Einzelfalls ab, unter anderem von der Rechtsform und der Real- und Beteiligungsstruktur der Gesellschaft, der Art des auszuübenden Rechts und der Art und Bedeutung der infrage stehenden Maßnahme.[171]

---

165 Vgl. nur *Born*, in: EBJS, HGB, 4. Aufl. 2020, § 109 Rn. 20 m. w. N.; vgl. auch BGHZ 30, 195, 200 ff.

166 Vgl. nur *Seibt*, in: Scholz, GmbHG, 12. Aufl. 2018, § 14 Rn. 64 m. w. N.; vgl. auch BGHZ 65, 15, 18 f. – ITT; BGHZ 98, 276, 278 ff.

167 Vgl. nur *Henze/Notz*, in: Großkomm. AktG, 4. Aufl. 2008, Anh. § 53a Rn. 7 m. w. N.; vgl. auch BGHZ 103, 184, 193 ff. – Linotype; BGHZ 129, 136, 142 ff. – Girmes.

168 Vgl. zur AG *Henze/Notz*, in: Großkomm. AktG, 4. Aufl. 2008, Anh. § 53a Rn. 27; zur GmbH *Seibt*, in: Scholz, GmbHG, 12. Aufl. 2018, § 14 Rn. 73; zur KG *K. Schmidt*, in: Münch. Komm. HGB, 4. Aufl. 2016, § 105 Rn. 189.

169 Vgl. zur AG BGHZ 103, 184, 194 f. – Linotype; *Götze*, in: Münch. Komm. AktG, 5. Aufl. 2019, Vorb. § 53a Rn. 42; *Henze/Notz*, in: Großkomm. AktG, 4. Aufl. 2008, Anh. § 53a Rn. 52; zur GmbH BGHZ 65, 15, 18 f. – ITT; *Fastrich*, in: Baumbach/Hueck, GmbHG, 22. Aufl. 2019, § 13 Rn. 21; zur KG *Born*, in: EBJS, HGB, 4. Aufl. 2020, § 109 Rn. 20.

170 Vgl. zur AG etwa *Schäfer*, in: Münch. Komm. AktG, 5. Aufl. 2021, § 243 Rn. 73.

171 Vgl. zur AG *Götze*, in: Münch. Komm. AktG, 5. Aufl. 2019, Vorb. § 53a Rn. 42 ff.; *Koch*, in: Hüffer/Koch, AktG, 15. Aufl. 2021, § 53a Rn. 17; zur GmbH *Merkt*, in: Münch. Komm. GmbHG, 3. Aufl. 2018, § 13 Rn. 89 ff.; *Seibt*, in: Scholz, GmbHG, 12. Aufl.

Die Treuepflicht der Gesellschafter einer KG, die typischerweise personalistisch strukturiert ist und nur wenige Gesellschafter hat, ist regelmäßig ausgeprägter als die Treuepflicht der Aktionäre einer AG, die körperschaftlich strukturiert ist und an der regelmäßig zahlreiche Aktionäre beteiligt sind.

Sofern ein Gesellschafter schuldhaft gegen die gesellschaftsrechtliche Treuepflicht verstößt, kann er zum Schadenersatz gegenüber der Gesellschaft und den übrigen Gesellschaftern verpflichtet sein.[172] Sofern ein Gesellschafterbeschluss gegen die Treuepflicht verstößt, ist der Beschluss bei der AG[173] und der GmbH[174] nicht nichtig, sondern anfechtbar. Das gilt nach dem zutreffenden neuen Schrifttum[175] auch für die KG.

a) Urteil des Bundesgerichtshofs vom 28. Januar 1980

Der Bundesgerichtshof hat sich in einer Entscheidung[176] aus dem Jahr 1980 mit der Frage befasst, ob die übertragende Auflösung gegen die gesellschaftsrechtliche Treuepflicht verstößt. Es ging in dieser Entscheidung um die übertragende Auflösung einer GmbH. Die Gesellschafterversammlung der GmbH hatte mit den Stimmen der Mehrheitsgesellschafterin, die 90 Prozent des Stammkapitals der Gesellschaft hielt, und gegen die Stimmen des einzigen Minderheitsgesellschafters, der die übrigen zehn Prozent des Stammkapitals der Gesellschaft hielt, die Auflösung der Gesellschaft beschlossen. Im Liquidationsverfahren wurde das ganze Vermögen der Gesellschaft an eine von der Mehrheitsgesellschafterin neu gegründete Gesellschaft veräußert.[177]

Der Bundesgerichtshof hat in der Entscheidung zwar festgestellt, dass die Mehrheitsgesellschafterin gegen die gesellschaftsrechtliche Treuepflicht

---

2018, § 14 Rn. 76; zur KG *Schäfer*, in: Staub, HGB, 5. Aufl. 2009, § 105 Rn. 232 f.; *K. Schmidt*, in: Münch. Komm. HGB, 4. Aufl. 2016, § 105 Rn. 190.

172 Vgl. zur AG *Götze*, in: Münch. Komm. AktG, 5. Aufl. 2019, Vorb. § 53a Rn. 68 ff.; zur GmbH *Merkt*, in: Münch. Komm. GmbHG, 3. Aufl. 2018, § 13 Rn. 200 ff.; zur KG *K. Schmidt*, in: Münch. Komm. HGB, 4. Aufl. 2016, § 105 Rn. 190.

173 *Götze*, in: Münch. Komm. AktG, 5. Aufl. 2019, Vorb. § 53a Rn. 72.

174 *Seibt*, in: Scholz, GmbHG, 12. Aufl. 2018, § 14 Rn. 121.

175 Vgl. zur sog. „Anfechtungslösung“ nur *Enzinger*, in: Münch. Komm. HGB, 4. Aufl. 2016, § 119 Rn. 94 ff. m. w. N. auch zur Gegenansicht; vgl. zur Gegenansicht insbes. *Schäfer*, in: Staub, HGB, 5. Aufl. 2009, § 119 Rn. 75 ff.

176 BGHZ 76, 352 (GmbH).

177 Zum Ganzen BGHZ 76, 352, 352 f. (GmbH); näher zum Sachverhalt der Entscheidung 4. Teil. E. I. 4. a).

verstoßen hat; er hat das aber mit den besonderen Umständen des konkreten Falls begründet. Hierauf wird an späterer Stelle noch eingegangen.[178]

Allein darin, dass die Mehrheitsgesellschafterin die Auflösung der Gesellschaft beschlossen und das ganze Gesellschaftsvermögen anschließend über die von ihr neu gegründete Gesellschaft erworben hat, hat der Bundesgerichtshof allerdings ausdrücklich keinen Verstoß gegen die gesellschaftsrechtliche Treuepflicht gesehen.[179] Die übertragende Auflösung der GmbH für sich genommen verstößt nach Ansicht des Bundesgerichtshofs damit nicht gegen die gesellschaftsrechtliche Treuepflicht.

Begründet hat der Bundesgerichtshof dies damit, dass alle Gesellschafter, also auch die Minderheitsgesellschafter, im Liquidationsverfahren die Möglichkeit haben, das Vermögen der Gesellschaft zu erwerben:

> „Deshalb vermag (…) der Umstand, daß ein die Auflösung betreibender Gesellschafter eher als der andere wirtschaftlich in der Lage ist, das Betriebsvermögen aus der Liquidationsmasse anzukaufen und zu verwerten, seine Stimmrechtsausübung im allgemeinen noch nicht zu einer sitten- oder treuwidrigen Ausnutzung der Mehrheitsmacht zu stempeln. Durch die Auflösung der Gesellschaft erhalten alle Gesellschafter, freilich nur im Rahmen ihrer finanziellen Mittel, die Chance, das Gesellschaftsvermögen oder Teile davon gegen ein wertentsprechendes Angebot aus der Liquidationsmasse zu erwerben und mit deren Hilfe den Betrieb allein fortzuführen."[180]

Der vom Bundesgerichtshof zur GmbH eingenommene Standpunkt, dass die übertragende Auflösung für sich genommen nicht gegen die gesellschaftsrechtliche Treuepflicht verstößt, ist ohne Weiteres auf die AG[181] und die KG übertragbar.

b) *Sichtweise des Schrifttums*

Das ganz überwiegende Schrifttum teilt die Ansicht des Bundesgerichtshofs, dass die übertragende Auflösung für sich genommen keinen Verstoß gegen die gesellschaftsrechtliche Treuepflicht darstellt.[182]

---

178 Dazu 4. Teil. E. I. 4.

179 BGHZ 76, 352, 353 ff. (GmbH).

180 BGHZ 76, 352, 354 (GmbH).

181 Vgl. auch BGHZ 103, 184, 193 ff. – Linotype (AG); in der Linotype-Entscheidung hat der BGH angenommen, dass die übertragende Auflösung der AG für sich genommen nicht gegen die gesellschaftsrechtliche Treuepflicht verstößt.

182 Vgl. etwa zur AG *Friedrich*, BB 1994, 89, 93 f.; *Henze*, ZIP 1995, 1473, 1479; *Hoffmann-Becking*, in: Münch. HdB. GesR IV, 5. Aufl. 2020, § 66 Rn. 5; *Schmidt-Hern*, in: Beck. HdB. AG, 3. Aufl. 2018, § 18 Rn. 5; zur GmbH *Nerlich*, in: MHLS, GmbHG, 3. Aufl. 2017, § 60 Rn. 47; *Raiser/Schäfer*, in: Habersack/Casper/Löbbe, GmbHG, 3. Aufl. 2020,

Nur vereinzelt wurde in der Literatur angenommen, dass die übertragende Auflösung der AG und der GmbH generell gegen die gesellschaftsrechtliche Treuepflicht verstößt.[183] Gegen die Ansicht des Bundesgerichtshofs wird vorgebracht, dass der Mehrheit das Recht, die Gesellschaft aufzulösen, nur eingeräumt worden sei, um das in der Gesellschaft eingesetzte Kapital wieder freizusetzen. Daher müsse die Minderheit die Auflösung nur akzeptieren, wenn die Auflösung tatsächlich der Freisetzung des Kapitals diene, aber nicht dann, wenn die Mehrheit die Auflösung nur dazu einsetze, das Unternehmen der Gesellschaft ohne die Minderheit fortzuführen.[184]

Für die KG wird, soweit ersichtlich, nicht vertreten, dass die übertragende Auflösung bereits für sich genommen treuwidrig ist.

c) Stellungnahme

Der Auffassung des Bundesgerichtshofs ist zuzustimmen. Die übertragende Auflösung der GmbH verstößt für sich genommen nicht gegen die gesellschaftsrechtliche Treuepflicht. Das gilt auch für die übertragende Auflösung der AG und der KG. Denn die Beeinträchtigungen der Minderheitsgesellschafter, die mit einer übertragenden Auflösung einhergehen, sind von dem gesetzlich vorgesehenen Auflösungsrecht (§ 262 Abs. 1 Nr. 2 AktG, § 60 Abs. 1 Nr. 2 GmbHG, §§ 161 Abs. 2, 131 Abs. 1 Nr. 2 HGB) gedeckt. Solche Beeinträchtigungen können eine Treuwidrigkeit der übertragenden Auflösung damit nicht begründen.[185] Ein Verstoß gegen die gesellschaftsrechtliche Treuepflicht kommt bei der übertragenden Auflösung nur im Einzelfall bei Vorliegen besonderer Umstände in Betracht.[186]

Insoweit ist zunächst festzuhalten, dass der Mehrheitsgesellschafter der AG und der GmbH von Gesetzes wegen das Recht hat, eine „normale" Auflösung der Gesellschaft zu bewirken, bei der die Gesellschaft aufgelöst und ihr Vermögen an einen oder mehrere gesellschaftsfremde Dritte veräußert wird. Der

---

Anh. § 47 Rn. 120; zur KG *Habersack*, in: Staub, HGB, 5. Aufl. 2009, § 149 Rn. 36; im Ergebnis auch *K. Schmidt*, in: Münch. Komm. HGB, 4. Aufl. 2016, § 131 Rn. 20.

183 Zur AG *Schwab*, in: K. Schmidt/Lutter, AktG, 4. Aufl. 2020, § 243 Rn. 17; zur GmbH *Altmeppen*, GmbHG, 10. Aufl. 2021, § 60 Rn. 19; wohl auch *Lieder*, in: MHLS, GmbHG, 3. Aufl. 2017, § 13 Rn. 172; unklar *Römermann*, in: MHLS, GmbHG, 3. Aufl. 2017, Anh. § 47 Rn. 337.

184 *Schwab*, in: K. Schmidt/Lutter, AktG, 4. Aufl. 2020, § 243 Rn. 17 m. w. N.

185 Vgl. hinsichtlich der Zerschlagung des Unternehmens als Folge der Auflösung der Gesellschaft BGHZ 76, 352, 353 ff. (GmbH).

186 Näher dazu 4. Teil. E. I.

Mehrheitsgesellschafter muss lediglich die erforderliche Mehrheit halten, um die Auflösung der Gesellschaft in der Gesellschafterversammlung beschließen zu können.[187] Für die KG gilt das nach dem Gesellschaftsvertrag entsprechend. Denn eine übertragende Auflösung der KG ist ohne Zustimmung der Minderheitsgesellschafter nur möglich, wenn der Gesellschaftsvertrag vorsieht, dass der Beschluss über die Auflösung der Gesellschaft durch Mehrheitsentscheidung gefasst werden kann.[188]

Im Vergleich zu einer „normalen" Auflösung der Gesellschaft führt die übertragende Auflösung für sich genommen aber nicht zu einer zusätzlichen Beeinträchtigung der Minderheitsgesellschafter, mit der ein Verstoß gegen die gesellschaftsrechtliche Treuepflicht begründet werden könnte. Denn auch bei einer „normalen" Auflösung verlieren die Minderheitsgesellschafter ihre Mitgliedschaft in der Gesellschaft und ihre Beteiligung an dem Unternehmen der Gesellschaft. Indem das Gesetz die Auflösung der Gesellschaft ermöglicht, zeigt es zugleich, dass diese Beeinträchtigungen der Minderheitsgesellschafter zulässig sind.

Die einzige „Beeinträchtigung" der Minderheitsgesellschafter, falls man von einer solchen überhaupt sprechen kann, die zwar mit einer übertragenden Auflösung, aber nicht mit einer „normalen" Auflösung verbunden ist, könnte darin gesehen werden, dass der Mehrheitsgesellschafter – und nicht ein Dritter – das Unternehmen der Gesellschaft übernimmt und damit nur der Mehrheitsgesellschafter mittelbar an dem Unternehmen beteiligt bleibt, während die Minderheitsgesellschafter durch die Umsetzung der übertragenden Auflösung ihre mittelbare Beteiligung an dem Unternehmen verlieren. Das ist aber im Ergebnis kein die Zulässigkeit der übertragenden Auflösung infrage stellender Gesichtspunkt.

Denn eine Gesellschaftsauflösung hat regelmäßig zur Folge, dass das Unternehmen der Gesellschaft veräußert wird. Dabei lässt sich dem Gesetz kein Hinweis dafür entnehmen, dass es den Gesellschaftern verboten sei, das Unternehmen der Gesellschaft selbst zu erwerben.[189] Ein solches Verbot wäre auch nur zulässig, wenn es für alle Gesellschafter gelten würde, also nicht nur für den Mehrheitsgesellschafter.

---

187 Zu der Frage, ob der Beschluss über die Auflösung der Gesellschaft der sachlichen Rechtfertigung bedarf, 4. Teil. E. III.

188 Dazu 4. Teil. B. III.

189 So zur AG auch BGHZ 103, 184, 193 – Linotype.

Eine gesetzliche Vorschrift, die es den Gesellschaftern verbieten würde, das Unternehmen der Gesellschaft im Zuge der Liquidation selbst zu erwerben, wäre auch nicht zu rechtfertigen.[190] Denn bei wirtschaftlicher Betrachtung gehört das Unternehmen den Gesellschaftern. Ihnen steht auch das Recht zu, über die Veräußerung des Unternehmens zu entscheiden.[191] Gegebenenfalls hat ein Gesellschafter das Unternehmen oder Teile davon zuvor in die Gesellschaft eingebracht.

Wenn man den Gesellschaftern die Möglichkeit, das Unternehmen der Gesellschaft im Zuge der Liquidation zu erwerben, aber richtigerweise nicht nehmen kann, dann ist diese Erwerbsmöglichkeit zwingend mit dem Auflösungsrecht verknüpft. Indem das Gesetz den Gesellschaftern das Recht zur Auflösung der Gesellschaft gibt, räumt es ihnen damit auch die Möglichkeit ein, das Unternehmen der Gesellschaft oder Teile davon im Zuge der Liquidation zu erwerben. Damit zeigt das Gesetz zugleich, dass die mit dem Erwerb durch einen Gesellschafter verbundenen Folgen für die übrigen Gesellschafter zulässig sind. Die mit einer übertragenden Auflösung verbundene „Beeinträchtigung" der Minderheitsgesellschafter, die darin besteht, dass der Mehrheitsgesellschafter nach der Umsetzung der Maßnahme allein an dem Unternehmen der Gesellschaft beteiligt ist, ist nach dem Gesetz damit zulässig.[192]

Im Übrigen würde es auch aus der wohlverstandenen Sicht der Minderheitsgesellschafter keinen Sinn machen, den Gesellschaftern zu verbieten, das Unternehmen der Gesellschaft im Zuge der Liquidation zu erwerben. Denn in vielen Fällen kann der höchste Kaufpreis und damit der höchste Liquidationserlös dadurch erzielt werden, dass das Unternehmen der Gesellschaft als Ganzes an einen oder mehrere Gesellschafter veräußert wird. Das gilt gerade für den Mehrheitsgesellschafter. Denn der Mehrheitsgesellschafter kennt das Unternehmen der Gesellschaft in der Regel am ehesten und ist deshalb am besten in

---

190 Vgl. auch *Servatius*, in: Bork/Schäfer, GmbHG, 4. Aufl. 2019, § 70 Rn. 3, 13, der sogar davon ausgeht, dass die Gesellschafter ein Vorkaufsrecht haben, wenn das Unternehmen der Gesellschaft im Liquidationsverfahren veräußert werden soll.

191 Dazu 2. Teil. C (AG), 4. Teil. A. II. 2 (GmbH) und 4. Teil. A. III. 2 (KG).

192 Vgl. den ähnlichen Gedanken von *Schäfer*, in: Staub, HGB, 5. Aufl. 2009, § 131 Rn. 23: „Zwar bedarf dieser [der Auflösungsbeschluss] nach der Rechtsprechung des BGH nicht generell einer sachlichen Rechtfertigung, sondern trägt seine Rechtfertigung ‚in sich'. Dies bedeutet aber nur, dass die Unwirksamkeit des Beschlusses nicht auf den Eintritt der gesetzlich vorgesehenen Liquidationswirkungen als solche gestützt werden kann, und hierzu gehört im Grundsatz auch die Veräußerung des Unternehmens an einzelne Gesellschafter (…)."

der Lage, den Wert des Unternehmens zutreffend einzuschätzen. In der Regel dürfte der Mehrheitsgesellschafter deshalb auch bereit sein, für das Unternehmen der Gesellschaft einen seinem wahren Wert entsprechenden Kaufpreis zu zahlen. Insbesondere wenn sich die Gesellschaft bereits in Liquidation befindet, wird sich häufig kein Dritter finden lassen, der das Unternehmen der Gesellschaft als Ganzes erwerben möchte. Dann müssten die Vermögensgegenstände einzeln veräußert werden, wodurch in aller Regel nur ein deutlich geringerer Liquidationserlös erzielt werden kann. Ein generelles „Erwerbsverbot" für die Gesellschafter würde damit in vielen Fällen den Vermögensinteressen der Minderheitsgesellschafter zuwiderlaufen.

d) Zwischenergebnis

Die übertragende Auflösung der AG, der GmbH und der KG verstößt grundsätzlich nicht gegen die gesellschaftsrechtliche Treuepflicht. Die Beeinträchtigungen der Minderheitsgesellschafter, die mit der übertragenden Auflösung verbunden sind, werden von dem Auflösungsrecht gedeckt und können deshalb die Treuwidrigkeit einer mit den Stimmen des Mehrheitsgesellschafters beschlossenen übertragenden Auflösung nicht begründen.

2. Rechtsmissbrauch (Unzulässige Rechtsausübung)

Die übertragende Auflösung der AG, der GmbH und der KG könnte aber rechtsmissbräuchlich sein. Das Institut des Rechtsmissbrauchs (auch unzulässige Rechtsausübung genannt) hat heute einen sehr weiten Anwendungsbereich;[193] hierzu haben sich unterschiedliche Fallgruppen herausgebildet.

Von einem Rechtsmissbrauch im engeren Sinne wird gesprochen, wenn die Ausübung eines Rechts für sich genommen zu missbilligen ist.[194] Kennzeichnend für diese Fallgruppe sind die „wertende Missbilligung" und der hieraus abgeleitete „rechtlich-sittliche Vorwurf".[195]

Ein Rechtsmissbrauch kann sich auch aus der objektiven Interessenlage ergeben, wenn der Inhaber des Rechts mit der Rechtsausübung keine schutzwürdigen Interessen verfolgt oder der Rechtsausübung überwiegende Interessen betroffener Personen entgegenstehen.[196] Ein solcher Rechtsmissbrauch kann jedoch nur angenommen werden, wenn es sich „um eine als grob und

193 Vgl. dazu *Schubert*, in: Münch. Komm. BGB, 8. Aufl. 2019, § 242 Rn. 199 ff.
194 *Schubert*, in: Münch. Komm. BGB, 8. Aufl. 2019, § 242 Rn. 239.
195 *Schubert*, in: Münch. Komm. BGB, 8. Aufl. 2019, § 242 Rn. 239.
196 *Schubert*, in: Münch. Komm. BGB, 8. Aufl. 2019, § 242 Rn. 461.

unerträglich empfundene Unbilligkeit" handelt.[197] Für diese Fallgruppe ist damit auch relevant, welche Zwecke mit der Rechtsausübung verfolgt werden.[198] Insoweit nimmt der Bundesgerichtshof an, dass ein „Rechtsmißbrauch (…) der Gebrauch eines Rechts zu Zwecken [ist], die zu schützen unter keinem denkbaren Gesichtspunkt gerechtfertigt ist".[199]

Im Gesellschaftsrecht wird das Institut des Rechtsmissbrauchs teilweise durch die gesellschaftsrechtliche Treuepflicht modifiziert und überlagert.[200] Die Rechtsfolge eines Rechtsmissbrauchs liegt darin, dass die Wirkung des ausgeübten Rechts nicht eintritt.[201] Sofern die Ausübung des Stimmrechts bei einer Beschlussfassung der Gesellschafterversammlung rechtsmissbräuchlich ist, ist die abgegebene Stimme nichtig.[202]

a) Meinungsstand

aa) Teil der Literatur

Nach einem Teil der Literatur ist die übertragende Auflösung rechtsmissbräuchlich und damit generell unzulässig.[203] Zur Begründung wird angeführt, dass der Auflösungsbeschluss zweckwidrig eingesetzt werde, wenn der Mehrheitsgesellschafter mit dem Auflösungsbeschluss das Ziel verfolge, die Minderheitsgesellschafter auszuschließen. Denn der Auflösungsbeschluss diene nicht diesem Zweck, sondern solle es den Gesellschaftern ermöglichen, die von ihnen in die Gesellschaft eingebrachten Mittel wieder freizusetzen und einer anderen Verwendung zuzuführen.[204]

Die Forderung, dass der Auflösungsbeschluss zweckentsprechend eingesetzt werden muss, ist von den Vertretern der vorstehend dargestellten Ansicht

---

197 *Schubert*, in: Münch. Komm. BGB, 8. Aufl. 2019, § 242 Rn. 461.

198 Vgl. dazu *Schubert*, in: Münch. Komm. BGB, 8. Aufl. 2019, § 242 Rn. 499 ff.

199 BGH, NJW 1987, 1946, 1947.

200 Vgl. etwa *Schubert*, in: Münch. Komm. BGB, 8. Aufl. 2019, § 242 Rn. 242, 490, 503.

201 *Schubert*, in: Münch. Komm. BGB, 8. Aufl. 2019, § 242 Rn. 221.

202 H. M.; vgl. zur AG nur *Rieckers*, in: Münch. HdB. GesR IV, 5. Aufl. 2020, § 17 Rn. 31; zur GmbH *Drescher*, in: Münch. Komm. GmbHG, 3. Aufl. 2019, § 47 Rn. 260; zur KG *Schäfer*, in: Staub, HGB, 5. Aufl. 2009, § 119 Rn. 73, jeweils m. w. N. auch zur Gegenansicht.

203 So zur AG *Hirte*, Bezugsrechtsausschluß, 1986, S. 150 ff.; zur GmbH *Grunewald*, Ausschluß, 1987, S. 299 f.; *Martens*, GmbHR 1984, 265, 269 f.; *Timm*, JZ 1980, 665, 669 f.

204 Vgl. mit Unterschieden im Detail zur AG *Hirte*, Bezugsrechtsausschluß, 1986, S. 150 ff.; zur GmbH *Grunewald*, Ausschluß, 1987, S. 299 f.; *Martens*, GmbHR 1984, 265, 269 f.; *Timm*, JZ 1980, 665, 669 f.; vgl. dazu auch *Lutter*, ZHR 153 (1989), 446, 450 f.

vor dem Hintergrund der Entscheidung des Bundesgerichtshofs aus dem Jahr 1980[205] aufgestellt worden, in der es um die übertragende Auflösung einer GmbH ging, an der nur zwei Gesellschafter beteiligt waren.[206] In einem solchen Fall ist der Vergleich mit einem Ausschluss naheliegend, weil (wie regelmäßig bei einem Ausschluss aus wichtigem Grund) nur ein Gesellschafter von der übertragenden Auflösung betroffen ist. Es ist daher nicht ganz eindeutig, ob sich diese Ansicht auch auf Fälle erstreckt, in denen mehr als zwei Gesellschafter an der Gesellschaft beteiligt sind.[207]

Eine weitere Literaturansicht sieht in der übertragenden Auflösung zwar ebenfalls einen zweckwidrigen Einsatz des Auflösungsrechts, leitet hieraus aber nicht die generelle Unzulässigkeit der übertragenden Auflösung ab. Auf diese Ansicht wird daher an späterer Stelle eingegangen.[208]

bb) Überwiegende Meinung

Die jedenfalls überwiegende Meinung geht davon aus, dass der Auflösungsbeschluss bei der übertragenden Auflösung nicht zweckwidrig eingesetzt werde und die übertragende Auflösung damit nicht rechtsmissbräuchlich sei.[209] Der Bundesgerichtshof hat das in der Linotype-Entscheidung[210] zur AG damit begründet, dass sich die Minderheitsgesellschafter bei der übertragenden Auflösung nicht in der gleichen Lage befänden wie bei einem Ausschluss aus der Gesellschaft, sofern ihnen die rechtliche Möglichkeit offenstehe, das Gesellschaftsvermögen selbst zu erwerben. Denn bei einem Ausschluss aus der Gesellschaft sei es den Minderheitsgesellschaftern rechtlich nicht möglich, den Gesellschaftszweck weiterzuverfolgen und den Unternehmensgegenstand fortzuführen.[211]

---

205 BGHZ 76, 352 (GmbH).

206 Näher zum Sachverhalt der Entscheidung 3. Teil. B. II. 1. a) und 4. Teil. E. I. 4. a).

207 Vgl. zur GmbH insbes. *Timm*, JZ 1980, 665, 669: „Für zweigliedrige Strukturen, wie dem vorliegenden Fall, liegt es (…) nahe, auf die in §§ 140, 142 HGB getroffenen Wertentscheidungen zurückzugreifen."

208 Dazu 4. Teil. D.

209 So zur AG BGHZ 103, 184, 191 ff. – Linotype; OLG Stuttgart, ZIP 1995, 1515, 1518 – MotoMeter I; LG Stuttgart, DB 1993, 472, 472; *Gromm*, Übertragende Auflösung, 2016, S. 97 ff.; *Henze*, ZIP 1995, 1473, 1476; *Rühland*, Ausschluss, 2004, S. 93 ff.; *Schmidt-Hern*, in: Beck. HdB. AG, 3. Aufl. 2018, § 18 Rn. 5; *Willms*, Auflösung und Vermögensübernahme, 1999, S. 135 ff.; zur GmbH *Nerlich*, in: MHLS, GmbHG, 3. Aufl. 2017, § 60 Rn. 47; *Winter*, Treubindungen, 1988, S. 162.

210 BGHZ 103, 184 – Linotype (AG).

211 Zum Ganzen BGHZ 103, 184, 191 f. – Linotype (AG).

Dieser Argumentation des Bundesgerichtshofs wurde entgegengehalten, dass der kaufbereite Minderheitsgesellschafter nicht mit „gleichen Waffen"[212] wie der Mehrheitsgesellschafter kämpfe. Denn selbst wenn der Minderheitsgesellschafter ein Konkurrenzangebot für den Erwerb des Gesellschaftsvermögens abgebe, könne der Mehrheitsgesellschafter die Fortsetzung der Gesellschaft beschließen.[213]

In der Linotype-Entscheidung hat der Bundesgerichtshof gegen den zweckwidrigen Einsatz des Auflösungsrechts darüber hinaus eingewandt, dass die Mittel, die in der Gesellschaft gebunden sind, auch bei der übertragenden Auflösung wieder freigesetzt würden:

> „Die Freisetzung des investierten Kapitals liegt darin, daß der Gesellschaftszweck beendet wird und es insoweit keiner gesellschaftlichen Bindung mehr unterliegt. Das Gesetz enthält keine Anhaltspunkte dafür, daß der Mehrheitsgesellschafter im Zuge der Liquidation des Vermögens das von der Bindung freigewordene Kapital nicht in den Erwerb des Liquidationsvermögens oder wesentlicher Teile davon investieren darf."[214]

Henze[215] hat dieser Argumentation des Bundesgerichtshofs zugestimmt und ergänzt, dass der Auflösungsbeschluss keiner sachlichen Rechtfertigung bedürfe[216] und es daher keine Rolle spielen könne, welche Absichten der Mehrheitsgesellschafter mit dem Auflösungsbeschluss verfolge.

b) Stellungnahme

Mit der überwiegenden Meinung ist anzunehmen, dass der Mehrheitsgesellschafter sein Stimmrecht bei der übertragenden Auflösung nicht in rechtsmissbräuchlicher Weise ausübt.

Der Einwand, dass die übertragende Auflösung rechtsmissbräuchlich sei, weil der Beschluss über die Auflösung der Gesellschaft in zweckwidriger Weise darauf abziele, die Minderheitsgesellschafter auszuschließen, ist nicht überzeugend. Den Vertretern dieser Ansicht geht es darum, eine Umgehung des Ausschließungsverfahrens und der in diesem Verfahren geltenden Rechte der betroffenen Gesellschafter zu verhindern.[217] Um dieses Ziel zu erreichen, ist der vertretene

212 So zur AG *Lutter*, ZHR 153 (1989), 446, 451.

213 Vgl. zur AG *Lutter*, ZHR 153 (1989), 446, 451.

214 So zur AG BGHZ 103, 184, 193 – Linotype; zustimmend OLG Stuttgart, ZIP 1995, 1515, 1518 – MotoMeter I; *Henze*, ZIP 1995, 1473, 1476.

215 Zur AG *Henze*, ZIP 1995, 1473, 1476.

216 Dazu 4. Teil. E. III.

217 Vgl. *Hirte*, Bezugsrechtsausschluß, 1986, S. 153 f. („Im Rahmen der Mißbrauchskontrolle gilt es vor allem, Umgehungen zu verhindern, durch die sonst in anderen

Ansatz, dass der Auflösungsbeschluss zweckentsprechend eingesetzt werden müsse, zwar geeignet, aber nicht erforderlich. Es wäre vielmehr ausreichend, die Regelungen des Ausschließungsverfahrens bei der übertragenden Auflösung analog anzuwenden und die für den Ausschluss eines Gesellschafters geltenden Rechte damit zu beachten.

Zudem wird der Auflösungsbeschluss bei der übertragenden Auflösung nicht zweckwidrig (Ausschluss statt Desinvestition) eingesetzt. Hiergegen spricht bereits, dass die übertragende Auflösung, worauf der Bundesgerichtshof[218] zutreffend hingewiesen hat, mit einem Ausschluss aus der Gesellschaft nicht vergleichbar ist.[219] Ein „Ausschluss" aus der Gesellschaft liegt nur vor, wenn der betreffende Gesellschafter seine Mitgliedschaft in der Gesellschaft verliert, die anderen Gesellschafter ihre Mitgliedschaft dagegen behalten. So liegen die Dinge bei der übertragenden Auflösung aber nicht. Hier wird die Gesellschaft liquidiert und alle Gesellschafter verlieren ihre Mitgliedschaft in der Gesellschaft, also auch der Mehrheitsgesellschafter.

Durch die übertragende Auflösung werden die Minderheitsgesellschafter auch nicht mittelbar aus dem Unternehmen der Gesellschaft ausgeschlossen. Denn die Minderheitsgesellschafter haben rechtlich ebenfalls die Möglichkeit, das Unternehmen der Gesellschaft im Rahmen der Liquidation zu erwerben.[220]

Der Einwand, dass die Minderheitsgesellschafter nicht mit „gleichen Waffen"[221] wie der Mehrheitsgesellschafter kämpfen, weil der Mehrheitsgesellschafter bei einem Konkurrenzangebot eines Minderheitsgesellschafters die

---

Bereichen bestehende Minderheitenrechte unterlaufen werden könnten."); *Grunewald*, Ausschluß, 1987, S. 300 („Nicht die Auflösung, sondern ein Ausschluß war gewollt. Dann hätte die Mehrheitsgesellschafterin aber auch den hierfür vorgesehenen Weg beschreiten müssen."); *Martens*, GmbHR 1984, 265, 269 („Entscheidend ist vielmehr, daß sich die Mehrheitsgesellschafterin des Auflösungsbeschlusses bedient hatte, um ein sonst nicht erreichbares Ausschließungsverfahren durchzusetzen (…)."); *Timm*, JZ 1980, 665, 670 („Es lag eine offensichtliche Umgehung einer (rechtlich und tatsächlich nicht gegeben [sic]) Ausschlußmöglichkeit gegenüber dem Minderheitsgesellschafter vor. So erfordert etwa der Ausschluß des GmbH-Gesellschafters zusätzlich zum Gesellschafterbeschluß den Erlaß eines gerichtlichen Ausschlussurteils (…).").

218 BGHZ 103, 184, 191 f. – Linotype (AG); so zur AG auch *Henze*, ZIP 1995, 1473, 1477; zur GmbH auch *Winter*, Treubindungen, 1988, S. 162.

219 Dazu auch 4. Teil. B. I. 2. b) aa) und 4. Teil. D. III.

220 Vgl. zur AG BGHZ 103, 184, 192 – Linotype; *Henze*, ZIP 1995, 1473, 1477; zur GmbH *Winter*, Treubindungen, 1988, S. 162; näher zur Erwerbsmöglichkeit der Minderheitsgesellschafter 4. Teil. E. I. 2.

221 So zur AG *Lutter*, ZHR 153 (1989), 446, 451.

Fortsetzung der Gesellschaft beschließen könne, greift nicht durch. Im Gegenteil zeigt dieses Argument gerade, dass ein Minderheitsgesellschafter die übertragende Auflösung dadurch verhindern kann, dass er ein besseres Konkurrenzangebot abgibt. Das bestätigt, dass keine mit dem Ausschluss vergleichbare Situation vorliegt.

Dabei wird hier nicht verkannt, dass der Mehrheitsgesellschafter in vielen Fällen eher in der Lage sein wird, das Unternehmen der Gesellschaft zu erwerben, als ein Minderheitsgesellschafter. Denn der Mehrheitsgesellschafter benötigt weniger Mittel als ein Minderheitsgesellschafter, weil der Großteil des von ihm gezahlten Kaufpreises wegen seines hohen Anteils am Liquidationserlös wieder an ihn zurückfließt, und der Mehrheitsgesellschafter verfügt häufig über mehr Mittel als ein Minderheitsgesellschafter. Dieser rein tatsächliche Umstand ändert aber nichts daran, dass die übertragende Auflösung ihrer Funktion nach mit einem Ausschluss aus der Gesellschaft nicht vergleichbar ist.[222] Eine Kapitalerhöhung, die nach dem Gesetz im konkreten Fall nur mit Bezugsrecht zulässig ist, wird auch nicht zu einem unzulässigen „Teilausschluss" aus der Gesellschaft, wenn nicht alle Gesellschafter über die Mittel verfügen, um das Bezugsrecht auszuüben.

Gegen den zweckwidrigen Einsatz des Auflösungsbeschlusses spricht zudem in der Tat, dass das Kapital der Gesellschaft bei der übertragenden Auflösung ebenso wie bei der gesetzlich vorgesehenen „normalen" Auflösung wieder freigesetzt wird.[223] Auch bei der übertragenden Auflösung wird das Vermögen der Gesellschaft veräußert und der Liquidationserlös an die Gesellschafter ausgekehrt. Wie der Bundesgerichtshof in der Linotype-Entscheidung[224] für die AG zutreffend hervorgehoben hat, lässt sich dem Aktiengesetz kein Hinweis dafür entnehmen, dass ein Gesellschafter das Vermögen der Gesellschaft im Rahmen der Liquidation nicht selbst übernehmen dürfte. Das gilt für die GmbH und die KG entsprechend. Auch im GmbH-Gesetz und im Handelsgesetzbuch finden sich für diese Sichtweise keine Anhaltspunkte.

c) *Zwischenergebnis*

Die übertragende Auflösung der AG, der GmbH und der KG ist nicht rechtsmissbräuchlich. Der Auflösungsbeschluss wird bei der übertragenden Auflösung

---

222 Vgl. zur AG BGHZ 103, 184, 192 – Linotype; zur GmbH *Winter*, Treubindungen, 1988, S. 162; vgl. auch BGHZ 76, 352, 354.

223 Vgl. BGHZ 103, 184, 192 f. – Linotype (AG).

224 BGHZ 103, 184, 193 – Linotype (AG).

nicht zweckwidrig (Ausschluss statt Desinvestition) eingesetzt. Denn die übertragende Auflösung ist mit einem Ausschluss aus der Gesellschaft nicht vergleichbar. Zudem wird das Kapital der Gesellschaft auch bei der übertragenden Auflösung wieder freigesetzt.

3. *Unvereinbarkeit mit dem Umwandlungsgesetz*

Weiter ist zu untersuchen, ob die übertragende Auflösung der AG, der GmbH und der KG mit dem Umwandlungsgesetz vereinbar ist. Das Umwandlungsgesetz in seiner gegenwärtigen Form wurde durch das Umwandlungsbereinigungsgesetz von 1994[225] geschaffen. Bis zum Inkrafttreten des Umwandlungsbereinigungsgesetzes am 1. Januar 1995 waren die umwandlungsrechtlichen Vorschriften in unterschiedlichen Gesetzen enthalten, insbesondere im noch recht überschaubaren Umwandlungsgesetz von 1969[226] und im Aktiengesetz von 1965[227]. Diese Vorschriften wurden durch das Umwandlungsbereinigungsgesetz im Umwandlungsgesetz von 1994[228] „zusammengefaßt, systematisiert und erweitert“[229].

Das Umwandlungsgesetz von 1969[230] sah noch die Möglichkeit der Mehrheitsumwandlung vor. Durch die Mehrheitsumwandlung konnte das Vermögen einer AG oder einer GmbH im Wege der Gesamtrechtsnachfolge auf ihren Mehrheitsgesellschafter übertragen werden, wenn der Mehrheitsgesellschafter mehr als 90 Prozent des Grund- bzw. Stammkapitals der Gesellschaft hielt (§§ 15, 24 UmwG 1969). Die ausscheidenden Minderheitsgesellschafter hatten in diesem Fall einen Anspruch auf angemessene Barabfindung. Sofern es sich bei dem Mehrheitsgesellschafter um eine AG handelte, musste der Mehrheitsgesellschafter den Minderheitsgesellschaftern statt der Barabfindung auch eigene Aktien anbieten. War die Muttergesellschaft des übernehmenden Mehrheitsgesellschafters eine AG, mussten den ausscheidenden Minderheitsgesellschaftern neben der Barabfindung auch eigene Aktien der Muttergesellschaft gewährt werden.[231] Die Mehrheitsumwandlung wurde durch

225 UmwBerG v. 28. 10. 1994, BGBl. I S. 3210.

226 UmwG v. 6. 11. 1969, BGBl. I S. 2081.

227 AktG v. 6. 9. 1965, BGBl. I S. 1089.

228 UmwG v. 28. 10. 1994, eingeführt durch das UmwBerG, BGBl. I S. 3210.

229 RegE UmwBerG, BT-Drs. 12/6699, S. 1.

230 UmwG v. 6. 11. 1969, BGBl. I S. 2081.

231 Nach dem UmwG von 1956 (Gesetz über die Umwandlung von Kapitalgesellschaften und bergrechtlichen Gewerkschaften v. 12. 11. 1956, BGBl. I S. 844) war es noch ausreichend, wenn sich 75 Prozent des Grundkapitals in der Hand des

das Umwandlungsbereinigungsgesetz nicht in das Umwandlungsgesetz von 1994[232] übernommen.

a) Meinungsstand

aa) Aktiengesellschaft

(1) Teil der Literatur

Für die AG nimmt ein Teil der Literatur an, dass die übertragende Auflösung jedenfalls seit der Einführung des Umwandlungsgesetzes von 1994[233] unzulässig ist.[234] Gegen die Zulässigkeit wird eingewandt, dass mit der übertragenden Auflösung der AG die Vorschriften des Umwandlungsgesetzes umgangen würden, die auf den Schutz der mitgliedschaftlichen Stellung der Gesellschafter und die Gewährleistung einer angemessenen Abfindung der ausscheidenden Gesellschafter gerichteten sind.[235]

Der Zulässigkeit der übertragenden Auflösung der AG wird zudem die Wertung entgegengehalten, die mit der eingangs angesprochenen Abschaffung der Mehrheitsumwandlung durch das Umwandlungsbereinigungsgesetz[236] verbunden sei.[237] Bereits diese Entscheidung des Gesetzgebers stehe der Zulässigkeit der übertragenden Auflösung entgegen.[238] Insoweit wird auch auf die Ausführungen in der Begründung des Regierungsentwurfs zum Umwandlungsbereinigungsgesetz verwiesen, mit denen die Abschaffung der Mehrheitsumwandlung begründet wurde.[239] In der Begründung des Regierungsentwurfs heißt es

---

Mehrheitsgesellschafters befanden (§ 15 UmwG 1956). Zudem musste den ausscheidenden Minderheitsgesellschaftern nur eine Barabfindung und keine eigenen Aktien angeboten werden.

232 UmwG v. 28. 10. 1994, eingeführt durch das UmwBerG, BGBl. I S. 3210.

233 UmwG v. 28. 10. 1994, eingeführt durch das UmwBerG, BGBl. I S. 3210.

234 *Schwab*, in: K. Schmidt/Lutter, AktG, 4. Aufl. 2020, § 243 Rn. 17; *Wilhelm/Dreier*, ZIP 2003, 1369, 1371; wohl auch *Bachmann*, in: Spindler/Stilz, AktG, 4. Aufl. 2019, § 262 Rn. 36 f.

235 *Schwab*, in: K. Schmidt/Lutter, AktG, 4. Aufl. 2020, § 243 Rn. 17 mit Verweis auf *Lutter/Drygala*, in: FS Kropff, 1997, S. 191, 213, die die Frage der Umgehung des UmwG zwar ausführlich behandeln, die übertragende Auflösung aber im Ergebnis für grundsätzlich zulässig halten.

236 UmwBerG v. 28. 10. 1994, BGBl. I S. 3210.

237 Vgl. *Wilhelm/Dreier*, ZIP 2003, 1369, 1371; *Bachmann*, in: Spindler/Stilz, AktG, 4. Aufl. 2019, § 262 Rn. 36.

238 *Wilhelm/Dreier*, ZIP 2003, 1369, 1371.

239 *Wilhelm/Dreier*, ZIP 2003, 1369, 1371; *Bachmann*, in: Spindler/Stilz, AktG, 4. Aufl. 2019, § 262 Rn. 36.

hierzu: „Soweit es nach den §§ 1, 15, 23, 24 UmwG bisher möglich war, außenstehende Anteilsinhaber gegen eine Abfindung, aber ohne ihre Zustimmung aus der Gesellschaft hinauszudrängen, soll dies entfallen; denn es entspricht nicht den Grundsätzen des Minderheiten- und des Anlegerschutzes, eine solche Möglichkeit zuzulassen."[240]

(2) Herrschende Auffassung

Nach der ganz herrschenden Auffassung in der aktienrechtlichen Literatur hat die Einführung des Umwandlungsgesetzes von 1994 nicht zur Unzulässigkeit der übertragenden Auflösung der AG geführt.[241] Auch zur Rechtslage vor der Einführung des Umwandlungsgesetzes von 1994 wurde der Einwand zurückgewiesen, dass die umwandlungsrechtlichen Vorschriften der übertragenden Auflösung entgegenstünden.[242]

Die herrschende Auffassung tritt zunächst dem Einwand entgegen, dass in der übertragenden Auflösung der AG eine unzulässige Umgehung der Vorschriften des Umwandlungsgesetzes liege.[243] Eine Gesetzesumgehung sei nicht gegeben,

---

240 Begr. RegE UmwBerG, BT-Drs. 12/6699, S. 114.

241 *Bayer*, in: Lutter, UmwG, 6. Aufl. 2019, Einl. I Rn. 56; *Dreher/Neumann*, EWiR 1997, 197, 198; *Gromm*, Übertragende Auflösung, 2016, S. 81 ff.; *Henze*, ZIP 1995, 1473, 1475; *Holzborn*, in: Spindler/Stilz, AktG, 4. Aufl. 2019, § 179a Rn. 36; *Koch*, in: Hüffer/Koch, AktG, 15. Aufl. 2021, § 179a Rn. 21; *Reichert*, ZHR-Beiheft 68 (1999), S. 25, 32 f.; *Roth*, NZG 2003, 998, 999; *Rühland*, Ausschluss, 2004, S. 82 ff.; *Schnorbus*, Gestaltungsfreiheit, 2001, S. 137 ff.; *Schoppe*, Aktieneigentum, 2011, S. 271 f.; *Seibt*, in: K. Schmidt/Lutter, AktG, 4. Aufl. 2020, § 179a Rn. 25; *Stein*, in: Münch. Komm. AktG, 5. Aufl. 2021, § 179a Rn. 73; *Willms*, Auflösung und Vermögensübernahme, 1999, S. 20 ff.; *Windbichler*, EWiR 1998, 1057, 1058; *Wolf*, ZIP 2002, 153, 155; *Zetzsche*, in: Kölner Komm. AktG, 3. Aufl. 2020, § 179a Rn. 135; differenzierend *Lutter/Drygala*, in: FS Kropff, 1997, S. 191, 213.

242 BGHZ 103, 184, 186 ff. – Linotype; OLG Stuttgart, ZIP 1995, 1515, 1517 f. – Moto-Meter I; OLG Stuttgart, ZIP 1997, 362, 362 – MotoMeter II; LG Stuttgart, DB 1993, 472, 472; *Henze*, ZIP 1995, 1473, 1474 f.; *Liese*, JA 1988, 621, 621; *Roth*, NZG 2003, 998, 999.

243 *Bayer*, in: Lutter, UmwG, 6. Aufl. 2019, Einl. I Rn. 56; *Dreher/Neumann*, EWiR 1997, 197, 198; *Henze*, ZIP 1995, 1473, 1475; *Holzborn*, in: Spindler/Stilz, AktG, 4. Aufl. 2019, § 179a Rn. 36; *Koch*, in: Hüffer/Koch, AktG, 15. Aufl. 2021, § 179a Rn. 21; *Reichert*, ZHR-Beiheft 68 (1999), S. 25, 32 f.; *Schnorbus*, Gestaltungsfreiheit, 2001, S. 137 ff.; *Seibt*, in: K. Schmidt/Lutter, AktG, 4. Aufl. 2020, § 179a Rn. 25; *Stein*, in: Münch. Komm. AktG, 5. Aufl. 2021, § 179a Rn. 73; *Willms*, Auflösung und Vermögensübernahme, 1999, S. 20 ff.; *Windbichler*, EWiR 1998, 1057, 1058; *Wolf*, ZIP 2002, 153, 155; *Zetzsche*, in: Kölner Komm. AktG, 3. Aufl. 2020, § 179a Rn. 135; zur

weil den umwandlungsrechtlichen Vorschriften keine Ausschließlichkeitswirkung zu entnehmen sei.[244] Schon § 179a AktG zeige, dass alternative Strukturmaßnahmen weiterhin zulässig seien.[245] Gegen eine Ausschließlichkeitswirkung des Umwandlungsgesetzes spreche auch § 1 Abs. 2 UmwG.[246] Nach dieser Regelung dürfe der mit einer Umwandlung verbundene Vorteil der Gesamtrechtsnachfolge nur genutzt werden, wenn ein im Umwandlungsgesetz geregeltes Verfahren beschritten werde. Daraus ergebe sich ohne Weiteres, dass andere Verfahren außerhalb des Umwandlungsgesetzes weiterhin zulässig seien.[247]

Eine Umgehung des Umwandlungsgesetzes liege auch deshalb nicht vor, weil die übertragende Auflösung mit einer Verschmelzung oder anderen Maßnahmen nach dem Umwandlungsgesetz nicht vergleichbar sei, auch wenn mit einer übertragenden Auflösung ein ähnliches Resultat erzielt werden könne.[248] Es mache „geradezu das Wesen der ‚Zweispurigkeit' des umwandlungsrechtlichen Systems aus, dass nahezu sämtliche Umwandlungswirkungen (…) auch auf ‚normalem' gesellschaftsrechtlichem Wege herbeigeführt werden" könnten. Das Umwandlungsgesetz stelle lediglich „eine zweite Methode (gewissermaßen als Überholspur) zur Verfügung", die der Zulässigkeit alternativer Gestaltungsformen nicht entgegenstehe.[249]

Eine unzulässige Gesetzesumgehung ergebe sich auch nicht mit Blick auf den Bestandsschutz der Mitgliedschaft, der bei Maßnahmen nach dem

---

Rechtslage vor Einführung des UmwG 1994 auch BGHZ 103, 184, 186 ff. – Linotype; OLG Stuttgart, ZIP 1995, 1515, 1517 f. – MotoMeter I; OLG Stuttgart, ZIP 1997, 362, 362 – MotoMeter II; LG Stuttgart, DB 1993, 472, 472; *Henze*, ZIP 1995, 1473, 1474 f.

244 *Bayer*, in: Lutter, UmwG, 6. Aufl. 2019, Einl. I Rn. 56; *Dreher/Neumann*, EWiR 1997, 197, 198; *Henze*, ZIP 1995, 1473, 1475; *Holzborn*, in: Spindler/Stilz, AktG, 4. Aufl. 2019, § 179a Rn. 36; *Koch*, in: Hüffer/Koch, AktG, 15. Aufl. 2021, § 179a Rn. 21; *Schnorbus*, Gestaltungsfreiheit, 2001, S. 137 ff.; *Seibt*, in: K. Schmidt/Lutter, AktG, 4. Aufl. 2020, § 179a Rn. 25; *Stein*, in: Münch. Komm. AktG, 5. Aufl. 2021, § 179a Rn. 73; *Willms*, Auflösung und Vermögensübernahme, 1999, S. 21 f., 156 ff.; *Wolf*, ZIP 2002, 153, 155; *Zetzsche*, in: Kölner Komm. AktG, 3. Aufl. 2020, § 179a Rn. 135; wohl auch *Windbichler*, EWiR 1998, 1057, 1058; zur Rechtslage vor Einführung des UmwG 1994 auch BGHZ 103, 184, 186 ff. – Linotype; OLG Stuttgart, ZIP 1995, 1515, 1518 – MotoMeter I; OLG Stuttgart, ZIP 1997, 362, 362 – MotoMeter II; LG Stuttgart, DB 1993, 472, 472; *Henze*, ZIP 1995, 1473, 1474 f.

245 *Windbichler*, EWiR 1998, 1057, 1058.

246 *Bayer*, in: Lutter, UmwG, 6. Aufl. 2019, Einl. I Rn. 56.

247 Zum Ganzen *Bayer*, in: Lutter, UmwG, 6. Aufl. 2019, Einl. I Rn. 56.

248 *Wolf*, ZIP 2002, 153, 155.

249 Zum Ganzen *Wolf*, ZIP 2002, 153, 155.

Umwandlungsgesetz gewährt werde.[250] Der Grund für den umwandlungsrechtlichen Bestandsschutz liege allein darin, dass das Umwandlungsgesetz durch die Rechtsinstitute der Gesamtrechtsnachfolge und Identität zwischen übertragendem und übernehmendem Rechtsträger geprägt sei. Wenn das Gesetz annehme, dass übertragender und übernehmender Rechtsträger identisch sind, sei es nur konsequent, auch die Identität der Gesellschafter zu erhalten. Bei der übertragenden Auflösung werde das Gesellschaftsvermögen aber nicht im Wege der Gesamtrechtsnachfolge übertragen und es bestehe keine Identität zwischen der veräußernden und der erwerbenden Gesellschaft. Daher sei es auch nicht erforderlich, die Mitgliedschaft der Gesellschafter in der erwerbenden Gesellschaft fortzuführen.[251]

Auch die Abschaffung der Mehrheitsumwandlung stehe der Zulässigkeit der übertragenden Auflösung nicht entgegen.[252] Das hat das Bayerische Oberste Landesgericht in seiner Entscheidung[253] in Sachen Magna Media damit begründet, dass der Gesetzgeber in der übertragenden Auflösung keinen der von ihm in der Begründung des Regierungsentwurfs angesprochenen Fälle gesehen habe, in dem Anteilsinhaber aus der Gesellschaft „hinausgedrängt" würden:

> „Schließlich läßt sich auch daraus nichts anderes entnehmen, daß durch die Novellierung des Umwandlungsgesetzes die (…) Mehrheitsumwandlung (…) beseitigt worden ist. (…) Die Begründung (…) führt dazu aus, daß die Möglichkeit, außenstehende Anteilsinhaber gegen eine Abfindung, aber ohne ihre Zustimmung aus der Gesellschaft hinauszudrängen, nicht den Grundsätzen des Minderheiten- und Anlegerschutzes entspreche. Da aber zugleich (…) § 179a AktG eingefügt worden ist, der teilweise § 361 AktG a. F. nachgebildet ist, hat der Gesetzgeber gezeigt, daß er die verbleibenden, nicht nur rechtstechnischen Unterschiede zwischen einer übertragenden Auflösung und der Verschmelzung mit dem Vermögen des Mehrheitsgesellschafters als so gewichtig angesehen hat, daß eine differenzierende Behandlung gerechtfertigt sei. Dies enthält die Wertung, daß eine Teilnahme an der Liquidation der Gesellschaft, die ihr Vermögen übertragen hat, einem ‚Hinausdrängen' aus dieser Gesellschaft nicht gleichgestellt sein soll."[254]

250 *Wolf*, ZIP 2002, 153, 155 f.
251 Zum Ganzen *Wolf*, ZIP 2002, 153, 155 f.
252 BayObLGZ 1998, 211, 217 – Magna Media; *Roth*, NZG 2003, 998, 999; *Gromm*, Übertragende Auflösung, 2016, S. 81 ff.
253 BayObLGZ 1998, 211 – Magna Media.
254 BayObLGZ 1998, 211, 217 – Magna Media.

bb) Gesellschaft mit beschränkter Haftung und Kommanditgesellschaft

Für die GmbH und die KG finden sich, soweit ersichtlich, keine Stellungnahmen in Rechtsprechung oder Literatur zu der Frage, ob in der übertragenden Auflösung eine unzulässige Umgehung der Vorschriften des Umwandlungsgesetzes zu sehen ist.

b) Stellungnahme

Der herrschenden Meinung zur AG ist zuzustimmen. Die Einführung des Umwandlungsgesetzes von 1994 steht der Zulässigkeit der übertragenden Auflösung nicht entgegen. Gleiches gilt für die übertragende Auflösung der GmbH und der KG.

aa) Umgehung des Umwandlungsgesetzes

Sofern eine Maßnahme eine Gesetzesumgehung darstellt, hat das zwar grundsätzlich nicht zur Folge, dass diese Maßnahme unzulässig ist. Die umgangenen Regelungen sind auf diese Maßnahme vielmehr analog anzuwenden.[255] Bei der übertragenden Auflösung würde eine Umgehung des Umwandlungsgesetzes gleichwohl zur Unzulässigkeit der übertragenden Auflösung führen. Denn anders als bei einer übertragenden Auflösung ist es durch eine umwandlungsrechtliche Maßnahme nicht möglich, den Minderheitsgesellschaftern sowohl ihre Mitgliedschaft in der Gesellschaft als auch ihre mittelbare Beteiligung an dem Unternehmen der Gesellschaft zu entziehen. Beispielsweise verlieren die Minderheitsgesellschafter der übertragenden Gesellschaft bei einer Verschmelzung zwar ihre Mitgliedschaft in der übertragenden Gesellschaft, weil diese mit Wirksamwerden der Verschmelzung erlischt (vgl. § 20 Abs. 1 Nr. 2 Satz 1 UmwG). Im Gegenzug müssen den Minderheitsgesellschaftern aber Anteile an der übernehmenden Gesellschaft gewährt werden (vgl. §§ 2, 20 Abs. 1 Nr. 3 UmwG). Wenn man annimmt, dass die übertragende Auflösung eine Umgehung des Umwandlungsgesetzes darstellt, müsste man daher konsequenterweise auch solche bestandsschützenden Regelungen bei einer übertragenden Auflösung analog anwenden. Die Minderheitsgesellschafter müssten damit an dem Erwerber, also an dem Mehrheitsgesellschafter oder seiner Tochtergesellschaft, beteiligt

---

255 Vgl. nur *Armbrüster*, in: Münch. Komm. BGB, 9. Aufl. 2021, § 134 Rn. 18 ff.; *Stodolkowitz*, JuS 2019, 1144 ff., jeweils m. w. N.; vgl. auch *Lutter/Drygala*, in: FS Kropff, 1997, S. 191, 208.

werden. Eine „übertragende Auflösung" würde dann aber nicht mehr vorliegen und müsste damit als unzulässig angesehen werden.[256]

Die Vorschriften des Umwandlungsgesetzes werden durch die übertragende Auflösung der AG, der GmbH und der KG aber nicht in unzulässiger Weise umgangen. An eine Umgehung des Umwandlungsgesetzes könnte man ohnehin nur in Fällen denken, in denen das Vermögen der AG, der GmbH oder der KG auch nach dem Umwandlungsgesetz auf den Mehrheitsgesellschafter übertragen werden könnte. Aber auch in diesen Fällen würde eine unzulässige Umgehung voraussetzen, dass dem Umwandlungsgesetz eine Ausschließlichkeitswirkung zukommt, die einer übertragenden Auflösung entgegensteht.[257]

Wie von Vertretern der herrschenden Auffassung zutreffend vorgebracht,[258] lässt sich dem Umwandlungsgesetz eine solche Ausschließlichkeitswirkung jedoch nicht entnehmen. Im Umwandlungsgesetz findet sich keine Vorschrift, die ausdrücklich besagt oder darauf schließen lässt, dass alternative Gestaltungsformen außerhalb des Umwandlungsgesetzes nicht zulässig sind. Für diese Sichtweise findet sich auch kein Hinweis in den Gesetzesmaterialien zum Umwandlungsbereinigungsgesetz[259], durch das das Umwandlungsgesetz von 1994 eingeführt wurde. Im Gegenteil bestätigt die Begründung des Regierungsentwurfs zum Umwandlungsbereinigungsgesetz ausdrücklich, dass Verfahren außerhalb des Umwandlungsgesetzes weiterhin zulässig sind.[260] In der Begründung des Regierungsentwurfs heißt es hierzu:

> „Bisher schon bestehende andere Methoden, die Struktur eines Unternehmensträgers zu verändern (…), bleiben erhalten. Die von dem neuen Umwandlungsgesetz eröffneten Möglichkeiten der Umwandlung in allen ihren Formen treten also neben die nach allgemeinem Zivil- und Handelsrecht schon jetzt möglichen Methoden (…). Die zwingenden Vorschriften des Umwandlungsgesetzes müssen demnach nur dann beachtet werden, wenn sich die beteiligten Rechtsträger der Vorteile bedienen wollen, die das Gesetz und die mit ihm verbundenen steuerrechtlichen Regelungen mit sich bringen. (…) Die bisher schon möglichen Methoden, eine Ausgliederung von Unternehmensteilen im Wege der Übertragung der einzelnen Gegenstände und der Überleitung einzelner Verbindlichkeiten herbeizuführen, bleiben erhalten."[261]

---

256 Ähnlich *Lutter/Drygala*, in: FS Kropff, 1997, S. 191, 209.

257 Vgl. zur AG BGHZ 103, 184, 187 – Linotype; *Henze*, ZIP 1995, 1473, 1474 f.

258 Vgl. die Nachweise in Fn. 244.

259 UmwBerG v. 28. 10. 1994, BGBl. I S. 3210.

260 Vgl. *Bayer*, in: Lutter, UmwG, 6. Aufl. 2019, Einl. I Rn. 56; *Rühland*, Ausschluss, 2004, S. 86; *Willms*, Auflösung und Vermögensübernahme, 1999, S. 22.

261 Begr. RegE UmwBerG, BT-Drs. 12/6699, S. 80.

bb) Entgegenstehende Wertung des Umwandlungsgesetzes

Auch die mit der Abschaffung der Mehrheitsumwandlung verbundene Wertung steht der Zulässigkeit der übertragenden Auflösung nicht entgegen. Für die KG gilt das schon deshalb, weil die Möglichkeit einer Mehrheitsumwandlung für die KG nicht bestand. Aber auch bei der AG und der GmbH konnten und können die oben[262] zitierten Ausführungen in der Begründung des Regierungsentwurfs zum Umwandlungsbereinigungsgesetz[263], die ein Teil der Literatur der Zulässigkeit der übertragenden Auflösung entgegenhält, nicht so verstanden werden, dass die übertragende Auflösung unzulässig sein soll. Denn die übertragende Auflösung ist mit einer Mehrheitsumwandlung nicht vergleichbar.

Durch eine Mehrheitsumwandlung konnte der Mehrheitsgesellschafter, sofern er 90 Prozent des Grund- bzw. Stammkapitals hielt, gegen den Willen der Minderheitsgesellschafter sowohl deren Mitgliedschaft in der Gesellschaft beenden als auch das Gesellschaftsvermögen auf sich übertragen. Bei der übertragenden Auflösung befinden sich die Minderheitsgesellschafter in einer anderen Lage. Zwar verlieren sie, gegebenenfalls gegen ihren Willen, ebenfalls ihre Mitgliedschaft in der Gesellschaft. Anders als bei einer Mehrheitsumwandlung haben sie aber die rechtliche Möglichkeit, das Unternehmen der Gesellschaft selbst zu erwerben.[264]

Zudem kann auf die Gesetzesmaterialien zum Umwandlungsgesetz von 1956[265] verwiesen werden. Bereits vor der Einführung des Umwandlungsgesetzes von 1956 bestanden unterschiedliche Möglichkeiten der Umwandlung, jedoch nur befristet bis zum 31. Dezember 1956. Hierzu gehörte auch die Mehrheitsumwandlung. Durch das Umwandlungsgesetz von 1956 wurden diese Umwandlungsmöglichkeiten dauerhaft gesetzlich festgeschrieben. Nach der Begründung des Regierungsentwurfs zum Umwandlungsgesetz von 1956[266] sollte durch die Mehrheitsumwandlung nur ein leichterer Weg für die übertragende Auflösung geschaffen werden:

> „Es besteht kein Grund, die Beteiligten, wenn sie eine Umwandlung für erforderlich halten, dazu zu zwingen, den ohnehin immer möglichen Weg zu beschreiten, das Unternehmen aufzulösen und abzuwickeln und seine Vermögensgegenstände einzeln auf

---

262 Dazu 3. Teil. B. II. 3. a) aa) (1).

263 UmwBerG v. 28. 10. 1994, BGBl. I S. 3210.

264 Näher zur Erwerbsmöglichkeit der Minderheitsgesellschafter 4. Teil. E. I. 2.

265 Gesetz über die Umwandlung von Kapitalgesellschaften und bergrechtlichen Gewerkschaften v. 12. 11. 1956, BGBl. I S. 844.

266 Begr. RegE UmwG 1956, BT-Drs. 2/2402, S. 11.

(...) einen Gesellschafter zu übertragen. Es erscheint vielmehr angebracht, die durch das Umwandlungsgesetz (...) geschaffene Möglichkeit, für solche Umwandlungen den einfacheren Weg einer Gesamtrechtsnachfolge zu wählen, auch in Zukunft aufrechtzuerhalten und in den dauernden Bestand des deutschen Handelsrechts zu überführen."

Diesen Ausführungen lässt sich entnehmen, dass der Gesetzgeber die übertragende Auflösung „ohnehin", also unabhängig von der Möglichkeit der Mehrheitsumwandlung, als zulässig angesehen hat.[267] Danach lässt sich weder aus der ursprünglichen Einführung noch aus der späteren Abschaffung der Mehrheitsumwandlung ein Argument gegen die Zulässigkeit der übertragenden Auflösung herleiten.

Hinzu kommt, dass der Gesetzgeber mit der Einführung der Squeeze-out-Regelungen (§§ 327a ff. AktG, § 62 Abs. 5 UmwG, §§ 39a ff. WpÜG), die einen zwangsweisen Ausschluss von Minderheitsgesellschaftern aus der Gesellschaft gegen Abfindung zulassen, seine oben[268] zitierte Aussage in der Begründung des Regierungsentwurfs zum Umwandlungsbereinigungsgesetz, die der Zulässigkeit der übertragenden Auflösung entgegengehalten wurde, revidiert hat.

c) *Zwischenergebnis*

Das Umwandlungsgesetz steht der Zulässigkeit der übertragenden Auflösung der AG, der GmbH und der KG damit nicht entgegen. Die übertragende Auflösung stellt keine unzulässige Umgehung des Umwandlungsgesetzes dar. Eine unzulässige Gesetzesumgehung würde voraussetzen, dass dem Umwandlungsgesetz eine Ausschließlichkeitswirkung zukommt. Das ist jedoch nicht der Fall. Auch die mit der Abschaffung der Möglichkeit der Mehrheitsumwandlung verbundene Wertung kann der übertragenden Auflösung nicht entgegengehalten werden. Denn die übertragende Auflösung und die Mehrheitsumwandlung sind nicht miteinander vergleichbar.

4. *Unvereinbarkeit mit den §§ 327a ff. AktG (Aktiengesellschaft)*

Für die AG stellt sich darüber hinaus die Frage, ob die Vorschriften über den aktienrechtlichen Squeeze-out (§§ 327a ff. AktG), die im Jahr 2002 eingeführt wurden,[269] der Zulässigkeit der übertragenden Auflösung entgegenstehen. Dieses

267 Auch *Bachmann*, in: Spindler/Stilz, AktG, 4. Aufl. 2019, § 262 Rn. 36 geht davon aus, dass sich der Gesetzgeber mit dieser Aussage für die Zulässigkeit der übertragenden Auflösung ausgesprochen hat.

268 Dazu 3. Teil. B. II. 3. a) aa) (1).

269 Gesetz zur Regelung von öffentlichen Angeboten zum Erwerb von Wertpapieren und von Unternehmensübernahmen v. 20. 12. 2001, BGBl. I S. 3822.

Rechtsinstitut eröffnet einem Mehrheitsaktionär, dem 95 Prozent des Grundkapitals gehören, die Möglichkeit, die Minderheitsaktionäre ohne Vorliegen eines wichtigen Grunds gegen Gewährung einer angemessenen Barabfindung aus der AG auszuschließen. Nach der Begründung des Regierungsentwurfs wollte der Gesetzgeber dem Mehrheitsgesellschafter durch diese Neuregelung ein Mittel an die Hand geben, um Problemen entgegenzuwirken, die sich aus der Existenz von „Kleinstbeteiligungen" ergeben können:

> „Von Seiten der Wirtschaft ist aus verschiedenen Gründen ein Bedürfnis für eine solche Regelung geltend gemacht worden. Zunächst wird darauf hingewiesen, dass es ökonomisch keinen Sinn mache, sehr kleine Minderheiten in Aktiengesellschaften zu belassen. Die Beteiligung von Minderheitsaktionären stelle einen erheblichen – kostspieligen – Formalaufwand dar, der sich aus der Beachtung zwingender minderheitsschützender Normen ergebe. Dieser Aufwand bleibe im Wesentlichen derselbe, auch wenn neben dem Mehrheitsaktionär nur ein Rest an Splitterbesitz vorhanden sei. Die Praxis zeige, dass Kleinstbeteiligungen oftmals missbraucht würden, um den Mehrheitsaktionär bei der Unternehmensführung zu behindern und ihn zu finanziellen Zugeständnissen zu veranlassen. Eine Behinderung könne insbesondere durch Anfechtung von Hauptversammlungsbeschlüssen erfolgen. Daher ließen sich gegen den Willen einzelner Kleinaktionäre auch notwendige Umstrukturierungen oft nicht oder nur mit großer zeitlicher Verzögerung durchsetzen. Schließlich gebe es die Fälle, in denen eine gewisse Anzahl von Aktien nicht erworben werden könnte, weil die Inhaber der Aktien nicht ausfindig zu machen seien und/oder von ihrem vielleicht ererbten Aktienbesitz selbst nichts wüssten."[270]

Um zu rechtfertigen, dass den Minderheitsaktionären durch einen Squeeze-out ihre Mitgliedschaft entzogen werden kann, hat der Gesetzgeber in der Begründung des Regierungsentwurfs mehrfach auf die MotoMeter-Entscheidung[271] des Bundesverfassungsgerichts, auf die bereits oben eingegangen wurde,[272] verwiesen und unterschiedliche Aussagen dieser Entscheidungen herangezogen.[273] Obwohl es in der MotoMeter-Entscheidung um eine übertragende Auflösung ging und der Gesetzgeber sich mit dieser Entscheidung offensichtlich eingehend auseinandergesetzt hat, hat er die übertragende Auflösung in der Begründung des Regierungsentwurfs nicht erwähnt.

---

270 Begr. RegE, BT-Drs. 14/7034, S. 31 f.
271 BVerfG, NJW 2001, 279 – MotoMeter.
272 Dazu 3. Teil. A.
273 Begr. RegE, BT-Drs. 14/7034, S. 32.

a) *Meinungsstand*

Für die AG ist umstritten, ob die Vorschriften über den aktienrechtlichen Squeeze-out der Zulässigkeit der übertragenden Auflösung entgegenstehen. Für die GmbH und die KG, auf die die §§ 327a ff. AktG jedenfalls nicht direkt anwendbar sind, findet sich keine Stellungnahme dahingehend, dass sich die Squeeze-out-Vorschriften auf die Zulässigkeit der übertragenden Auflösung ausgewirkt hätten.

aa) *Teil der Literatur*

Ein Teil der Literatur vertritt die Auffassung, dass die Einführung der Vorschriften über den aktienrechtlichen Squeeze-out zur Unzulässigkeit der übertragenden Auflösung der AG geführt habe.[274] *Wilhelm/Dreier*[275] haben argumentiert, dass die Squeeze-out-Vorschriften die übertragende Auflösung als „leges speciales“[276] ausschlössen, weil sie das Verfahren zum Ausschluss von Minderheitsgesellschaftern einer AG nun ausdrücklich regelten.[277] In welcher Beziehung der Squeeze-out zur übertragenden Auflösung stehe, sei im Wege der Auslegung zu ermitteln, da sich der Gesetzgeber hierzu im Gesetzgebungsverfahren nicht ausdrücklich geäußert habe. Für die Spezialität der §§ 327a ff. AktG spreche zunächst, dass diese Vorschriften eingeführt wurden, „nachdem der vorherige Rechtszustand in Hinsicht auf die Hinausdrängung der Minderheitsaktionäre höchst problematisch und angreifbar war und die Neuregelung gerade in diesem Punkt einen gesetzlich zulässigen Weg eröffnen“[278] sollte. Darüber hinaus habe der Gesetzgeber mit dem aktienrechtlichen Squeeze-out ein Verfahren kodifiziert, das den Anforderungen an eine Entziehung der Mitgliedschaft der Minderheitsgesellschafter, die sich aus Art. 14 GG ergeben und vom Bundesverfassungsgericht[279] konkretisiert wurden, gerecht werde. Für das dem

274 *Wilhelm/Dreier*, ZIP 2003, 1369, 1373 ff. (zweifelnd dann aber *Wilhelm*, KapGesR, 5. Aufl. 2020, Rn. 672, Fn. 978); so auch *Bachmann*, ZIP 2009, 1249, 1255; *Bachmann*, in: Spindler/Stilz, AktG, 4. Aufl. 2019, § 262 Rn. 37; *Ehmann*, in: Grigoleit, AktG, 2. Aufl. 2020, § 179a AktG Rn. 12; zweifelnd *Singhof*, in: Spindler/Stilz, AktG, 4. Aufl. 2019, § 327a Rn. 8; im Ergebnis auch *Hanau*, NZG 2002, 1040, 1047, der eine übertragende Auflösung nach Einführung der Squeeze-out-Vorschriften nur noch für zulässig hält, wenn die Gesellschaft ohnehin „liquidationsreif“ ist.

275 *Wilhelm/Dreier*, ZIP 2003, 1369, 1373 ff.

276 *Wilhelm/Dreier*, ZIP 2003, 1369, 1373.

277 So auch *Ehmann*, in: Grigoleit, AktG, 2. Aufl. 2020, § 179a AktG Rn. 12.

278 *Wilhelm/Dreier*, ZIP 2003, 1369, 1374.

279 BVerfGE 14, 263 – Feldmühle; BVerfG, NJW 2001, 279 – MotoMeter.

Squeeze-out-Verfahren „in allen Punkten unterlegene und allenfalls durch mühsame Korrektur am Gesetz zu verbessernde Verfahren der übertragenden Auflösung“[280] verbleibe daneben kein Raum.[281]

Darüber hinaus wird gegen die Zulässigkeit der übertragenden Auflösung der AG eingewandt, dass der Mehrheitsgesellschafter einen aktienrechtlichen Squeeze-out nach §§ 327a ff. AktG nur durchführen dürfe, wenn er mindestens 95 Prozent des Grundkapitals der Gesellschaft halte.[282] Auch bei einem umwandlungsrechtlichen Squeeze-out gelte ein Beteiligungserfordernis von 90 Prozent des Grundkapitals. Aus diesen Vorschriften ergebe sich eine Wertung, die gegen die Zulässigkeit der „praktisch kontrollfreien“ übertragenden Auflösung, mit der der gleiche Effekt erzielt werden könne wie mit einem Squeeze-out, spreche.[283]

bb) Herrschende Auffassung

Nach der herrschenden Auffassung im Schrifttum stehen die Vorschriften über den aktienrechtlichen Squeeze-out der Zulässigkeit der übertragenden Auflösung der AG nicht entgegen.[284] Es sei kein Grund ersichtlich, warum den

---

280 *Wilhelm/Dreier*, ZIP 2003, 1369, 1375.

281 Zum Ganzen *Wilhelm/Dreier*, ZIP 2003, 1369, 1373 ff.; zweifelnd dann aber *Wilhelm*, KapGesR, 5. Aufl. 2020, Rn. 672, Fn. 978: „Es hat aber immer schon die Auflösung der Gesellschaft mit anschließender Übertragung wesentlicher Betriebsteile auf den Mehrheitsaktionär oder eine seiner Gesellschaften gegeben (…), und der Gesetzgeber des Squeeze-out-Verfahrens hat sich nicht mit genügender Klarheit dahin ausgesprochen, dass das Verfahren jetzt ausschließlich in Betracht kommen soll.“

282 *Bachmann*, in: Spindler/Stilz, AktG, 4. Aufl. 2019, § 262 Rn. 36.

283 Zum Ganzen *Bachmann*, in: Spindler/Stilz, AktG, 4. Aufl. 2019, § 262 Rn. 36.

284 *Austmann*, in: Münch. HdB. GesR IV, 5. Aufl. 2020, § 75 Rn. 11; *Fleischer*, ZGR 2002, 757, 788 f.; *Fleischer*, in: Großkomm. AktG, 4. Aufl. 2007, Vor §§ 327a Rn. 47; *Gromm*, Übertragende Auflösung, 2016, S. 87 ff.; *Grzimek*, in: Angerer/Geibel/Süßmann, WpÜG, 3. Aufl. 2017, § 327a AktG Rn. 11; *Habersack*, in: Emmerich/Habersack, Aktien- und GmbH-Konzernrecht, 9. Aufl. 2019, § 327a AktG Rn. 10; *Haberstock/Greitemann*, in: Hölters, AktG, 3. Aufl. 2017, § 179a Rn. 19; *Henze*, in: FS Wiedemann, 2002, S. 935, 949; *Holzborn*, in: Spindler/Stilz, AktG, 4. Aufl. 2019, § 179a Rn. 37; *Koch*, in: Münch. Komm. AktG, 5. Aufl. 2021, § 262 Rn. 49; *Koch*, in: Hüffer/Koch, AktG, 15. Aufl. 2021, § 179a Rn. 21; *Lochner*, in: Heidel, AktR, 5. Aufl. 2020, Vor §§ 327a ff. Rn. 11; *v. Morgen*, WM 2003, 1553, 1555; *Rieder*, in: Grigoleit, AktG, 2. Aufl. 2020, § 327a AktG Rn. 7; *Roth*, NZG 2003, 998, 999; *Rühland*, WM 2002, 1957, 1958; *Scharpf*, Ausschluss, 2004, S. 179; *Schnorbus*, in: K. Schmidt/Lutter, AktG, 4. Aufl. 2020, Vorb. zu §§ 327a Rn. 12; *Schoppe*, Aktieneigentum, 2011, S. 271 f.; *Schwichtenberg*, DStR 2001, 2075, 2078, 2082; *Seibt*, in: K. Schmidt/Lutter, AktG, 4. Aufl. 2020,

§§ 327a ff. AktG eine „Sperrwirkung“[285] gegenüber der übertragenden Auflösung zukommen solle.[286] Weder der Gesetzestext[287] noch die Gesetzesmaterialien[288] enthielten Anhaltspunkte dafür, dass die übertragende Auflösung durch die Einführung der §§ 327a ff. AktG ausgeschlossen werden sollte. Dem Gesetzgeber sei es bei der Einführung der Squeeze-out-Vorschriften nur darum gegangen, ein einfaches Verfahren zum Ausschluss von Minderheitsgesellschaftern bereitzustellen.[289] Auch eine systematische Betrachtung spreche gegen eine Sperrwirkung der §§ 327a ff. AktG.[290] Insbesondere sei § 179a AktG im Rahmen der Einführung der Squeeze-out-Vorschriften nicht geändert worden.[291]

---

§ 179a Rn. 25; *Stein*, in: Münch. Komm. AktG, 5. Aufl. 2021, § 179a Rn. 74; *Wasmann*, in: Kölner Komm. AktG, 3. Aufl. 2013, § 1 SpruchG Rn. 32; *Wolf*, ZIP 2002, 153, 154.

285 *Fleischer*, ZGR 2002, 757, 788.

286 Vgl. *Wolf*, ZIP 2002, 153, 154; so auch *Fleischer*, ZGR 2002, 757, 788 f.; *Fleischer*, in: Großkomm. AktG, 4. Aufl. 2007, Vor §§ 327a Rn. 47; *Grzimek*, in: Angerer/Geibel/Süßmann, WpÜG, 3. Aufl. 2017, § 327a AktG Rn. 11; *Haberstock/Greitemann*, in: Hölters, AktG, 3. Aufl. 2017, § 179a Rn. 19; *Koch*, in: Münch. Komm. AktG, 5. Aufl. 2021, § 262 Rn. 49; *v. Morgen*, WM 2003, 1553, 1555; *Rieder*, in: Grigoleit, AktG, 2. Aufl. 2020, § 327a AktG Rn. 7; *Rühland*, WM 2002, 1957, 1958; *Scharpf*, Ausschluss, 2004, S. 179; *Schnorbus*, in: K. Schmidt/Lutter, AktG, 4. Aufl. 2020, Vorb. zu §§ 327a Rn. 12.

287 *Rühland*, WM 2002, 1957, 1958; so auch *Grzimek*, in: Angerer/Geibel/Süßmann, WpÜG, 3. Aufl. 2017, § 327a AktG Rn. 11; *v. Morgen*, WM 2003, 1553, 1555.

288 *Fleischer*, ZGR 2002, 757, 788; *Fleischer*, in: Großkomm. AktG, 4. Aufl. 2007, Vor §§ 327a Rn. 47; *Grzimek*, in: Angerer/Geibel/Süßmann, WpÜG, 3. Aufl. 2017, § 327a AktG Rn. 11; *Haberstock/Greitemann*, in: Hölters, AktG, 3. Aufl. 2017, § 179a Rn. 19; *Holzborn*, in: Spindler/Stilz, AktG, 4. Aufl. 2019, § 179a Rn. 37; *Koch*, in: Münch. Komm. AktG, 5. Aufl. 2021, § 262 Rn. 49; *Koch*, in: Hüffer/Koch, AktG, 15. Aufl. 2021, § 179a Rn. 21; *v. Morgen*, WM 2003, 1553, 1555; *Rieder*, in: Grigoleit, AktG, 2. Aufl. 2020, § 327a AktG Rn. 7; *Rühland*, WM 2002, 1957, 1958; *Stein*, in: Münch. Komm. AktG, 5. Aufl. 2021, § 179a Rn. 74; vgl. auch *Roth*, NZG 2003, 998, 999; *Wilhelm*, KapGesR, 5. Aufl. 2020, Rn. 672, Fn. 978.

289 *Holzborn*, in: Spindler/Stilz, AktG, 4. Aufl. 2019, § 179a Rn. 38; *Stein*, in: Münch. Komm. AktG, 5. Aufl. 2021, § 179a Rn. 74; *Wolf*, ZIP 2002, 153, 154; ähnlich *Roth*, NZG 2003, 998, 999.

290 *Fleischer*, ZGR 2002, 757, 788; *Fleischer*, in: Großkomm. AktG, 4. Aufl. 2007, Vor §§ 327a Rn. 47; *v. Morgen*, WM 2003, 1553, 1555; *Rühland*, WM 2002, 1957, 1958.

291 *Rühland*, WM 2002, 1957, 1958; so auch *v. Morgen*, WM 2003, 1553, 1555.

b) Stellungnahme

Der herrschenden Auffassung im Schrifttum ist zuzustimmen. Die Vorschriften über den aktienrechtlichen Squeeze-out stehen der Zulässigkeit der übertragenden Auflösung der AG nicht entgegen.

Die Squeeze-out-Vorschriften schließen die übertragende Auflösung der AG nicht als „leges speciales"[292] aus. Um den Ausschluss von Minderheitsgesellschaftern (§§ 327a ff. AktG) als einen Spezialfall der (übertragenden) Auflösung (§§ 262 ff., 179a AktG) ansehen zu können, müssten beide Verfahren gleiche oder vergleichbare Merkmale aufweisen. Das ist jedoch nicht der Fall.

Der Ausschluss von Minderheitsgesellschaftern bei einem Squeeze-out und der Verlust der Mitgliedschaft in der Gesellschaft bei einer übertragenden Auflösung weisen kein gemeinsames Merkmal auf. Bei einem Squeeze-out werden die Aktien der Minderheitsaktionäre gegen Gewährung einer angemessenen Barabfindung auf den Mehrheitsgesellschafter übertragen. Im Gegensatz dazu wird bei der übertragenden Auflösung die Gesellschaft aufgelöst, abgewickelt und beendet und ihr ganzes Vermögen an den Mehrheitsgesellschafter veräußert; alle Gesellschafter verlieren ihre Mitgliedschaft in der Gesellschaft.

Abgesehen davon würde die Spezialität der §§ 327a ff. AktG zu unvertretbaren Ergebnissen führen. Denn eine Spezialität hätte zur Folge, dass es bei einer Liquidation der Gesellschaft nicht nur dem Mehrheitsgesellschafter, sondern allen Gesellschaftern verboten wäre, das Gesellschaftsvermögen zu erwerben. Allein zulässig wäre der Weg über die §§ 327a ff. AktG. Von einem solchen Erwerbsverbot für alle Gesellschafter müsste man bei der übertragenden Auflösung konsequenterweise selbst dann ausgehen, wenn alle Gesellschafter der übertragenden Auflösung zustimmen. Die Zustimmung der Minderheitsgesellschafter würde an der Spezialität der §§ 327a ff. AktG nichts ändern.

Darüber hinaus würde die Spezialität der §§ 327a ff. AktG voraussetzen, dass diese Vorschriften die übertragende Auflösung nach der Regelungsabsicht des Gesetzgebers verdrängen sollten. Eine solche „Sperrwirkung"[293] kommt den Squeeze-out-Vorschriften aber, wie von den Vertretern der herrschenden Auffassung zu Recht vorgebracht wird,[294] nicht zu.

Von einer Sperrwirkung der Squeeze-out-Vorschriften könnte man nur ausgehen, wenn es hierfür eindeutige Hinweise gäbe. Denn die übertragende

---

292 *Wilhelm/Dreier*, ZIP 2003, 1369, 1373.

293 *Fleischer*, ZGR 2002, 757, 788.

294 Vgl. die Nachweise in Fn. 286.

Auflösung und der Squeeze-out weisen erhebliche Unterschiede auf.[295] Insbesondere werden die Minderheitsgesellschafter bei einer übertragenden Auflösung anders als bei einem Squeeze-out nicht aus der Gesellschaft ausgeschlossen. Um eine Sperrwirkung zu begründen, hätte sich der Gesetzgeber daher ausdrücklich für eine Sperrwirkung aussprechen oder die Sperrwirkung hätte sich eindeutig aus dem Gesetz ergeben müssen. Beides ist, worauf die Vertreter der oben[296] dargestellten herrschenden Auffassung zu Recht verweisen, nicht der Fall.

Eine Sperrwirkung der §§ 327a ff. AktG kommt auch deshalb nicht in Betracht, weil die Squeeze-out-Vorschriften nur für einen ganz speziellen Fall geschaffen wurden. Wie den eingangs zitierten Ausführungen in der Begründung des Regierungsentwurfs zu entnehmen ist, hat der Gesetzgeber bei der Einführung der §§ 327a ff. AktG die Beseitigung von „Splitterbesitz"[297] und „Kleinstbeteiligungen"[298] vor Augen gehabt. Der Gesetzgeber hat als Beispiel unter anderem Fälle angeführt, „in denen eine gewisse Anzahl von Aktien nicht erworben werden könnte, weil die Inhaber der Aktien nicht ausfindig zu machen seien und/oder von ihrem vielleicht ererbten Aktienbesitz selbst nichts wüssten".[299] Für solche Spezialfälle sollten die Neuregelungen eine Lösung bieten. Es ging dem Gesetzgeber also keinesfalls darum, den Ausschluss von Gesellschaftern umfassend und abschließend zu regeln.

Die Squeeze-out-Vorschriften können daher keine Sperrwirkung gegenüber anderen Verfahren zum Ausschluss von Gesellschaftern entfalten. Das gilt erst recht für die übertragende Auflösung. Denn zum einen werden die Minderheitsgesellschafter durch eine übertragende Auflösung nicht aus der Gesellschaft ausgeschlossen. Zum anderen geht es bei der übertragenden Auflösung nicht um Kleinstbeteiligungen; zum Zeitpunkt der Einführung der Squeeze-out-Vorschriften wurde nur ganz vereinzelt[300] die Ansicht vertreten, dass der Mehrheitsgesellschafter mehr als 75 Prozent des Grundkapitals halten müsse, um eine übertragende Auflösung durchzuführen.

---

295 Näher dazu 4. Teil. B. I. 2. b) aa).

296 Dazu 3. Teil. B. II. 4. a) bb).

297 Begr. RegE, BT-Drs. 14/7034, S. 31.

298 Begr. RegE, BT-Drs. 14/7034, S. 31.

299 Begr. RegE, BT-Drs. 14/7034, S. 32.

300 *Lutter/Drygala*, in: FS Kropff, 1997, S. 191, 219 ff.; *Henze*, BB 2001, 53, 56 f.; *Henze*, in: FS Peltzer, 2001, S. 181, 189 f. (anders dann aber *Henze*, in: FS Wiedemann, 2002, S. 935, 952 f.); *Leinekugel*, Ausstrahlungswirkungen, 2000, S. 29 f.; tendenziell auch *Bauer*, NZG 2000, 1214, 1215.

Schließlich kann auch das Argument, dass sich aus §§ 327a ff. AktG eine Wertung ergebe, die der übertragenden Auflösung entgegenstehe, nicht überzeugen. Sofern man der Ansicht ist, dass die übertragende Auflösung mit einem Squeeze-out vergleichbar sei, kann das nicht rechtfertigen, die übertragende Auflösung generell für unzulässig zu erklären und es dem Mehrheitsgesellschafter damit unmöglich zu machen, sich im Rahmen der Liquidation um den Erwerb des Gesellschaftsvermögens zu bemühen. Ausgehend von dieser Ansicht, wäre es vielmehr ausreichend, die übertragende Auflösung wie einen Squeeze-out zu behandeln, also die §§ 327a ff. AktG auf die übertragende Auflösung analog anzuwenden.

c) Zwischenergebnis

Der Zulässigkeit der übertragenden Auflösung der AG stehen die Vorschriften über den aktienrechtlichen Squeeze-out (§§ 327a ff. AktG) nicht entgegen. Die §§ 327a ff. AktG schließen die übertragende Auflösung der AG nicht als *leges speciales* aus, weil der Ausschluss von Minderheitsgesellschaftern und die übertragende Auflösung keine gemeinsamen Merkmale aufweisen. Zudem sind keine Hinweise dafür ersichtlich, dass den §§ 327a ff. AktG eine Sperrwirkung gegenüber der übertragenden Auflösung zukommen soll. Für die GmbH und die KG stellt sich die Frage nicht, ob die Vorschriften über den aktienrechtlichen Squeeze-out der Zulässigkeit der übertragenden Auflösung entgegenstehen, weil diese Vorschriften auf die GmbH und die KG nicht anwendbar sind.

III. Gründe für die Zulässigkeit

Nachdem festgestellt wurde, dass keine Gründe vorliegen, die der Zulässigkeit der übertragenden Auflösung generell entgegenstehen, stellt sich noch die Frage, ob Gründe ersichtlich sind, die für die Zulässigkeit der übertragenden Auflösung der AG, der GmbH und der KG sprechen. Insoweit ist insbesondere an die gesetzlichen Vorschriften zu denken, die bei einer übertragenden Auflösung einschlägig sind, also an die Vorschriften über die Auflösung der Gesellschaft und, für die AG, an § 179a AktG.

1. Regelungen über die Auflösung der Gesellschaft

Für die AG, die GmbH und die KG lassen sich die gesetzlichen Regelungen über die Auflösung der Gesellschaft, bei der KG in Verbindung mit dem Gesellschaftsvertrag, für die Zulässigkeit der übertragenden Auflösung anführen (§§ 262 ff. AktG, §§ 60 ff. GmbHG, §§ 161 Abs. 2, 131 ff. HGB). Bei der AG und der GmbH hat ein Gesellschafter, der eine Mehrheit von drei Viertel des vertretenen Grundkapitals bzw. der abgegebenen Stimmen hält, nach den gesetzlichen Vorschriften das Recht, in der Gesellschafterversammlung zu beschließen, dass die Gesellschaft aufgelöst wird (§ 262 Abs. 1 Nr. 2 AktG, § 60 Abs. 1 Nr. 2 GmbHG). Für die KG gilt Entsprechendes. Denn bei der KG ist eine übertragende Auflösung ohne Zustimmung der Minderheitsgesellschafter nur möglich, wenn der Gesellschaftsvertrag vorsieht, dass der Beschluss über die Auflösung der Gesellschaft durch Mehrheitsentscheidung gefasst werden kann (§§ 161 Abs. 2, 131 Abs. 1 Nr. 2 HGB i. V. m. dem Gesellschaftsvertrag).[301]

Das Auflösungsrecht ist bei der AG, der GmbH und der KG nach den gesetzlichen Vorschriften an keine weitergehenden Voraussetzungen geknüpft.[302] Die gesetzliche Folge der Auflösung ist die Abwicklung der Gesellschaft. Im Rahmen der Abwicklung muss das Gesellschaftsvermögen veräußert werden. Dem Gesetz lässt sich, wie bereits festgestellt,[303] kein Hinweis dafür entnehmen, dass das Gesellschaftsvermögen im Liquidationsverfahren nicht an einen oder mehrere Gesellschafter veräußert werden darf. Das spricht dafür, dass die übertragende Auflösung zulässig ist.

Das Auflösungsrecht der (qualifizierten) Mehrheit belegt, dass es im Gesellschaftsrecht keinen uneingeschränkten Bestandsschutz der Mitgliedschaft gibt. Bei der AG und der GmbH ist der Bestand der Mitgliedschaft eines Gesellschafters nach den gesetzlichen Vorschriften erst und nur dann geschützt, wenn ein Gesellschafter mehr als 25 Prozent des Grundkapitals bzw. der Stimmrechte hält. Bei einer geringeren Beteiligung kann der Gesellschafter nicht verhindern, dass die Auflösung der Gesellschaft gegen seinen Willen von der Mehrheit beschlossen wird und er seine Mitgliedschaft mit der Beendigung der Gesellschaft verliert (§ 262 Abs. 1 Nr. 2 AktG, § 60 Abs. 1 Nr. 2 GmbHG).[304] Die Mitgliedschaft eines Minderheitsgesellschafters, dessen Beteiligung diese Schwelle nicht erreicht, ist nach dem Gesetz daher von vornherein nicht geschützt. Ein etwaiges Vertrauen des Minderheitsgesellschafters auf den Bestand seiner Mitgliedschaft schützt das Gesetz nicht.

Sofern die übertragende Auflösung der KG durch Mehrheitsbeschluss möglich ist, gilt das Vorstehende für die KG entsprechend. Denn durch die Zulassung

---

301 Näher dazu 4. Teil. B. III.

302 Zu der Frage, ob der Beschluss über die Auflösung der Gesellschaft der sachlichen Rechtfertigung bedarf, 4. Teil. E. III.

303 Dazu 3. Teil. B. II. 2. b).

304 Vgl. zur AG *Henze*, BB 2001, 53, 56.

von Mehrheitsentscheidungen im Gesellschaftsvertrag wird der mitgliedschaftliche Bestandsschutz entsprechend beschränkt. Der Bestand der Mitgliedschaft eines Gesellschafters ist nur dann und erst dann geschützt, wenn er die Stimmenmehrheit besitzt, mit der er verhindern kann, dass die Auflösung der Gesellschaft gegen seinen Willen beschlossen wird.

2. *§ 179a AktG (Aktiengesellschaft)*

a) Meinungsstand

Bei der AG wird die Zulässigkeit der übertragenden Auflösung insbesondere mit der Vorschrift des § 179a AktG begründet.[305] Diese Vorschrift regele die Verpflichtung zur Übertragung des ganzen Vermögens der AG und sehe auch für den Fall eine Bestimmung vor, dass die Gesellschaft aus Anlass der Übertragung aufgelöst wird (vgl. § 179a Abs. 3 AktG). Das zeige, dass die Veräußerung des ganzen Gesellschaftsvermögens mit der Auflösung kombiniert werden dürfe und spreche für die Zulässigkeit der übertragenden Auflösung der AG.[306]

Teilweise wird jedoch die Ansicht vertreten, dass sich die (uneingeschränkte) Zulässigkeit der übertragenden Auflösung der AG nicht bereits aus § 179a AktG ergebe.[307] Denn diese Vorschrift regele lediglich die Veräußerung des ganzen Gesellschaftsvermögens an einen gesellschaftsfremden Dritten, nicht dagegen die mit der übertragenden Auflösung verbundene Übertragung des Gesellschaftsvermögens an den Mehrheitsgesellschafter.[308] Zudem handele es sich bei § 179a AktG nur um eine Kompetenznorm, aus der sich für die Beantwortung der Frage, ob die übertragende Auflösung der AG zulässig ist, kein Argument herleiten lasse.[309]

---

305 *Ehricke/Roth*, DStR 2001, 1120, 1121; *Roth*, NZG 2003, 998, 999; wohl auch *Wolf*, ZIP 2002, 153, 154 f.; dagegen *Bachmann*, in: Spindler/Stilz, AktG, 4. Aufl. 2019, § 262 Rn. 37.

306 In diesem Sinne wohl *Ehricke/Roth*, DStR 2001, 1120, 1121; *Roth*, NZG 2003, 998, 999; vgl. auch *Lutter/Leinekugel*, ZIP 1999, 261, 263.

307 *Lutter/Leinekugel*, ZIP 1999, 261, 263 f.; *Bachmann*, in: Spindler/Stilz, AktG, 4. Aufl. 2019, § 262 Rn. 38.

308 In diesem Sinne wohl *Lutter/Leinekugel*, ZIP 1999, 261, 263 f.

309 *Bachmann*, in: Spindler/Stilz, AktG, 4. Aufl. 2019, § 262 Rn. 38.

b) *Stellungnahme*

Die Regelung des § 179a AktG wird zu Recht als Argument für die Zulässigkeit der übertragenden Auflösung der AG herangezogen. Aus § 179a Abs. 1 Satz 1 AktG folgt, dass es zulässig ist, das ganze Vermögen der Gesellschaft zu veräußern, und § 179a Abs. 3 AktG lässt sich entnehmen, dass die Veräußerung mit der Auflösung der Gesellschaft verbunden werden kann.[310]

Hinzu kommt, dass der Gesetzgeber die Regelung des § 361 AktG 1965 durch das Umwandlungsbereinigungsgesetz[311] im Wesentlichen unverändert in § 179a AktG übernommen hat,[312] obwohl ihm die Diskussion um die übertragende Auflösung zu diesem Zeitpunkt jedenfalls wegen der viel beachteten Entscheidung[313] des Bundesgerichtshofs in Sachen Linotype bekannt gewesen sein dürfte. Auch nach den Entscheidungen des OLG Stuttgart[314] und des Bundesverfassungsgerichts[315] in Sachen MotoMeter wurde § 179a AktG nicht geändert.

Dem kann nicht entgegengehalten werden, dass § 179a AktG nur die Veräußerung des ganzen Gesellschaftsvermögens an einen gesellschaftsfremden Dritten zum Gegenstand habe. Eine dahingehende Auslegung der Vorschrift findet im Gesetz keine Stütze. Der Wortlaut des § 179a AktG enthält keinen Hinweis dafür, dass die Veräußerung an den Mehrheitsgesellschafter von der Vorschrift nicht erfasst ist.[316] Auch aus gesetzessystematischer Sicht ergeben sich für eine einschränkende Auslegung des § 179a AktG keine Gründe.[317]

Zudem spricht der Zweck des § 179a AktG[318] gegen eine einschränkende Auslegung der Vorschrift. Das gilt naturgemäß dann, wenn man, wie *Kropff*[319]

---

310 In diesem Sinne wohl auch *Ehricke/Roth*, DStR 2001, 1120, 1121; *Roth*, NZG 2003, 998, 999; vgl. auch *Lutter/Leinekugel*, ZIP 1999, 261, 263.

311 UmwBerG v. 28. 10. 1994, BGBl. I S. 3210.

312 Näher dazu 2. Teil. C. I. 2. d).

313 BGHZ 103, 184 – Linotype.

314 OLG Stuttgart, ZIP 1995, 1515 – MotoMeter I; OLG Stuttgart, ZIP 1997, 362 – MotoMeter II.

315 BVerfG, NJW 2001, 279 – MotoMeter.

316 *Wolf*, ZIP 2002, 153, 154; so auch *Seibt*, in: K. Schmidt/Lutter, AktG, 4. Aufl. 2020, § 179a Rn. 26.

317 *Wolf*, ZIP 2002, 153, 154; so auch *Seibt*, in: K. Schmidt/Lutter, AktG, 4. Aufl. 2020, § 179a Rn. 26.

318 Näher zum Regelungszweck des § 179a AktG 2. Teil. C. I. 3.

319 *Kropff*, in: Geßler/Hefermehl/Eckardt/Kropff, AktG, 14. Lief. (1993), § 361 Rn. 3.

und das OLG Stuttgart[320], den Hauptzweck der Vorschrift gerade darin sieht, die Minderheitsgesellschafter bei einer Veräußerung des ganzen Gesellschaftsvermögens an den Mehrheitsgesellschafter zu schützen. Das gilt aber auch dann, wenn man den Zweck der Vorschrift darin sieht, das Recht der Gesellschafter zur Verfügung über das Gesellschaftsvermögen zu schützen[321] und die Gesellschafter vor einer unangemessenen Vertragsgestaltung zu bewahren[322]. Denn gerade bei einer Veräußerung des Gesellschaftsvermögens an den Mehrheitsgesellschafter, bei der sich der Mehrheitsgesellschafter in einem Interessenkonflikt befindet und die Vermögensinteressen der Minderheitsgesellschafter damit in einem besonderen Maße gefährdet sind, ist es geboten, dass die Hauptversammlung über die Veräußerung entscheidet, und gerade in diesem Fall gilt es sicherzustellen, dass der Kaufvertrag angemessene Bedingungen enthält.

Hiergegen lässt sich nicht einwenden, dass § 179a AktG die Interessen der Minderheitsgesellschafter, die bei einer Veräußerung des Gesellschaftsvermögens an den Mehrheitsgesellschafter gefährdet werden, nicht ausreichend schützt. Selbst wenn man das unterstellt, liegt hierin kein einleuchtender Grund, den Anwendungsbereich des § 179a AktG einzuschränken und die Vorschrift nicht auf die übertragende Auflösung anzuwenden. Denn dann wäre auch der Schutz der Minderheitsgesellschafter, den § 179a AktG unstreitig bezweckt und gewährt, nicht mehr gegeben. § 179a AktG gilt damit richtigerweise auch dann, wenn das ganze Gesellschaftsvermögen an den Mehrheitsgesellschafter veräußert wird.[323] Ob § 179a AktG diesen Fall abschließend regelt, ist eine andere Frage.[324]

c) Zwischenergebnis

Bei der AG spricht § 179a AktG für die Zulässigkeit der übertragenden Auflösung. Aus § 179a Abs. 1 Satz 1 AktG folgt, dass es zulässig ist, das ganze Vermögen der Gesellschaft zu veräußern, und § 179a Abs. 3 AktG lässt sich entnehmen, dass die Veräußerung mit der Auflösung der Gesellschaft verbunden werden kann. Eine einschränkende Auslegung des § 179a AktG dahingehend, dass diese

---

320 OLG Stuttgart, ZIP 1997, 362, 362 – MotoMeter II.

321 Vgl. die Nachweise in Fn. 107.

322 Vgl. die Nachweise in Fn. 111.

323 Vgl. nur OLG Stuttgart, ZIP 1997, 362, 362 – MotoMeter II; *Seibt*, in: K. Schmidt/Lutter, AktG, 4. Aufl. 2020, § 179a Rn. 26; *Wolf*, ZIP 2002, 153, 154 f.

324 Dazu 5. Teil. A. II. 3. d) bb).

Vorschrift nur für die Veräußerung des ganzen Gesellschaftsvermögens an einen gesellschaftsfremden Dritten gelte, findet im Gesetz keine Stütze.

IV. Ergebnis

Im Ergebnis bestehen damit auch aus Sicht des einfachen Rechts keine Gründe, die der Zulässigkeit der übertragenden Auflösung der AG, der GmbH oder der KG entgegenstehen. Im Gegenteil sprechen die Vorschriften über die Auflösung der Gesellschaft und, für die AG, § 179a AktG für die Zulässigkeit der übertragenden Auflösung. Die übertragende Auflösung ist damit auch aus Sicht des einfachen Rechts und damit insgesamt zulässig.

4. Teil. Erfordernisse und Grenzen der übertragenden Auflösung

Dieser Teil beschäftigt sich mit der Frage, welche Erfordernisse bei der übertragenden Auflösung zu beachten sind und welchen Grenzen die Zulässigkeit der übertragenden Auflösung unterworfen ist. Dabei wird zunächst erörtert, welche Beschlüsse der Gesellschafterversammlung bei der übertragenden Auflösung erforderlich sind (dazu unter A.). Im Anschluss daran wird untersucht, welche Mehrheits- und Beteiligungserfordernisse für die Gesellschafterbeschlüsse gelten (dazu unter B.) und ob der Mehrheitsgesellschafter bei der Beschlussfassung stimmberechtigt ist (dazu unter C.). Daraufhin wird der Frage nachgegangen, ob die Zulässigkeit der übertragenden Auflösung voraussetzt, dass in der Person der Minderheitsgesellschafter ein wichtiger Grund vorliegt, der auch den Ausschluss dieser Gesellschafter rechtfertigen könnte (dazu unter D.). Weiter wird untersucht, welche Grenzen sich für die Zulässigkeit der übertragenden Auflösung aus der gesellschaftsrechtlichen Treuepflicht und dem Gleichbehandlungsgebot ergeben und ob die Beschlüsse der Gesellschafterversammlung nur einer allgemeinen Treuepflichtkontrolle unterliegen, oder ob sie darüber hinaus der sachlichen Rechtfertigung bedürfen (dazu unter E.). Schließlich wird die Vereinbarkeit der übertragenden Auflösung mit den Kapitalerhaltungsregeln und den Thesaurierungsgeboten erörtert (dazu unter F.).

A. Erforderliche Gesellschafterbeschlüsse

In diesem Abschnitt wird der Frage nachgegangen, welche Gesellschafterbeschlüsse bei der übertragenden Auflösung erforderlich sind. Als Gegenstand der Beschlussfassung kommen die Auflösung der Gesellschaft und die Veräußerung des ganzen Gesellschaftsvermögens in Betracht.

Der Beschluss über die Auflösung der Gesellschaft ist für alle untersuchten Gesellschaftsformen ausdrücklich gesetzlich geregelt (vgl. § 262 Abs. 1 Nr. 2 AktG, § 60 Abs. 1 Nr. 2 GmbHG, §§ 161 Abs. 2, 131 Abs. 1 Nr. 2 HGB).

Im Aktienrecht findet sich mit § 179a AktG eine Vorschrift, die ein Beschlusserfordernis auch bei einer Veräußerung des ganzen Gesellschaftsvermögens ausdrücklich vorsieht. Allerdings wird nicht einheitlich beurteilt, ob § 179a AktG auch dann anwendbar ist, wenn das ganze Gesellschaftsvermögen erst nach der Auflösung der AG veräußert wird. Im Recht der GmbH und der KG gibt es keine dem § 179a AktG entsprechende Vorschrift. Hier bedarf es daher einer näheren

Untersuchung, ob und auf welcher Grundlage die Veräußerung des ganzen Gesellschaftsvermögens bei einer übertragenden Auflösung eines Beschlusses der Gesellschafterversammlung bedarf. Insoweit ist an eine entsprechende Anwendung des § 179a AktG zu denken. Zu der Frage, ob § 179a AktG auf die GmbH analog anwendbar ist, hat sich der Bundesgerichtshof in einer Entscheidung[325] aus dem Jahr 2019 geäußert.

I. Aktiengesellschaft

1. Beschluss über die Auflösung der Gesellschaft

Bei der übertragenden Auflösung der AG ist nach § 262 Abs. 1 Nr. 2 AktG zunächst ein Beschluss der Hauptversammlung über die Auflösung der Gesellschaft erforderlich. Dieses Beschlusserfordernis wurde bereits näher erläutert.[326]

2. Beschluss über die Veräußerung des ganzen Gesellschaftsvermögens

a) Vertragsschluss vor Auflösung der Gesellschaft

Sofern der Kaufvertrag über das ganze Gesellschaftsvermögen bei der übertragenden Auflösung einer AG vor der Auflösung der Gesellschaft geschlossen wird, ist gemäß § 179a Abs. 1 Satz 1 AktG zudem ein Beschluss der Hauptversammlung über die Zustimmung zu dem Kaufvertrag zwischen der Gesellschaft und dem Mehrheitsgesellschafter über das ganze Gesellschaftsvermögen erforderlich. Auf die Regelung des § 179a AktG wurde bereits näher eingegangen.[327]

b) Vertragsschluss nach Auflösung der Gesellschaft

aa) Meinungsstand

Ob § 179a AktG auch dann anwendbar ist, wenn der Vertrag, mit dem sich die AG zur Übertragung ihres ganzen Gesellschaftsvermögens verpflichtet, erst abgeschlossen wird, wenn die Gesellschaft bereits aufgelöst ist, wird unterschiedlich beurteilt. Vereinzelt wird in der Literatur die Auffassung vertreten, dass § 179a AktG im Liquidationsstadium nicht gelte.[328] Das wird damit begründet,

---

325 BGHZ 220, 354.
326 Dazu 2. Teil. B. I.
327 Dazu 2. Teil. C. I.
328 *Heckschen*, AG 2019, 420, 421.

dass die Veräußerung des ganzen Gesellschaftsvermögens vom Abwicklungszweck gedeckt sei.[329]

Nach herrschender Meinung ist § 179a AktG dagegen auch anwendbar, wenn die Gesellschaft bereits aufgelöst ist.[330] Das ergebe sich daraus, dass § 179a AktG die Gesellschafter vor einer unangemessenen Vertragsgestaltung schützen wolle und dieser Schutz im Liquidationsverfahren ebenfalls erforderlich sei.[331]

Zudem wird § 3 Abs. 3 UmwG als Argument für die Anwendbarkeit des § 179a AktG im Liquidationsverfahren herangezogen.[332] Nach dieser Regelung könne eine aufgelöste und fortsetzungsfähige Gesellschaft als übertragender Rechtsträger an einer Verschmelzung beteiligt sein, ohne dass die Anwendbarkeit der umwandlungsrechtlichen Vorschriften eingeschränkt werde. Die nach den umwandlungsrechtlichen Vorschriften bestehenden Mitwirkungsrechte der Hauptversammlung würden bei einer Verschmelzung also nicht eingeschränkt, wenn die übertragende Gesellschaft bereits aufgelöst ist. Für die Mitwirkungsrechte der Hauptversammlung bei einer Veräußerung des ganzen Gesellschaftsvermögens nach § 179a AktG, die mit einer Verschmelzung vergleichbar sei, könne dann nichts anderes gelten.[333]

bb) Stellungnahme

Der Anwendbarkeit des § 179a AktG im Liquidationsverfahren steht nicht entgegen, dass die Veräußerung des ganzen Gesellschaftsvermögens dem Abwicklungszweck entspricht. Der Abwicklungszweck ist unter anderem darauf gerichtet, das Gesellschaftsvermögen liquide zu machen.[334] Es trifft damit zwar

329 *Heckschen*, AG 2019, 420, 421.

330 BGH, NZG 2003, 532, 534 (nicht entscheidungserheblich); *Bayer/Lieder/Hoffmann*, AG 2017, 717, 718; *Hüren*, RNotZ 2014, 77, 78; *Koch*, in: Hüffer/Koch, AktG, 15. Aufl. 2021, § 179a Rn. 24; *Noack*, ZIP 2002, 1873, 1878; *Seibt*, in: K. Schmidt/Lutter, AktG, 4. Aufl. 2020, § 179a Rn. 3; *Stein*, in: Münch. Komm. AktG, 5. Aufl. 2021, § 179a Rn. 12; *Willms*, Auflösung und Vermögensübernahme, 1999, S. 14.

331 Vgl. *Bayer/Lieder/Hoffmann*, AG 2017, 717, 718; *Hüren*, RNotZ 2014, 77, 78; *Noack*, ZIP 2002, 1873, 1878; *Seibt*, in: K. Schmidt/Lutter, AktG, 4. Aufl. 2020, § 179a Rn. 3; *Stein*, in: Münch. Komm. AktG, 5. Aufl. 2021, § 179a Rn. 12.

332 Vgl. *Koch*, in: Münch. Komm. AktG, 5. Aufl. 2021, § 268 Rn. 14; *Noack*, ZIP 2002, 1873, 1878; *Stein*, in: Münch. Komm. AktG, 5. Aufl. 2021, § 179a Rn. 12.

333 Vgl. zum Ganzen *Koch*, in: Münch. Komm. AktG, 5. Aufl. 2021, § 268 Rn. 14; *Noack*, ZIP 2002, 1873, 1878; *Stein*, in: Münch. Komm. AktG, 5. Aufl. 2021, § 179a Rn. 12.

334 Vgl. *Koch*, in: Münch. Komm. AktG, 5. Aufl. 2021, § 262 Rn. 12; näher zum Abwicklungszweck 2. Teil. B. I. 2.

zu, dass die Veräußerung des ganzen Gesellschaftsvermögens dem Abwicklungszweck entspricht. Allerdings gebietet es der Zweck des § 179a AktG, wie von den Vertretern der herrschenden Meinung zu Recht eingewandt wird,[335] diese Vorschrift auch im Liquidationsverfahren anzuwenden. Denn § 179a AktG soll die Gesellschafter bei einer Übertragung des ganzen Gesellschaftsvermögens unter anderem vor einer unangemessenen Gestaltung des zugrunde liegenden schuldrechtlichen Vertrags und damit vor einer Beeinträchtigung ihrer Vermögensinteressen schützen.[336] Insoweit sind die Gesellschafter aber auch nach der Auflösung der Gesellschaft weiterhin schutzbedürftig.[337] Das gilt insbesondere für die Minderheitsgesellschafter.

Darüber hinaus spricht die Entstehungsgeschichte des § 179a AktG dafür, dass die Vorschrift auch bei einem erst nach der Auflösung der Gesellschaft erfolgten Verkauf des ganzen Gesellschaftsvermögens anwendbar ist. § 179a AktG geht auf § 303 HGB 1897 zurück.[338] Gemäß § 303 Abs. 2 HGB 1897 hatte der Beschluss der Hauptversammlung über die Veräußerung des ganzen Gesellschaftsvermögens die Auflösung der Gesellschaft zur Folge, „sofern diese nicht bereits aufgelöst war". Der Wortlaut der Regelung macht nur Sinn, wenn es auch nach der Auflösung noch eines Beschlusses der Hauptversammlung bedurfte. Zwar wurde die Regelung, dass der Beschluss der Hauptversammlung die Auflösung bewirkt, später gestrichen.[339] Der Grund für diese Streichung war nach der Gesetzesbegründung aber lediglich „das wirtschaftlich verständliche Bestreben, eine einmal erfolgte Zusammenfassung von Kapital der Wirtschaft zu erhalten und nicht ohne zwingenden Grund aufzulösen".[340] Der Anwendungsbereich der Vorschrift sollte mit dieser Änderung nicht eingeschränkt werden.

Für die Anwendbarkeit des § 179a AktG auf die aufgelöste Gesellschaft lässt sich zwar nicht anführen, dass den Gesellschaftern durch die Veräußerung des ganzen Gesellschaftsvermögens rechtlich die Möglichkeit genommen werde, gemäß § 274 AktG die Fortsetzung der Gesellschaft zu beschließen. Denn die Veräußerung des ganzen Gesellschaftsvermögens steht der Fortsetzung der Gesellschaft nicht entgegen.[341] Eine Fortsetzung scheidet nämlich erst aus, wenn

---

335 Vgl. die Nachweise in Fn. 331.
336 Näher dazu 2. Teil. C. I. 3. b).
337 Vgl. die Nachweise in Fn. 331.
338 Näher dazu 2. Teil. C. I. 2. a).
339 Näher dazu 2. Teil. C. I. 2. b).
340 *Klausing*, AktG von 1937, S. 219.
341 *Koch*, in: Münch. Komm. AktG, 5. Aufl. 2021, § 274 Rn. 21.

mit der Verteilung des Gesellschaftsvermögens an die Gesellschafter begonnen wurde (§ 274 Abs. 1 Satz 1 AktG). Allerdings steht die Veräußerung des ganzen Gesellschaftsvermögens der Fortsetzung der Gesellschaft regelmäßig faktisch entgegen.[342] Denn nach der Veräußerung ist eine Fortsetzung des bisherigen Unternehmensgegenstands in der Regel nur mit einem erheblichen Aufwand möglich, weil hierfür ein neues Unternehmen aufgebaut werden muss. Über die Fortsetzung der Gesellschaft haben aber die Gesellschafter zu entscheiden (§ 274 AktG). Dann muss die Entscheidung über die Veräußerung des ganzen Gesellschaftsvermögens, die den Gesellschaftern regelmäßig faktisch das Recht nimmt, die Gesellschaft fortzusetzen, ebenfalls Sache der Gesellschafter sein.

Schließlich spricht der Gesichtspunkt des Umgehungsschutzes für die Anwendbarkeit des § 179a AktG im Liquidationsverfahren. Wenn § 179a AktG nach der Auflösung der Gesellschaft nicht mehr gelten würde, könnten das Zustimmungserfordernis (§ 179a Abs. 1 Satz 1 AktG) und die Informationspflichten, die im Zusammenhang mit der Beschlussfassung über die Veräußerung des ganzen Vermögens der Gesellschaft zugunsten der Gesellschafter zu beachten sind (insbesondere nach § 179a Abs. 2 AktG[343]), umgangen werden, indem die Gesellschaft vor dem Verkauf des Gesellschaftsvermögens aufgelöst wird.

cc) Zwischenergebnis

Die Regelung des § 179a AktG ist damit auch im Liquidationsverfahren anwendbar. Ein Beschluss der Hauptversammlung über die Zustimmung zu dem Kaufvertrag, mit dem das ganze Gesellschaftsvermögen der AG an den Mehrheitsgesellschafter verkauft wird, ist daher auch dann erforderlich, wenn der Kaufvertrag erst nach der Auflösung der Gesellschaft geschlossen wird.

3. Ergebnis

Bei der übertragenden Auflösung der AG sind Beschlüsse der Hauptversammlung über die Auflösung der Gesellschaft und über die Zustimmung zu dem Kaufvertrag zwischen der Gesellschaft und dem Mehrheitsgesellschafter über das ganze Gesellschaftsvermögen erforderlich (§§ 262 Abs. 1 Nr. 2, 179a Abs. 1 Satz 1 AktG). Der Zustimmungsbeschluss nach 179a Abs. 1 Satz 1 AktG ist

---

342 In diesem Sinne wohl auch *Bayer/Lieder/Hoffmann*, AG 2017, 717, 718; *Hüren*, RNotZ 2014, 77, 78 f.; *Koch*, in: Münch. Komm. AktG, 5. Aufl. 2021, § 268 Rn. 14; *Noack*, ZIP 2002, 1873, 1878; *Stein*, in: Münch. Komm. AktG, 5. Aufl. 2021, § 179a Rn. 12.

343 Vgl. zu diesen Informationspflichten auch 2. Teil. C. I. 1. b) und 5. Teil. A. II. 1. a).

unabhängig davon erforderlich, ob der Kaufvertrag vor oder nach der Auflösung der AG geschlossen wird.

II. Gesellschaft mit beschränkter Haftung

1. Beschluss über die Auflösung der Gesellschaft

Bei der übertragenden Auflösung der GmbH ist nach § 60 Abs. 1 Nr. 2 GmbHG ein Beschluss der Gesellschafterversammlung über die Auflösung der Gesellschaft erforderlich. Auf dieses Beschlusserfordernis wurde bereits näher eingegangen.[344]

2. Beschluss über die Veräußerung des ganzen Gesellschaftsvermögens

Für die Veräußerung des ganzen Gesellschaftsvermögens enthält das GmbH-Gesetz keine dem § 179a AktG entsprechende Vorschrift, die für diesen Fall ausdrücklich einen Beschluss der Gesellschafterversammlung verlangt. Bei der übertragenden Auflösung einer GmbH könnte sich ein solches Beschlusserfordernis aber aus einer entsprechenden Anwendung des § 179a AktG oder aus den allgemeinen Grundsätzen des GmbH-Rechts ergeben.

a) Analoge Anwendung des § 179a AktG

aa) Bisheriger Meinungsstand im Schrifttum

Nach der bisher herrschenden Auffassung im Schrifttum ist § 179a AktG auf die GmbH analog anwendbar.[345] Das wurde damit begründet, dass § 179a AktG den

---

344 Dazu 2. Teil. B. I.

345 *Ulmer*, in: FS Werner, 1984, S. 911, 929; *Decker*, NZG 2018, 447, 448; *Eickelberg/Mühlen*, NJW 2011, 2476, 2479 f.; *Harbarth*, in: Münch. Komm. GmbHG, 3. Aufl. 2018, § 53 Rn. 229; *Hüren*, RNotZ 2014, 77, 86; *Koppensteiner*, ZHR 155 (1991), 97, 108; *Schnorbus*, in: Rowedder/Schmidt-Leithoff, GmbHG, 6. Aufl. 2017, § 53 Rn. 24; *Stellmann/Stoeckle*, WM 2011, 1983, 1983 f.; *Ulmer/Casper*, in: Ulmer/Habersack/Löbbe, GmbHG, 2. Aufl. 2016, § 53 Rn. 165; einschränkend *Lutter*, in: FS Werner, 1984, S. 477, 481 f.; *Weber*, DNotZ 2018, 96, 120 ff.; in der Literatur wurde vereinzelt auch der BGH als Befürworter einer analogen Anwendung des § 179a AktG auf die GmbH zitiert, vgl. etwa *Eschwey*, MittBayNot 2018, 299, 308 („*obiter dictum*"); *Hüren*, RNotZ 2014, 77, 85 („*obiter dictum*"); *Stellmann/Stoeckle*, WM 2011, 1983, 1983; in der in Bezug genommenen Entscheidung, die die Vermögensübertragung einer KG betraf, führte der BGH aber lediglich aus, dass die herrschende Meinung den Rechtsgedanken des § 361 AktG 1965 auf die GmbH für entsprechend anwendbar hält, ohne sich diese Ansicht zu eigen zu machen, vgl. BGH, NJW 1995, 596, 596 – Night-Club II.

allgemeinen und damit auch für die GmbH geltenden Grundsatz des Verbandsrechts enthalte, dass der Verkauf des ganzen Gesellschaftsvermögens nicht von der organschaftlichen Vertretungsmacht umfasst sei und der Zustimmung der Gesellschafter bedürfe.[346]

Für die Gesellschafter einer GmbH bestehe zudem das gleiche Schutzbedürfnis wie für die Aktionäre einer AG.[347] Wie der Vorstand der AG seien auch die Geschäftsführer der GmbH grundsätzlich unbeschränkt vertretungsberechtigt. Daher könne das Gesellschaftsvermögen auch bei der GmbH ohne Zustimmung der Gesellschafter veräußert werden, wenn man § 179a AktG nicht als entsprechend anwendbar ansähe.[348] Auch der Vertragspartner der GmbH, der Käufer des ganzen Gesellschaftsvermögens, sei in gleicher Weise schutzwürdig wie derjenige einer AG.[349]

Ein Teil des Schrifttums[350] lehnt die analoge Anwendung des § 179a AktG auf die GmbH mit dem Argument ab, dass es sich bei § 179a AktG um eine Ausnahmevorschrift handele.[351] Zudem hätten die Gesellschafter einer GmbH eine andere Stellung[352] als die Aktionäre einer AG und seien deshalb weniger schutzwürdig[353]. Die Gesellschafter einer GmbH hätten nämlich weiterreichende Einwirkungsmöglichkeiten auf die Geschäftsführung, insbesondere würden sie die Geschäftsführer unmittelbar bestellen und könnten diesen Weisungen erteilen.[354]

Auch die in § 179a Abs. 2 AktG vorgesehenen Informationspflichten seien für die Gesellschafter einer GmbH nicht erforderlich, da ihnen bereits nach § 51a GmbHG ein weitreichendes Informationsrecht zustehe.[355] Schließlich

---

346 *K. Schmidt*, GesR, 4. Aufl. 2002, § 13 I 4 b, S. 367 f.; *Bayer/Lieder/Hoffmann*, AG 2017, 717, 718.

347 *Lutter*, in: FS Werner, 1984, S. 477, 482; *Hüren*, RNotZ 2014, 77, 86; *Stellmann/Stoeckle*, WM 2011, 1983, 1983; *Weber*, DNotZ 2018, 96, 121.

348 *Lutter*, in: FS Werner, 1984, S. 477, 482; *Hüren*, RNotZ 2014, 77, 86; *Stellmann/Stoeckle*, WM 2011, 1983, 1983; *Weber*, DNotZ 2018, 96, 121.

349 *Hüren*, RNotZ 2014, 77, 86.

350 *Bredthauer*, NZG 2008, 816, 819; *Eschwey*, MittBayNot 2018, 299, 309; *Kraft*, in: Kölner Komm. AktG, 2. Aufl. 1990, § 361 Rn. 4; *Kropff*, in: Geßler/Hefermehl/Eckardt/Kropff, AktG, 14. Lief. (1993), § 361 Rn. 11; *Servatius*, in: FS Stilz, 2014, S. 601, 607 ff.

351 *Bredthauer*, NZG 2008, 816, 819.

352 *Kropff*, in: Geßler/Hefermehl/Eckardt/Kropff, AktG, 14. Lief. (1993), § 361 Rn. 11.

353 *Eschwey*, MittBayNot 2018, 299, 308 f.

354 *Eschwey*, MittBayNot 2018, 299, 308; ähnlich *Kropff*, in: Geßler/Hefermehl/Eckardt/Kropff, AktG, 14. Lief. (1993), § 361 Rn. 11.

355 *Servatius*, in: FS Stilz, 2014, S. 601, 610; *Eschwey*, MittBayNot 2018, 299, 308.

wird gegen eine analoge Anwendung des § 179a AktG die Publizitätsrichtlinie[356] eingewandt.[357] Eine solche Beschränkung der organschaftlichen Vertretungsmacht sei nach dieser Richtlinie nur durch ein Gesetz zulässig, nicht jedoch über eine analoge Normanwendung.[358]

bb) Urteil des Bundesgerichtshofs vom 8. Januar 2019

Mit einer viel beachteten Entscheidung[359] aus dem Jahr 2019 ist der Bundesgerichtshof der bisher herrschenden Auffassung im Schrifttum entgegengetreten und hat eine analoge Anwendung des § 179a AktG auf die GmbH abgelehnt. Der Bundesgerichtshof hat das damit begründet, dass keine vergleichbare Interessenlage vorliege. Eine Abwägung der Interessen der Gesellschafter und des Rechtsverkehrs, die bei einer Veräußerung des ganzen Gesellschaftsvermögens berührt sind, spreche gegen eine entsprechende Anwendung des § 179a AktG.

Die Gesellschafter einer GmbH seien weniger schutzwürdig als die Aktionäre einer AG, weil ihnen deutlich mehr Einflussmöglichkeiten in Form von Mitwirkungs-, Kontroll-, und Informationsrechten zustünden. Zudem sei die GmbH anders als die AG hierarchisch strukturiert und die Gesellschafter seien das „zentrale Entscheidungsorgan" der Gesellschaft.

Wegen der geringeren Schutzbedürftigkeit der Gesellschafter einer GmbH sei es deshalb nicht gerechtfertigt, einen wesentlichen Grundsatz des Rechts der Handelsgesellschaften, die Unbeschränktheit und Unbeschränkbarkeit der organschaftlichen Vertretungsmacht, einzuschränken, weil das eine erhebliche Beeinträchtigung des redlichen Rechtsverkehrs zur Folge hätte. Die Beeinträchtigung des Rechtsverkehrs ergebe sich vor allem daraus, dass der

---

356 RL 2009/101/EG des Europäischen Parlaments und des Rates v. 16. 9. 2009 zur Koordinierung der Schutzbestimmungen, die in den Mitgliedstaaten den Gesellschaften i. S. d. Art. 48 Abs. 2 des Vertrags im Interesse der Gesellschafter sowie Dritter vorgeschrieben sind, um diese Bestimmungen gleichwertig zu gestalten, ABl. L 258 v. 1. 10. 2009, S. 11.

357 *Bredthauer*, NZG 2008, 816, 819 zur weitgehend inhaltsgleichen Vorgängernorm des Art. 9 der Ersten RL 68/151/EWG des Rates v. 9. 3. 1968 zur Koordinierung der Schutzbestimmungen, die in den Mitgliedstaaten den Gesellschaften i. S. d. Art. 58 Abs. 2 des Vertrages im Interesse der Gesellschafter sowie Dritter vorgeschrieben sind, um diese Bestimmungen gleichwertig zu gestalten, ABl. L 65 v. 14. 3. 1968, S. 8; so auch *Eschwey*, MittBayNot 2018, 299, 309; vgl. auch *Servatius*, in: FS Stilz, 2014, S. 601, 606 f.

358 *Bredthauer*, NZG 2008, 816, 819.

359 BGHZ 220, 354.

Verpflichtungsvertrag bei einer fehlenden Zustimmung der Gesellschafterversammlung selbst dann unwirksam wäre und gegebenenfalls rückabgewickelt werden müsste, wenn der Vertragspartner nicht wusste und es sich ihm nicht hätte aufdrängen müssen, dass ein Zustimmungserfordernis besteht.

Der von § 179a AktG bezweckte Schutz könne bei der GmbH im Übrigen auch anders sichergestellt werden. Der Zweck, eine Entscheidung der Gesellschafter über die Gesamtvermögensveräußerung sicherzustellen, werde dadurch gewahrt, dass die Geschäftsführer der GmbH über die Veräußerung des ganzen Gesellschaftsvermögens einen zustimmenden Beschluss der Gesellschafterversammlung einholen müssten, weil es sich hierbei um ein „besonders bedeutsames Geschäft" handele. Der bezweckte Schutz der Minderheitsgesellschafter vor einer unangemessenen Vertragsgestaltung und einer „Selbstbedienung des Mehrheitsgesellschafters" werde hierdurch ebenfalls gewährleistet. Die Minderheitsgesellschafter könnten einen von dem Mehrheitsgesellschafter gefassten Beschluss nämlich gerichtlich überprüfen lassen und dessen Umsetzung gegebenenfalls abwenden. Der Schutz des § 179a AktG gehe zwar weiter, weil er die organschaftliche Vertretungsmacht beschränkt. Aber auch bei der GmbH könne der Vertragspartner der GmbH im konkreten Einzelfall nach den Grundsätzen des Missbrauchs der Vertretungsmacht keine Rechte aus dem Vertrag geltend machen. Hierdurch werde auch der Gefahr vorgebeugt, dass Vermögen auf den Mehrheitsgesellschafter übertragen wird. Schließlich stünden den Gesellschaftern einer GmbH über § 51a GmbHG umfassende Informationsrechte zu. Die Informationsrechte nach § 179a Abs. 2 AktG seien daher nicht erforderlich.[360]

In dieser Entscheidung hat der Bundesgerichtshof zudem klargestellt, dass er die entsprechende Anwendung des § 179a AktG auf die GmbH, entgegen anderslautender Stimmen in der Literatur, nicht bereits in einem früheren Urteil[361] zur KG aus dem Jahr 1995 bejaht hatte.[362] Dort habe er vielmehr nur referiert, dass der sich aus § 361 Abs. 1 AktG (jetzt im Wesentlichen § 179a Abs. 1 AktG) ergebende Rechtsgedanke nach herrschender Meinung auf die GmbH entsprechend anwendbar sei.[363]

---

360 Zum Ganzen BGHZ 220, 354, 358 ff.

361 BGH, NJW 1995, 596 – Night-Club II.

362 Näher zu diesem Urteil 4. Teil. A. III. 2. a) aa) (1).

363 BGHZ 220, 354, 361 f.; kritisch zu dieser Klarstellung *Heckschen*, AG 2019, 420, 420 f.; der BGH hatte in dem Urteil aus dem Jahr 1995 ausgeführt: „Der Rechtsgedanke dieser Vorschrift, den die h. M. auf die GmbH für entsprechend anwendbar hält (…), trifft auch für das Personengesellschaftsrecht zu.", BGH, NJW 1995, 596, 596 – Night-Club II.

Obwohl es bei der Entscheidung des Bundesgerichtshofs aus dem Jahr 2019 um einen Sachverhalt ging, in dem das Gesellschaftsvermögen der GmbH nach der Auflösung der Gesellschaft veräußert wurde, gelten seine dortigen Erwägungen auch für die werbende GmbH.[364] Denn in der Entscheidung hat der Bundesgerichtshof seine Begründung zwar zunächst nur zur werbenden GmbH entwickelt, die tragenden Überlegungen anschließend aber auf die aufgelöste GmbH übertragen.[365]

cc) Reaktionen im Schrifttum auf das Urteil des Bundesgerichtshofs

In der Literatur hat die Entscheidung des Bundesgerichtshofs viel Zustimmung gefunden, jedenfalls soweit es die Ablehnung einer analogen Anwendung des § 179a AktG auf die GmbH betrifft.[366]

dd) Stellungnahme

Lutter[367] hatte gegen eine entsprechende Anwendung des § 179a AktG bereits vor einiger Zeit Bedenken geäußert, weil die damit einhergehende Beschränkung der Vertretungsmacht der Geschäftsführer bei Gesamtvermögensgeschäften „zu Lasten Dritter" gehen würde, nämlich zulasten des redlichen Rechtsverkehrs. Der Bundesgerichtshof hat diesen Gedanken in seiner Entscheidung[368] aus dem Jahr 2019 aufgegriffen und mit einer überzeugenden Begründung dargelegt, dass es wegen dieser Beeinträchtigung des redlichen Rechtsverkehrs nicht gerechtfertigt ist, die Vertretungsmacht der Geschäftsführer der GmbH durch eine entsprechende Anwendung des § 179a AktG zu beschränken. Denn die Gesellschafter einer GmbH haben aufgrund ihrer größeren Einflussmöglichkeiten in der Tat eine andere Stellung als die Aktionäre einer AG und sind daher weniger schutzwürdig.[369]

Allerdings dürfen die Ausführungen des Bundesgerichtshofs, dass der von § 179a AktG bezweckte Schutz bei der GmbH weitestgehend auf andere Weise sichergestellt werden könne, nicht darüber hinwegtäuschen, dass die Gesellschafter einer GmbH ohne die analoge Anwendung des § 179a AktG deutlich weniger

---

364 *Müller*, NZG 2019, 807, 810 f.

365 *Müller*, NZG 2019, 807, 810 f.

366 Vgl. etwa *Bungert/Evertz*, EWiR 2019, 263, 264; *Götze*, NZG 2019, 695, 696; *Natterer*, ZIP 2019, 1796, 1796, 1799.

367 *Lutter*, in: FS Werner, 1984, S. 477, 482.

368 BGHZ 220, 354.

369 Vgl. BGHZ 220, 354, 361 ff.

geschützt sind als die Aktionäre einer AG. Vor allem sind die Gesellschafter einer GmbH nicht davor geschützt, dass die Geschäftsführer der Gesellschaft das ganze Gesellschaftsvermögen ohne ihr Wissen an einen (redlichen) Dritten veräußern. Gleichwohl ist es im Ergebnis angemessen, dieses aus der Sphäre der Gesellschaft und ihrer Gesellschafter herrührende Risiko den Gesellschaftern aufzuerlegen, anstatt den redlichen Rechtsverkehr durch eine Beschränkung der organschaftlichen Vertretungsmacht zu belasten.[370]

Grunewald[371] hatte bereits zu dem Urteil[372] des Bundesgerichtshofs aus dem Jahr 1995, in dem der Bundesgerichtshof die analoge Anwendung des § 179a AktG auf die KG bejaht hat,[373] zu Recht angemerkt, dass es angemessener gewesen wäre, die Vertretungsbefugnis des Vertretungsorgans der Gesellschaft unter Heranziehung der Grundsätze über den Missbrauch der Vertretungsmacht zu begrenzen, weil der Verpflichtungsvertrag andernfalls selbst dann unwirksam wäre, wenn der Vertragspartner der Gesellschaft gar nicht weiß, dass es sich um ein Gesamtvermögensgeschäft handelte. Dem ist der Bundesgerichtshof nun für die GmbH richtigerweise gefolgt.

ee) Zwischenergebnis

Eine analoge Anwendung des § 179a AktG auf die GmbH ist abzulehnen. Bei der übertragenden Auflösung einer GmbH bedarf die Veräußerung des ganzen Gesellschaftsvermögens damit nicht in entsprechender Anwendung des § 179a AktG eines Beschlusses der Gesellschafterversammlung über die Zustimmung zu dem zugrunde liegenden Kaufvertrag.

b) Beschlusserfordernis nach allgemeinen Grundsätzen

Für die GmbH ist nun zu untersuchen, ob die Veräußerung des ganzen Gesellschaftsvermögens bei einer übertragenden Auflösung nach den allgemeinen Grundsätzen des GmbH-Rechts einen zustimmenden Beschluss der Gesellschafterversammlung voraussetzt, sofern sich ein solches Beschlusserfordernis nicht bereits aus dem Gesellschaftsvertrag ergibt.

---

370 Vgl. zur KG *Grunewald*, JZ 1995, 577, 578.
371 *Grunewald*, JZ 1995, 577, 577 f.
372 BGH, NJW 1995, 596 – Night-Club II.
373 Näher zu diesem Urteil 4. Teil. A. III. 2. a) aa) (1).

aa) Vertragsschluss vor Auflösung der Gesellschaft

Zunächst stellt sich die Frage, ob ein Beschlusserfordernis besteht, wenn der Kaufvertrag über das ganze Gesellschaftsvermögen vor der Auflösung der GmbH geschlossen wird. Vor der Auflösung führen die Geschäftsführer die Geschäfte der Gesellschaft.[374] Zur Geschäftsführung gehören grundsätzlich „sämtliche zur Verwirklichung des Unternehmensgegenstandes gebotenen Maßnahmen und Entscheidungen“[375]. Die Befugnis zur Geschäftsführung kann jedoch durch das Gesetz, die Satzung und durch Beschlüsse der Gesellschafter beschränkt werden.[376]

Anders als das Handelsgesetzbuch unterscheidet das GmbH-Gesetz zwar nicht ausdrücklich zwischen gewöhnlichen Geschäften und außergewöhnlichen Geschäften, die die Geschäftsführer nur mit Zustimmung der Gesellschafter vornehmen dürfen. Es ist aber anerkannt, dass außergewöhnliche Geschäfte der Zustimmung der Gesellschafter bedürfen, auch wenn das nicht ausdrücklich durch den Gesellschaftsvertrag oder einen Gesellschafterbeschluss festgelegt worden ist.[377] Das wird überwiegend mit der Regelung des § 49 Abs. 2 GmbHG begründet, nach der die Gesellschafterversammlung einzuberufen ist, wenn es im Interesse der Gesellschaft erforderlich erscheint.[378]

Das Gegenstück zu den Maßnahmen der Geschäftsführung bilden Grundlagengeschäfte. Es wird angenommen, dass Grundlagengeschäfte grundsätzlich

---

374 Vgl. *Stephan/Tieves*, in: Münch. Komm. GmbHG, 3. Aufl. 2019, § 37 Rn. 4.

375 *Wicke*, GmbHG, 4. Aufl. 2020, § 37 Rn. 2.

376 *Lenz*, in: MHLS, GmbHG, 3. Aufl. 2017, § 37 Rn. 7 ff.

377 BGH, NJW 1973, 1039, 1039; BGH, NJW 1984, 1461, 1462; BGH, NJW 1991, 1681, 1682; *Hommelhoff*, ZGR 1978, 119, 123, 126 f.; *Kleindiek*, in: Lutter/Hommelhoff, GmbHG, 20. Aufl. 2020, § 37 Rn. 10; *Lenz*, in: MHLS, GmbHG, 3. Aufl. 2017, § 37 Rn. 14; *Paefgen*, in: Habersack/Casper/Löbbe, GmbHG, 3. Aufl. 2020, § 37 Rn. 19; *Schneider/Schneider*, in: Scholz, GmbHG, 12. Aufl. 2021, § 37 Rn. 34; *Stephan/Tieves*, in: Münch. Komm. GmbHG, 3. Aufl. 2019, § 37 Rn. 129; *Wolff*, in: Münch. HdB. GesR III, 5. Aufl. 2018, § 37 Rn. 58 ff.; a. A. *Beurskens*, in: Baumbach/Hueck, GmbHG, 22. Aufl. 2019, § 37 Rn. 47.

378 BGH, NJW 1973, 1039, 1039; BGH, NJW 1984, 1461, 1462; BGHZ 220, 354, 371; *Hommelhoff*, ZGR 1978, 119, 123, 126 f.; *Kleindiek*, in: Lutter/Hommelhoff, GmbHG, 20. Aufl. 2020, § 37 Rn. 10; *Paefgen*, in: Habersack/Casper/Löbbe, GmbHG, 3. Aufl. 2020, § 37 Rn. 19; kritisch dazu *Kort*, ZIP 1991, 1274, 1277: „§ 49 Abs. 2 GmbHG selbst enthält jedoch keine Abgrenzung der Entscheidungskompetenzen zwischen Gesellschaftern und Geschäftsführern, sondern setzt diese Abgrenzung von Organkompetenzen vielmehr voraus.“

nicht von der Geschäftsführungsbefugnis erfasst werden, sondern in die Zuständigkeit der Gesellschafter fallen.[379] Zu den Grundlagengeschäften zählen insbesondere Satzungsänderungen.[380]

Von Teilen der Literatur wird, häufig unter Verweis auf die Holzmüller/Gelatine-Rechtsprechung[381] des Bundesgerichtshofs zur AG, eine weitere Kategorie von strukturändernden Maßnahmen gebildet,[382] für die die Regelungen über Satzungsänderungen entsprechend gelten sollen, sofern keine besonderen gesetzlichen Vorschriften eingreifen.[383] Solche Maßnahmen bedürfen danach in entsprechender Anwendung des § 53 Abs. 1 GmbHG eines Beschlusses der Gesellschafter.

Aus systematischer Sicht sollen diese strukturändernden Maßnahmen wohl eine Unterkategorie der Grundlagengeschäfte bilden und keine dritte Kategorie, die neben die außergewöhnlichen Maßnahmen und Grundlagengeschäfte tritt. Denn die analoge Anwendung der Regelungen über Satzungsänderungen wird unter anderem damit begründet, dass diese Maßnahmen die „Grundlagen der Gesellschaft“[384] beträfen. Mitunter wird ausdrücklich auf den „Charakter als Grundlagenentscheidung“[385] abgestellt.

(1) Meinungsstand

Soweit eine analoge Anwendung des § 179a AktG auf die GmbH abgelehnt wird, besteht Einigkeit, dass die Veräußerung des ganzen Gesellschaftsvermögens einer werbenden GmbH jedenfalls nach den allgemeinen Grundsätzen

379 *Altmeppen*, GmbHG, 10. Aufl. 2021, § 37 Rn. 19; *Schneider/Schneider*, in: Scholz, GmbHG, 12. Aufl. 2021, § 37 Rn. 2.

380 *Altmeppen*, GmbHG, 10. Aufl. 2021, § 37 Rn. 19.

381 Zur AG BGHZ 83, 122 – Holzmüller; BGHZ 159, 30 – Gelatine.

382 *Bayer*, in: Lutter/Hommelhoff, GmbHG, 20. Aufl. 2020, § 53 Rn. 3; *Marquardt*, in: Münch. HdB. GesR III, 5. Aufl. 2018, § 22 Rn. 4, 114; *Schneider*, GmbHR 2014, 113, 117; *Schnorbus*, in: Rowedder/Schmidt-Leithoff, GmbHG, 6. Aufl. 2017, Anh. zu § 52 Rn. 42 ff.; *Ulmer/Casper*, in: Ulmer/Habersack/Löbbe, GmbHG, 2. Aufl. 2016, § 53 Rn. 151 ff.; *Wicke*, GmbHG, 4. Aufl. 2020, § 53 Rn. 3; vgl. auch *K. Schmidt*, GesR, 4. Aufl. 2002, § 13 I 4 b, S. 368.

383 *Bayer*, in: Lutter/Hommelhoff, GmbHG, 20. Aufl. 2020, § 53 Rn. 3; tendenziell auch *Wicke*, GmbHG, 4. Aufl. 2020, § 53 Rn. 3; einschränkend *Marquardt*, in: Münch. HdB. GesR III, 5. Aufl. 2018, § 22 Rn. 4, 114.

384 *Bayer*, in: Lutter/Hommelhoff, GmbHG, 20. Aufl. 2020, § 53 Rn. 3; *Marquardt*, in: Münch. HdB. GesR III, 5. Aufl. 2018, § 22 Rn. 4.

385 *Ulmer/Casper*, in: Ulmer/Habersack/Löbbe, GmbHG, 2. Aufl. 2016, § 53 Rn. 165.

des GmbH-Rechts eines Beschlusses der Gesellschafterversammlung bedarf.[386] Umstritten ist jedoch, woraus sich dieses Beschlusserfordernis ergibt.

Teilweise wird die Auffassung vertreten, dass für die Veräußerung des ganzen Gesellschaftsvermögens ein Beschluss der Gesellschafter erforderlich sei, weil es sich dabei um eine außergewöhnliche Geschäftsführungsmaßnahme handele.[387] Eine andere Ansicht sieht in der Veräußerung des ganzen Gesellschaftsvermögens ein Grundlagengeschäft in Gestalt einer strukturändernden Maßnahme, für das sich ein Beschlusserfordernis aus einer entsprechenden Anwendung des § 53 Abs. 1 GmbHG ergebe.[388]

Unabhängig von diesem Meinungsstreit besteht weitgehend Einigkeit darüber, dass die Veräußerung des ganzen Gesellschaftsvermögens grundsätzlich – zusätzlich – einen satzungsändernden Beschluss der Gesellschafter gemäß § 53 Abs. 1 GmbHG erfordert, wenn die Veräußerung dazu führt, dass der satzungsmäßige Unternehmensgegenstand dauerhaft unterschritten wird.[389] Denn in diesem Fall muss der Unternehmensgegenstand in der Regel angepasst werden.

(2) Stellungnahme

Zustimmung verdient die zuletzt genannte Auffassung, die in der Veräußerung des ganzen Gesellschaftsvermögens ein Grundlagengeschäft in Gestalt einer strukturändernden Maßnahme sieht, das analog § 53 Abs. 1 GmbHG eines Beschlusses der Gesellschafterversammlung bedarf. Denn die Veräußerung des ganzen Gesellschaftsvermögens verändert die innere Struktur der Gesellschaft

---

386 BGHZ 220, 354, 370; *Bayer*, in: Lutter/Hommelhoff, GmbHG, 20. Aufl. 2020, § 53 Rn. 3; *Marquardt*, in: Münch. HdB. GesR III, 5. Aufl. 2018, § 22 Rn. 4, 114; *Ulmer/Casper*, in: Ulmer/Habersack/Löbbe, GmbHG, 2. Aufl. 2016, § 53 Rn. 165.

387 *Priester/Tebben*, in: Scholz, GmbHG, 12. Aufl. 2021, § 53 Rn. 176 („ungewöhnliche Maßnahme"); nicht eindeutig BGHZ 220, 354, 370 („besonders bedeutsames Geschäft").

388 *Bayer*, in: Lutter/Hommelhoff, GmbHG, 20. Aufl. 2020, § 53 Rn. 3; *Kort*, ZIP 1991, 1274, 1278; *Marquardt*, in: Münch. HdB. GesR III, 5. Aufl. 2018, § 22 Rn. 4, 114; nicht eindeutig BGHZ 220, 354, 370 („besonders bedeutsames Geschäft"); vgl. auch BGH, DStR 2005, 1066 – in der Entscheidung hat der BGH bei einer Veräußerung von 92 Prozent eines Unternehmens von einer die „Grundlagen der Gesellschaft betreffenden Bedeutung" des zugrunde liegenden Kaufvertrags gesprochen.

389 *Giedinghagen/Keller*, NJW-Spezial 2019, 271, 272; *Paefgen/Wallisch*, DZWIR 2020, 51, 55 f.; *Priester/Tebben*, in: Scholz, GmbHG, 12. Aufl. 2021, § 53 Rn. 176; *Schnorbus*, in: Rowedder/Schmidt-Leithoff, GmbHG, 6. Aufl. 2017, Anh. zu § 52 Rn. 44; vgl. auch *Decker*, NZG 2018, 447, 451 f.

grundlegend und ist mit einer Satzungsänderung und anderen gesetzlich geregelten Strukturmaßnahmen, die die Grundlagen der Gesellschaft berühren, vergleichbar. Da für solche Maßnahmen nach dem Gesetz ein Beschlusserfordernis besteht, kann für die Veräußerung des ganzen Gesellschaftsvermögens nichts anderes gelten.[390]

Für den Grundlagencharakter der Veräußerung des ganzen Gesellschaftsvermögens spricht auch, dass die Gesellschaft nach der Veräußerung typischerweise – jedenfalls vorübergehend – ihren Zweck nicht mehr verfolgen und ihren satzungsmäßigen Unternehmensgegenstand nicht mehr ausfüllen kann. Durch die Veräußerung verliert die Gesellschaft nämlich regelmäßig ihr Unternehmen, das sie hierfür benötigt. Damit werden die Grundlagen der Gesellschaft berührt.

Ein zusätzlicher satzungsändernder Beschluss, mit dem der Unternehmensgegenstand geändert wird, ist bei der übertragenden Auflösung allerdings nicht erforderlich. Zwar führt die Veräußerung des ganzen Gesellschaftsvermögens bei einer übertragenden Auflösung stets dazu, dass der satzungsmäßige Unternehmensgegenstand dauerhaft unterschritten wird, weil die Gesellschaft liquidiert wird. Dennoch ist eine Satzungsänderung ausnahmsweise entbehrlich, weil mit dem Auflösungsbeschluss der auf die werbende Tätigkeit gerichtete Zweck der Gesellschaft durch den Abwicklungszweck ersetzt bzw. überlagert wird;[391] dieser ist gerade auf die Veräußerung des Gesellschaftsvermögens gerichtet. Einer Änderung des Unternehmensgegenstands durch einen weiteren Beschluss bedarf es deshalb nicht.[392]

(3) Zwischenergebnis

Sofern der Kaufvertrag über das ganze Gesellschaftsvermögen bei einer übertragenden Auflösung vor der Auflösung der GmbH geschlossen wird, setzt die Veräußerung analog § 53 Abs. 1 GmbHG einen zustimmenden Beschluss der Gesellschafterversammlung voraus.

bb) Vertragsschluss nach Auflösung der Gesellschaft

Nunmehr ist zu prüfen, ob ein Beschluss über die Veräußerung des ganzen Gesellschaftsvermögens auch dann erforderlich ist, wenn der Kaufvertrag über das ganze Gesellschaftsvermögen erst nach der Auflösung der GmbH geschlossen

---

390 Vgl. *Koppensteiner*, in: FS Sigle, 2000, S. 163, 175; *Marquardt*, in: Münch. HdB. GesR III, 5. Aufl. 2018, § 22 Rn. 4; vgl. auch *Kort*, ZIP 1991, 1274, 1278.

391 Näher dazu 2. Teil. B. I. 2.

392 Vgl. auch *Decker*, NZG 2018, 447, 452.

wird. Nach der Auflösung wird die Gesellschaft abgewickelt, wofür grundsätzlich die Geschäftsführer als Liquidatoren zuständig sind (§ 66 Abs. 1 GmbHG). Im Rahmen der Abwicklung haben die Liquidatoren die laufenden Geschäfte zu beenden, die Verpflichtungen der Gesellschaft zu erfüllen, deren Forderungen einzuziehen und das Vermögen der Gesellschaft in Geld umzusetzen (§ 70 Satz 1 GmbHG).

(1) Meinungsstand

Ob ein zustimmender Beschluss der Gesellschafterversammlung über die Veräußerung des ganzen Vermögens der GmbH auch dann erforderlich ist, wenn der zugrunde liegende Kaufvertrag erst nach der Auflösung der Gesellschaft durch die Liquidatoren geschlossen wird, ist umstritten. Das wohl überwiegende Schrifttum nimmt an, dass die Zustimmung der Gesellschafterversammlung zur Veräußerung des ganzen Gesellschaftsvermögens nach der Auflösung der GmbH grundsätzlich entbehrlich sei.[393] Das wird vorwiegend damit begründet, dass die Veräußerung des ganzen Gesellschaftsvermögens dem Zweck der Liquidation entspreche.[394]

Nach einem Teil der Vertreter dieser Ansicht ist ein Beschluss der Gesellschafterversammlung jedoch ausnahmsweise erforderlich, wenn das ganze Gesellschaftsvermögen nach der Auflösung der Gesellschaft an einen Gesellschafter veräußert werden soll.[395] Das wird mit § 162 InsO begründet.[396] Nach dieser Vorschrift sei die Veräußerung des Unternehmens an „besonders Interessierte" (z. B. Gesellschafter) nur mit Zustimmung der Gläubigerversammlung zulässig, weil in diesem Fall die Gefahr bestehe, dass der vereinbarte Kaufpreis nicht angemessen sei. Insoweit bestehe bei der Veräußerung an einen Gesellschafter im Liquidationsverfahren eine vergleichbare Interessenlage.[397]

---

393 *Gesell*, in: Rowedder/Schmidt-Leithoff, GmbHG, 6. Aufl. 2017, § 70 Rn. 16; *T. Meyer*, Liquidatorenkompetenzen, 1996, S. 56 ff.; *Willms*, Auflösung und Vermögensübernahme, 1999, S. 15 ff.; *H.-F. Müller*, in: Münch. Komm. GmbHG, 3. Aufl. 2018, § 70 Rn. 16; differenzierend *K. Schmidt/Scheller*, in: Scholz, GmbHG, 12. Aufl. 2021, § 70 Rn. 17.

394 *Gesell*, in: Rowedder/Schmidt-Leithoff, GmbHG, 6. Aufl. 2017, § 70 Rn. 16; *H.-F. Müller*, in: Münch. Komm. GmbHG, 3. Aufl. 2018, § 70 Rn. 16; *Willms*, Auflösung und Vermögensübernahme, 1999, S. 15.

395 *T. Meyer*, Liquidatorenkompetenzen, 1996, S. 63 ff.; *H.-F. Müller*, in: Münch. Komm. GmbHG, 3. Aufl. 2018, § 70 Rn. 16.

396 *T. Meyer*, Liquidatorenkompetenzen, 1996, S. 69 f.; vgl. auch *Paura*, in: Ulmer/Habersack/Löbbe, GmbHG, 2. Aufl. 2016, § 70 Rn. 21.

397 *T. Meyer*, Liquidatorenkompetenzen, 1996, S. 69 f.

Nach einer anderen Ansicht bedarf die Veräußerung des ganzen Gesellschaftsvermögens nach der Auflösung der Gesellschaft in jedem Fall eines Beschlusses der Gesellschafterversammlung.[398] Es sei nicht gesagt, dass die Verwertung durch eine Veräußerung des ganzen Gesellschaftsvermögens, also regelmäßig des Unternehmens im Ganzen, bereits zum Zeitpunkt der Auflösung der Gesellschaft von der Vorstellung der Gesellschafter gedeckt gewesen sei; sonst hätten die Gesellschafter das Unternehmen schon vor der Auflösung der Gesellschaft veräußern können.[399] Zudem seien die Liquidatoren nach § 49 Abs. 2 GmbHG verpflichtet, die Gesellschafterversammlung einzuberufen und über die Veräußerung des Unternehmens entscheiden zu lassen, weil diese Maßnahme „elementare Interessen" der Gesellschaft berühre.[400]

(2) Stellungnahme

Der zuletzt genannten Ansicht ist zuzustimmen. Die Veräußerung des ganzen Gesellschaftsvermögens einer GmbH bedarf auch nach der Auflösung der Gesellschaft eines zustimmenden Beschlusses der Gesellschafterversammlung.

Gegen ein Beschlusserfordernis nach der Auflösung der Gesellschaft lässt sich nicht anführen, dass die Veräußerung des ganzen Gesellschaftsvermögens dem Abwicklungszweck entspricht. Denn auch für eine Maßnahme der werbenden GmbH kann ein Beschluss der Gesellschafter erforderlich sein, wenn diese Maßnahme von dem Gesellschaftszweck gedeckt ist und dem Unternehmensgegenstand entspricht. Dies gilt beispielsweise für eine Maßnahme von besonderer Bedeutung. Es ist kein Grund dafür ersichtlich, dass für die aufgelöste GmbH etwas anderes gelten sollte.

Die Auflösung der Gesellschaft ändert auch nichts daran, dass die Veräußerung des ganzen Gesellschaftsvermögens als Grundlagengeschäft einzuordnen ist, das der Zustimmung der Gesellschafter bedarf. Denn auch nach der Auflösung der Gesellschaft verändert die Veräußerung des ganzen Gesellschaftsvermögens die innere Struktur der in Liquidation befindlichen Gesellschaft grundlegend und hat eine mit einer Satzungsänderung oder mit anderen

---

398 *Geißler*, DZWIR 2013, 1, 4; *Geißler*, GmbHR 2018, 1048, 1056; *Haas*, in: Baumbach/Hueck, GmbHG, 22. Aufl. 2019, § 70 Rn. 8a; *Paura*, in: Ulmer/Habersack/Löbbe, GmbHG, 2. Aufl. 2016, § 70 Rn. 5, 19; wohl auch BGHZ 220, 354, 375 f.; vgl. auch *Bayer/Lieder/Hoffmann*, AG 2017, 717, 718.

399 *Geißler*, GmbHR 2018, 1048, 1056; ähnlich *Paura*, in: Ulmer/Habersack/Löbbe, GmbHG, 2. Aufl. 2016, § 70 Rn. 19.

400 *Geißler*, DZWIR 2013, 1, 4; ähnlich *Geißler*, GmbHR 2018, 1048, 1056.

gesetzlich geregelten Strukturmaßnahmen, die die Grundlagen der Gesellschaft berühren, vergleichbare Wirkung. Für solche Maßnahmen besteht nach der Auflösung ein Beschlusserfordernis.[401] Dann muss dies auch für die Veräußerung des ganzen Gesellschaftsvermögens gelten.

Für den Grundlagencharakter der Veräußerung des ganzen Gesellschaftsvermögens nach der Auflösung der Gesellschaft spricht weiter, dass die Gesellschaft nach der Veräußerung typischerweise – jedenfalls vorübergehend – den auf eine werbende Tätigkeit gerichteten Gesellschaftszweck nicht mehr verfolgen und ihren satzungsmäßigen Unternehmensgegenstand nicht mehr ausfüllen kann. Der Gesellschaftszweck und der Unternehmensgegenstand sind aber auch nach der Auflösung der Gesellschaft weiterhin relevant. Denn die Gesellschafter haben nach der Auflösung die Möglichkeit, die Fortsetzung der Gesellschaft zu beschließen.

Darüber hinaus ist der Schutz der Gesellschafter, der durch das Beschlusserfordernis bewirkt wird, auch nach der Auflösung erforderlich.[402] Bei der werbenden Gesellschaft können die Gesellschafter im Rahmen der Beschlussfassung überprüfen, ob die Bedingungen des Kaufvertrags über das Gesellschaftsvermögen angemessen sind. Sollte das nicht der Fall sein, können sie einen gegen ihre Stimmen gefassten Beschluss gerichtlich überprüfen lassen. Der hierdurch bewirkte Schutz der Vermögensinteressen der Gesellschafter ist auch bei einer Veräußerung im Liquidationsverfahren uneingeschränkt erforderlich, weil die Gesellschafter im Liquidationsstadium nicht minder schutzwürdig sind.

Schließlich spricht der Umgehungsschutz dafür, dass das Beschlusserfordernis auch im Liquidationsverfahren gilt. Andernfalls könnten das Beschlusserfordernis und die Informationspflichten, die im Zusammenhang mit der Beschlussfassung zugunsten der Gesellschafter zu beachten sind,[403] umgangen werden, indem die Gesellschaft vor dem Verkauf des Gesellschaftsvermögens aufgelöst wird.

---

401 Vgl. zur Satzungsänderung etwa *H. F. Müller*, in: Münch. Komm. GmbHG, 3. Aufl. 2018, § 69 Rn. 49; zur Verschmelzung etwa *Marsch-Barner/Oppenhoff*, in: Kallmeyer, UmwG, 7. Aufl. 2020, § 3 Rn. 24.

402 Ähnlich zur AG *Bayer/Lieder/Hoffmann*, AG 2017, 717, 718; *Hüren*, RNotZ 2014, 77, 78; *Noack*, ZIP 2002, 1873, 1878; *Seibt*, in: K. Schmidt/Lutter, AktG, 4. Aufl. 2020, § 179a Rn. 3; *Stein*, in: Münch. Komm. AktG, 5. Aufl. 2021, § 179a Rn. 12.

403 Näher zu diesen Informationspflichten 5. Teil. A. III. 1. a).

(3) Zwischenergebnis

Bei der übertragenden Auflösung der GmbH ist ein Beschluss der Gesellschafterversammlung über die Veräußerung des ganzen Gesellschaftsvermögens nach den allgemeinen Grundsätzen in entsprechender Anwendung des § 53 Abs. 1 GmbHG auch dann erforderlich, wenn der Kaufvertrag mit dem Mehrheitsgesellschafter erst nach der Auflösung der Gesellschaft geschlossen wird.

c) Außenwirkung des Beschlusses

Das Erfordernis, dass die Gesellschafter über die Veräußerung des ganzen Vermögens der GmbH beschließen müssen, schränkt die Geschäftsführungsbefugnis der Geschäftsführer bzw. Liquidatoren ein. Fraglich ist allerdings, ob das Beschlusserfordernis auch die organschaftliche Vertretungsmacht beschränkt.

aa) Vertragsschluss vor Auflösung der Gesellschaft

Vor der Auflösung der GmbH sind die Geschäftsführer für die gesamte gerichtliche und außergerichtliche Vertretung der Gesellschaft zuständig (§ 35 Abs. 1 Satz 1 GmbHG). Ihre organschaftliche Vertretungsmacht ist grundsätzlich unbeschränkbar (§ 37 Abs. 2 Satz 1 GmbHG). Eine Beschränkung der Geschäftsführungsbefugnis hat damit grundsätzlich keine Auswirkungen auf die organschaftliche Vertretungsmacht der Geschäftsführer.

(1) Grundlagengeschäft

Die organschaftliche Vertretungsmacht der Geschäftsführer ist bei einer Veräußerung des ganzen Gesellschaftsvermögens an den Mehrheitsgesellschafter nicht deshalb beschränkt, weil es sich bei einer solchen Veräußerung um ein Grundlagengeschäft[404] handelt.[405] Die Vertretungsmacht der Geschäftsführer für Grundlagengeschäfte wird zwar teilweise abgelehnt, allerdings ohne den Fall der Gesamtvermögensveräußerung ausdrücklich zu erwähnen.[406] Allein die Einordnung als Grundlagengeschäft ist aber kein Grund, die Vertretungsmacht der Geschäftsführer zu beschränken.

Bei den klassischen Grundlagengeschäften, beispielsweise einer Satzungsänderung, ergibt sich schon aus der Natur der Sache, dass diese Geschäfte nicht

---

404 Zur Einordnung als Grundlagengeschäft 4. Teil. A. II. 2. b) aa) (2).

405 Im Ergebnis auch *Bayer*, in: Lutter/Hommelhoff, GmbHG, 20. Aufl. 2020, § 53 Rn. 3.

406 Vgl. etwa *Altmeppen*, GmbHG, 10. Aufl. 2021, § 35 Rn. 17; *Wiedemann*, GesR I, 1980, § 10 II 1 u. 1 a, S. 524 ff.

von der organschaftlichen Vertretungsmacht erfasst sind. Denn dabei handelt es sich typischerweise um Geschäfte auf der Ebene der Gesellschafter, also nicht um Geschäfte der Gesellschaft, sondern um solche der Gesellschafter.[407] Bei der Veräußerung des ganzen Gesellschaftsvermögens ist dies jedoch anders. Hierbei handelt es sich um ein Geschäft, an dem jedenfalls die Gesellschaft und gegebenenfalls auch ein Dritter beteiligt sind, sofern das Gesellschaftsvermögen nicht an einen Gesellschafter veräußert wird. Daher gebietet es der Schutz des Rechtsverkehrs, dem der Grundsatz der unbeschränkten Vertretungsmacht dient, es bei der unbeschränkten organschaftlichen Vertretungsmacht der Geschäftsführer bei diesem Geschäft zu belassen.

Mit einer Beschränkung der organschaftlichen Vertretungsmacht wäre nämlich eine erhebliche Beeinträchtigung des redlichen Rechtsverkehrs verbunden. Für den Vertragspartner einer GmbH ist nicht unbedingt erkennbar, dass es sich um ein Gesamtvermögensgeschäft handelt. Es besteht für ihn deshalb das Risiko, dass der Vertrag rückabgewickelt werden muss. Die Gesellschaft und ihre Gesellschafter werden in solchen Fällen in einem ausreichenden Maße durch die Grundsätze über den Missbrauch der Vertretungsmacht geschützt.[408]

(2) Geschäft mit Gesellschafter

Bei der übertragenden Auflösung der GmbH könnte die organschaftliche Vertretungsmacht der Geschäftsführer bei der Veräußerung des ganzen Gesellschaftsvermögens aber ausnahmsweise dennoch beschränkt sein, weil es sich um ein Geschäft mit einem Gesellschafter handelt.

(a) Meinungsstand

Gemäß § 37 Abs. 2 Satz 1 GmbHG hat eine Beschränkung der organschaftlichen Vertretungsmacht der Geschäftsführer nur gegen „dritte Personen" keine rechtliche Wirkung. Vor diesem Hintergrund wird teilweise angenommen, dass eine Beschränkung der Geschäftsführungsbefugnis ausnahmsweise zu einer Beschränkung der organschaftlichen Vertretungsmacht führt, wenn ein gewöhnliches Verkehrsgeschäft zwischen der Gesellschaft und einem Gesellschafter

---

407 Vgl. zu den Personenhandelsgesellschaften *Hadding*, in: FS Lutter, 2000, S. 851, 859 f.

408 Vgl. zum Ganzen zu den Personenhandelsgesellschaften auch *Grunewald*, JZ 1995, 577, 578; *Grunewald*, GesR, 11. Aufl. 2020, § 2 Rn. 23; *Grunewald*, in: Münch. Komm. HGB, 4. Aufl. 2019, § 164 Rn. 19.

vorliegt.[409] Es wird argumentiert, dass die Gesellschafter nicht schutzbedürftig seien, weil sie die Beschränkungen im Innenverhältnis typischerweise kennen würden.[410] Jedenfalls treffe sie die Pflicht, sich über etwaige Beschränkungen zu informieren.[411]

Diese Auffassung würde die Veräußerung des ganzen Gesellschaftsvermögens an den Mehrheitsgesellschafter wohl als ein gewöhnliches Verkehrsgeschäft ansehen (Kaufvertrag und dingliche Verfügungsgeschäfte). Der Abschluss des Kaufvertrags und der dinglichen Verfügungsgeschäfte, die für die Erfüllung des Kaufvertrags erforderlich sind, wäre damit also nicht von der organschaftlichen Vertretungsmacht der Geschäftsführer gedeckt.

Nach der Gegenansicht erstreckt sich die organschaftliche Vertretungsmacht auch auf Verkehrsgeschäfte mit den Gesellschaftern, wobei sich Einschränkungen aus den Grundsätzen über den Missbrauch der Vertretungsmacht ergeben könnten.[412] Dies wird damit begründet, dass sich der Schutzzweck des § 37 Abs. 2 Satz 1 GmbHG auch auf Verkehrsgeschäfte mit den Gesellschaftern beziehe, weil Nicht-Gesellschafter durch diese Geschäfte jedenfalls mittelbar betroffen werden könnten.[413] Die Veräußerung des ganzen Gesellschaftsvermögens wäre danach von der organschaftlichen Vertretungsmacht der Geschäftsführer umfasst.

(b) Stellungnahme

Der zuletzt genannten Ansicht ist zuzustimmen. Auch Verkehrsgeschäfte mit Gesellschaftern der GmbH werden grundsätzlich von der organschaftlichen Vertretungsmacht der Geschäftsführer gedeckt.

---

409 BGH, NJW 1997, 2678, 2678 m. w. N.; *Fleischer*, NZG 2005, 529, 536; *Baukelmann*, in: Rowedder/Schmidt-Leithoff, GmbHG, 6. Aufl. 2017, § 37 Rn. 53; *Paefgen*, in: Habersack/Casper/Löbbe, GmbHG, 3. Aufl. 2020, § 37 Rn. 73; grundsätzlich auch *Schneider*, BB 1986, 201, 203; *Schneider/Schneider*, in: Scholz, GmbHG, 12. Aufl. 2021, § 35 Rn. 29 ff.

410 *Schneider*, BB 1986, 201, 203; *Schneider/Schneider*, in: Scholz, GmbHG, 12. Aufl. 2021, § 35 Rn. 29 f.; *Baukelmann*, in: Rowedder/Schmidt-Leithoff, GmbHG, 6. Aufl. 2017, § 37 Rn. 53; *Paefgen*, in: Habersack/Casper/Löbbe, GmbHG, 3. Aufl. 2020, § 37 Rn. 73.

411 *Schneider*, BB 1986, 201, 203; *Schneider/Schneider*, in: Scholz, GmbHG, 12. Aufl. 2021, § 35 Rn. 30.

412 *Altmeppen*, GmbHG, 10. Aufl. 2021, § 35 Rn. 19; *Kleindiek*, in: Lutter/Hommelhoff, GmbHG, 20. Aufl. 2020, § 35 Rn. 25; *Stephan/Tieves*, in: Münch. Komm. GmbHG, 3. Aufl. 2019, § 37 Rn. 168; *Zacher*, GmbHR 1994, 842, 846 f.

413 *Stephan/Tieves*, in: Münch. Komm. GmbHG, 3. Aufl. 2019, § 37 Rn. 168.

Die Gesellschafter können bei Verkehrsgeschäften mit der GmbH ebenfalls schutzwürdig sein. Sie müssen die gesellschaftsinternen Verhältnisse nicht unbedingt kennen. Wenn kein Hinweis dafür vorliegt, dass die Geschäftsführungsbefugnis im konkreten Fall beschränkt ist, kann es den Gesellschaftern auch nicht zum Vorwurf gemacht werden, wenn sie sich hierüber nicht informieren.

Darüber hinaus kann die Unwirksamkeit des Verkehrsgeschäfts zwischen der Gesellschaft und einem Gesellschafter in der Tat auch mittelbare Auswirkungen auf gesellschaftsfremde Personen haben, die nicht Partei des Verkehrsgeschäfts sind.[414] Auch vor diesem Hintergrund spricht der Schutz des Rechtsverkehrs gegen eine Beschränkung der organschaftlichen Vertretungsmacht.[415]

Es gelten lediglich die Regeln über den Missbrauch der Vertretungsmacht. Hierdurch werden die Interessen der von dem Verkehrsgeschäft unmittelbar und mittelbar betroffenen Personen zu einem angemessenen Ausgleich gebracht. Dabei wird man bei einer übertragenden Auflösung in aller Regel einen Missbrauch der Vertretungsmacht annehmen können, wenn kein Beschluss der Gesellschafterversammlung über die Gesamtvermögensveräußerung eingeholt wurde. Denn der Mehrheitsgesellschafter oder die Geschäftsführung seiner Tochtergesellschaft wird regelmäßig wissen, ob das ganze Gesellschaftsvermögen den Gegenstand des Vertrags bildet.

(c) Zwischenergebnis

Bei der übertragenden Auflösung der GmbH ist die organschaftliche Vertretungsmacht der Geschäftsführer bei der Veräußerung des ganzen Gesellschaftsvermögens auch nicht deshalb beschränkt, weil es sich um ein Geschäft mit einem Gesellschafter handelt. Es gelten aber die Grundsätze über den Missbrauch der Vertretungsmacht.

bb) Vertragsschluss nach Auflösung der Gesellschaft

Sofern das ganze Gesellschaftsvermögen nach der Auflösung der Gesellschaft durch die Liquidatoren an den Mehrheitsgesellschafter verkauft und übertragen wird, gelten die vorstehenden Ausführungen zur Außenwirkung des Beschlusses bei der werbenden GmbH entsprechend.

---

414 Vgl. *Stephan/Tieves*, in: Münch. Komm. GmbHG, 3. Aufl. 2019, § 37 Rn. 168.
415 Vgl. *Stephan/Tieves*, in: Münch. Komm. GmbHG, 3. Aufl. 2019, § 37 Rn. 168.

cc) Zwischenergebnis

Bei der GmbH hängt die Wirksamkeit des Kaufvertrags über das ganze Gesellschaftsvermögen und der zu seiner Erfüllung erforderlichen dinglichen Verfügungsgeschäfte nicht von dem Beschluss der Gesellschafterversammlung über die Veräußerung ab. Die Veräußerung des ganzen Gesellschaftsvermögens an den Mehrheitsgesellschafter ist damit von der organschaftlichen Vertretungsmacht der Geschäftsführer bzw. Liquidatoren gedeckt. Es gelten aber die Grundsätze über den Missbrauch der Vertretungsmacht.

3. Ergebnis

Die übertragende Auflösung der GmbH bedarf nach § 60 Abs. 1 Nr. 2 GmbHG eines Beschlusses der Gesellschafterversammlung über die Auflösung der Gesellschaft. Auf die Veräußerung des ganzen Gesellschaftsvermögens bei der übertragenden Auflösung einer GmbH ist § 179a AktG nicht analog anwendbar. Aus dieser Regelung ergibt sich damit kein Beschlusserfordernis. Die Veräußerung des ganzen Gesellschaftsvermögens bedarf aber nach den allgemeinen Grundsätzen in entsprechender Anwendung des § 53 Abs. 1 GmbHG eines zustimmenden Beschlusses der Gesellschafterversammlung. Das gilt unabhängig davon, ob der Kaufvertrag zwischen der GmbH und dem Mehrheitsgesellschafter über das ganze Gesellschaftsvermögen vor oder nach der Auflösung der Gesellschaft geschlossen wird, weil die Veräußerung des ganzen Gesellschaftsvermögens ein Grundlagengeschäft ist, welches in die Zuständigkeit der Gesellschafter fällt.

III. Kommanditgesellschaft

1. Beschluss über die Auflösung der Gesellschaft

Die übertragende Auflösung der KG bedarf nach §§ 161 Abs. 2, 131 Abs. 1 Nr. 2 HGB zunächst, wie bereits näher ausgeführt,[416] eines Beschlusses der Gesellschafterversammlung über die Auflösung der Gesellschaft.

2. Beschluss über die Veräußerung des ganzen Gesellschaftsvermögens

Auch für die KG findet sich keine dem § 179a AktG entsprechende Regelung, die ausdrücklich bestimmt, dass bei einer Veräußerung des ganzen Gesellschaftsvermögens ein Beschluss der Gesellschafter erforderlich ist. Damit stellt sich die

416 Dazu 2. Teil. B. I.

Frage, ob sich bei der übertragenden Auflösung der KG ein solches Beschlusserfordernis aufgrund einer analogen Anwendung des § 179a AktG oder unter Heranziehung allgemeiner Grundsätze des KG-Rechts ergibt.

a) Analoge Anwendung des § 179a AktG

aa) Meinungsstand

Es wird unterschiedlich beurteilt, ob § 179a AktG auf die KG entsprechend anwendbar ist.

(1) Urteil des Bundesgerichtshofs vom 9. Januar 1995

In einem Urteil aus dem Jahr 1995 hat der Bundesgerichtshof entschieden, dass die Wirksamkeit eines Vertrags, mit dem sich eine KG zur Übertragung ihres ganzen Gesellschaftsvermögens verpflichtet, eines zustimmenden Beschlusses der Gesellschafter bedürfe.[417] Der Bundesgerichtshof hat das insbesondere damit begründet, dass der „Rechtsgedanke" des § 361 Abs. 1 AktG 1965 (jetzt im Wesentlichen § 179a Abs. 1 AktG) auch für die Personengesellschaften gelte.[418] Insoweit hat der Bundesgerichtshof ausgeführt:

> „Veräußert eine Gesellschaft ihr gesamtes Unternehmen, so bedeutet das in aller Regel (…) die Einstellung des eigenen Geschäftsbetriebs; die Gesellschaft verliert damit ihre Eigenschaft als werbendes Unternehmen. Das führt, wenn es nicht sogar zur Auflösung der Gesellschaft zwingt, zu einer Änderung des Gesellschaftszwecks. Aus diesem Grund schreibt § 361 I AktG für einen Vertrag, durch den sich eine AG (…) zur Übertragung des ganzen Gesellschaftsvermögens verpflichtet, das Erfordernis der Zustimmung der Hauptversammlung vor. Der Rechtsgedanke dieser Vorschrift (…) trifft auch für das Personengesellschaftsrecht zu. Die (…) Umgestaltung der Gesellschaft (…) wird von der Vertretungsmacht des oder der geschäftsführenden Gesellschafter nicht mehr gedeckt. Es bedarf deshalb auch hier zur Wirksamkeit des – zur Geschäftsveräußerung verpflichtenden schuldrechtlichen – Vertrages eines Beschlusses der Gesellschafter (…)."[419]

In einer Entscheidung aus dem Jahr 1991 hatte der Bundesgerichtshof demgegenüber gemeint, dass die dinglichen Verfügungsgeschäfte zur Übertragung des ganzen Gesellschaftsvermögens einer KG auch ohne einen Beschluss der Gesellschafter wirksam seien.[420] Der Bundesgerichtshof hat das in dieser Entscheidung

---

417 BGH, NJW 1995, 596, 596 – Night-Club II; bestätigt durch BGHZ 161, 349, 356 f.; noch offengelassen von BGH, NJW 1991, 2564, 2564 f. – Night-Club I.

418 BGH, NJW 1995, 596, 596 – Night-Club II; so auch BGHZ 161, 349, 356 f.

419 BGH, NJW 1995, 596, 596 – Night-Club II.

420 BGH, NJW 1991, 2564, 2564 f. – Night-Club I.

damit begründet, dass die Unwirksamkeit der Verfügungsgeschäfte die „Sicherheit des Rechtsverkehrs“ zu schwerwiegend beeinträchtigen würde.[421]

(2) Herrschendes Schrifttum und Auffassung der Instanzgerichte

Die vorzitierten Ausführungen des Bundesgerichtshofs in dem Urteil aus dem Jahr 1995, wonach der Rechtsgedanke des § 361 Abs. 1 AktG 1965 (jetzt im Wesentlichen § 179a Abs. 1 AktG) auch auf die Personengesellschaften zutreffe, wurde vielfach dahingehend interpretiert, dass der Bundesgerichtshof § 179a AktG auf die Personengesellschaften – und damit auf die KG – für entsprechend anwendbar ansehe.[422] Nach der Lesart von *Goette*[423] hat der Bundesgerichtshof dem § 179a AktG dagegen nur „einen allgemein für das Gesellschaftsrecht geltenden Gedanken“ entnommen, um hiermit eine Beschränkung der Vertretungsmacht des Komplementärs zu begründen.

Unabhängig von dem Verständnis der Aussage des Bundesgerichtshofs entspricht die analoge Anwendung des § 179a AktG auf die KG heute der ganz überwiegenden Auffassung in Rechtsprechung und Literatur.[424] Die konkreten Folgen der analogen Anwendung des § 179a AktG werden zwar nicht einheitlich beurteilt. Weitgehend einig ist man sich jedoch darüber, dass der Vertrag, der die Verpflichtung zur Übertragung des ganzen Gesellschaftsvermögens

---

421 BGH, NJW 1991, 2564, 2565 – Night-Club I.

422 Vgl. insbes. *Hadding*, in: FS Lutter, 2000, S. 851, 862 („Denn nur als Analogie wird man es deuten können, wenn der II. Zivilsenat meint, der ‚Rechtsgedanke dieser Vorschrift (…) trifft auch für das Personengesellschafsrecht zu‘.“); so ausdrücklich auch *Stellmann/Stoeckle*, WM 2011, 1983, 1983 f.; als Nachweis für die analoge Anwendung des § 179a AktG auf die Personengesellschaften führen das Urteil des BGH etwa an: LG Düsseldorf, NZG 2017, 1260, 1262 (Publikums-KG); *Seibt*, in: K. Schmidt/Lutter, AktG, 4. Aufl. 2020, § 179a Rn. 4; *Stein*, in: Münch. Komm. AktG, 5. Aufl. 2021, § 179a Rn. 14.

423 *Goette*, DStR 1995, 425, 426.

424 OLG Düsseldorf, NZG 2018, 297, 300 (Publikums-KG); LG Düsseldorf, NZG 2017, 1260, 1262 (Publikums-KG); *Bayer/Lieder/Hoffmann*, AG 2017, 717, 718; *Hüren*, RNotZ 2014, 77, 88; *Stein*, in: Münch. Komm. AktG, 5. Aufl. 2021, § 179a Rn. 14; *Stellmann/Stoeckle*, WM 2011, 1983, 1983 f.; *Weber*, DNotZ 2018, 96, 122 f.; wohl auch *K. Schmidt*, ZGR 1995, 675, 679 ff.; nur den Rechtsgedanken des § 179a AktG ziehen heran: *Habersack*, in: Staub, HGB, 5. Aufl. 2009, § 126 Rn. 16 („entsprechend dem Rechtsgedanken des § 179a AktG“); *Goette*, DStR 1995, 425, 426; ähnlich *K. Schmidt*, GesR, 4. Aufl. 2002, § 13 I 4 b, S. 367 f. („Die Bestimmung enthält einen verallgemeinerungsfähigen, d. h. auch für sonstige Gesellschaften geltenden Grundsatz.“).

zum Gegenstand hat, nur mit Zustimmung der Gesellschafter wirksam wird.[425] Dem Beschluss kommt danach also Außenwirkung zu, sodass die organschaftliche Vertretungsbefugnis der Komplementäre insoweit beschränkt ist. Das Verfügungsgeschäft sei dagegen von der organschaftlichen Vertretungsbefugnis umfasst.[426]

Die analoge Anwendung des § 179a AktG auf die KG wird insbesondere damit begründet, dass sich dieser Vorschrift ein allgemeines Prinzip des Verbandsrechts entnehmen lasse, das damit auch für die Personengesellschaften gelte.[427]

Weiter wird argumentiert, dass die Gesellschafter einer Personengesellschaft ein mit Aktionären vergleichbares Interesse daran hätten, dass das ganze Gesellschaftsvermögen, das die Grundlage der Verfolgung des Unternehmensgegenstands bilde, nicht ohne ihre Beteiligung veräußert werde.[428] Zudem seien die Gesellschafter einer Personengesellschaft genauso schutzwürdig wie die Aktionäre einer AG.[429]

Darüber hinaus sei auch die Interessenlage des Vertragspartners einer Personengesellschaft die Gleiche wie bei der AG.[430] Zudem ergebe sich aus § 179a AktG ein wesentlicher Grundsatz, der dem Schutz des Rechtsverkehrs diene, und zwar dahin, dass bei einer Veräußerung des ganzen Gesellschaftsvermögens ohne Zustimmung der Gesellschafter nur das Verpflichtungsgeschäft und nicht auch das Erfüllungsgeschäft unwirksam sei.[431]

(3) Gegenauffassung

Insbesondere *Grunewald*[432] vertritt demgegenüber die Auffassung, dass (der Rechtsgedanke des) § 179a AktG auf die Personengesellschaften nicht

---

425 Vgl. nur *K. Schmidt*, GesR, 4. Aufl. 2002, § 13 I 4 b, S. 367 f.; *K. Schmidt*, ZGR 1995, 675, 679 f.; *Habersack*, in: Staub, HGB, 5. Aufl. 2009, § 126 Rn. 16; *Hüren*, RNotZ 2014, 77, 88.

426 *K. Schmidt*, ZGR 1995, 675, 679 f.; *Habersack*, in: Staub, HGB, 5. Aufl. 2009, § 126 Rn. 16.

427 *K. Schmidt*, GesR, 4. Aufl. 2002, § 13 I 4 b, S. 367 f.; *Bayer/Lieder/Hoffmann*, AG 2017, 717, 718; *Stein*, in: Münch. Komm. AktG, 5. Aufl. 2021, § 179a Rn. 14.

428 *Stellmann/Stoeckle*, WM 2011, 1983, 1983; ähnlich *Hüren*, RNotZ 2014, 77, 88 f.

429 OLG Düsseldorf, NZG 2018, 297, 300 (Publikums-KG).

430 *Weber*, DNotZ 2018, 96, 123.

431 *Weber*, DNotZ 2018, 96, 123; ähnlich *K. Schmidt*, ZGR 1995, 675, 679 f.

432 *Grunewald*, JZ 1995, 577, 577 f.; *Grunewald*, GesR, 11. Aufl. 2020, § 2 Rn. 23; *Grunewald*, in: Münch. Komm. HGB, 4. Aufl. 2019, § 164 Rn. 19.

entsprechend anwendbar sei.[433] Sie hat dies vor allem mit dem Schutz des Rechtsverkehrs begründet, dem § 126 HGB diene. Die Beschränkung der organschaftlichen Vertretungsbefugnis und die damit verbundene Unwirksamkeit des Verpflichtungsgeschäfts seien problematisch, weil für den Vertragspartner der Gesellschaft nicht in jedem Fall erkennbar sei, ob das ganze Gesellschaftsvermögen Gegenstand des Vertrags ist. Zudem sei dem Vertragspartner auch wenig geholfen, wenn nur das Verpflichtungsgeschäft unwirksam ist, weil er dem Risiko ausgesetzt sei, dass die Verfügungsgeschäfte nach bereicherungsrechtlichen Grundsätzen rückabgewickelt werden müssen. Vor diesem Hintergrund sei es interessengerechter, die Vertretungsbefugnis nach den Grundsätzen über den Missbrauch der Vertretungsmacht zu beschränken.[434]

Hadding[435] hat hierzu ergänzt, dass auch die Voraussetzungen für eine Analogie nicht vorlägen. Gegen eine planwidrige Regelungslücke spreche, dass der Gesetzgeber es in der Vergangenheit unterlassen habe, im Rahmen verschiedener Gesetzesreformen eine dem § 179a AktG entsprechende Regelung für andere Gesellschaftsformen einzuführen. Zudem liege keine vergleichbare Interessenlage vor. Die personalistische Struktur einer Personengesellschaft unterscheide sich wesentlich von der kapitalistischen Struktur einer AG.[436] Die Gesellschafter einer Personengesellschaft hätten erheblich mehr Einflussmöglichkeiten auf die Gesellschaft als die Aktionäre einer AG. Vor allem falle die Geschäftsführung und Vertretung der Gesellschaft nach der gesetzlichen Grundstruktur in die Zuständigkeit der Gesellschafter. Bei der AG sei das Sache des Vorstands, der nicht aus Aktionären bestehen müsse und der nicht unmittelbar von den Aktionären bestellt werde.[437]

Auch *Bredol/Natterer*[438] meinen, dass eine analoge Anwendung des § 179a AktG bereits daran scheitere, dass keine planwidrige Regelungslücke vorliege. Sie begründen das allerdings damit, dass die Veräußerung des ganzen Gesellschaftsvermögens ein Grundlagengeschäft sei, wenn sie nicht von dem Unternehmensgegenstand der Gesellschaft gedeckt ist, und dass eine solche Veräußerung schon aus diesem Grund nicht von der Geschäftsführungs- und

---

433 So auch *Bredol/Natterer*, ZIP 2015, 1419, 1422; *Hadding*, in: FS Lutter, 2000, S. 851, 862 ff.; *Kraft*, in: Kölner Komm. AktG, 2. Aufl. 1990, § 361 Rn. 4.

434 Vgl. zum Ganzen *Grunewald*, JZ 1995, 577, 578; *Grunewald*, GesR, 11. Aufl. 2020, § 2 Rn. 23; *Grunewald*, in: Münch. Komm. HGB, 4. Aufl. 2019, § 164 Rn. 19.

435 *Hadding*, in: FS Lutter, 2000, S. 851, 862 ff.

436 Ähnlich *Eschwey*, MittBayNot 2018, 299, 310 f.

437 Zum Ganzen *Hadding*, in: FS Lutter, 2000, S. 851, 862 ff.

438 *Bredol/Natterer*, ZIP 2015, 1419, 1421 f.

Vertretungsbefugnis der geschäftsführenden Gesellschafter umfasst sei und der Zustimmung der Gesellschafterversammlung bedürfe. Im Übrigen seien auch die Folgen einer analogen Anwendung des § 179a AktG im Personengesellschaftsrecht nicht überzeugend. Beispielsweise seien die Informationsrechte gemäß § 179a Abs. 2 AktG im Personengesellschaftsrecht nicht sachgerecht.[439]

Im Anschluss an die Entscheidung des Bundesgerichtshofs vom 8. Januar 2019, in der der Bundesgerichtshof die analoge Anwendung des § 179a AktG auf die GmbH abgelehnt hat, haben sich einige Autoren – überwiegend nur am Rande – mit der Frage befasst, ob die dortige Argumentation des Bundesgerichtshofs gegen eine Analogie bei der GmbH auf die Personengesellschaften übertragbar sei.[440] Nach Ansicht von *Heckschen*[441] ist eine analoge Anwendung des § 179a AktG auf die Personengesellschaften erst recht abzulehnen, weil sich eine Personengesellschaft in ihrem Wesen noch deutlicher von einer AG unterscheide als eine GmbH.

bb) Stellungnahme

(1) Position des Bundesgerichtshofs

Im Ausgangspunkt ist in der Tat zweifelhaft, ob sich der Bundesgerichtshof in der Entscheidung aus dem Jahr 1995 tatsächlich für eine analoge Anwendung des § 361 AktG 1965 (jetzt im Wesentlichen § 179a AktG) auf die KG ausgesprochen hat. Ausdrücklich hat der Bundesgerichtshof das jedenfalls nicht getan. Er hat vielmehr nur auf den Rechtsgedanken des Abs. 1 der Vorschrift abgestellt, wo geregelt ist, dass der Vertrag, durch den sich die Gesellschaft zur Übertragung ihres ganzen Vermögens verpflichtet, der Zustimmung der Hauptversammlung bedarf.[442] Das spricht eher für die Interpretation von *Goette*[443], dass der Bundesgerichtshof mit dem Rechtsgedanken des § 179a AktG lediglich seine dortige Argumentation stützen wollte.

---

439 Zum Ganzen *Bredol/Natterer*, ZIP 2015, 1419, 1421 ff.

440 Bejahend *Heckschen*, AG 2019, 420, 422; *Meyer*, GmbHR 2019, 973, 977 ff.; offen *Berkefeld*, DNotZ 2020, 85, 93 f.; *Götze*, NZG 2019, 695, 696.

441 *Heckschen*, AG 2019, 420, 422.

442 „Aus diesem Grund schreibt § 361 I AktG für einen Vertrag, durch den sich eine AG (…) zur Übertragung des ganzen Gesellschaftsvermögens verpflichtet, das Erfordernis der Zustimmung der Hauptversammlung vor. Der Rechtsgedanke dieser Vorschrift (…) trifft auch für das Personengesellschaftsrecht zu.“, BGH, NJW 1995, 596, 596 – Night-Club II.

443 *Goette*, DStR 1995, 425, 426.

(2) Planwidrige Regelungslücke

Ungeachtet dessen liegen die Voraussetzungen für eine entsprechende Anwendung des § 179a AktG bei der KG nicht vor. Es ist bereits zweifelhaft, ob eine planwidrige Regelungslücke gegeben ist. Hiergegen spricht, wie *Hadding*[444] näher ausgeführt hat, dass der Gesetzgeber im Rahmen der vielen Gesetzesreformen in den letzten Jahrzehnten, von denen auch § 179a AktG und seine Vorgängernormen mehrfach unmittelbar betroffen waren, keine dem § 179a AktG vergleichbare Regelung für andere Gesellschaftsformen eingeführt hat, obwohl die Frage der Behandlung von Gesamtvermögensgeschäften in der Praxis von erheblicher Bedeutung ist. Eindeutige Rückschlüsse im Hinblick auf eine Planwidrigkeit lassen sich hieraus allerdings nicht ziehen.

Ob, wie *Bredol/Natterer*[445] eingewandt haben, eine planwidrige Regelungslücke bereits deshalb nicht vorliege, weil eine Gesamtvermögensveräußerung ein Grundlagengeschäft darstelle, das schon nach allgemeinen Grundsätzen nicht von der organschaftlichen Vertretungsbefugnis erfasst sei und der Zustimmung der Gesellschafter bedürfe, erscheint ebenfalls zweifelhaft. Denn der Regelungsgehalt des § 179a AktG erschöpft sich nicht darin, die organschaftliche Vertretungsmacht zu beschränken und ein Beschlusserfordernis anzuordnen. Das kann hier aber letztlich dahinstehen, weil die Veräußerung des ganzen Gesellschaftsvermögens nach den allgemeinen Regeln grundsätzlich von der organschaftlichen Vertretungsbefugnis erfasst ist.[446]

(3) Vergleichbare Interessenlage

Eine analoge Anwendung des § 179a AktG auf die KG scheidet jedenfalls aus, weil bei der AG und der KG keine vergleichbare Interessenlage vorliegt.[447] Ähnlich wie der Bundesgerichtshof dies zur GmbH festgestellt hat,[448] spricht eine Abwägung der Interessen der Gesellschafter und der Interessen des Rechtsverkehrs, die bei einer Veräußerung des ganzen Gesellschaftsvermögens betroffen sind, auch bei der KG gegen eine Analogie. Zwar trifft es zu, dass die Gesellschafter einer KG wie die Aktionäre einer AG ein Interesse daran haben, davor geschützt zu werden, dass der geschäftsführende Gesellschafter das ganze

---

444 Vgl. *Hadding*, in: FS Lutter, 2000, S. 851, 862 f.
445 *Bredol/Natterer*, ZIP 2015, 1419, 1421 f.
446 Näher dazu 4. Teil. A. III. 2. c).
447 *Hadding*, in: FS Lutter, 2000, S. 851, 863 f.; *Eschwey*, MittBayNot 2018, 299, 310 f.
448 Dazu 4. Teil. A. II. 2. a) bb).

Vermögen der Gesellschaft ohne ihre Mitwirkung veräußert.[449] Denn auch bei der KG ist die organschaftliche Vertretungsbefugnis grundsätzlich unbeschränkt und unbeschränkbar (§§ 161 Abs. 2, 126 Abs. 1 und 2 HGB). Die Gesellschafter einer KG haben aber eine wesentlich andere Position als die Aktionäre einer AG und sind daher nicht in gleicher Weise schutzwürdig.[450]

Die Aktionäre einer AG sind bei einer Gesamtvermögensveräußerung besonders schutzwürdig. Nach der Konzeption des Aktiengesetzes ist die AG kapitalistisch strukturiert. Die Aktionäre sind im Wesentlichen die Kapitalgeber der Gesellschaft.[451] Sie haben zwar eingeschränkte Mitwirkungs, Kontroll- und Informationsrechte, sind aber nicht mit der Geschäftsführung und Vertretung der Gesellschaft befasst.[452] Dies ist vielmehr Aufgabe des Vorstands, der die AG unter eigener Verantwortung, also insbesondere frei von Weisungen, leitet (§ 76 Abs. 1 AktG).[453] Die Aktionäre können die Mitglieder des Vorstands nicht einmal unmittelbar bestellen, das ist Sache des Aufsichtsrats (§ 84 Abs. 1 Satz 1 AktG).[454] Daher haben die Aktionäre typischerweise auch keine persönliche Beziehung und kein persönliches Vertrauensverhältnis zu den Vorstandsmitgliedern.

Vor diesem Hintergrund und der sich daraus ergebenden besonderen Schutzwürdigkeit der Aktionäre beschränkt § 179a AktG ausnahmsweise die organschaftliche Vertretungsmacht des Vorstands zulasten des redlichen Rechtsverkehrs, um die Aktionäre davor zu schützen, dass der nach dem Aktiengesetz „verselbstständigte“[455] Vorstand „ohne ihren Willen das Vermögen der Gesellschaft, das die Grundlage ihrer satzungsmäßigen Unternehmenstätigkeit bildet, preisgibt“[456].

Die Gesellschafter einer KG sind bei einer Gesamtvermögensveräußerung nicht in gleicher Weise schutzwürdig, obwohl die KG nach dem Konzept des Handelsgesetzbuchs nicht nur personalistische, sondern auch kapitalistische Elemente aufweist.[457] Ein wesentlicher Unterschied zur AG besteht aber insbesondere darin, dass die gesamte Geschäftsführung und Vertretung der KG nach

---

449 *Stellmann/Stoeckle*, WM 2011, 1983, 1983; ähnlich *Hüren*, RNotZ 2014, 77, 88 f.

450 Vgl. *Hadding*, in: FS Lutter, 2000, S. 851, 863 f.; *Eschwey*, MittBayNot 2018, 299, 310 f.

451 Vgl. *Hadding*, in: FS Lutter, 2000, S. 851, 864; *Eschwey*, MittBayNot 2018, 299, 309.

452 Vgl. *Hadding*, in: FS Lutter, 2000, S. 851, 864.

453 Vgl. *Hadding*, in: FS Lutter, 2000, S. 851, 864.

454 Vgl. *Hadding*, in: FS Lutter, 2000, S. 851, 864.

455 *K. Schmidt*, ZGR 1995, 675, 679.

456 BGHZ 82, 188, 195 f.; ähnlich BGHZ 83, 122, 128 – Holzmüller; vgl. zum Vorstehenden auch *Hadding*, in: FS Lutter, 2000, S. 851, 864.

457 Vgl. *Hadding*, in: FS Lutter, 2000, S. 851, 864; *Eschwey*, MittBayNot 2018, 299, 310.

der gesetzlichen Konzeption den (persönlich haftenden) Gesellschaftern obliegt (§§ 161 Abs. 2, 114, 116, 126, 164 HGB).[458]

Allenfalls die Kommanditisten einer KG könnten in gleicher Weise schutzbedürftig sein wie die Aktionäre einer AG, weil auch die Kommanditisten vom Gesetz eher als Kapitalgeber angesehen werden.[459] Im Ergebnis trifft das aber nicht zu. Die Kommanditisten sind zwar von der Geschäftsführung und Vertretung ausgeschlossen (§§ 164 Satz 1, 170 HGB). Außergewöhnliche Geschäftsführungsmaßnahmen bedürfen nach den gesetzlichen Regelungen aber der Zustimmung aller Gesellschafter und damit auch der Zustimmung der Kommanditisten (vgl. §§ 161 Abs. 2, 116 Abs. 2, 164 Satz 1 Halbs. 2 HGB).[460] Das gibt den Kommanditisten einer KG erheblich mehr Einflussmöglichkeiten auf die Geschäftsführung als den Aktionären einer AG. Zudem sind die Kommanditisten an Grundlagengeschäften zu beteiligen.[461] Darüber hinaus ist in diesem Zusammenhang erheblich, dass die Kommanditisten nach dem gesetzlichen Leitbild nicht wie die Aktionäre einer AG „fremde" Kapitalgeber sind. Vielmehr geht das Gesetz davon aus, dass auch zwischen Kommanditisten und Komplementären eine persönliche Beziehung und damit ein gewisses Vertrauensverhältnis besteht.

Nach dem Vorgesagten ist die Schutzbedürftigkeit der Kommanditisten also deutlich geringer einzustufen als die der Aktionäre einer AG. Das verbleibende Risiko, dass die geschäftsführenden Gesellschafter das ganze Gesellschaftsvermögen ohne Wissen der Kommanditisten an einen (redlichen) Dritten veräußern, liegt aber in der Sphäre der Gesellschaft und ihrer Gesellschafter. Daher ist es angemessen, dieses Risiko den Kommanditisten aufzuerlegen, anstatt den redlichen Rechtsverkehr durch eine Beschränkung der organschaftlichen Vertretungsmacht zu belasten.[462]

Eine analoge Anwendung des § 179a AktG auf die KG würde den redlichen Rechtsverkehr erheblich beeinträchtigen.[463] Denn der Vertragspartner einer KG hat typischerweise keinen Einblick in die Gesellschaft und für ihn ist daher regelmäßig nicht erkennbar, ob der Gegenstand des Verpflichtungsvertrags das

458 Vgl. *Hadding*, in: FS Lutter, 2000, S. 851, 864; *Eschwey*, MittBayNot 2018, 299, 310.
459 Vgl. *Eschwey*, MittBayNot 2018, 299, 310.
460 *Roth*, in: Baumbach/Hopt, HGB, 40. Aufl. 2021, § 164 Rn. 2.
461 *Roth*, in: Baumbach/Hopt, HGB, 40. Aufl. 2021, § 164 Rn. 4.
462 Vgl. *Grunewald*, JZ 1995, 577, 578.
463 Vgl. *Grunewald*, JZ 1995, 577, 578; *Grunewald*, GesR, 11. Aufl. 2020, § 2 Rn. 23; *Grunewald*, in: Münch. Komm. HGB, 4. Aufl. 2019, § 164 Rn. 19.

ganze Vermögen der Gesellschaft darstellt.[464] Dabei ist der Vertragspartner einer KG noch schutzwürdiger als derjenige einer AG oder einer GmbH.[465] Denn hier handelt es sich häufig um kleinere Gesellschaften mit einem geringen Gesamtvermögen; schon ein verhältnismäßig geringfügiger Vertragsgegenstand oder einzelne Vermögensgegenstände können deshalb das „ganze" Vermögen der KG im Sinne des § 179a AktG ausmachen.[466] Das Risiko, dass der Vertrag mangels Zustimmung der Gesellschafter unwirksam ist, ist bei der KG damit noch größer als bei einer AG oder einer GmbH. Mit der Beschränkung der Unwirksamkeit auf das Verpflichtungsgeschäft wäre dem Vertragspartner wenig geholfen, weil hierdurch eine Rückabwicklung des Geschäfts nach den Grundsätzen des Bereicherungsrechts nicht ausgeschlossen würde.[467] Demgegenüber führt die Anwendung der Grundsätze über den Missbrauch der Vertretungsmacht bei einer Gesamtvermögensveräußerung zu angemessenen Ergebnissen.[468]

Eine andere Bewertung ist auch nicht angezeigt, wenn im konkreten Einzelfall eine höhere Schutzbedürftigkeit der Kommanditisten besteht, weil ihnen bestimmte nach den gesetzlichen Regelungen zustehende Rechte durch den Gesellschaftsvertrag entzogen wurden. Zu denken ist beispielsweise an den praktisch häufigen Fall, dass § 164 Satz 1 Halbs. 2 HGB im Gesellschaftsvertrag abbedungen wurde, außergewöhnliche Geschäftsführungsmaßnahmen also nicht der Zustimmung der Kommanditisten bedürfen. Denn es würde zu einer nicht hinnehmbaren erheblichen Rechtsunsicherheit führen, wenn die analoge Anwendung des § 179a AktG davon abhängen würde, wie die Rechtsstellung der Kommanditisten im konkreten Einzelfall gesellschaftsvertraglich ausgestaltet ist. Das gilt umso mehr vor dem Hintergrund, dass der Gesellschaftsvertrag der KG nicht der Registerpublizität unterliegt und die analoge Anwendung des § 179a AktG, wie soeben ausgeführt, mit einer erheblichen Beeinträchtigung des redlichen Rechtsverkehrs verbunden wäre.

---

464 Vgl. *Grunewald*, JZ 1995, 577, 578; *Grunewald*, GesR, 11. Aufl. 2020, § 2 Rn. 23; *Grunewald*, in: Münch. Komm. HGB, 4. Aufl. 2019, § 164 Rn. 19.

465 *Eschwey*, MittBayNot 2018, 299, 311.

466 Vgl. *Grunewald*, JZ 1995, 577, 578; *Eschwey*, MittBayNot 2018, 299, 311.

467 *Grunewald*, JZ 1995, 577, 578; *Grunewald*, GesR, 11. Aufl. 2020, § 2 Rn. 23; *Grunewald*, in: Münch. Komm. HGB, 4. Aufl. 2019, § 164 Rn. 19.

468 *Grunewald*, JZ 1995, 577, 578; *Grunewald*, GesR, 11. Aufl. 2020, § 2 Rn. 23; *Grunewald*, in: Münch. Komm. HGB, 4. Aufl. 2019, § 164 Rn. 19; *Hadding*, in: FS Lutter, 2000, S. 851, 867 f.

cc) Zwischenergebnis

Im Ergebnis ist eine analoge Anwendung des § 179a AktG auf die KG daher abzulehnen, und zwar unabhängig davon, wie der Gesellschaftsvertrag der KG im konkreten Einzelfall ausgestaltet ist.

b) Beschlusserfordernis nach allgemeinen Grundsätzen

Da § 179a AktG auf die KG nicht entsprechend anwendbar ist, ist noch der Frage nachzugehen, ob bei einer übertragenden Auflösung ein Beschluss der Gesellschafterversammlung über die Veräußerung des ganzen Gesellschaftsvermögens nach den allgemeinen Grundsätzen des KG-Rechts erforderlich ist, sofern sich ein solches Beschlusserfordernis nicht bereits aus dem Gesellschaftsvertrag ergibt.

aa) Vertragsschluss vor Auflösung der Gesellschaft

Zunächst ist zu prüfen, ob ein Beschlusserfordernis besteht, wenn der Kaufvertrag über das ganze Gesellschaftsvermögen vor der Auflösung der Gesellschaft geschlossen wird. Vor der Auflösung der KG ist die Geschäftsführung der Gesellschaft den Komplementären zugewiesen (§§ 161 Abs. 2, 114 Abs. 1 HGB). Die Kommanditisten sind von der Geschäftsführung ausgeschlossen (§ 164 Satz 1 HGB). Allerdings ist bei außergewöhnlichen Geschäften die Zustimmung der Gesellschafter, einschließlich der Kommanditisten, erforderlich (§§ 161 Abs. 2, 116 Abs. 2 HGB).[469] Darüber hinaus gibt es Grundlagengeschäfte, die nicht von der Geschäftsführungsbefugnis umfasst sind, sondern in die Zuständigkeit der Gesellschafter, einschließlich der Kommanditisten, fallen.[470] Hierzu werden insbesondere die Änderung des Gesellschaftsvertrags und die Auflösung der Gesellschaft gezählt.[471]

Nach mittlerweile ganz überwiegender Auffassung in der Literatur stellt die Veräußerung des ganzen Gesellschaftsvermögens einer KG ein Grundlagengeschäft dar,[472] das damit eines Beschlusses der Gesellschafter bedarf. Dem ist

---

469 *Grunewald*, in: Münch. Komm. HGB, 4. Aufl. 2019, § 164 Rn. 10; *Roth*, in: Baumbach/Hopt, HGB, 40. Aufl. 2021, § 164 Rn. 2.

470 *Grunewald*, in: Münch. Komm. HGB, 4. Aufl. 2019, § 164 Rn. 17; *Roth*, in: Baumbach/Hopt, HGB, 40. Aufl. 2021, § 164 Rn. 4.

471 *Roth*, in: Baumbach/Hopt, HGB, 40. Aufl. 2021, § 114 Rn. 3.

472 *Habersack*, in: Staub, HGB, 5. Aufl. 2009, § 126 Rn. 16; *Hillmann*, in: EBJS, HGB, 4. Aufl. 2020, § 126 Rn. 9; *Leitzen*, NZG 2012, 491, 494; *Rawert*, in: Münch. Komm. HGB, 4. Aufl. 2016, § 114 Rn. 11; *Schäfer*, in: Staub, HGB, 5. Aufl. 2009, § 116 Rn. 14; *K. Schmidt*, ZGR 1995, 675, 679 ff.; *K. Schmidt*, in: Münch. Komm. HGB, 4. Aufl. 2016,

zuzustimmen. Auch wenn die Veräußerung nicht zwingend eine Änderung des Gesellschaftsvertrags erfordert, verändert sie doch die innere Struktur der Gesellschaft grundlegend und hat damit einen vergleichbaren Effekt wie eine Änderung des Gesellschaftsvertrags und andere gesetzlich geregelte Strukturmaßnahmen, die die Grundlagen der Gesellschaft betreffen. Da für diese Maßnahmen nach dem Gesetz ein Beschlusserfordernis besteht, kann für die Veräußerung des ganzen Gesellschaftsvermögens nichts anderes gelten.

bb) Vertragsschluss nach Auflösung der Gesellschaft

Weiter stellt sich die Frage, ob ein Beschluss der Gesellschafterversammlung über die Veräußerung des ganzen Gesellschaftsvermögens erforderlich ist, wenn der zugrunde liegende Kaufvertrag nach der Auflösung der KG geschlossen wird. Nach der Auflösung wird die Gesellschaft grundsätzlich durch sämtliche Gesellschafter als Liquidatoren abgewickelt, sofern die Abwicklung nicht durch einen Beschluss der Gesellschafter oder durch den Gesellschaftsvertrag einzelnen Gesellschaftern oder anderen Personen übertragen wurde (§§ 161 Abs. 2, 146 Abs. 1 Satz 1 HGB). Das schließt auch die Kommanditisten mit ein.[473] Die Liquidatoren haben die laufenden Geschäfte zu beenden, die Forderungen einzuziehen, das übrige Vermögen in Geld umzusetzen und die Gläubiger zu befriedigen (§§ 161 Abs. 2, 149 Abs. 1 Satz 1 HGB).

Die Umsetzung des Vermögens in Geld kann auch in der Weise geschehen, dass das ganze Vermögen der Gesellschaft an nur einen Erwerber veräußert wird.[474] In diesem Fall wird die Zustimmung der Gesellschafter, soweit ersichtlich, nur verlangt, wenn die Firma der Gesellschaft mitveräußert wird.[475] Dem dürfte die Überlegung zugrunde liegen, dass die Veräußerung im Liquidationsstadium dem Abwicklungszweck entspricht und daher kein Grundlagengeschäft sei.

---

§ 126 Rn. 13; *Schulze-Osterloh*, in: FS Hadding, 2004, S. 637, 646; im Grundsatz auch *Roth*, in: Baumbach/Hopt, HGB, 40. Aufl. 2021, § 114 Rn. 3; wohl auch *Bayer/Lieder/Hoffmann*, AG 2017, 717, 718; differenzierend *Bredol/Natterer*, ZIP 2015, 1419, 1421 f.; a. A. *Hadding*, in: FS Lutter, 2000, S. 851, 859 ff.

473 BGH, ZIP 1982, 1318, 1319; OLG Hamm, NZG 2003, 627, 627; *Hillmann*, in: EBJS, HGB, 4. Aufl. 2020, § 146 Rn. 2; *K. Schmidt*, in: Münch. Komm. HGB, 4. Aufl. 2016, § 146 Rn. 14.

474 *Klöhn*, in: Henssler/Strohn, GesR, 5. Aufl. 2021, § 149 HGB Rn. 15; *K. Schmidt*, in: Münch. Komm. HGB, 4. Aufl. 2016, § 149 Rn. 36.

475 *Hillmann*, in: EBJS, HGB, 4. Aufl. 2020, § 149 Rn. 18; *Klöhn*, in: Henssler/Strohn, GesR, 5. Aufl. 2021, § 149 HGB Rn. 15; *K. Schmidt*, in: Münch. Komm. HGB, 4. Aufl. 2016, § 149 Rn. 36.

Dem ist jedoch nicht zu folgen. Die Gesamtvermögensveräußerung stellt auch nach der Auflösung der KG ein Grundlagengeschäft dar und bedarf daher eines zustimmenden Beschlusses der Gesellschafter. Die Ausführungen zur GmbH gelten insoweit entsprechend.[476] Ein zustimmender Beschluss der Gesellschafter ist auch dann erforderlich, wenn alle Gesellschafter, also auch die Kommanditisten, Liquidatoren sind, wobei ein solcher Beschluss nach allgemeinen Grundsätzen auch konkludent gefasst werden kann,[477] wenn der Gesellschaftsvertrag nichts Anderweitiges regelt.

cc) Zwischenergebnis

Bei der übertragenden Auflösung der KG ist ein Beschluss der Gesellschafter über die Veräußerung des ganzen Gesellschaftsvermögens an den Mehrheitsgesellschafter erforderlich. Das gilt unabhängig davon, ob der Kaufvertrag mit dem Mehrheitsgesellschafter vor oder nach der Auflösung der Gesellschaft geschlossen wird.

c) Außenwirkung des Beschlusses

Bei der KG beschränkt das Erfordernis, dass die Gesellschafter über die Veräußerung des ganzen Vermögens der Gesellschaft beschließen müssen, die Geschäftsführungsbefugnis der geschäftsführenden Gesellschafter. Es stellt sich aber die Frage, ob das Beschlusserfordernis auch die organschaftliche Vertretungsmacht beschränkt.

aa) Vertragsschluss vor Auflösung der Gesellschaft

Die werbende KG wird durch ihre Komplementäre vertreten (§§ 161 Abs. 2, 125 Abs. 1 HGB). Die Kommanditisten sind von der Vertretung der Gesellschaft ausgeschlossen (vgl. § 170 HGB). Die Vertretungsmacht der Komplementäre ist unbeschränkt.[478] Sie erstreckt sich auf alle gerichtlichen und außergerichtlichen Geschäfte und Rechtshandlungen (§§ 161 Abs. 2, 126 Abs. 1 HGB). Zudem ist die Vertretungsmacht grundsätzlich unbeschränkbar (§§ 161 Abs. 2, 126 Abs. 2 HGB). Einer Beschränkung der Geschäftsführungsbefugnis kommt damit grundsätzlich keine Außenwirkung zu.

---

476 Dazu 4. Teil. A. II. 2. b) bb) (2).
477 Vgl. nur *Roth*, in: Baumbach/Hopt, HGB, 40. Aufl. 2021, § 119 Rn. 27.
478 *K. Schmidt*, in: Münch. Komm. HGB, 4. Aufl. 2016, § 126 Rn. 5.

(1) Grundlagengeschäft

Allerdings nimmt ein Teil der Literatur an, dass die Veräußerung des ganzen Vermögens der KG nicht von der Vertretungsmacht der Komplementäre umfasst sei, weil es sich dabei um ein Grundlagengeschäft handele.[479] Das ist jedoch nicht überzeugend. Der Grundlagencharakter der Veräußerung des ganzen Gesellschaftsvermögens hat keine Auswirkungen auf die Vertretungsmacht der Komplementäre. Zur Begründung wird auf die Ausführungen zur GmbH verwiesen.[480]

(2) Geschäft mit Gesellschafter

(a) Meinungsstand

Eine Beschränkung des Umfangs der Vertretungsmacht der Komplementäre ist nach §§ 161 Abs. 2, 126 Abs. 2 HGB nur „Dritten gegenüber" unwirksam. Daher ist § 126 Abs. 2 HGB nach der jedenfalls überwiegenden Meinung bei Rechtsgeschäften zwischen der Gesellschaft und einem Gesellschafter nicht anwendbar, sodass Beschränkungen der Geschäftsführungsbefugnis zugleich für die Vertretungsmacht gelten.[481] Dabei sei es unerheblich, ob der Gesellschafter die Beschränkungen kennt oder kennen muss.[482]

Neben dem Wortlaut des § 126 Abs. 2 HGB („Dritten gegenüber") wird zur Begründung darauf verwiesen, dass der Zweck der Norm, den Rechtsverkehr zu schützen, die Anwendung der Regelung im Verhältnis zu den Gesellschaftern nicht

---

479 *K. Schmidt*, ZGR 1995, 675, 679 f.; *K. Schmidt*, in: Münch. Komm. HGB, 4. Aufl. 2016, § 126 Rn. 13; *Hillmann*, in: EBJS, HGB, 4. Aufl. 2020, § 126 Rn. 9; *Leitzen*, NZG 2012, 491, 494; *Steitz*, in: Henssler/Strohn, GesR, 5. Aufl. 2021, § 126 HGB Rn. 7, 10; im Grundsatz auch *Roth*, in: Baumbach/Hopt, HGB, 40. Aufl. 2021, § 126 Rn. 3; a. A. *Hadding*, in: FS Lutter, 2000, S. 851, 859 ff.: Die Veräußerung des ganzen Gesellschaftsvermögens ist lediglich ein außergewöhnliches Geschäft, so dass sich der Umfang der organschaftlichen Vertretungsmacht nach §§ 161 Abs. 2, 126 Abs. 1 HGB richtet.

480 Dazu 4. Teil. A. II. 2. c) aa) (1).

481 BGHZ 38, 26, 33 ff.; BGH, NJW 1973, 1278, 1278 (Ls.); BGH, NJW 1974, 1555, 1555; BGH, WM 1979, 71, 72; OLG Stuttgart, NZG 2009, 1303, 1304 f.; *Haas*, in: Röhricht/Graf v. Westphalen/Haas, HGB, 5. Aufl. 2019, § 126 Rn. 7; *Habersack*, in: Staub, HGB, 5. Aufl. 2009, § 126 Rn. 28; *Hillmann*, in: EBJS, HGB, 4. Aufl. 2020, § 126 Rn. 14 ff.; *Roth*, in: Baumbach/Hopt, HGB, 40. Aufl. 2021, § 126 Rn. 6.

482 *Haas*, in: Röhricht/Graf v. Westphalen/Haas, HGB, 5. Aufl. 2019, § 126 Rn. 7; *Habersack*, in: Staub, HGB, 5. Aufl. 2009, § 126 Rn. 28; *Hillmann*, in: EBJS, HGB, 4. Aufl. 2020, § 126 Rn. 17; *Roth*, in: Baumbach/Hopt, HGB, 40. Aufl. 2021, § 126 Rn. 6.

gebiete.[483] Die Regelung beabsichtige, Dritte, die mit der Gesellschaft in Rechtsbeziehungen treten, nicht mit der Ungewissheit über eine Beschränkung der Vertretungsmacht zu belasten, um einen schnellen Geschäftsabschluss zu gewährleisten.[484]

Nach der insbesondere von *K. Schmidt*[485] vertretenen Gegenauffassung wirken sich Beschränkungen der Geschäftsführungsbefugnis nach § 126 Abs. 2 HGB im Verhältnis zu den Gesellschaftern nicht auf die Vertretungsmacht aus.[486] Anwendbar seien allein die Grundsätze über den Missbrauch der Vertretungsmacht.[487]

Die in § 126 Abs. 2 HGB gewählte Formulierung „Dritten gegenüber" bedeute nur „im Außenverhältnis" und sei nicht so zu verstehen, dass zwischen gesellschaftsnahen und -fremden Personen zu unterscheiden sei. Es stelle eine unzulässige Verallgemeinerung dar, die Gesellschafter unabhängig davon, ob sie die Beschränkungen im Innenverhältnis kennen oder kennen müssen, vom Anwendungsbereich auszuschließen. Zudem sei die Gesellschaft ausreichend durch die Grundsätze über den Missbrauch der Vertretungsmacht geschützt.[488]

(b) Stellungnahme

Die zuletzt genannte Ansicht überzeugt. Die Bedeutung der Formulierung „Dritten gegenüber" ist nicht eindeutig. Damit können alle anderen Personen einschließlich der Gesellschafter gemeint sein.

Zudem greift der Schutzzweck der Norm auch bei einem Gesellschafter, wenn dieser der Gesellschaft wie ein Dritter gegenübersteht. Denn es ist nicht zwingend, dass jeder Gesellschafter die Verhältnisse der Gesellschaft und die Beschränkungen der Geschäftsführungsbefugnis kennt. Insbesondere Kommanditisten sind von der Geschäftsführung ausgeschlossen und ihnen stehen nur eingeschränkte Informationsrechte zu.

---

483 BGHZ 38, 26, 33; *Haas*, in: Röhricht/Graf v. Westphalen/Haas, HGB, 5. Aufl. 2019, § 126 Rn. 7; *Hillmann*, in: EBJS, HGB, 4. Aufl. 2020, § 126 Rn. 14.

484 BGH, NJW 1974, 1555, 1555 f.

485 *K. Schmidt*, in: Münch. Komm. HGB, 4. Aufl. 2016, § 126 Rn. 17.

486 So grundsätzlich bereits *Lindacher*, JR 1973, 377, 377, der allerdings ausdrückliche Beschränkungen der Vertretungsmacht für Insidergeschäfte im Gesellschaftsvertrag für zulässig erachtet.

487 Vgl. auch *Lindacher*, JR 1973, 377, 377, der entweder auf die Grundsätze über den Missbrauch der Vertretungsmacht oder das Institut der gesellschaftsrechtlichen Treuepflicht abstellen möchte.

488 Zum Ganzen *K. Schmidt*, in: Münch. Komm. HGB, 4. Aufl. 2016, § 126 Rn. 17.

Sofern die Gesellschafter die Verhältnisse kennen, kommt man mit den Grundsätzen über den Missbrauch der Vertretungsmacht zu sachgerechten Ergebnissen. Bei einem Geschäft mit dem Gesellschafter oder seiner Tochtergesellschaft wird man bei einer übertragenden Auflösung regelmäßig einen Missbrauch annehmen müssen, wenn kein Beschluss der Gesellschafter vorliegt. Denn der Mehrheitsgesellschafter oder die Geschäftsführung seiner Tochtergesellschaft wird in aller Regel wissen, dass es sich um das ganze Gesellschaftsvermögen handelt.

(c) Zwischenergebnis

Damit sind grundsätzlich auch Rechtsgeschäfte mit Gesellschaftern der KG von der organschaftlichen Vertretungsmacht der Komplementäre gedeckt. Es gelten aber die Grundsätze über den Missbrauch der Vertretungsmacht.

bb) Vertragsschluss nach Auflösung der Gesellschaft

Wenn das ganze Gesellschaftsvermögen nach der Auflösung der Gesellschaft durch die Liquidatoren an den Mehrheitsgesellschafter verkauft und übertragen wird, gelten die vorstehenden Ausführungen zur Außenwirkung des Beschlusses der Gesellschafterversammlung über die Veräußerung des ganzen Gesellschaftsvermögens bei der werbenden KG entsprechend.

cc) Zwischenergebnis

Bei der KG hat das Erfordernis, dass die Gesellschafter über die Veräußerung des ganzen Vermögens der Gesellschaft beschließen müssen, keine Auswirkungen auf die Wirksamkeit des Kaufvertrags oder der zu seiner Erfüllung erforderlichen dinglichen Verfügungsgeschäfte. Die Vertretungsmacht der Komplementäre und Liquidatoren erstreckt sich sowohl auf den Kaufvertrag als auch auf die Verfügungsgeschäfte. Es gelten aber die Grundsätze über den Missbrauch der Vertretungsmacht.

3. Ergebnis

Bei der übertragenden Auflösung der KG ist nach §§ 161 Abs. 2, 131 Abs. 1 Nr. 2 HGB ein Beschluss der Gesellschafterversammlung über die Auflösung der Gesellschaft erforderlich. Auf die Veräußerung des ganzen Gesellschaftsvermögens bei der übertragenden Auflösung einer KG ist § 179a AktG nicht entsprechend anwendbar. Die Veräußerung des ganzen Gesellschaftsvermögens bedarf aber nach den allgemeinen Grundsätzen eines Beschlusses der Gesellschafterversammlung. Das gilt unabhängig davon, ob der Kaufvertrag vor oder nach der Auflösung der KG geschlossen wird, weil es sich bei der Veräußerung des ganzen Gesellschaftsvermögens um ein Grundlagengeschäft handelt, das der Zustimmung der Gesellschafter bedarf.

B. Beschlussmehrheit und Beteiligungserfordernis

Bei einer übertragenden Auflösung ist von zentraler Bedeutung, welche Beteiligung der Mehrheitsgesellschafter an der Gesellschaft halten muss, um die hierfür erforderlichen Beschlüsse der Gesellschafterversammlung über die Auflösung der Gesellschaft und die Veräußerung des ganzen Gesellschaftsvermögens ohne Zustimmung der Minderheitsgesellschafter zu fassen und damit eine übertragende Auflösung durchzusetzen. Für die AG und die GmbH wird insoweit diskutiert, ob bei einer übertragenden Auflösung in Anlehnung an die Squeeze-out-Regelungen erforderlich sei, dass der Mehrheitsgesellschafter einen bestimmten Anteil des Grund- bzw. Stammkapitals der Gesellschaft hält. In diesem Teil wird daher untersucht, welche Mehrheitserfordernisse bei den Beschlüssen über die Auflösung der Gesellschaft und die Veräußerung des ganzen Gesellschaftsvermögens gelten und ob ein bestimmtes Beteiligungserfordernis zu beachten ist.

I. Aktiengesellschaft

Nach § 262 Abs. 1 Nr. 2 AktG bedarf der Beschluss über die Auflösung der AG einer Mehrheit von mindestens drei Viertel des vertretenen Grundkapitals. Gleiches gilt gemäß §§ 179a Abs. 1 Satz 1, 179 Abs. 2 Satz 1 AktG für den Beschluss über die Zustimmung zu dem Kaufvertrag über das ganze Gesellschaftsvermögen. Es ist allerdings umstritten, ob diese gesetzlich vorgesehenen Mehrheitserfordernisse bei der übertragenden Auflösung der AG ausreichend sind.

1. Meinungsstand

a) Teil des Schrifttums: Beteiligung von 95 Prozent des Grundkapitals

Ein Teil der Literatur vertritt die Ansicht, dass die übertragende Auflösung der AG nur zulässig sei, wenn der Mehrheitsgesellschafter mindestens 95 Prozent des Grundkapitals der Gesellschaft hält.[489] Sofern dieses Erfordernis nicht erfüllt

---

489 *Lutter/Drygala*, in: FS Kropff, 1997, S. 191, 219 ff.; so auch *Bayer*, in: Lutter, UmwG, 6. Aufl. 2019, Einl. I Rn. 55 (anders aber noch *Bayer/Lieder/Hoffmann*, AG 2017, 717, 723 f.); *Haberstock/Greitemann*, in: Hölters, AktG, 3. Aufl. 2017, § 179a Rn. 19; *Henze*, BB 2001, 53, 56 f.; *Henze*, in: FS Peltzer, 2001, S. 181, 189 f. (anders dann aber *Henze*,

werde, sei die übertragende Auflösung rechtsmissbräuchlich.[490] Die Vertreter dieser Auffassung dürften so zu verstehen sein, dass eine solche Beteiligungshöhe, wie sie bei der Mehrheitseingliederung (§ 320 Abs. 1 Satz 1 AktG) und dem aktienrechtlichen Squeeze-out (§ 327a Abs. 1 Satz 1 AktG) gilt,[491] als Beteiligungserfordernis hinzutritt, darüber hinaus aber auch die Mehrheitserfordernisse gemäß §§ 179a Abs. 1 Satz 1, 262 Abs. 1 Nr. 2 AktG zu beachten sind.

Lutter/Drygala[492] haben dieses Beteiligungserfordernis mit § 320 Abs. 1 Satz 1 AktG begründet, der für eine Mehrheitseingliederung eine Beteiligung in Höhe von 95 Prozent des Grundkapitals verlangt. Bei der Mehrheitseingliederung liege ein ähnlich starker Eingriff in die mitgliedschaftliche Stellung der Minderheitsgesellschafter vor wie bei der übertragenden Auflösung, sodass eine Heranziehung dieses Beteiligungserfordernisses bei der übertragenden Auflösung sachgerecht sei.[493] Durch die Mehrheitseingliederung können Minderheitsgesellschafter, die bis zu fünf Prozent des Grundkapitals halten, gegen ihren Willen aus der Gesellschaft ausgeschlossen werden (§§ 320 Abs. 1 Satz 1, 320a Satz 1 AktG). Die ausgeschiedenen Minderheitsgesellschafter haben aber das Recht, Aktien der Muttergesellschaft als Abfindung zu erhalten (vgl. § 320b Abs. 1 AktG).

Für diese Auffassung wird weiter vorgebracht, dass die Beseitigung der Möglichkeit der Mehrheitsumwandlung[494] durch das Umwandlungsbereinigungsgesetz[495] dagegen spreche, für die übertragende Auflösung der AG allein die nach §§ 179a Abs. 1 Satz 1, 262 Abs. 1 Nr. 2 AktG erforderliche Mehrheit ausreichen

in: FS Wiedemann, 2002, S. 935, 952 f.); *Leinekugel*, Ausstrahlungswirkungen, 2000, S. 29 f.; *v. Morgen*, WM 2003, 1553, 1555 f.; *Rühland*, WM 2002, 1957, 1963; *Rühland*, Ausschluss, 2004, S. 76 ff.; *Weiss*, Ausschluss, 2003, S. 245; so wohl auch *Schön*, in: FS Ulmer, 2003, S. 1359, 1389 f.; tendenziell auch *Bauer*, NZG 2000, 1214, 1215; *Habersack*, in: Emmerich/Habersack, Aktien- und GmbH-Konzernrecht, 9. Aufl. 2019, § 327a AktG Rn. 10; *Singhof*, in: Spindler/Stilz, AktG, 4. Aufl. 2019, § 327a Rn. 8.

490 *Lutter/Drygala*, in: FS Kropff, 1997, S. 191, 220 f.

491 Die §§ 320, 327a AktG setzen nur eine bestimmte Beteiligung des Mehrheitsgesellschafters voraus (95 Prozent des Grundkapitals), aber keine bestimmte Stimmenmehrheit. Nach § 133 Abs. 1 AktG ist damit die einfache Stimmenmehrheit ausreichend.

492 *Lutter/Drygala*, in: FS Kropff, 1997, S. 191, 220; so auch *Bauer*, NZG 2000, 1214, 1215; *Bayer*, in: Lutter, UmwG, 6. Aufl. 2019, Einl. I Rn. 55; *Leinekugel*, Ausstrahlungswirkungen, 2000, S. 29 f.; *v. Morgen*, WM 2003, 1553, 1556; *Rühland*, WM 2002, 1957, 1962.

493 Zum Ganzen *Lutter/Drygala*, in: FS Kropff, 1997, S. 191, 220.

494 Näher dazu 3. Teil. B. II. 3.

495 UmwBerG v. 28. 10. 1994, BGBl. I S. 3210.

zu lassen. Denn der Gesetzgeber habe, wie sich aus der Begründung des Regierungsentwurfs zum Umwandlungsbereinigungsgesetz ergebe, eine ablehnende Haltung gegenüber dem Hinausdrängen von Minderheitsgesellschaftern gezeigt.[496] In der Begründung des Regierungsentwurfs zum Umwandlungsbereinigungsgesetz heißt es hierzu: „Soweit es nach den §§ 1, 15, 23, 24 UmwG bisher möglich war, außenstehende Anteilsinhaber gegen eine Abfindung, aber ohne ihre Zustimmung aus der Gesellschaft hinauszudrängen, soll dies entfallen; denn es entspricht nicht den Grundsätzen des Minderheiten- und des Anlegerschutzes, eine solche Möglichkeit zuzulassen."[497]

Henze[498] hat zudem vorgebracht, dass sich dieses Beteiligungserfordernis aus der MotoMeter-Entscheidung[499] des Bundesverfassungsgerichts ergebe. Nach dieser Entscheidung sei die übertragende Auflösung der AG nur zulässig, wenn die Minderheit kein unternehmerisches, sondern lediglich ein anlageorientiertes Interesse verfolge. Dabei habe das Bundesverfassungsgericht eine rein anlageorientierte Minderheit mit Blick auf die §§ 320 ff. AktG auf fünf Prozent des Grundkapitals beschränkt.[500]

Nach Einführung der Vorschriften über den aktienrechtlichen Squeeze-out (§§ 327a ff. AktG) hat *Rühland*[501] zur Begründung dieses Standpunkts neben § 320 Abs. 1 Satz 1 AktG zusätzlich auf § 327a Abs. 1 Satz 1 AktG verwiesen, der für den Ausschluss von Minderheitsgesellschaftern eine Beteiligung des Mehrheitsgesellschafters in Höhe von 95 Prozent des Grundkapitals verlangt. Grund für dieses Beteiligungserfordernis sei, dass eine Alleinbeteiligung an der Gesellschaft für den Mehrheitsgesellschafter sehr vorteilhaft sei. Demgegenüber sei die Beteiligung der Minderheitsgesellschafter bis zu einer Höhe von fünf Prozent des Grundkapitals rein vermögensorientiert. Bei einer so geringen Beteiligungshöhe sei es für einen Minderheitsgesellschafter wirtschaftlich nicht sinnvoll, die Unternehmenspolitik der Gesellschaft zu beeinflussen, weil hiermit

---

496 *Lutter/Leinekugel*, ZIP 1999, 261, 263; ähnlich *Leinekugel*, Ausstrahlungswirkungen, 2000, S. 29 f.; vgl. dazu auch *Lutter/Drygala*, in: FS Kropff, 1997, S. 191, 200 f.

497 Begr. RegE UmwBerG, BT-Drs. 12/6699, S. 114.

498 *Henze*, BB 2001, 53, 56 f.; *Henze*, in: FS Peltzer, 2001, S. 181, 189 f.; anders dann aber *Henze*, in: FS Wiedemann, 2002, S. 935, 952 f.

499 BVerfG, NJW 2001, 279 – MotoMeter.

500 Zum Ganzen *Henze*, BB 2001, 53, 56 f.; *Henze*, in: FS Peltzer, 2001, S. 181, 189 f.; anders dann aber *Henze*, in: FS Wiedemann, 2002, S. 935, 952 f.

501 *Rühland*, WM 2002, 1957, 1961 f.; *Rühland*, Ausschluss, 2004, S. 77 ff.; so auch *Bayer*, in: Lutter, UmwG, 6. Aufl. 2019, Einl. I Rn. 55; *Haberstock/Greitemann*, in: Hölters, AktG, 3. Aufl. 2017, § 179a Rn. 19; *v. Morgen*, WM 2003, 1553, 1555 f.

ein erheblicher Aufwand verbunden sei („rationale Apathie“[502]). Deshalb sei das Beteiligungserfordernis der §§ 320 Abs. 1 Satz 1, 327a Abs. 1 Satz 1 AktG in Höhe von 95 Prozent des Grundkapitals ein angemessener Ausgleich zwischen dem „Rationalisierungsinteresse“ des Mehrheitsgesellschafters und dem Interesse der Minderheit am Erhalt ihrer Beteiligung.[503]

b) *Vereinzeltes Schrifttum: Beteiligung von 90 Prozent des Grundkapitals*

Andere Vertreter der Literatur nehmen an, dass die Zulässigkeit der übertragenden Auflösung einer AG voraussetze, dass der Mehrheitsgesellschafter mindestens 90 Prozent des Grundkapitals der Gesellschaft hält.[504] Zur Begründung dieses Beteiligungserfordernisses wird auf die „Ausstrahlungswirkung“[505] bzw. die „Wertung“[506] des § 62 Abs. 5 Satz 1 UmwG verwiesen, der im Jahr 2011 durch das Dritte Gesetz zur Änderung des Umwandlungsgesetzes[507] eingeführt wurde. Nach dieser Regelung kann die Hauptversammlung einer übertragenden AG bei einer Konzernverschmelzung gemäß § 62 Abs. 5 UmwG innerhalb von drei Monaten nach dem Abschluss des Verschmelzungsvertrags einen Beschluss nach § 327a Absatz 1 Satz 1 AktG fassen, wenn die übernehmende Gesellschaft 90 Prozent des Grundkapitals der Gesellschaft hält (umwandlungsrechtlicher Squeeze-out). Bei einer Konzernverschmelzung wird die Schwelle für den Squeeze-out, die nach § 327a Absatz 1 Satz 1 AktG grundsätzlich 95 Prozent des Grundkapitals beträgt, also herabgesetzt.

c) Mülbert: *Kein Minderheitsgesellschafter mit Beteiligung über fünf Prozent des Grundkapitals*

Nach Ansicht von *Mülbert*[508] ist die übertragende Auflösung der AG nur zulässig, wenn kein Minderheitsgesellschafter allein fünf Prozent oder mehr des

---

502 *Rühland*, WM 2002, 1957, 1962; *Rühland*, Ausschluss, 2004, S. 78.

503 Zum Ganzen *Rühland*, WM 2002, 1957, 1961 f.; *Rühland*, Ausschluss, 2004, S. 77 ff.

504 *Drygala*, in: Lutter, UmwG, 6. Aufl. 2019, § 1 Rn. 54; *Lieder*, in: Münch. HdB. GesR VIII, 5. Aufl. 2018, § 4 Rn. 65.

505 *Drygala*, in: Lutter, UmwG, 6. Aufl. 2019, § 1 Rn. 54.

506 *Lieder*, in: Münch. HdB. GesR VIII, 5. Aufl. 2018, § 3 Rn. 24.

507 Drittes Gesetz zur Änderung des UmwG v. 11. 7. 2011, BGBl. I S. 1338.

508 *Mülbert*, in: FS Ulmer, 2003, S. 433, 437 f.; so bereits *Lutter/Drygala*, in: FS Kropff, 1997, S. 191, 220 f., die die übertragende Auflösung allerdings auch dann nicht für zulässig halten, wenn mehrere Minderheitsgesellschafter zusammen mehr als fünf Prozent des Grundkapitals halten, sodass dem keine eigenständige Bedeutung zukommt.

Grundkapitals der Gesellschaft hält. Ähnlich wie *Henze*[509] begründet er das unter Verweis auf die MotoMeter-Entscheidung[510] des Bundesverfassungsgerichts und mit dem ergänzenden Hinweis, dass der individuelle Minderheitsgesellschafter und nicht die Gesamtheit der Minderheitsgesellschafter Träger des Grundrechts aus Art. 14 Abs. 1 GG sei. Gegenstand der vom Bundesverfassungsgericht in dieser Entscheidung angestellten Abwägung könnten daher nur die Interessen des jeweiligen Minderheitsgesellschafters und nicht die Interessen der Gesamtheit der Minderheitsgesellschafter gewesen sein. Deshalb könne es auch nur darauf ankommen, ob der einzelne Minderheitsgesellschafter allein mindestens fünf Prozent des Grundkapitals hält.[511]

d) *Herrschende Auffassung: Mehrheit von 75 Prozent des vertretenen Grundkapitals*

Nach der herrschenden Auffassung in der Literatur bedürfen die Beschlüsse der Hauptversammlung über die Auflösung der Gesellschaft und die Zustimmung zu dem Kaufvertrag zwischen der Gesellschaft und dem Mehrheitsgesellschafter über das ganze Gesellschaftsvermögen dagegen lediglich einer Mehrheit von drei Viertel des bei der Beschlussfassung vertretenen Grundkapitals.[512] Ein

509 Dazu 4. Teil. B. I. 1. a).

510 BVerfG, NJW 2001, 279 – MotoMeter.

511 Zum Ganzen *Mülbert*, in: FS Ulmer, 2003, S. 433, 437 f.; zustimmend *Stein*, in: Münch. Komm. AktG, 5. Aufl. 2021, § 179a Rn. 75.

512 *Bayer/Lieder/Hoffmann*, AG 2017, 717, 723 f. (anders dann aber *Bayer*, in: Lutter, UmwG, 6. Aufl. 2019, Einl. I Rn. 55); *Ehricke/Roth*, DStR 2001, 1120, 1121 f.; *Even/Vera*, DStR 2002, 1315, 1319; *Fleischer*, ZGR 2002, 757, 788 f.; *Fleischer*, in: Großkomm. AktG, 4. Aufl. 2007, Vor §§ 327a Rn. 47; *Friedrich*, BB 1994, 89, 93 f.; *Grzimek*, in: Angerer/Geibel/Süßmann, WpÜG, 3. Aufl. 2017, § 327a AktG Rn. 9, 11; *Halm*, NZG 2000, 1162, 1164; *Henze*, in: FS Wiedemann, 2002, S. 935, 952 f. (anders aber noch *Henze*, BB 2001, 53, 56 f.; *Henze*, in: FS Peltzer, 2001, S. 181, 189 f.); *Klöhn*, Abfindungsansprüche, 2009, S. 307 ff.; *Koch*, in: Münch. Komm. AktG, 5. Aufl. 2021, § 262 Rn. 49; *Koch*, in: Hüffer/Koch, AktG, 15. Aufl. 2021, § 179a Rn. 23; *Koppensteiner*, in: Kölner Komm. AktG, 3. Aufl. 2004, Vorb. § 327a Rn. 5; *Küting*, DStR 2003, 838, 842; *Land/Hasselbach*, DB 2000, 557, 560; *Roth*, NZG 2003, 998, 999 f.; *Scharpf*, Ausschluss, 2004, S. 179 ff.; *Schnorbus*, in: K. Schmidt/Lutter, AktG, 4. Aufl. 2020, Vorb. zu §§ 327a Rn. 10; *Schwichtenberg*, DStR 2001, 2075, 2077; *Seibt*, in: K. Schmidt/Lutter, AktG, 4. Aufl. 2020, § 179a Rn. 26; *Stein*, in: Münch. Komm. AktG, 5. Aufl. 2021, § 179a Rn. 75; *Walz*, in: MAH AktR, 3. Aufl. 2018, § 50 Rn. 27 f.; *Wiedemann*, in: FS K. Schmidt, 2009, S. 1731, 1735; *Wolf*, ZIP 2002, 153, 155 ff.; *Zetzsche*, in: Kölner Komm. AktG, 3. Aufl. 2020, § 179a Rn. 135.

Beteiligungserfordernis wird nicht verlangt. Zur Begründung wird auf die Vorschriften der §§ 179a Abs. 1 Satz 1, 262 Abs. 1 Nr. 2 AktG verwiesen, die bei der übertragenden Auflösung der AG einschlägig seien und nach denen eine solche Mehrheit genüge.[513]

Wolf[514] weist ergänzend darauf hin, dass eine Beteiligung von bis zu 25 Prozent des Grundkapitals regelmäßig rein vermögensorientiert sei und deren Entzug gegen einen angemessenen Vermögensausgleich daher zulässig sein müsse. Denn bis zu dieser Beteiligungshöhe sei der nach dem Aktiengesetz gewährte Minderheitenschutz, wie insbesondere *Mülbert*[515] in seiner Arbeit gezeigt habe, auf den Schutz des Vermögensinteresses der Minderheitsgesellschafter gerichtet. Ein Schutz der mitgliedschaftlichen Stellung der Minderheitsgesellschafter sei aber nur dann gerechtfertigt, wenn sich aus ihrer Beteiligung auch mitgliedschaftliche Interessen ergäben, wenn also die Rechte, die den Minderheitsgesellschaftern nach dem Aktiengesetz zustehen, den Minderheitsgesellschaftern die Möglichkeit eines relevanten unternehmerischen Einflusses gewähren. Einen relevanten Einfluss könnten Minderheitsgesellschafter, die nicht mehr als 25 Prozent des Grundkapitals halten, aber allenfalls ausüben, wenn sich die übrigen Aktien im Streubesitz befinden. Demgegenüber sei eine relevante Einflussnahme eines Minderheitsgesellschafters ausgeschlossen, wenn ein anderer Gesellschafter allein mindestens 75 Prozent des Grundkapitals halte, wie dies bei der übertragenden Auflösung der Fall sei (§ 179a AktG).[516]

2. *Stellungnahme*

a) *Ausgangspunkt: Wortlaut der §§ 179a, 262 AktG*

Ausgangspunkt der Überlegungen müssen die §§ 262 Abs. 1 Nr. 2, 179a Abs. 1 Satz 1, 179 Abs. 2 Satz 1 AktG sein, die die Auflösung der AG und die Veräußerung des ganzen Gesellschaftsvermögens, also die beiden wesentlichen Elemente der übertragenden Auflösung, ausdrücklich regeln. Nach dem Wortlaut dieser Vorschriften genügt für die Beschlüsse der Hauptversammlung über die Auflösung der Gesellschaft und die Verpflichtung zur Übertragung des ganzen

---

513 Vgl. *Friedrich*, BB 1994, 89, 93 f.; *Halm*, NZG 2000, 1162, 1164; *Land/Hasselbach*, DB 2000, 557, 560; *Scharpf*, Ausschluss, 2004, S. 180; *Schwichtenberg*, DStR 2001, 2075, 2077; *Stein*, in: Münch. Komm. AktG, 5. Aufl. 2021, § 179a Rn. 75; insoweit auch *Rühland*, WM 2002, 1957, 1961.

514 *Wolf*, ZIP 2002, 153, 156 f.; ähnlich *Roth*, NZG 2003, 998, 999 ff.

515 *Mülbert*, Unternehmensgruppe, 1995, S. 260 ff., 270 ff., 299 ff., 312 ff.

516 Zum Ganzen *Wolf*, ZIP 2002, 153, 156 f.

Gesellschaftsvermögens, wie von den Vertretern der herrschenden Auffassung zu Recht vorgebracht wird,[517] jeweils eine Mehrheit von drei Viertel des bei der Beschlussfassung vertretenen Grundkapitals. Ein bestimmtes Beteiligungserfordernis für den Mehrheitsgesellschafter sehen diese Bestimmungen nicht vor.

Des Weiteren lässt sich § 179a Abs. 3 AktG entnehmen, dass die Übertragung des ganzen Gesellschaftsvermögens mit der Auflösung der Gesellschaft kombiniert werden darf.[518] Daher ist davon auszugehen, dass der Gesetzgeber diese Kombinationsmöglichkeit bei der Schaffung der §§ 179a Abs. 1 Satz 1, 262 Abs. 1 Nr. 2 AktG, also insbesondere bei der Festlegung der danach vorgesehenen Mehrheitserfordernisse, auch bedacht hat.

Dem haben *Lutter/Leinekugel*[519] widersprochen. Die „bloße Existenz" von § 179a AktG belege noch nicht, dass das darin vorgesehene Mehrheitserfordernis auch für eine übertragende Auflösung gelte: „Vermögensübertragung mit anschließender Liquidation und übertragende Auflösung sind nicht dasselbe." Der Vorschrift des § 179a AktG liege nämlich die Annahme zugrunde, dass das Gesellschaftsvermögen an einen gesellschaftsfremden Dritten veräußert werde.[520]

Hieran ist richtig, dass sich aus § 179a AktG nicht ausdrücklich ergibt, dass auch die Vermögensübertragung an den Mehrheitsgesellschafter von seinem Anwendungsbereich erfasst wird. § 179a AktG enthält keine Aussage zur Person des Erwerbers. Das kann aber nur so verstanden werden, dass der Person des Erwerbers für die Beantwortung der Frage nach dem Geltungsbereich dieser Vorschrift keine Bedeutung zukommt. Auch sonst, etwa aus den Gesetzesmaterialien, ergibt sich nichts für eine einschränkende Auslegung des § 179a AktG dahingehend, dass diese Vorschrift nur für den Fall der Veräußerung des ganzen Gesellschaftsvermögens an einen gesellschaftsfremden Dritten gelten soll. Und unzweifelhaft ist, dass bei der übertragenden Auflösung die in § 179a AktG genannten Voraussetzungen erfüllt werden; insbesondere liegt bei der übertragenden Auflösung auch eine „Übertragung des ganzen Gesellschaftsvermögens" vor.

Im Ergebnis spricht § 179a AktG daher dafür, dass bei der übertragenden Auflösung das sich aus §§ 179a Abs. 1 Satz 1, 262 Abs. 1 Nr. 2 AktG ergebende

---

517 Vgl. die Nachweise in Fn. 513.

518 Insoweit auch *Lutter/Leinekugel*, ZIP 1999, 261, 263.

519 *Lutter/Leinekugel*, ZIP 1999, 261, 263 f.

520 Zum Ganzen *Lutter/Leinekugel*, ZIP 1999, 261, 263 f.; so auch *Bayer*, in: Lutter, UmwG, 6. Aufl. 2019, Einl. I Rn. 55.

gesetzliche Mehrheitserfordernis ausreichend ist. Dementsprechend haben weder das Bundesverfassungsgericht noch der Bundesgerichtshof oder die Instanzgerichte in den Entscheidungen, die eine übertragende Auflösung betreffen,[521] Bedenken gegen dieses Mehrheitserfordernis geäußert. Ob § 179a AktG den Fall der übertragenden Auflösung abschließend regelt, ist eine andere Frage.[522]

b) Beteiligungserfordernis für Squeeze-out und Eingliederung

Es ist aber zu prüfen, ob für die übertragende Auflösung ein gesetzlich nicht ausdrücklich vorgesehenes Beteiligungserfordernis, wie von einem Teil des Schrifttums vertreten,[523] eventuell unter Heranziehung der Vorschriften zum aktien- oder umwandlungsrechtlichen Squeeze-out oder zur Mehrheitseingliederung zu fordern ist.

aa) Vergleich zwischen übertragender Auflösung und Squeeze-out

Gegen die Heranziehung des Beteiligungserfordernisses für den aktien- oder umwandlungsrechtlichen Squeeze-out spricht aber bereits, dass die übertragende Auflösung mit einem Squeeze-out, also mit einem „Ausschluss" von Minderheitsgesellschaftern aus der Gesellschaft, nicht vergleichbar ist.[524]

Durch die übertragende Auflösung werden die Minderheitsgesellschafter nicht aus der Gesellschaft ausgeschlossen. Ein „Ausschluss" aus der Gesellschaft liegt nur vor, wenn ein oder mehrere Gesellschafter ihre Mitgliedschaft in der Gesellschaft verlieren und der oder die übrigen Gesellschafter ihre Mitgliedschaft in der Gesellschaft behalten. Das ist bei der übertragenden Auflösung nicht der Fall. Hier wird die Gesellschaft aufgelöst, abgewickelt und beendet und mit der Beendigung verlieren alle Gesellschafter ihre Mitgliedschaft in der Gesellschaft, nicht nur die Minderheitsgesellschafter. Der Verlust der Mitgliedschaft ist mit jeder Auflösung einer Gesellschaft verbunden und daher von dem Auflösungsrecht gedeckt (§ 262 Abs. 1 Nr. 2 AktG).[525]

---

521 Vgl. BVerfG, NJW 2001, 279 – MotoMeter; BGHZ 76, 352 (GmbH); BGHZ 103, 184 – Linotype; OLG Stuttgart, ZIP 1995, 1515 – MotoMeter I; OLG Stuttgart, ZIP 1997, 362 – MotoMeter II; BayObLGZ 1998, 211, 217 – Magna Media; LG Stuttgart, DB 1993, 472; LG Stuttgart, DB 1993, 473.

522 Dazu 5. Teil. A. II. 3. d) bb).

523 Dazu 4. Teil. B. I. 1.

524 Dazu auch 3. Teil. B. II. 2. b) und 4. Teil. D. III.

525 Dazu 3. Teil. B. II. 1. c).

Auch aus dem Unternehmen der Gesellschaft werden die Minderheitsgesellschafter bei der übertragenden Auflösung nicht ausgeschlossen. Hieran könnte man zwar denken, weil die Minderheitsgesellschafter durch die übertragende Auflösung ihre mittelbare Beteiligung an dem Unternehmen der Gesellschaft verlieren, der Mehrheitsgesellschafter das Unternehmen dagegen käuflich erwirbt. Darin kann aber kein (mittelbarer) „Ausschluss" der Minderheitsgesellschafter aus dem Unternehmen der Gesellschaft gesehen werden. Denn die Minderheitsgesellschafter haben, jedenfalls rechtlich, ebenfalls die Möglichkeit, das Unternehmen der Gesellschaft zu erwerben.[526] Wenn ein Minderheitsgesellschafter (oder ein Dritter) ein besseres Kaufangebot als der Mehrheitsgesellschafter für das Unternehmen der Gesellschaft abgibt, darf das Unternehmen nicht an den Mehrheitsgesellschafter veräußert werden.[527] Auch der mit einer übertragenden Auflösung verbundene Verlust der mittelbaren Beteiligung der Minderheitsgesellschafter an dem Unternehmen der Gesellschaft ist deshalb kein Vorgang, der mit dem gesetzlich geregelten Ausschluss eines Gesellschafters vergleichbar ist.[528]

Wegen dieser fehlenden Vergleichbarkeit des Ausschlusses aus der Gesellschaft mit dem mit einer übertragenden Auflösung verbundenen Verlust der mittelbaren Beteiligung der Minderheitsgesellschafter an dem Unternehmen der Gesellschaft kann man selbst dann, wenn man unterstellte, dass die übertragende Auflösung einen „Ausschluss" der Minderheitsgesellschafter aus dem Unternehmen der Gesellschaft bedeute, zu keinem anderen Ergebnis kommen. Die mittelbare Beteiligung an dem Unternehmen der Gesellschaft schützt das Gesetz nämlich nicht in dem gleichen Maße wie die Mitgliedschaft in der Gesellschaft. Das zeigt sich bereits daran, dass die Gesellschafter nach dem Gesetz nicht davor geschützt sind, dass das Unternehmen der Gesellschaft veräußert wird. Der Vorstand darf grundsätzlich wesentliche Teile des Unternehmens der Gesellschaft jederzeit ohne Beteiligung der Gesellschafter veräußern, solange die Holzmüller/Gelatine-Schwelle[529] nicht erreicht wird. Darüber hinaus kann ein Minderheitsgesellschafter, der nicht mehr als 25 Prozent des Grundkapitals hält,

---

526 Dazu 4. Teil. E. I. 2.

527 Dazu 4. Teil. E. I. 3.

528 Ähnlich BGHZ 103, 184, 192 – Linotype; so auch *Henze*, ZIP 1995, 1473, 1477; *Winter*, Treubindungen, 1988, S. 162.

529 Vgl. BGHZ 83, 122 – Holzmüller; BGHZ 159, 30 – Gelatine; vgl. dazu etwa *Bungert*, BB 2004, 1345 ff.; *Habersack*, AG 2005, 137 ff.; *Krieger*, in: Münch. HdB. GesR IV, 5. Aufl. 2020, § 70 Rn. 9 ff.

auch nicht verhindern, dass das ganze Unternehmen der Gesellschaft veräußert wird (§ 179a AktG).

In diesem Zusammenhang sind auch die folgenden Ausführungen des Bundesverfassungsgerichts in der MotoMeter-Entscheidung einschlägig: „Die rechtliche Bewertung ändert sich nicht dadurch, dass die Gesellschaft, aus der der Minderheitsaktionär gedrängt wird, eine besonders gute Rentabilität verspricht. Bloße, in dem aktuellen Wert des konkreten Eigentums noch nicht abgebildete Gewinnerwartungen und in der Zukunft liegende Verdienstmöglichkeiten sowie Chancen und Gegebenheiten, innerhalb derer ein Unternehmer seine Tätigkeit entfaltet, liegen grundsätzlich außerhalb des Schutzbereichs der Eigentumsgarantie (…); dies gilt auch für das Aktieneigentum.“[530] Dem lässt sich entnehmen, dass die mittelbare Beteiligung der Gesellschafter an dem Unternehmen der Gesellschaft, die die Minderheitsgesellschafter durch die übertragende Auflösung verlieren, auch verfassungsrechtlich nicht geschützt ist.

Es kommt hinzu, dass alle zwingend mit der übertragenden Auflösung verbundenen Beeinträchtigungen der Minderheitsgesellschafter von dem gesetzlichen Auflösungsrecht gedeckt sind. Dies wurde bereits ausgeführt.[531] Hierzu gehört auch der Verlust der mittelbaren Beteiligung an dem Unternehmen der Gesellschaft. Dieser Verlust ist damit auch von dem bei der Auflösung geltenden Mehrheitserfordernis des § 262 Abs. 1 Nr. 2 AktG gedeckt. Für die Forderung nach einem Beteiligungserfordernis ist daher kein Raum.

bb) Vergleich zwischen übertragender Auflösung und Eingliederung

Bei einer Mehrheitseingliederung werden die Minderheitsgesellschafter wie bei einem Squeeze-out aus der Gesellschaft ausgeschlossen. Die übertragende Auflösung ist damit auch mit der Mehrheitseingliederung nicht vergleichbar. Die vorstehenden Ausführungen zum Squeeze-out, aus denen sich ergibt, dass die übertragende Auflösung mit einem Ausschluss aus der Gesellschaft nicht vergleichbar ist, gelten daher entsprechend.

cc) Unterschiedliche gesetzliche Beteiligungserfordernisse

Gegen die entsprechende Geltung eines Beteiligungserfordernisses bei der übertragenden Auflösung spricht zudem, dass die gesetzlichen Vorschriften für den aktien- und umwandlungsrechtlichen Squeeze-out und die Mehrheitseingliederung kein einheitliches Beteiligungserfordernis vorsehen. Bei der

530 BVerfG, NJW 2001, 279, 280 – MotoMeter.

531 Näher dazu 3. Teil. B. II. 1. c).

Mehrheitseingliederung und dem aktienrechtlichen Squeeze-out ist eine Beteiligung in Höhe von 95 Prozent des Grundkapitals erforderlich (§§ 320 Abs. 1 Satz 1, 327a Abs. 1 Satz 1 AktG). Demgegenüber ist bei einem umwandlungsrechtlichen Squeeze-out eine Beteiligung von 90 Prozent des Grundkapitals ausreichend (§ 62 Abs. 5 Satz 1 UmwG). Für den Ausschluss von Minderheitsgesellschaftern gilt also kein einheitliches gesetzliches Beteiligungserfordernis. Aus dem Gesetz kann damit auch kein allgemeingültiger Grundsatz abgeleitet werden, der für die – mit einem Ausschluss nicht vergleichbare – übertragende Auflösung Geltung beanspruchen könnte.[532]

Gegen die Verallgemeinerungsfähigkeit der Beteiligungserfordernisse des aktien- und umwandlungsrechtlichen Squeeze-out und der Mehrheitseingliederung gemäß §§ 320 Abs. 1 Satz 1, 327a Abs. 1 Satz 1 AktG, § 62 Abs. 5 Satz 1 UmwG spricht darüber hinaus der Ausnahmecharakter dieser Regelungen. Das Aktiengesetz und das Umwandlungsgesetz schreiben selbst bei wesentlichen Maßnahmen kein Beteiligungserfordernis für den Mehrheitsgesellschafter vor, sondern nur eine Mehrheit von drei Viertel des vertretenen Grundkapitals.[533] Vor diesem Hintergrund handelt es sich bei den nicht einheitlichen Beteiligungserfordernissen nach §§ 320 Abs. 1 Satz 1, 327a Abs. 1 Satz 1 AktG, § 62 Abs. 5 Satz 1 UmwG um einen „Fremdkörper“[534] mit Ausnahmecharakter.

dd) Zwischenergebnis

Ein Beteiligungserfordernis bei der übertragenden Auflösung kann damit nicht mit Hinweis auf die Vorschriften über den aktien- oder den umwandlungsrechtlichen Squeeze-out oder die Mehrheitseingliederung begründet werden.[535]

c) Mitgliedschaftliche Seite des Aktieneigentums

Ein wesentlicher Aspekt für die Beantwortung der Frage, welche Mehrheits- und Beteiligungserfordernisse bei der übertragenden Auflösung zu fordern sind, wird von mehreren Vertretern der oben[536] dargestellten Auffassungen in der

532 Vgl. zum Ganzen *Koch*, in: Hüffer/Koch, AktG, 15. Aufl. 2021, § 179a Rn. 23.

533 Ähnlich *Klöhn*, Abfindungsansprüche, 2009, S. 308 f.; vgl. dazu auch *Kossmann*, NZG 1999, 1198, 1202.

534 So zu dem Beteiligungserfordernis bei der Eingliederung *Kossmann*, NZG 1999, 1198, 1202.

535 So hinsichtlich des Verweises auf den aktienrechtlichen Squeeze-out auch *Schwichtenberg*, DStR 2001, 2075, 2077 f.; ihm folgend *Fleischer*, ZGR 2002, 757, 788 f.

536 Dazu 4. Teil. B. I. 1.

Unterscheidung zwischen der mitgliedschaftlichen Seite (mitgliedschaftliche Stellung; Leitungs- und Herrschaftsrechte; unternehmerisches Interesse) und der vermögensrechtlichen Seite (anlageorientiertes Interesse) des Aktieneigentums gesehen. Dabei besteht Einigkeit, dass eine übertragende Auflösung dann zulässig sei, wenn sich die Beteiligung der Minderheitsgesellschafter bzw. des Minderheitsgesellschafters nur oder jedenfalls im Wesentlichen auf die vermögensrechtliche Seite konzentriert.

Der Anknüpfungspunkt für diese Argumentation ist verfassungsrechtlicher Natur und steht insbesondere im Zusammenhang mit der MotoMeter-Entscheidung[537] des Bundesverfassungsgerichts, auf die bereits näher eingegangen wurde[538]. In dieser Entscheidung, in der es um die übertragende Auflösung einer AG ging, hat das Bundesverfassungsgericht die Interessen des Mehrheitsgesellschafters und der Minderheitsgesellschafter gegeneinander abgewogen. Dabei hat das Bundesverfassungsgericht ausgeführt:

> „Die herrschaftsrechtliche Seite des Aktieneigentums ist für Kleinaktionäre ohnehin begrenzt, da sie auf die Unternehmenspolitik regelmäßig keinen relevanten Einfluss nehmen können. (…) Werden Minderheitsaktionäre durch die ‚übertragende Auflösung' aus der AG gedrängt, so beeinträchtigt dies zwar auch die mit jeder Mitgliedschaft verbundene, bei Minderheitsaktionären aber nur begrenzt bedeutsame Leitungs- und Herrschaftskomponente. Im Vordergrund steht aber die Vermögenskomponente der Anlage (…). Das Interesse der Minderheitsaktionäre kann insoweit hinter das Interesse des Großaktionärs an der freien Entfaltung seiner unternehmerischen Initiative zurückgestellt werden, als dabei die schutzwürdigen Interessen der zum Ausscheiden gezwungenen Aktionäre gewahrt bleiben."[539]

Auch das Bundesverfassungsgericht hat also die Unterscheidung zwischen der mitgliedschaftlichen Seite und der vermögensrechtlichen Seite des Aktieneigentums im Rahmen der Beantwortung der Frage der Zulässigkeit der übertragenden Auflösung als wesentlich angesehen. Den Ausführungen des Bundesverfassungsgerichts ist aber auch zu entnehmen, dass es hierbei nicht um eine strenge Unterscheidung in dem Sinne geht, dass eine übertragende Auflösung zulässig sei, wenn der mitgliedschaftlichen Seite des Aktieneigentums der Minderheitsgesellschafter gar keine Bedeutung zukommt, und dass sie unzulässig sei, sobald die mitgliedschaftliche Seite der Beteiligung der Minderheitsgesellschafter irgendeine Bedeutung hat („begrenzt"; „keinen relevanten Einfluss";

537 BVerfG, NJW 2001, 279 – MotoMeter.
538 Dazu 3. Teil. A.
539 BVerfG, NJW 2001, 279, 280 – MotoMeter.

„begrenzt bedeutsame"; „Im Vordergrund steht"). Mit anderen Worten: Die mitgliedschaftliche Seite der Beteiligung der Minderheitsgesellschafter steht nach der Auffassung des Bundesverfassungsgerichts einer übertragenden Auflösung nicht entgegen. Sie ist bei der Interessenabwägung lediglich mitzuberücksichtigen. Darüber hinaus lässt sich den vorzitierten Ausführungen des Bundesverfassungsgerichts entnehmen, dass es in diesem Zusammenhang darauf ankommt, ob die Minderheitsgesellschafter einen relevanten Einfluss auf die Unternehmenspolitik nehmen und in welchem Umfang sie Leitungs- und Herrschaftsrechte ausüben können.

Vor diesem Hintergrund stellt sich die Frage, ob die Minderheitsgesellschafter überhaupt einen relevanten Einfluss auf die Unternehmenspolitik der Gesellschaft ausüben können und relevante Leitungs- und Herrschaftsrechte haben, wenn der Mehrheitsgesellschafter die erforderliche Mehrheit besitzt, um eine übertragende Auflösung durchzuführen, wenn er also mindestens 75 Prozent des Grundkapitals hält (§§ 179a Abs. 1 Satz 1, 262 Abs. 1 Nr. 2 AktG). Diese Frage ist zu verneinen.[540]

Der Mehrheitsgesellschafter kann die Unternehmenspolitik bei diesen Stimmrechtsverhältnissen allein bestimmen und in den gesetzlichen Grenzen auch ohne Zustimmung der Minderheitsgesellschafter über das Schicksal der Gesellschaft und des Unternehmens der Gesellschaft allein entscheiden: Er kann etwa den Aufsichtsrat (§§ 101 Abs. 1 Satz 1, 133 Abs. 1 AktG) und damit mittelbar auch den Vorstand (§ 84 Abs. 1 Satz 1 AktG) mit „seinen Leuten" besetzen, den Unternehmensgegenstand ändern (§ 179 Abs. 2 Satz 1 AktG), das Grundkapital unter Ausschluss des Bezugsrechts der Minderheitsgesellschafter erhöhen (§§ 182 Abs. 1 Satz 1, 186 Abs. 3 Satz 2 AktG) und die Beteiligung der Minderheitsgesellschafter damit verwässern, mit der Gesellschaft einen Beherrschungsvertrag abschließen (§ 293 Abs. 1 Satz 2 AktG) und dadurch auch nachteilige Weisungen an den Vorstand erteilen (§ 308 Satz 2 AktG), das ganze Gesellschaftsvermögen – jedenfalls an einen gesellschaftsfremden Dritten – veräußern (§§ 179a Abs. 1 Satz 1, 179 Abs. 2 Satz 1 AktG) oder die Gesellschaft auf sich oder eine andere Gesellschaft verschmelzen (§ 65 Abs. 1 Satz 1 UmwG).

Solange der Mehrheitsgesellschafter die gesetzlichen Vorgaben einhält, können die Minderheitsgesellschafter solche Maßnahmen bei diesen Stimmrechtsverhältnissen allenfalls verzögern, aber nicht verhindern. Ihnen stehen dann

---

540 Im Ergebnis auch *Wolf*, ZIP 2002, 153, 156 mit Verweis auf die eingehende Darstellung von *Mülbert*, Unternehmensgruppe, 1995, S. 260 ff., 270 ff., 299 ff., 312 ff.

im Wesentlichen nur Teilhabe-, Informations- und Kontrollrechte[541] zu.[542] Das Auflösungsrecht, das mit einer Mehrheit von drei Viertel des Grundkapitals durchgesetzt werden kann (vgl. § 262 Abs. 1 Nr. 2 AktG), zeigt, dass sogar die Mitgliedschaft der Minderheitsgesellschafter in der Gesellschaft zur Disposition dieser Mehrheit steht.[543]

Zwar hat *Mülbert*[544] zu Recht darauf hingewiesen, dass es bei der grundrechtlichen Abwägung nicht auf die Gesamtheit der Minderheitsbeteiligungen, sondern nur auf den individuellen Minderheitsgesellschafter ankommt, weil nur der einzelne Minderheitsgesellschafter und nicht die Gesamtheit der Minderheitsgesellschafter Träger des Eigentumsgrundrechts ist. Das ändert aber nichts an der Richtigkeit des Vorgesagten. Auch ein Minderheitsgesellschafter mit einer Beteiligung von bis zu 25 Prozent hat keinen relevanten Einfluss auf die Unternehmenspolitik der Gesellschaft und keine relevanten Leitungs- und Herrschaftsrechte.

In diesem Zusammenhang kommt es auch nicht darauf an, ob die Minderheit Einfluss auf die Unternehmenspolitik oder die Leitungs- und Herrschaftsrechte ausüben möchte. Entscheidend ist allein, ob sie hierzu nach den gesetzlichen Regelungen in der Lage ist. Deshalb geht auch das von *Rühland* dargestellte Erklärungsmodell („rationale Apathie“[545]) fehl. Beispielsweise wäre eine andere Bewertung auch nicht bei einem „aktivistischen Aktionär“ angezeigt. Zwar kann ein „aktivistischer Aktionär“, wie Beispiele aus der Praxis gezeigt haben, durchaus auch mit einer Beteiligung von (weit) unter 25 Prozent einen relevanten Einfluss jedenfalls auf die Unternehmenspolitik der Gesellschaft ausüben. Dieses Ziel erreicht er aber nicht – jedenfalls nicht allein – mit den Mitteln, die ihm das Aktiengesetz als Minderheitsgesellschafter zur Verfügung stellt, sondern in

---

541 Insbes.: Recht zur Teilnahme an der Hauptversammlung (§ 118 Abs. 1 AktG); Rederecht, Auskunftsrecht (§ 131 AktG) und Stimmrecht (§ 134 AktG) in der Hauptversammlung; Recht auf Einberufung der Hauptversammlung (Anteil von fünf Prozent des Grundkapitals erforderlich, § 122 AktG); Recht auf Beantragung der gerichtlichen Bestellung eines Sonderprüfers (Anteil von einem Prozent des Grundkapitals erforderlich, § 142 Abs. 2 AktG); Recht auf Beantragung der gerichtlichen Bestellung eines besonderen Vertreters (Anteil von zehn Prozent des Grundkapitals erforderlich, § 147 Abs. 2 AktG); Recht zur Anfechtung von Hauptversammlungsbeschlüssen (§ 245 AktG).

542 Vgl. dazu auch *Klöhn*, Abfindungsansprüche, 2009, S. 308 f.

543 Näher dazu 3. Teil. B. III. 1.

544 *Mülbert*, in: FS Ulmer, 2003, S. 433, 437 f.

545 *Rühland*, WM 2002, 1957, 1962; *Rühland*, Ausschluss, 2004, S. 78.

anderer Weise, etwa über eine unmittelbare Kontaktaufnahme mit dem Vorstand, mit öffentlichen Verlautbarungen oder vergleichbaren öffentlichkeitswirksamen Interventionen.[546]

Zudem beteiligen sich aktivistische Aktionäre in aller Regel nur an Gesellschaften, deren Aktien sich im Streubesitz befinden, jedenfalls nicht an einer Gesellschaft, an der ein einzelner Gesellschafter 75 Prozent des Grundkapitals (oder mehr) hält. Dies zeigt, dass selbst aktivistische Aktionäre, die häufig über erhebliche Mittel verfügen, einflussreich sind und mit viel Aufwand und unterschiedlichen Mitteln versuchen, Druck auf die Gesellschaft, den Aufsichtsrat und den Vorstand auszuüben, in einem solchen Fall keine Chance sehen, gegen den Willen des Mehrheitsgesellschafters einen relevanten Einfluss auf die Gesellschaft auszuüben.

d) *Erkenntnisse aus der MotoMeter-Entscheidung*

Der MotoMeter-Entscheidung[547] lässt sich auch nicht entnehmen, dass das Bundesverfassungsgericht die anlageorientierte Minderheit auf fünf Prozent des Grundkapitals habe festlegen wollen.[548] Anknüpfungspunkt für die gegenteilige These ist wohl die folgende Aussage des Bundesverfassungsgerichts:

> „Art. 14 I 1 GG schließt es nicht grundsätzlich aus, eine Aktionärsminderheit gegen ihren Willen aus einer Aktiengesellschaft zu drängen. Das hat das Bundesverfassungsgericht zuletzt mit Blick auf die Vorschriften über die Eingliederung (§§ 320 ff. AktG) festgestellt (vgl. BVerfGE 100, 289 (…)). Es gilt aber auch dann, wenn ein Großaktionär (…) eine ‚übertragende Auflösung' wählt und dabei – wie vom Bf. unterstellt – das Ziel verfolgt, die wenigen (verbliebenen) Minderheitsaktionäre möglichst einfach aus der Gesellschaft zu drängen. Das Anliegen, eine kleine Zahl von Minderheitsaktionären aus der Gesellschaft auszuschließen, hat der Gesetzgeber – etwa in den Bestimmungen zur Eingliederung – als grundsätzlich berechtigt anerkannt."[549]

Die vorzitierten Ausführungen lassen nicht den Schluss zu, das Bundesverfassungsgericht habe in Anlehnung an § 320 Abs. 1 Satz 1 AktG ein Beteiligungserfordernis bei der übertragenden Auflösung in Höhe von 95 Prozent

---

546 Vgl. zu weiteren gebräuchlichen Maßnahmen aktivistischer Aktionäre etwa *Schockenhoff/Culmann*, ZIP 2015, 297, 299 f.

547 BVerfG, NJW 2001, 279 – MotoMeter.

548 So aber *Henze*, BB 2001, 53, 56 f.; *Henze*, in: FS Peltzer, 2001, S. 181, 189 f. (anders dann aber *Henze*, in: FS Wiedemann, 2002, S. 935, 952 f.); a. A. *Roth*, NZG 2003, 998, 1000; *Stein*, in: Münch. Komm. AktG, 5. Aufl. 2021, § 179a Rn. 75.

549 BVerfG, NJW 2001, 279, 279 f. – MotoMeter.

des Grundkapitals festlegen wollen. Das Bundesverfassungsgericht spricht in dem obigen Zitat zwar von den „wenigen (verbliebenen) Minderheitsaktionäre[n]" und einer „kleine[n] Zahl von Minderheitsaktionären". Mit der Formulierung von den „wenigen (verbliebenen) Minderheitsaktionäre[n]" in dem dritten vorzitierten Satz bezieht sich das Bundesverfassungsgericht aber nur auf die Behauptung des Beschwerdeführers („wie vom Bf. unterstellt"). Auch die Formulierung: „Das Anliegen, eine kleine Zahl von Minderheitsaktionären aus der Gesellschaft auszuschließen", in dem darauffolgenden Satz knüpft an diese Behauptung des Beschwerdeführers an. Das Bundesverfassungsgericht hat damit also nur am konkreten Fall argumentiert. Hieraus lassen sich keine verallgemeinernden Schlüsse ziehen. Im Übrigen lässt sich dem letzten Satz des obigen Zitats entnehmen, dass das Bundesverfassungsgericht auf die Eingliederung nur als Beispiel Bezug genommen hat („etwa in den Bestimmungen zur Eingliederung").

Gleichwohl lässt sich der MotoMeter-Entscheidung eine Aussage des Bundesverfassungsgerichts zu den Mehrheitserfordernissen bei der übertragenden Auflösung entnehmen. In der Entscheidung hat das Bundesverfassungsgericht § 179a AktG ausdrücklich als verfassungskonform bestätigt[550] und festgestellt, dass die Anwendung des § 179a AktG bei der übertragenden Auflösung aus verfassungsrechtlicher Sicht zulässig ist[551]. Das schließt das Mehrheitserfordernis des § 179a AktG mit ein. Es ist auszuschließen, dass das Bundesverfassungsgericht § 179a AktG in dem konkreten Kontext der Entscheidung, also bei der Behandlung des Minderheitenschutzes bei der übertragenden Auflösung, für verfassungskonform erklärt, ohne das in § 179a AktG vorgegebene Mehrheitserfordernis, das ein zentrales Instrument des Minderheitenschutzes ist, bedacht zu haben. Das Bundesverfassungsgericht hat in der MotoMeter-Entscheidung damit eindeutig zum Ausdruck gebracht, dass gegen das Mehrheitserfordernis

---

550 „Dieses verfassungsrechtliche Erfordernis stellt allerdings die Verfassungskonformität von § 179a AktG (§ 361 AktG a. F.) nicht in Frage.", BVerfG, NJW 2001, 279, 280 – MotoMeter.

551 „Entgegen der Auffassung des Bf. ist es aus verfassungsrechtlicher Sicht allerdings nicht zu beanstanden, dass die Gerichte die ‚übertragende Auflösung' im Prinzip für zulässig erachtet haben. Es ist von Verfassungs wegen nicht zwingend erforderlich, den Anwendungsbereich von § 179a AktG auf Fälle zu beschränken, in denen das gesamte Vermögen an einen ‚unbeteiligten Dritten' veräußert wird. Da Art. 14 I GG keinen Schutz gegen das ‚Hinausdrängen' aus einer Gesellschaft gewährt, bestehen gegen die ‚übertragende Auflösung' keine prinzipiellen verfassungsrechtlichen Bedenken.", BVerfG, NJW 2001, 279, 281 – MotoMeter.

des § 179a AktG bei einer übertragenden Auflösung aus verfassungsrechtlicher Sicht keine Bedenken bestehen.

Diese Aussage liegt im Übrigen auf der Linie der bisherigen Rechtsprechung des Bundesverfassungsgerichts. In der Feldmühle-Entscheidung[552] aus dem Jahr 1962 hatte das Bundesverfassungsgericht § 15 UmwG 1956[553] für verfassungskonform erklärt. Nach dieser Vorschrift konnte das Vermögen einer AG gegen Abfindung der Minderheitsgesellschafter auf den Mehrheitsgesellschafter übertragen werden, wenn sich mehr als 75 Prozent (!) des Grundkapitals in der Hand des Mehrheitsgesellschafters befinden. Auch in dem konkreten Fall ging es um das Ausscheiden einer Minderheit, die etwa 21 Prozent des Grundkapitals hielt.[554]

Darüber hinaus hat das Bundesverfassungsgericht in der DAT/Altana-Entscheidung[555], in der es die aktienrechtlichen Vorschriften über Unternehmensverträge (§§ 291 ff. AktG) für verfassungskonform erklärt hat,[556] ausgeführt, dass der Abschluss eines Unternehmensvertrags einem Verlust der Mitgliedschaft in der Gesellschaft „wirtschaftlich gleichsteht“[557]. Der Beschluss der Hauptversammlung über die Zustimmung zu einem Unternehmensvertrag setzt aber ebenfalls nur eine Mehrheit von mindestens drei Viertel des vertretenen Grundkapitals voraus (§ 293 Abs. 1 Satz 2 AktG).[558]

e) *Abschaffung der Mehrheitsumwandlung*

Es wurde bereits ausgeführt,[559] dass das Argument, der Gesetzgeber habe mit der Abschaffung der Mehrheitsumwandlung seine ablehnende Haltung gegenüber dem Hinausdrängen von Minderheitsgesellschaftern gezeigt, nicht durchgreift

552 BVerfGE 14, 263, 288 – Feldmühle.

553 Gesetz über die Umwandlung von Kapitalgesellschaften und bergrechtlichen Gewerkschaften v. 12. 11. 1956, BGBl. I S. 844.

554 BVerfGE 14, 263, 268 f. – Feldmühle; diese Entscheidung wenden gegen ein Beteiligungserfordernis bei der übertragenden Auflösung auch ein: *Roth*, NZG 2003, 998, 1000; *Stein*, in: Münch. Komm. AktG, 5. Aufl. 2021, § 179a Rn. 75; wohl auch *Fleischer*, in: Großkomm. AktG, 4. Aufl. 2007, Vor §§ 327a Rn. 47; *Henze*, in: FS Wiedemann, 2002, S. 935, 952 f.

555 BVerfGE 100, 289 – DAT/Altana.

556 BVerfGE 100, 289, 302 ff. – DAT/Altana.

557 BVerfGE 100, 289, 303 – DAT/Altana.

558 Zum Ganzen *Klöhn*, Abfindungsansprüche, 2009, S. 308 f.

559 Dazu 3. Teil. B. II. 3. b) bb).

und spätestens mit der Einführung der gesetzlichen Squeeze-out-Regelungen als überholt anzusehen ist.

3. *Ergebnis*

Im Ergebnis sprechen daher die besseren Argumente dafür, es bei dem Mehrheitserfordernis gemäß §§ 262 Abs. 1 Nr. 2, 179a Abs. 1 Satz 1 AktG zu belassen und für die übertragende Auflösung der AG kein Beteiligungserfordernis zu verlangen. Die Beschlüsse der Hauptversammlung über die Auflösung der Gesellschaft und die Zustimmung zu dem Kaufvertrag über das ganze Gesellschaftsvermögen bedürfen damit jeweils lediglich einer Mehrheit von mindestens drei Viertel des bei der Beschlussfassung vertretenen Grundkapitals. Zudem ist nach § 133 Abs. 1 AktG die einfache Stimmenmehrheit erforderlich.

II. Gesellschaft mit beschränkter Haftung

Bei der GmbH ist für den Beschluss über die Auflösung der Gesellschaft gemäß § 60 Abs. 1 Nr. 2 GmbHG eine Mehrheit von drei Viertel der abgegebenen Stimmen erforderlich. Eine bestimmte Kapitalmehrheit schreibt das GmbH-Gesetz nicht vor. Im Hinblick auf den Beschluss über die Veräußerung des ganzen Vermögens der GmbH ist bereits im Allgemeinen, also unabhängig von der Person des Erwerbers, umstritten, welches Mehrheitserfordernis zu beachten ist. Diese Frage wird nachfolgend zuerst erörtert. Anschließend wird untersucht, welches Mehrheits- oder Beteiligungserfordernis für den Auflösungsbeschluss und den Zustimmungsbeschluss zu fordern ist, wenn das ganze Gesellschaftsvermögen durch die übertragende Auflösung einer GmbH an den Mehrheitsgesellschafter veräußert wird.

1. *Vorfrage: Mehrheitserfordernis bei der Veräußerung des ganzen Gesellschaftsvermögens*

a) *Meinungsstand*

Es wurde bereits angesprochen,[560] dass sich der Bundesgerichtshof in einem Urteil[561] aus dem Jahr 2019 dagegen ausgesprochen hat, § 179a AktG bei einer Veräußerung des ganzen Vermögens der GmbH entsprechend anzuwenden. Bis zum Erlass dieses Urteils entsprach die analoge Anwendung des § 179a AktG

560 Dazu 4. Teil. A. II. 2. a) bb).
561 BGHZ 220, 354.

der herrschenden Auffassung im Schrifttum.[562] § 179a AktG enthält selbst kein Mehrheitserfordernis, sondern verweist insoweit auf das Mehrheitserfordernis für eine Satzungsänderung gemäß § 179 AktG. Nach § 179 Abs. 2 Satz 1 AktG bedarf ein satzungsändernder Beschluss einer Mehrheit von drei Viertel des bei der Beschlussfassung vertretenen Grundkapitals.

Nach einem Teil der Vertreter, die sich für eine analoge Anwendung des § 179a AktG auf die GmbH aussprechen, gilt das Mehrheitserfordernis des § 179 Abs. 2 Satz 1 AktG auch für den Beschluss der Gesellschafterversammlung über die Verpflichtung zur Übertragung des ganzen Vermögens der GmbH.[563] Andere Vertreter dieser Auffassung stellen in diesem Fall dagegen auf das bei der GmbH für eine Satzungsänderung geltende Mehrheitserfordernis ab.[564] Danach wäre gemäß § 53 Abs. 2 Satz 1 GmbHG eine Mehrheit von drei Viertel der abgegebenen Stimmen erforderlich.

Demgegenüber nehmen die Vertreter der Ansicht, die eine analoge Anwendung des § 179a AktG auf die GmbH ablehnen, teilweise an, dass der Beschluss über die Veräußerung des ganzen Vermögens der GmbH gemäß § 47 Abs. 1 GmbHG mit der einfachen Mehrheit der abgegebenen Stimmen gefasst werden könne.[565] Ein anderer Teil der Vertreter dieser Ansicht meint, dass für einen solchen Beschluss das für Satzungsänderungen geltende Mehrheitserfordernis des § 53 Abs. 2 Satz 1 GmbHG gelte, also eine Mehrheit von drei Viertel der abgegebenen Stimmen erforderlich sei.[566]

b) *Stellungnahme*

Der zuletzt genannten Ansicht ist zu folgen. Es wurde bereits festgestellt,[567] dass die Veräußerung des ganzen Gesellschaftsvermögens vor und nach der

---

562 Dazu 4. Teil. A. II. 2. a) aa).

563 In diesem Sinne wohl *Harbarth*, in: Münch. Komm. GmbHG, 3. Aufl. 2018, § 53 Rn. 229; *Hoffmann*, in: MHLS, GmbHG, 3. Aufl. 2017, § 53 Rn. 165.

564 *Hüren*, RNotZ 2014, 77, 86 f.; *Weber*, DNotZ 2018, 96, 121; vgl. auch *Leitzen*, NZG 2012, 491, 493.

565 *Berkefeld*, DNotZ 2020, 85, 93; *Meyer*, GmbHR 2019, 973, 976 f.; *Natterer*, ZIP 2019, 1796, 1799; *Paefgen/Wallisch*, DZWIR 2020, 51, 56, 60; tendenziell auch *Giedinghagen/Keller*, NJW-Spezial 2019, 271, 272.

566 *Bayer*, in: Lutter/Hommelhoff, GmbHG, 20. Aufl. 2020, § 53 Rn. 3; *Marquardt*, in: Münch. HdB. GesR III, 5. Aufl. 2018, § 22 Rn. 4, 114; ohne Nennung einer Norm auch *v. Prittwitz*, DStR 2019, 1265, 1269; vgl. auch *Ulmer/Casper*, in: Ulmer/Habersack/Löbbe, GmbHG, 2. Aufl. 2016, § 53 Rn. 165.

567 Dazu 4. Teil. A. II. 2. b).

Auflösung der GmbH ein Grundlagengeschäft in Gestalt einer strukturändernden Maßnahme ist, auf das die Regelungen über Satzungsänderungen grundsätzlich entsprechend anwendbar sind. Damit gilt auch das Mehrheitserfordernis gemäß § 53 Abs. 2 Satz 1 GmbHG. Darüber hinaus wurde bereits ausgeführt,[568] dass § 179a AktG auf die GmbH nicht analog anwendbar ist. Die oben dargestellten Auffassungen, die das Mehrheitserfordernis bei der Veräußerung des ganzen Vermögens der GmbH mit einer analogen Anwendung des § 179a AktG begründen, sind schon aus diesem Grund abzulehnen.

Für die Geltung des Mehrheitserfordernisses des § 53 Abs. 2 Satz 1 GmbHG lässt sich zusätzlich anführen, dass dieses Mehrheitserfordernis der Verwirklichung eines wirksamen Minderheitenschutzes dient.[569] Es würde auch einen Wertungswiderspruch darstellen, wenn eine so wesentliche Maßnahme wie die Veräußerung des ganzen Gesellschaftsvermögens schon mit einer einfachen Mehrheit der abgegebenen Stimmen beschlossen werden könnte, andere Maßnahmen mit einer vergleichbaren Bedeutung, wie etwa eine Satzungsänderung, eine Verschmelzung oder andere gesetzlich geregelte Strukturmaßnahmen, aber eine qualifizierte Mehrheit erfordern.

Darüber hinaus spricht die sich aus § 179a AktG ergebende gesetzgeberische Wertung für die Geltung des Mehrheitserfordernisses des § 53 Abs. 2 Satz 1 GmbHG bei der Veräußerung des ganzen Vermögens der GmbH. Dieser Gedanke gilt ohne Weiteres auch für die GmbH. Denn die Gesellschafter der GmbH werden von der Veräußerung des ganzen Gesellschaftsvermögens in gleicher Weise betroffen wie die Aktionäre der AG. Gegen die Übertragung dieser Wertung spricht nicht, dass § 179a AktG auf die GmbH nicht analog anwendbar ist. Denn die Analogie ist im Wesentlichen aus Verkehrsschutzgesichtspunkten abzulehnen, die für die Beantwortung der hier in Rede stehenden Frage nach dem für eine Veräußerung des ganzen Gesellschaftsvermögens zu fordernden Mehrheitserfordernis nicht relevant sind.

c) Zwischenergebnis

Nach den allgemeinen Grundsätzen bedarf der Beschluss der Gesellschafterversammlung über die Veräußerung des ganzen Vermögens der GmbH damit im Allgemeinen, also unabhängig von der Person des Erwerbers, in entsprechender Anwendung des § 53 Abs. 2 Satz 1 GmbHG einer Mehrheit von drei Viertel der

568 Dazu 4. Teil. A. II. 2. a).
569 *v. Prittwitz*, DStR 2019, 1265, 1269.

abgegebenen Stimmen. Gleiches gilt, wie bereits erwähnt, gemäß § 60 Abs. 1 Nr. 2 GmbHG für den Beschluss über die Auflösung der GmbH.

2. *Mehrheits- und Beteiligungserfordernis bei der übertragenden Auflösung*

Ob diese Mehrheitserfordernisse auch bei der übertragenden Auflösung der GmbH ausreichend sind oder wegen des gebotenen Schutzes der Interessen der Minderheitsgesellschafter ein Beteiligungserfordernis zu verlangen ist, wird unterschiedlich beurteilt.

a) *Meinungsstand*

aa) von Morgen: *Beteiligung von 95 Prozent des Stammkapitals*

Nach Ansicht von *von Morgen*[570] ist die übertragende Auflösung der GmbH nur zulässig, wenn der Mehrheitsgesellschafter zu mindestens 95 Prozent an dem Stammkapital der Gesellschaft beteiligt ist. Andernfalls verstoße der Mehrheitsgesellschafter gegen die gesellschaftsrechtliche Treuepflicht. Das ergebe sich aus § 327a AktG, der eine entsprechende Beteiligungshöhe für den Ausschluss von Minderheitsgesellschaftern einer AG festlege. Der in § 327a AktG vorgesehenen Beteiligungshöhe sei eine „grundlegende Wertung" zu entnehmen, ab wann dem Rationalisierungsinteresse des Mehrheitsgesellschafters der Vorrang vor dem mitgliedschaftlichen Bestandsinteresse der Minderheitsgesellschafter zu geben sei. Zudem würde es einen Wertungswiderspruch darstellen, wenn eine übertragende Auflösung bei der GmbH bereits mit einer Mehrheit von drei Viertel der abgegebenen Stimmen möglich wäre, ein Squeeze-out bei der AG dagegen erst ab einer Beteiligungshöhe von 95 Prozent des Grundkapitals möglich ist.[571]

bb) Teil des Schrifttums: Kein Beteiligungserfordernis

Nach anderer Ansicht setzt die übertragende Auflösung der GmbH kein Beteiligungserfordernis voraus.[572] Im Hinblick auf den Auflösungsbeschluss

570 *v. Morgen*, WM 2003, 1553, 1557 f.

571 Zum Ganzen *v. Morgen*, WM 2003, 1553, 1557 f.

572 *Casper*, in: Ulmer/Habersack/Löbbe, GmbHG, 2. Aufl. 2016, § 60 Rn. 41; *Kleindiek*, in: Lutter/Hommelhoff, GmbHG, 20. Aufl. 2020, § 60 Rn. 6; in BGHZ 76, 352 hat der BGH die übertragende Auflösung einer GmbH, an der ein Minderheitsgesellschafter zehn Prozent des Stammkapitals hielt, im Grundsatz nicht beanstandet.

würde dem schon die klare Regelung des § 60 Abs. 1 Nr. 2 GmbHG entgegenstehen.[573]

b) Stellungnahme

aa) Ausgangspunkt: Wortlaut des § 60 GmbHG

Gegen ein Beteiligungserfordernis bei der übertragenden Auflösung einer GmbH spricht zunächst in der Tat der Wortlaut des § 60 Abs. 1 Nr. 2 GmbHG.[574] Dort heißt es ausdrücklich, dass für den Beschluss über die Auflösung der Gesellschaft eine Mehrheit von lediglich drei Viertel der abgegebenen Stimmen erforderlich ist.

bb) Vergleich zwischen übertragender Auflösung und Squeeze-out

Die hiergegen von *von Morgen*[575] vorgebrachten Argumente können nicht überzeugen. Aus § 327a AktG lässt sich ein Beteiligungserfordernis für die übertragende Auflösung der GmbH nicht ableiten. Diese Vorschrift gilt nur für die AG. Zudem weist eine übertragende Auflösung, wie bereits ausgeführt,[576] erhebliche Unterschiede zu einem Ausschluss von Minderheitsgesellschaftern im Wege des Squeeze-out auf.

Ganz abgesehen hiervon kann dem § 327a AktG jedenfalls nach Einführung des § 62 Abs. 5 UmwG keine „grundlegende Wertung“[577] mehr dazu entnommen werden, ab wann eine Interessenabwägung bei einem Ausschluss von Minderheitsgesellschaftern zugunsten des Mehrheitsgesellschafters ausfällt. Denn § 62 Abs. 5 UmwG sieht eine Schwelle von 90 Prozent vor; damit fehlt es an einer einheitlichen Schwelle für eine solche Interessenabwägung.[578] Da Squeeze-out und übertragende Auflösung nicht miteinander vergleichbar sind, und weil die übertragende Auflösung sowohl bei der AG[579] als auch bei der GmbH kein Beteiligungserfordernis voraussetzt, ergibt sich auch kein Wertungswiderspruch im Vergleich zur AG.

---

573 *Casper*, in: Ulmer/Habersack/Löbbe, GmbHG, 2. Aufl. 2016, § 60 Rn. 41; *Kleindiek*, in: Lutter/Hommelhoff, GmbHG, 20. Aufl. 2020, § 60 Rn. 6; insoweit auch *v. Morgen*, WM 2003, 1553, 1557.

574 Vgl. die Nachweise in Fn. 573.

575 *v. Morgen*, WM 2003, 1553, 1557 f.

576 Dazu 4. Teil. B. I. 2. b) aa).

577 *v. Morgen*, WM 2003, 1553, 1557.

578 Vgl. zur AG *Koch*, in: Hüffer/Koch, AktG, 15. Aufl. 2021, § 179a Rn. 23.

579 Dazu 4. Teil. B. I.

cc) *Mitgliedschaftliche Seite des Anteilseigentums*

Im Hinblick auf die Bedeutung der mitgliedschaftlichen Seite des Anteilseigentums der Minderheitsgesellschafter gilt das zur AG Gesagte entsprechend.[580] Auch die mitgliedschaftliche Seite des Anteilseigentums der Minderheitsgesellschafter der GmbH ist nämlich von nur geringer Bedeutung, wenn der Mehrheitsgesellschafter die qualifizierte Stimmenmehrheit hält, die für eine übertragende Auflösung erforderlich ist, also drei Viertel der Gesamtstimmen. Denn in diesem Fall können die Minderheitsgesellschafter keinen relevanten Einfluss auf die Unternehmenspolitik ausüben und haben keine relevanten Leitungs- und Herrschaftsrechte. Vielmehr kann der Mehrheitsgesellschafter, der die qualifizierte Stimmenmehrheit besitzt, die Unternehmenspolitik allein bestimmen und, sofern er die gesetzlichen Vorgaben beachtet, auch ohne Zustimmung der Minderheitsgesellschafter über das Schicksal der Gesellschaft und des Unternehmens der Gesellschaft allein entscheiden.

Bei der GmbH gilt das umso mehr, weil die Gesellschafter ein Weisungsrecht gegenüber den Geschäftsführern haben, das der Mehrheitsgesellschafter aufgrund seiner Stimmenmehrheit durch Gesellschafterbeschluss allein ausüben kann.[581] Außerdem kann der Mehrheitsgesellschafter beispielsweise allein über die Bestellung, die Entlastung und die Abberufung der Geschäftsführer entscheiden (§§ 46 Nr. 5, 47 Abs. 1 GmbHG) sowie über eine Änderung der Satzung und damit des Unternehmensgegenstands (§ 53 Abs. 2 Satz 1 GmbHG), die Erhöhung des Stammkapitals unter Ausschluss des Bezugsrechts[582] der Minderheitsgesellschafter (§ 53 Abs. 2 Satz 1 GmbHG), den Abschluss eines Beherrschungsvertrags mit der GmbH[583], wodurch auch nachteilige Weisungen an die Geschäftsführer erteilt werden können (§ 308 Abs. 1 Satz 2 AktG analog), die Veräußerung des ganzen Gesellschaftsvermögens – jedenfalls an einen gesellschaftsfremden Dritten – und die Verschmelzung der Gesellschaft auf sich oder eine andere Gesellschaft (§ 50 Abs. 1 Satz 1 UmwG).

---

580 Dazu 4. Teil. B. I. 2. c).

581 Für das Weisungsrecht ist regelmäßig die einfache Mehrheit und ausnahmsweise eine Drei-Viertel-Mehrheit der Stimmen erforderlich, vgl. nur *Schneider/Schneider*, in: Scholz, GmbHG, 12. Aufl. 2021, § 37 Rn. 78 f.; *Stephan/Tieves*, in: Münch. Komm. GmbHG, 3. Aufl. 2019, § 37 Rn. 109.

582 Falls man ein Bezugsrecht bei der GmbH überhaupt anerkennt; vgl. dazu etwa *Wiese/Schneider*, in: MAH GmbH-Recht, 4. Aufl. 2018, § 5 Rn. 212 ff.

583 Str.; teilweise wird hier Einstimmigkeit verlangt und ein Stimmverbot des Mehrheitsgesellschafters gefordert, vgl. *Servatius*, in: MHLS, GmbHG, 3. Aufl. 2017, Syst. Darst. 4 Rn. 74 ff.

Die Minderheitsgesellschafter haben bei diesen Stimmrechtsverhältnissen lediglich Teilhabe-, Informations- und Kontrollrechte[584] und können allenfalls verzögern, aber nicht verhindern, dass der Mehrheitsgesellschafter diese Maßnahmen mit seinen Stimmen beschließt und durchsetzt. Bei der GmbH steht, wie bei der AG, sogar die Mitgliedschaft der Minderheitsgesellschafter zur Disposition des Mehrheitsgesellschafters, weil er jederzeit beschließen kann, die Gesellschaft aufzulösen (§ 60 Abs. 1 Nr. 2 GmbHG).[585]

c) Ergebnis

Für die übertragende Auflösung der GmbH ist also kein Beteiligungserfordernis zu verlangen. Der Beschluss der Gesellschafterversammlung über die Auflösung der GmbH bedarf gemäß § 60 Abs. 1 Nr. 2 GmbHG einer Mehrheit von mindestens drei Viertel der abgegebenen Stimmen. Gleiches gilt in entsprechender Anwendung des § 53 Abs. 2 Satz 1 GmbHG für den Beschluss über die Gesamtvermögensveräußerung.

III. Kommanditgesellschaft

Bei der KG besteht gegenüber der Situation bei der AG und der GmbH die Besonderheit, dass die Beschlüsse der Gesellschafter nach den gesetzlichen Regelungen der Zustimmung aller Gesellschafter bedürfen. Das gesetzliche Einstimmigkeitsprinzip gilt sowohl für den Beschluss über die Auflösung der Gesellschaft (§§ 161 Abs. 2, 131 Abs. 1 Nr. 2, 119 Abs. 1 HGB) als auch für den Beschluss über die Veräußerung des ganzen Gesellschaftsvermögens (§§ 161 Abs. 2, 119 Abs. 1 HGB). Hintergrund des Einstimmigkeitsprinzips ist die Überlegung, dass das Verhältnis der Gesellschafter der KG auf einer schuldrechtlichen Grundlage beruht, die grundsätzlich nur mit Zustimmung aller Beteiligten geändert werden kann.[586]

---

584 Insbes.: Recht zur Teilnahme an der Gesellschafterversammlung; Stimmrecht in der Gesellschafterversammlung (§ 47 Abs. 2 GmbHG); Recht auf Einberufung der Gesellschafterversammlung (Anteil von zehn Prozent des Stammkapitals erforderlich, § 50 Abs. 1 GmbHG); Recht auf Ankündigung von Gegenständen zur Tagesordnung (Anteil von zehn Prozent des Stammkapitals erforderlich, § 50 Abs. 2 GmbHG); Auskunfts- und Einsichtsrecht (§ 51a GmbHG); Recht zur Anfechtung von Gesellschafterbeschlüssen (§ 245 AktG analog).

585 Näher dazu 3. Teil. B. III. 1.

586 *Leuering/Rubner*, NJW-Spezial 2017, 655, 655.

Das gesetzliche Einstimmigkeitsprinzip ist allerdings dispositiv. Im Gesellschaftsvertrag der KG kann abweichend hiervon das Mehrheitsprinzip vereinbart werden. Von dieser Möglichkeit wird in der Praxis regelmäßig Gebrauch gemacht. Denn das Einstimmigkeitsprinzip entspricht vielfach nicht den praktischen Bedürfnissen, weil es die Handlungsfähigkeit der KG erheblich einschränken kann, insbesondere bei Meinungsverschiedenheiten zwischen den Gesellschaftern.[587] Es stellt sich damit die Frage, welche Voraussetzungen eine im Gesellschaftsvertrag der KG enthaltene Mehrheitsregelung für eine übertragende Auflösung erfüllen muss. Bevor auf diese Frage eingegangen wird, werden nachfolgend zunächst die allgemeinen Voraussetzungen für Mehrheitsentscheidungen im KG-Recht dargestellt.

1. *Grundlagen: Grenzen von Mehrheitsentscheidungen im KG-Recht*

Auch wenn das Mehrheitsprinzip bei der KG grundsätzlich eingeführt werden kann, müssen hierbei zum Schutz der Minderheitsgesellschafter bestimmte Grenzen eingehalten werden. Nach der alten Rechtsprechung des Bundesgerichtshofs ergaben sich solche Grenzen insbesondere aus dem sog. „Bestimmtheitsgrundsatz".[588] Diese Rechtsprechung hat der Bundesgerichtshof mittlerweile aber aufgegeben. Nach der neuen Rechtsprechung des Bundesgerichtshofs,[589] der das Schrifttum im Grundsatz weitgehend gefolgt ist,[590] ist die Wirksamkeit von Mehrheitsentscheidungen in zwei Stufen zu prüfen.[591]

a) *Erste Stufe: Formelle Legitimation*

Auf der ersten Stufe ist die „formelle Legitimation"[592] der Mehrheitsentscheidung zu untersuchen. Hierbei geht es um die Frage, ob der jeweilige Beschlussgegenstand von einer Mehrheitsklausel im Gesellschaftsvertrag der KG gedeckt ist. Das ist durch Auslegung zu ermitteln. Hierfür ist nicht erforderlich, dass

---

587 Vgl. zum Vorstehenden BGHZ 170, 283, 285 f. – Otto.

588 Ausführlich dazu *Enzinger*, in: Münch. Komm. HGB, 4. Aufl. 2016, § 119 Rn. 78 ff.

589 BGHZ 170, 283 – Otto; BGHZ 179, 13 – Schutzgemeinschaftsvertrag II; BGHZ 203, 77.

590 Vgl. mit Unterschieden im Detail *Enzinger*, in: Münch. Komm. HGB, 4. Aufl. 2016, § 119 Rn. 60 ff.; *Schäfer*, in: Habersack/Schäfer, OHG, 2. Aufl. 2019, § 119 Rn. 30 ff., jeweils m. w. N.; vgl. auch *Schäfer*, ZGR 2013, 237 ff.; *Ulmer*, ZIP 2015, 657 ff.

591 Vgl. zu der neuen Rechtsprechung des BGH auch den übersichtlichen Aufsatz von *Kleindiek*, GmbHR 2017, 674 ff.

592 BGHZ 203, 77, 84.

der Beschlussgegenstand in der Mehrheitsklausel der KG ausdrücklich genannt wird: „Da sich die durch Auslegung des Gesellschaftsvertrags vorzunehmende Feststellung, ob im konkreten Fall für die formelle Legitimation eines Beschlusses eine Mehrheitsentscheidung genügt, nach allgemeinen Auslegungsgrundsätzen richtet, kann sich die Mehrheitsbefugnis aus jeder Vereinbarung der Gesellschafter ergeben, die einer dahingehenden Auslegung zugänglich ist, also von der ausdrücklichen Anführung des betreffenden Beschlussgegenstands in einem Katalog von Beschlussgegenständen über eine umfassende oder auslegungsfähige Mehrheitsklausel im (schriftlichen) Gesellschaftsvertrag bis hin zu einer konkludenten Vereinbarung der Mehrheitszuständigkeit (…).“[593] Hierbei ist unerheblich, ob es um einen gewöhnlichen oder ungewöhnlichen Beschlussgegenstand oder um ein Grundlagengeschäft geht.[594]

b) Zweite Stufe: Materielle Legitimation

Sofern der fragliche Beschlussgegenstand von einer Mehrheitsklausel im Gesellschaftsvertrag gedeckt und die Mehrheitsentscheidung damit formell legitimiert ist, ist auf der zweiten Stufe die „materielle Legitimation“[595] der Mehrheitsentscheidung zu prüfen.[596] Es geht hierbei um eine „inhaltliche Wirksamkeitsprüfung“[597].

aa) Eingriff in unverzichtbare oder relativ unentziehbare Mitgliedschaftsrechte

Zunächst ist auf der zweiten Stufe zu untersuchen, ob ein Eingriff in unverzichtbare oder relativ unentziehbare Mitgliedschaftsrechte vorliegt (letztere gehören zu dem sog. „Kernbereich“[598] der Mitgliedschaft).[599] Die unverzichtbaren Mitgliedschaftsrechte können einem Gesellschafter durch Mehrheitsentscheidung nicht genommen werden.[600] Dagegen ist es grundsätzlich zulässig, einem

---

593 BGHZ 203, 77, 86.

594 Vgl. zum Ganzen BGHZ 170, 283, 286 ff. – Otto; BGHZ 179, 13, 20 ff. – Schutzgemeinschaftsvertrag II; BGHZ 203, 77, 82 ff.

595 BGHZ 203, 77, 84.

596 BGHZ 170, 283, 287 f. – Otto; BGHZ 179, 13, 21 – Schutzgemeinschaftsvertrag II; BGHZ 203, 77, 84.

597 BGHZ 170, 283, 287 – Otto.

598 Teilweise werden auch die unverzichtbaren Rechte zum Kernbereich gezählt; vgl. zu dem Begriff und der unterschiedlichen Verwendung etwa *Kleindiek*, GmbHR 2017, 674, 676.

599 BGHZ 170, 283, 288 – Otto; BGHZ 203, 77, 83.

600 BGHZ 203, 77, 90.

Gesellschafter relativ unentziehbare Mitgliedschaftsrechte durch Mehrheitsentscheidung zu entziehen. Das setzt jedoch voraus, dass der betroffene Gesellschafter dem Entzug dieser Rechte zustimmt oder ein wichtiger Grund für den Entzug dieser Rechte vorliegt.[601] Die Zustimmung des betroffenen Gesellschafters kann auch vorab erteilt werden. Eine solche antizipierte Zustimmung kann insbesondere durch eine entsprechende Regelung im Gesellschaftsvertrag erfolgen (z. B. eine Mehrheitsklausel für eine bestimmte Maßnahme).[602] Diese Regelung muss allerdings Art und Umfang des von ihr erfassten Eingriffs hinreichend deutlich erkennen lassen.[603] Sofern bei einer Mehrheitsentscheidung die (gegebenenfalls antizipiert im Gesellschaftsvertrag erteilte) Zustimmung eines Gesellschafters nicht vorliegt, ist der Beschluss ihm gegenüber (relativ) unwirksam.[604]

Welche Rechte zu den unverzichtbaren und relativ unentziehbaren Mitgliedschaftsrechten gehören, wird nicht einheitlich beurteilt. Zu den unverzichtbaren Mitgliedschaftsrechten werden aber beispielsweise das Recht zur Teilnahme an der Gesellschafterversammlung und das Recht zur Erhebung von Klagen gegen Beschlüsse der Gesellschafterversammlung gezählt.[605] Als relativ unentziehbare Mitgliedschaftsrechte werden etwa das Recht auf Geschäftsführung, das Recht auf Beteiligung am Gewinn und das Recht auf Beteiligung am Liquidationserlös eingeordnet.[606]

Im Hinblick auf die Bestimmung der relativ unentziehbaren Mitgliedschaftsrechte hat der Bundesgerichtshof zwar betont, dass sich der Kreis dieser Rechte „nicht abstrakt und ohne Berücksichtigung der konkreten Struktur der jeweiligen Personengesellschaft und einer etwaigen besonderen Stellung des betroffenen Gesellschafters umschreiben lässt“[607]. *Schäfer*[608] hat hierzu jedoch zu Recht angemerkt, dass damit nur Fälle gemeint sein dürften, die den „Randbereich“ betreffen. Hinsichtlich vieler Mitgliedschaftsrechte lässt sich damit eine allgemeingültige oder zumindest in aller Regel zutreffende Aussage tätigen, ob sie zu den relativ unentziehbaren Mitgliedschaftsrechten gehören.

---

601 BGHZ 170, 283, 288 – Otto.
602 BGH, GmbHR 1995, 55, 56.
603 BGHZ 170, 283, 288 – Otto.
604 BGHZ 203, 77, 88.
605 Vgl. etwa *Haas*, in: Röhricht/Graf v. Westphalen/Haas, HGB, 5. Aufl. 2019, § 119 Rn. 24 f.
606 Vgl. etwa *Haas*, in: Röhricht/Graf v. Westphalen/Haas, HGB, 5. Aufl. 2019, § 119 Rn. 29.
607 BGHZ 203, 77, 90.
608 Vgl. *Schäfer*, in: Habersack/Schäfer, OHG, 2. Aufl. 2019, § 119 Rn. 41.

bb) *Weitere inhaltliche Wirksamkeitsprüfung*

Auf der zweiten Stufe ist die Mehrheitsentscheidung inhaltlich insbesondere darauf zu überprüfen, ob die Mehrheit mit der Entscheidung die gesellschaftsrechtliche Treuepflicht gegenüber den Minderheitsgesellschaftern verletzt hat. Eine Treuepflichtverletzung ist regelmäßig gegeben, wenn die Maßnahme in absolut oder relativ unentziehbare Mitgliedschaftsrechte der Minderheit eingreift. Liegt ein solcher Fall nicht vor, obliegt es der Minderheit, die Treuepflichtverletzung des Mehrheitsgesellschafters nachzuweisen.[609]

2. *Übertragende Auflösung aufgrund Mehrheitsentscheidung*

Nach der neuen Rechtsprechung des Bundesgerichtshofs kann die übertragende Auflösung der KG damit nur dann auf eine Mehrheitsentscheidung gestützt werden, wenn die Mehrheitsentscheidung formell und materiell legitimiert ist. Bei der übertragenden Auflösung der KG sind, wie bereits dargelegt,[610] Beschlüsse der Gesellschafterversammlung über die Auflösung der Gesellschaft und die Veräußerung des ganzen Gesellschaftsvermögens erforderlich.

a) *Erste Stufe: Formelle Legitimation*

Die formelle Legitimation setzt voraus, dass diese Beschlussgegenstände von einer Mehrheitsklausel im Gesellschaftsvertrag erfasst sind, was durch Auslegung zu ermitteln ist.

aa) *Allgemeine Mehrheitsklausel*

Für die formelle Legitimation einer Mehrheitsentscheidung zu einer übertragenden Auflösung der KG genügt es nach der neuen Rechtsprechung des Bundesgerichtshofs, dass der Gesellschaftsvertrag eine allgemeine Mehrheitsklausel enthält. Eine solche Mehrheitsklausel könnte etwa wie folgt lauten: „Sämtliche Beschlüsse der Gesellschafter bedürfen der einfachen Mehrheit der abgegebenen Stimmen, soweit nicht zwingende gesetzliche Regelungen oder dieser Gesellschaftsvertrag ausdrücklich eine größere Mehrheit bestimmen." Nach den allgemeinen Auslegungsregeln sind die Gesellschafterbeschlüsse über die Auflösung der Gesellschaft und die Veräußerung des ganzen Gesellschaftsvermögens, die bei einer übertragenden Auflösung erforderlich sind, von einer solchen

---

609 Vgl. zum Ganzen BGHZ 170, 283, 288 – Otto; BGHZ 179, 13, 21 f. – Schutzgemeinschaftsvertrag II; BGHZ 203, 77, 84.

610 Dazu 4. Teil. A. III.

Mehrheitsklausel erfasst, sofern sich nicht aus außerhalb dieser Klausel liegenden (auslegungsrelevanten) Umständen etwas anderes ergibt.[611]

bb) Ausdrückliche Mehrheitsklausel

Selbstverständlich ist auch eine Mehrheitsklausel, die die Beschlussgegenstände der übertragenden Auflösung ausdrücklich nennt und von einer bestimmten Mehrheit abhängig macht, für die Bejahung der formellen Legitimation ausreichend. Eine solche Mehrheitsklausel könnte beispielsweise wie folgt formuliert sein, wenn sie der soeben dargestellten allgemeinen Mehrheitsklausel im Gesellschaftsvertrag unmittelbar nachfolgt: „Die folgenden Beschlussgegenstände bedürfen einer Mehrheit von drei Viertel der abgegebenen Stimmen: (…) Veräußerung des ganzen Gesellschaftsvermögens an einen Gesellschafter oder Dritten; (…) Auflösung der Gesellschaft (…)".

Die Veräußerung des ganzen Gesellschaftsvermögens an den Mehrheitsgesellschafter wird allerdings auch von einer Mehrheitsklausel erfasst, die lediglich von der „Veräußerung des ganzen Gesellschaftsvermögens" oder der „Verpflichtung zur Übertragung des ganzen Gesellschaftsvermögens" spricht, ohne die Person des Erwerbers („an einen Gesellschafter") ausdrücklich zu benennen. Auch die Formulierung „Veräußerung des Unternehmens im Ganzen" wäre ausreichend.

cc) Mehrheitsklausel für vergleichbaren Fall

Als weitere Möglichkeit kommt in Betracht, dass die Auflösung der Gesellschaft bzw. die Veräußerung des ganzen Gesellschaftsvermögens an einen

611 Nach Ansicht von *Schäfer*, ZGR 2013, 237, 244 würde diese Mehrheitsklausel wohl nur dann auch Grundlagenentscheidungen und Vertragsänderungen abdecken, wenn sich hierfür außerhalb der Klausel zusätzliche (positive) Hinweise finden lassen. Diese Sichtweise widerspricht aber der neuen Rechtsprechung des BGH. Danach kommt dem „früheren Bestimmtheitsgrundsatz (…) für die formelle Legitimation einer Mehrheitsentscheidung keine Bedeutung mehr zu", BGHZ 203, 77 (Ls. 2). Ob ein Beschlussgegenstand von einer Mehrheitsklausel gedeckt ist, ist daher ausschließlich nach den allgemeinen Auslegungsregeln zu ermitteln. Danach würde man, bei isolierter Betrachtung dieser Mehrheitsklausel, zu dem Ergebnis gelangen, dass diese Klausel, die sich auf „sämtliche" Beschlussgegenstände bezieht, dann auch alle Beschlussgegenstände erfasst und damit auch Grundlagenentscheidungen und Vertragsänderungen. Nach den allgemeinen Auslegungsregeln könnten allenfalls umgekehrt (negative) Hinweise außerhalb dieser Klausel dagegen sprechen, dass auch diese Beschlussgegenstände erfasst sein sollen.

Gesellschafter zwar nicht ausdrücklich in einer Mehrheitsklausel genannt wird, sich aber durch Auslegung ergibt, dass einer dieser Beschlussgegenstände oder beide von dieser Mehrheitsklausel erfasst werden. Das kann etwa der Fall sein, wenn eine Mehrheitsklausel einen mit einer übertragenden Auflösung vergleichbaren Fall regelt.

Nach Ansicht von *Leitzen*[612] soll eine Mehrheitsklausel, die den Beschluss über die Auflösung der Gesellschaft regelt, auch für den Beschluss über die Übertragung des ganzen Gesellschaftsvermögens gelten, weil es sich bei der Übertragung um eine „liquidationsähnliche Maßnahme" handele. Das überzeugt jedoch nicht. Die Veräußerung des ganzen Gesellschaftsvermögens steht nicht zwingend im Zusammenhang mit der Auflösung der Gesellschaft. Abgesehen hiervon besteht ein wesentlicher Unterschied zwischen der Entscheidung, die Gesellschaft aufzulösen, und der Entscheidung darüber, wie die Gesellschaft im konkreten Fall abgewickelt werden soll, ob beispielsweise als Teil- oder als Gesamtveräußerung oder durch Veräußerung des ganzen Gesellschaftsvermögens an den Mehrheitsgesellschafter oder an einen gesellschaftsfremden Dritten.[613]

Leitzen[614] geht weiter davon aus, dass eine Mehrheitsklausel, die für den Beschluss über die Verschmelzung gilt, auch auf den Beschluss über die übertragende Auflösung anwendbar ist. Aber auch das ist abzulehnen. Zwar weisen eine Verschmelzung und eine übertragende Auflösung viele Gemeinsamkeiten auf. Die Anwendung einer solchen Mehrheitsklausel für eine übertragende Auflösung scheidet gleichwohl aus, weil die Minderheitsgesellschafter bei einer Verschmelzung an der Gesellschaft, auf die das Vermögen übergeht, beteiligt bleiben, was bei der übertragenden Auflösung nicht der Fall ist. Wegen dieser unterschiedlichen Auswirkungen auf die Gesellschafter kann nicht unterstellt werden, dass die übertragende Auflösung nach dem Willen der Gesellschafter demselben Mehrheitserfordernis unterliegen soll wie eine Verschmelzung.

---

612 *Leitzen*, NZG 2012, 491, 494; ihm folgend *Hüren*, RNotZ 2014, 77, 89.

613 Vgl. BGHZ 191, 293, 300; insbes. aus diesem Grund hat der BGH in dieser Entscheidung ein im Gesellschaftsvertrag für die Auflösung der Gesellschaft vorgesehenes qualifiziertes Mehrheitserfordernis nicht auf den Beschluss über die Auseinandersetzungsbilanz angewendet und insoweit auf Basis einer allgemeinen Mehrheitsklausel die einfache Mehrheit ausreichen lassen.

614 *Leitzen*, NZG 2012, 491, 494.

b) Zweite Stufe: Materielle Legitimation

Sofern die bei der übertragenden Auflösung erforderlichen Gesellschafterbeschlüsse über die Auflösung der Gesellschaft und die Veräußerung des ganzen Gesellschaftsvermögens von einer Mehrheitsklausel erfasst werden, ist die Mehrheitsentscheidung formell legitimiert. Damit ist allerdings noch nichts über die materielle Legitimation dieser Mehrheitsentscheidung gesagt, die erst auf der zweiten Stufe zu prüfen ist.

Auf der zweiten Stufe ist zunächst zu fragen, ob die Mehrheitsentscheidung in unverzichtbare Mitgliedschaftsrechte eingreift, die dem Gesellschafter nicht entzogen werden dürfen, oder ob die Mehrheitsentscheidung einen Eingriff in relativ unentziehbare Mitgliedschaftsrechte bedeutet, der nur mit Zustimmung des betroffenen Gesellschafters oder aus wichtigem Grund zulässig ist. Im Anschluss daran ist die inhaltliche Wirksamkeit der Mehrheitsentscheidung zu prüfen.

aa) Eingriff in unverzichtbare oder unentziehbare Mitgliedschaftsrechte

(1) Eingriff in unverzichtbare Mitgliedschaftsrechte

Die übertragende Auflösung der KG, also die Auflösung der Gesellschaft und die Veräußerung des ganzen Gesellschaftsvermögens an den Mehrheitsgesellschafter, stellt keinen Eingriff in unverzichtbare Mitgliedschaftsrechte dar. Gegenteiliges wird, soweit ersichtlich, nicht vertreten.

(2) Eingriff in unentziehbare Mitgliedschaftsrechte

Es stellt sich aber die Frage, ob mit den Beschlüssen über die Auflösung der Gesellschaft und die Veräußerung des ganzen Gesellschaftsvermögens an den Mehrheitsgesellschafter in relativ unentziehbare Mitgliedschaftsrechte der Minderheitsgesellschafter eingegriffen wird.

(a) Meinungsstand

Nach einer in Rechtsprechung und Literatur vertretenen Ansicht greift der Beschluss über die Auflösung der KG in den Kernbereich der Mitgliedschaft ein, also in relativ unentziehbare Rechte.[615] Nach dieser Ansicht ist die Auflösung der KG durch eine Mehrheitsentscheidung nur dann materiell legitimiert, wenn

---

615 OLG Hamm, GmbHR 1989, 295, 295 f.; KG Berlin, NZG 2010, 1102, 1103; *Haas*, in: Röhricht/Graf v. Westphalen/Haas, HGB, 5. Aufl. 2019, § 119 Rn. 29; *Mecke*, ZHR 153 (1989), 35, 44.

alle Gesellschafter der Auflösung (gegebenenfalls antizipiert durch eine entsprechende Mehrheitsklausel im Gesellschaftsvertrag) zugestimmt haben.[616]

Nach der insbesondere von *Schäfer*[617] vertretenen Gegenauffassung betrifft die Auflösung der Gesellschaft nicht den Kernbereich der Mitgliedschaft. *Schäfer* begründet das damit, dass Zweckänderungen, hierzu zählt er die Auflösung der Gesellschaft, einen Eingriff darstellten, der die Rechte der Gesellschafter nur mittelbar berühre und der alle Gesellschafter gleichermaßen treffe; bei solchen mittelbaren Eingriffen gehe es aber nicht um „Kernbereichsschutz".[618] Er ordnet solche „Beschlüsse, die zwar nicht unmittelbar auf Veränderung der Mitgliedschaft gerichtet sind, sich wegen ihrer Bedeutung für die Vertragsgrundlage aber mittelbar spürbar auf jene auswirken"[619], vielmehr einer eigenen Kategorie zu.[620] Er zählt hierzu neben der Auflösung der Gesellschaft auch die Veräußerung des ganzen Gesellschaftsvermögens.[621] Auf diese Beschlussgegenstände sei der dispositive § 33 Abs. 1 Satz 2 BGB analog anwendbar, der die Zustimmung aller Gesellschafter verlange.[622]

(b) Stellungnahme

Schäfer[623] ist insoweit zuzustimmen, dass die von ihm beschriebenen Beschlussgegenstände, zu denen insbesondere die Auflösung der Gesellschaft und die Veräußerung des ganzen Gesellschaftsvermögens gehören, eine eigene Kategorie bilden. Solche Beschlussgegenstände unterscheiden sich nämlich in der Tat von den typischen Fällen, in denen ein spezieller „Kernbereichsschutz" gewährt wird (z. B. Eingriffe in das Stimm- oder Gewinnrecht einzelner Gesellschafter). Denn sie führen nur zu einem mittelbaren Eingriff und treffen alle Gesellschafter gleichermaßen.[624]

Das ist aber kein Grund, diese Beschlussgegenstände im Rahmen der Prüfung der materiellen Legitimation einer Mehrheitsentscheidung anders zu behandeln

---

616 So ausdrücklich das KG Berlin, NZG 2010, 1102, 1103.

617 Vgl. *Schäfer*, ZGR 2013, 237, 255; *Schäfer*, in: Staub, HGB, 5. Aufl. 2009, § 119 Rn. 42; *Schäfer*, in: Habersack/Schäfer, OHG, 2. Aufl. 2019, § 119 Rn. 42; so auch *Löffler*, NJW 1989, 2656, 2659, Fn. 56.

618 *Schäfer*, ZGR 2013, 237, 255; ähnlich *Altmeppen*, NJW 2015, 2065, 2069.

619 *Schäfer*, in: Staub, HGB, 5. Aufl. 2009, § 119 Rn. 42.

620 Ähnlich *Altmeppen*, NJW 2015, 2065, 2069.

621 Vgl. *Schäfer*, in: Habersack/Schäfer, OHG, 2. Aufl. 2019, § 119 Rn. 42.

622 *Schäfer*, in: Habersack/Schäfer, OHG, 2. Aufl. 2019, § 119 Rn. 42.

623 Vgl. die Nachweise in Fn. 617.

624 Vgl. *Schäfer*, ZGR 2013, 237, 255; *Altmeppen*, NJW 2015, 2065, 2069.

als die Beschlussgegenstände, die unmittelbar in die Mitgliedschaft eingreifen und nur einzelne Gesellschafter betreffen. Denn aus Sicht der Gesellschafter sind die Beeinträchtigungen durch diese Beschlüsse vergleichbar. Für den einzelnen Gesellschafter macht es nämlich keinen Unterschied, ob nur er oder alle Gesellschafter von der Maßnahme betroffen sind. Gerade bei der Auflösung der Gesellschaft und der Veräußerung des ganzen Gesellschaftsvermögens handelt es sich um grundlegende Entscheidungen, die für die Gesellschafter wesentlich sind und eine mit einem unmittelbaren Eingriff vergleichbare mittelbare Beeinträchtigung für die Gesellschafter zur Folge haben können. Beispielsweise führt die Auflösung der Gesellschaft in aller Regel zur Beendigung der Mitgliedschaft der Gesellschafter. Auch bei dem Beschluss über die Auflösung der Gesellschaft und dem Beschluss über die Veräußerung des ganzen Gesellschaftsvermögens ist daher eine (gegebenenfalls antizipiert im Gesellschaftsvertrag erteilte) Zustimmung aller Gesellschafter erforderlich.

Bei der übertragenden Auflösung, bei der diese Beschlüsse kombiniert werden und das Gesellschaftsvermögen an den Mehrheitsgesellschafter veräußert wird, gilt das erst recht. Denn hier kommt hinzu, dass diese Maßnahme nicht alle Gesellschafter gleichermaßen trifft. Die übertragende Auflösung führt dazu, dass die Minderheitsgesellschafter ihre mittelbare Beteiligung an dem Unternehmen der Gesellschaft verlieren, wohingegen der Mehrheitsgesellschafter seine mittelbare Beteiligung an dem Unternehmen behält, weil das Unternehmen auf ihn übertragen wird. Darüber hinaus nimmt eine übertragende Auflösung den Minderheitsgesellschaftern zwar nicht das Recht auf einen angemessenen Liquidationserlös, dieses Recht ist hierbei aber jedenfalls gefährdet, weil der Interessenkonflikt, in dem sich der Mehrheitsgesellschafter bei der übertragenden Auflösung befindet, dazu führen kann, dass die Gesellschaft für das an den Mehrheitsgesellschafter veräußerte Vermögen keinen angemessenen Kaufpreis erhält.

(c) Zwischenergebnis

Die materielle Legitimation einer übertragenden Auflösung durch Mehrheitsentscheidung setzt voraus, dass der Gesellschaftsvertrag der KG eine Regelung enthält, der sich eine antizipierte Zustimmung aller Gesellschafter entnehmen lässt. Eine allgemeine Mehrheitsklausel genügt diesen Anforderungen nicht. Ausreichend sind aber die oben[625] beispielhaft genannten Mehrheitsklauseln, in

625 Dazu 4. Teil. B. III. 2. a) bb).

denen die Beschlussgegenstände, die bei einer übertragenden Auflösung relevant sind, ausdrücklich benannt werden.[626]

bb) Weitere inhaltliche Wirksamkeitsprüfung

Auf der zweiten Stufe ist zudem die inhaltliche Wirksamkeit der Mehrheitsentscheidung zu prüfen. Insoweit wurde bereits festgestellt, dass die übertragende Auflösung der KG für sich genommen keinen Verstoß gegen die gesellschaftsrechtliche Treuepflicht darstellt.[627] Ob die übertragende Auflösung der KG im Einzelfall gegen die gesellschaftsrechtliche Treuepflicht verstoßen oder aus anderen inhaltlichen Gründen unwirksam sein kann, wird an späterer Stelle untersucht.[628]

cc) Qualifiziertes Mehrheitserfordernis

Anders als etwa im GmbH-Recht müssen im KG-Recht auch Gesellschafterbeschlüsse über grundlegende Maßnahmen (z. B. die Änderung des Gesellschaftsvertrags) nicht zwingend von einer qualifizierten Mehrheit abhängig gemacht werden. Auch insoweit kann eine einfache Mehrheit im Gesellschaftsvertrag wirksam vereinbart werden.[629] Der Grund hierfür liegt darin, dass die Gesellschafter der KG sich ohnehin darüber einigen müssen, ob und in welchen Fällen sie von dem Einstimmigkeitsprinzip abweichen wollen.[630] Nach den Maßstäben des Personengesellschaftsrechts kann damit sowohl für die Auflösung der Gesellschaft als auch die Veräußerung des ganzen Gesellschaftsvermögens eine einfache Mehrheit im Gesellschaftsvertrag vorgesehen werden. Ein im Gesellschaftsvertrag wirksam vereinbartes Mehrheitserfordernis besteht nach der Auflösung der Gesellschaft fort.[631]

Es fragt sich jedoch, ob bei der übertragenden Auflösung der KG ausnahmsweise etwas anderes gelten muss. Hier könnte eine Einschränkung unter analoger Anwendung des § 43 Abs. 2 Satz 2 UmwG geboten sein. Diese Vorschrift

---

626 Für die Veräußerung wären damit beispielsweise folgende Beschlussgegenstände ausreichend: „Veräußerung des ganzen Gesellschaftsvermögens"; „Veräußerung des Unternehmens im Ganzen".

627 Dazu 3. Teil. B. II. 1.

628 Dazu insbes. 4. Teil. E.

629 Vgl. BGHZ 179, 13, 19 f. – Schutzgemeinschaftsvertrag II; *Altmeppen*, NJW 2015, 2065, 2069; *Schäfer*, ZGR 2013, 237, 238.

630 *Altmeppen*, NJW 2015, 2065, 2069.

631 BGHZ 191, 293, 300.

regelt den Fall der Verschmelzung unter Beteiligung einer Personenhandelsgesellschaft. Nach § 43 Abs. 2 Satz 2 UmwG muss, sofern der Gesellschaftsvertrag einer Personenhandelsgesellschaft eine Verschmelzung durch Mehrheitsentscheidung zulässt, die Mehrheit mindestens drei Viertel der abgegebenen Stimmen betragen.

Eine Analogie setzt eine Regelungslücke im Sinne einer planwidrigen Unvollständigkeit des Gesetzes und eine vergleichbare Interessenlage voraus.[632] Eine planwidrige Regelungslücke ist für den Sonderfall der übertragenden Auflösung der KG gegeben; hierauf wird an späterer Stelle näher eingegangen.[633]

Fraglich ist jedoch, ob eine vergleichbare Interessenlage vorliegt. In der Gesetzesbegründung wurde zu § 43 Abs. 2 Satz 2 UmwG ausgeführt: „Nach Absatz 2 Satz 2 kann diese gesetzliche Regel [Einstimmigkeitsprinzip] im Gesellschaftsvertrag jedoch abbedungen werden, allerdings nur bis zu der (...) genannten Mindestgrenze, die derjenigen bei den anderen Rechtsformen verschmelzungsfähiger Rechtsträger entspricht und notwendig ist, weil die Bedeutung des Vorgangs eine so qualifizierte Mehrheit erfordert."[634] Danach liegt der Grund für die in § 43 Abs. 2 Satz 2 UmwG vorgesehene Mindestgrenze in der „Bedeutung des Vorgangs".

Die „Bedeutung des Vorgangs" ergibt sich dabei nicht aus verschmelzungsrechtlichen Besonderheiten. Vor allem liegt der Grund für die in § 43 Abs. 2 Satz 2 UmwG vorgegebene Mindestgrenze nicht darin, dass die Verschmelzung zu einer Erweiterung der Haftung der Gesellschafter führen kann;[635] die Gesellschafter der übernehmenden Personenhandelsgesellschaft haften nach der Verschmelzung auch für die Verbindlichkeiten der übertragenden Gesellschaft. Das ergibt sich bereits aus den in den vorzitierten Ausführungen in der Gesetzesbegründung angesprochenen Mindestgrenzen „bei den anderen Rechtsformen verschmelzungsfähiger Rechtsträger". Bei anderen Rechtsformen verschmelzungsfähiger Rechtsträger, wie etwa der GmbH oder der AG, besteht die Mindestgrenze nämlich nicht aus Haftungsgesichtspunkten, sondern aus anderen Gründen, insbesondere wegen der allgemeinen Bedeutung der Maßnahme und zum Schutz der Minderheitsgesellschafter. Darüber hinaus gilt eine entsprechende Mindestgrenze auch bei dem Formwechsel einer Personenhandelsgesellschaft in die Rechtsform einer Kapitalgesellschaft oder in die Rechtsform einer

632 Näher zu den Analogievoraussetzungen 5. Teil. A. II. 3. d) aa).

633 Dazu 5. Teil. A. IV. 2. a).

634 Begr. RegE UmwBerG, BT-Drs. 12/6699, S. 98.

635 So aber *Enzinger*, in: Münch. Komm. HGB, 4. Aufl. 2016, § 119 Rn. 91.

eingetragenen Genossenschaft (§ 217 Abs. 1 Satz 3 UmwG);[636] hier wird die Haftung der Gesellschafter aber nicht erweitert. Auch beim Formwechsel wurde die Mindestgrenze mit der Bedeutung der Maßnahme begründet.[637]

Da sich die „Bedeutung des Vorgangs", die in der Gesetzesbegründung als Grund für die in § 43 Abs. 2 Satz 2 UmwG vorgesehene Mindestgrenze angeführt wurde, nicht aus verschmelzungsrechtlichen Besonderheiten ergibt, kann sie nur in der allgemeinen Wichtigkeit und der allgemeinen Relevanz der Verschmelzung für die Gesellschafter liegen. Für eine vergleichbare Interessenlage spricht daher, dass die übertragende Auflösung deutliche Parallelen zur Verschmelzung, auf die § 43 Abs. 2 Satz 2 UmwG unmittelbar anwendbar ist, aufweist.[638] Auch bei der Verschmelzung wird das Gesellschaftsvermögen gegen Gewährung einer Gegenleistung (in Form von Anteilen) übertragen und die Gesellschaft (ohne Abwicklung) aufgelöst. Zudem hat die übertragende Auflösung vergleichbare oder sogar weitreichendere Auswirkungen auf die Interessenlage der Gesellschafter. Das gilt insbesondere für die Minderheitsgesellschafter, die durch die übertragende Auflösung nicht nur ihre Mitgliedschaft in der Gesellschaft, sondern auch ihre mittelbare Beteiligung an dem Unternehmen der Gesellschaft verlieren, weil sie – insoweit anders als bei der Verschmelzung – an der übernehmenden Gesellschaft nicht beteiligt werden müssen. Die Interessenlage und das Schutzbedürfnis der Gesellschafter sind damit in beiden Fällen vergleichbar.

Im Ergebnis ist eine analoge Anwendung des § 43 Abs. 2 Satz 2 UmwG auf die übertragende Auflösung der KG damit geboten. Die Beschlüsse der Gesellschafterversammlung über die Auflösung der Gesellschaft und die Veräußerung des ganzen Gesellschaftsvermögens bedürfen daher einer Mehrheit, die mindestens drei Viertel der abgegebenen Stimmen beträgt. Sofern in dem Gesellschaftsvertrag der KG eine geringere Mehrheit vorgesehen ist, dürfte eine Auslegung der entsprechenden Regelung allerdings – auch ohne salvatorische Klausel – regelmäßig ergeben, dass die Regelung nicht unwirksam ist, sondern eine Drei-Viertel-Mehrheit gelten soll.[639]

---

636 Für den Fall eines Formwechsels in eine KGaA ordnet § 217 Abs. 3 UmwG an, dass alle Gesellschafter, die in der KGaA die Stellung eines persönlich haftenden Gesellschafters übernehmen sollen, dem Formwechsel zustimmen müssen.

637 Begr. RegE UmwBerG, BT-Drs. 12/6699, S. 149: „Die für den Mehrheitsbeschluß (…) bestimmte Mindestgrenze (…) ist notwendig, weil die Bedeutung des Vorgangs eine so qualifizierte Mehrheit erfordert."

638 Näher dazu 5. Teil. A. IV. 2.

639 Vgl. zur direkten Anwendung des § 43 UmwG *Zimmermann*, in: Kallmeyer, UmwG, 7. Aufl. 2020, § 43 Rn. 10; *Ihrig*, in: Semler/Stengel/Leonard, UmwG, 5. Aufl. 2021,

3. *Zustimmungspflicht*

Auch wenn der Gesellschaftsvertrag der KG keine Mehrheitsklausel enthält, aus der sich eine antizipierte Zustimmung der Gesellschafter zu der Auflösung der Gesellschaft und der Veräußerung des ganzen Gesellschaftsvermögens an den Mehrheitsgesellschafter entnehmen lässt, und die Minderheitsgesellschafter nicht bereit sind, ihre Zustimmung hierzu zu erteilen, kann der Mehrheitsgesellschafter die Auflösung und die Veräußerung bei Vorliegen bestimmter Umstände ausnahmsweise auch gegen den Willen der Minderheitsgesellschafter durchsetzen. Das ist dann der Fall, wenn die Minderheitsgesellschafter unter dem Gesichtspunkt der Erfüllung ihrer gesellschaftsrechtlichen Treuepflicht dazu verpflichtet sind, hierzu ihre Zustimmung zu erteilen.[640]

Nach der Rechtsprechung des Bundesgerichtshofs kommt eine „Zustimmungspflicht (…) in Betracht, wenn sie mit Rücksicht auf das bestehende Gesellschaftsverhältnis oder auf die bestehenden Rechtsbeziehungen der Gesellschafter untereinander dringend erforderlich ist und die Änderung des Gesellschaftsvertrags dem Gesellschafter unter Berücksichtigung seiner eigenen Belange zumutbar ist".[641] An die Bejahung einer solchen Zustimmungspflicht sind zwar strenge Anforderungen zu stellen. Jedoch ist die Auffassung abzulehnen, dass es hier nur um „krasse"[642] Ausnahmefälle gehen könne. Insbesondere kann diese Auffassung nicht damit begründet werden, dass die Zustimmungspflicht einen Eingriff in die Privatautonomie darstelle. Denn auch die Beschränkung der Mehrheitsmacht durch die gesellschaftsrechtliche Treuepflicht, die nicht nur in krassen Ausnahmefällen bejaht wird, stellt einen Eingriff in die Privatautonomie dar. Bei der Beschränkung der Macht der Gesellschafter kann nicht mit zweierlei Maß gemessen werden. Die gesellschaftsrechtliche Treuepflicht beschränkt die Macht aller Gesellschafter, nicht nur die Macht der Mehrheit, und zwar jeweils in gleicher Weise.

Der Bundesgerichtshof hat eine Zustimmungspflicht der Gesellschafter in unterschiedlichen Fällen bejaht. Ausgehend von der Rechtsprechung des Bundesgerichtshofs könnte man insbesondere in Sanierungsfällen an eine Zustimmungspflicht der Minderheitsgesellschafter denken.[643] So hat der Bundesgerichtshof

---

§ 43 Rn. 27, Fn. 59; a. A. *Hörtnagl/Ollech*, in: Schmitt/Hörtnagl, UmwG, 9. Aufl. 2020, § 43 Rn. 10.

640 BGHZ 44, 40, 41 f.; BGHZ 64, 253, 256 ff.; BGH, NJW 1961, 724, 724 f.; BGHZ 183, 1, 8 – Sanieren oder Ausscheiden; BGH, NZG 2016, 781 – Media-Saturn.

641 BGHZ 183, 1, 8 – Sanieren oder Ausscheiden.

642 So *Altmeppen*, NJW 2015, 2065, 2071.

643 Vgl. etwa BGH, NJW 1960, 434, 434; BGHZ 183, 1, 8 ff. – Sanieren oder Ausscheiden.

in einem Fall, in dem es die wirtschaftliche Lage der Gesellschaft erforderlich gemacht hatte, den Geschäftsbetrieb einzustellen, angenommen, dass die Gesellschafter verpflichtet sind, die hierfür notwendigen Maßnahmen zu ergreifen und insbesondere dem Abschluss eines Kaufvertrags über das Gesellschaftsvermögen zuzustimmen.[644] Diesem Standpunkt ist zu folgen.

Bei einer wirtschaftlichen Schieflage der Gesellschaft können die Minderheitsgesellschafter daher aufgrund ihrer gesellschaftsrechtlichen Treuepflicht dazu verpflichtet sein, der Auflösung der Gesellschaft und der Veräußerung des ganzen Gesellschaftsvermögens an den Mehrheitsgesellschafter zuzustimmen, insbesondere wenn die Veräußerung an den Mehrheitsgesellschafter die einzige oder die aussichtsreichste Sanierungsmöglichkeit darstellt.

4. *Ergebnis*

Bei der KG hängt die Frage, welche Mehrheits- und Beteiligungserfordernisse bei den Beschlüssen der Gesellschafterversammlung über die Auflösung der Gesellschaft und die Veräußerung des ganzen Gesellschaftsvermögens zu beachten sind, grundsätzlich von dem Inhalt des Gesellschaftsvertrags ab. Enthält der Gesellschaftsvertrag der KG insoweit keine Regelung, gilt das gesetzliche Einstimmigkeitsprinzip. Damit diese Beschlüsse von dem Mehrheitsgesellschafter durch Mehrheitsentscheidung auch gegen die Stimmen der Minderheitsgesellschafter gefasst werden können, muss der Gesellschaftsvertrag eine Mehrheitsklausel enthalten, die diese Beschlussgegenstände umfasst und aus der sich eine antizipierte Zustimmung der Minderheitsgesellschafter entnehmen lässt. Eine allgemeine Mehrheitsklausel ist hierfür nicht ausreichend. Zudem muss die Mehrheitsklausel in entsprechender Anwendung des § 43 Abs. 2 Satz 2 UmwG eine Mehrheit von mindestens drei Viertel der abgegebenen Stimmen vorsehen.

C. Stimmrecht des Mehrheitsgesellschafters

Damit der Mehrheitsgesellschafter die für eine übertragende Auflösung notwendigen Gesellschafterbeschlüsse ohne Zustimmung der Minderheitsgesellschafter in der Gesellschafterversammlung fassen kann, muss er nicht nur über die hierfür erforderliche Mehrheit verfügen, sondern auch stimmberechtigt sein. Bei der Beschlussfassung der Gesellschafterversammlung über die Auflösung der Gesellschaft ist das Stimmrecht des Mehrheitsgesellschafters nach wohl allgemeiner und zutreffender Meinung nicht ausgeschlossen, selbst wenn er

644 BGH, NJW 1960, 434, 434.

beabsichtigt, das ganze Vermögen der Gesellschaft im Rahmen der Liquidation zu übernehmen.[645] Zu untersuchen ist jedoch, ob der Mehrheitsgesellschafter stimmberechtigt ist, wenn die Gesellschafterversammlung den Beschluss über die Veräußerung des ganzen Gesellschaftsvermögens fasst.

I. Aktiengesellschaft

Der Mehrheitsaktionär einer AG unterliegt nach wohl allgemeiner Meinung keinem Stimmverbot, wenn die Hauptversammlung über die Zustimmung zu dem Kaufvertrag zwischen der Gesellschaft und dem Mehrheitsaktionär über das ganze Gesellschaftsvermögen beschließt.[646] Das Aktiengesetz sieht lediglich in § 136 Abs. 1 Satz 1 AktG einen Ausschluss des Stimmrechts für einen Aktionär vor, wenn darüber Beschluss gefasst wird, ob der Aktionär entlastet oder von einer Verbindlichkeit befreit werden oder die Gesellschaft gegen den Aktionär einen Anspruch geltend machen soll. Es mag in Betracht kommen, diese Vorschrift auf Beschlussgegenstände analog anzuwenden, die den in § 136 Abs. 1 Satz 1 AktG ausdrücklich genannten Beschlussgegenständen ähneln.[647] Das trifft auf den Beschluss über die Zustimmung zu dem Kaufvertrag mit dem Mehrheitsaktionär aber nicht zu.

Auch kann ein allgemeiner Grundsatz, dass ein Stimmverbot immer eingreift, wenn sich ein Aktionär bei einer Beschlussfassung in einem Interessenkonflikt befindet, weder aus § 136 Abs. 1 Satz 1 AktG noch aus § 181 BGB abgeleitet werden.[648] Das gilt insbesondere, wenn über ein Rechtsgeschäft zwischen der Gesellschaft und einem Aktionär abgestimmt wird,[649] wie das bei der übertragenden Auflösung der Fall ist. Eine analoge Anwendung dieser Vorschriften scheitert jedenfalls daran, dass keine planwidrige Regelungslücke vorliegt. Denn der Gesetzgeber hat aus Gründen der Rechtssicherheit bewusst darauf verzichtet,

645 Vgl. zur GmbH etwa *Drescher*, in: Münch. Komm. GmbHG, 3. Aufl. 2019, § 47 Rn. 173; *Hüffer/Schäfer*, in: Habersack/Casper/Löbbe, GmbHG, 3. Aufl. 2020, § 47 Rn. 180.

646 Vgl. nur *Henze*, ZIP 1995, 1473, 1478; *Koch*, in: Hüffer/Koch, AktG, 15. Aufl. 2021, § 179a Rn. 12; *Rühland*, Ausschluss, 2004, S. 102; *Stein*, in: Münch. Komm. AktG, 5. Aufl. 2021, § 179a Rn. 53; *Walz*, in: MAH AktR, 3. Aufl. 2018, § 50 Rn. 27.

647 Vgl. dazu *Arnold*, in: Münch. Komm. AktG, 4. Aufl. 2018, § 136 Rn. 22 ff.

648 H. M.; vgl. nur *Schröer*, in: Münch. Komm. AktG, 4. Aufl. 2018, § 136 Rn. 20 f. m. w. N.

649 Vgl. *Arnold*, in: Münch. Komm. AktG, 4. Aufl. 2018, § 136 Rn. 21.

ein solches Stimmverbot, wie es in § 252 Abs. 3 Satz 2 HGB 1897 für die AG vorgesehen war, in das Aktiengesetz von 1937 zu übernehmen.[650]

II. Gesellschaft mit beschränkter Haftung

Im GmbH-Recht sieht § 47 Abs. 4 Satz 2 GmbHG bei einer Beschlussfassung, die „die Vornahme eines Rechtsgeschäfts (...) gegenüber einem Gesellschafter betrifft", ausdrücklich vor, dass der fragliche Gesellschafter kein Stimmrecht hat. Nach einhelliger Auffassung „betrifft" ein Beschluss die Vornahme eines Rechtsgeschäfts im Sinne dieser Vorschrift auch dann, wenn der Beschlussgegenstand die Zustimmung zu dem Rechtsgeschäft mit dem fraglichen Gesellschafter der GmbH ist. Zudem ist § 47 Abs. 4 Satz 2 GmbHG auch nach der Auflösung der Gesellschaft noch anwendbar.[651]

Damit wäre das Stimmrecht des Mehrheitsgesellschafters der GmbH nach dem Wortlaut des § 47 Abs. 4 Satz 2 GmbHG ausgeschlossen, wenn die Gesellschafterversammlung bei einer übertragenden Auflösung über die Veräußerung des ganzen Gesellschaftsvermögens an den Mehrheitsgesellschafter beschließt. Der Mehrheitsgesellschafter könnte eine von ihm beabsichtigte übertragende Auflösung also nicht gegen die Stimmen der Minderheitsgesellschafter durchsetzen.

1. *Meinungsstand: Einschränkung des Stimmverbots im Allgemeinen*

Allerdings entspricht es einhelliger Rechtsauffassung, dass der Wortlaut des § 47 Abs. 4 Satz 2 GmbHG zu weit gefasst ist und diese Regelung einer einengenden Auslegung bedarf. Die Einzelheiten sind jedoch umstritten.[652]

a) Traditionelle Auffassung

Nach der traditionellen Auffassung hängt die Geltung des Stimmverbots davon ab, ob der Beschlussgegenstand ein individualrechtliches oder ein sozialrechtliches Rechtsgeschäft betrifft.[653] Ein individualrechtliches Rechtsgeschäft, bei dem

---

650 *Arnold*, in: Münch. Komm. AktG, 4. Aufl. 2018, § 136 Rn. 21; *Koch*, in: Hüffer/Koch, AktG, 15. Aufl. 2021, § 136 Rn. 17 f. m. w. N.; *Rieckers*, in: Spindler/Stilz, AktG, 4. Aufl. 2019, § 136 Rn. 15.

651 *Drescher*, in: Münch. Komm. GmbHG, 3. Aufl. 2019, § 47 Rn. 6.

652 Eingehend dazu *Hüffer*, in: FS Heinsius, 1991, S. 337 ff.

653 RGZ 74, 276, 278 f.; BGHZ 18, 205, 210; BGHZ 51, 209, 215 f.; BGH, NJW 1991, 172, 173; *Bayer*, in: Lutter/Hommelhoff, GmbHG, 20. Aufl. 2020, § 47 Rn. 48 ff.; *Hillmann*, in: Henssler/Strohn, GesR, 5. Aufl. 2021, § 47 GmbHG Rn. 62 ff.; vgl. auch BGHZ 48, 163, 166 f.; zur AG (§ 252 Abs. 3 Satz 2 HGB 1897) auch RGZ 60, 172, 173; RGZ 81, 37, 38.

der Gesellschafter der GmbH wie ein Dritter gegenübersteht, sei stets von dem Stimmverbot erfasst.[654] Dagegen gelte das Stimmverbot nicht bei einem korporativen Rechtsgeschäft, durch das der Gesellschafter seine Herrschafts- und Mitbestimmungsrechte ausübt.[655] Auch bei einem korporativen Beschlussgegenstand wird teilweise aber ein Stimmverbot angenommen, wenn der Gesellschafter bei der Abstimmung als Richter in eigener Sache über sein Verhalten befinden würde.[656]

b) *Neues Schrifttum*

Im neuen Schrifttum wird gegen die traditionelle Auffassung vorgebracht, dass die Geltung des Stimmverbots nicht ohne eine normative Anknüpfung davon abhängig gemacht werden könne, ob sich der jeweilige Sachverhalt unter den Begriff des individualrechtlichen oder sozialrechtlichen Rechtsgeschäfts subsumieren lasse.[657] Es gehe „nicht um Subsumtion, sondern um teleologische Reduktion".[658] Das herrschende Schrifttum stellt daher allein auf den Zweck des § 47 Abs. 4 Satz 2 GmbHG ab und benutzt die Begriffe des individualrechtlichen und sozialrechtlichen Rechtsgeschäfts nur dazu, die nach dem Normzweck gebildeten Fallgruppen abzugrenzen.[659] Der Zweck des § 47 Abs. 4 Satz 2 GmbHG wird allgemein darin gesehen zu verhindern, dass die Willensbildung in der Gesellschaft durch gesellschaftsfremde Sonderinteressen der Gesellschafter

---

654 RGZ 74, 276, 278 f.; BGHZ 18, 205, 210; BGHZ 51, 209, 215 f.; BGH, NJW 1991, 172, 173; *Bayer*, in: Lutter/Hommelhoff, GmbHG, 20. Aufl. 2020, § 47 Rn. 48; *Hillmann*, in: Henssler/Strohn, GesR, 5. Aufl. 2021, § 47 GmbHG Rn. 63; zur AG (§ 252 Abs. 3 Satz 2 HGB 1897) auch RGZ 60, 172, 173; RGZ 81, 37, 38.

655 RGZ 74, 276, 278 f.; BGHZ 18, 205, 210; BGHZ 48, 163, 166 f.; BGHZ 51, 209, 215 f.; BGH, NJW 1991, 172, 173; *Bayer*, in: Lutter/Hommelhoff, GmbHG, 20. Aufl. 2020, § 47 Rn. 49 f.; *Hillmann*, in: Henssler/Strohn, GesR, 5. Aufl. 2021, § 47 GmbHG Rn. 65; zur AG (§ 252 Abs. 3 Satz 2 HGB 1897) auch RGZ 60, 172, 173; RGZ 81, 37, 38.

656 BGH, NJW 1991, 172, 173; *Bayer*, in: Lutter/Hommelhoff, GmbHG, 20. Aufl. 2020, § 47 Rn. 49; *Hillmann*, in: Henssler/Strohn, GesR, 5. Aufl. 2021, § 47 GmbHG Rn. 65.

657 *Hüffer*, in: FS Heinsius, 1991, S. 337, 340 f.

658 *Hüffer*, in: FS Heinsius, 1991, S. 337, 340.

659 Grundlegend *Zöllner*, Schranken, 1963, S. 231 ff.; so auch *Drescher*, in: Münch. Komm. GmbHG, 3. Aufl. 2019, § 47 Rn. 158 ff.; *Hüffer*, in: FS Heinsius, 1991, S. 337, 339 ff.; *Hüffer/Schäfer*, in: Habersack/Casper/Löbbe, GmbHG, 3. Aufl. 2020, § 47 Rn. 167 f., 173 ff.; *Römermann*, in: MHLS, GmbHG, 3. Aufl. 2017, § 47 Rn. 235 ff.; *Zöllner/Noack*, in: Baumbach/Hueck, GmbHG, 22. Aufl. 2019, § 47 Rn. 80 ff.

beeinträchtigt wird.[660] Das Stimmverbot sei darauf gerichtet, die inhaltliche „Richtigkeit“ der Beschlüsse sicherzustellen.[661]

Übereinstimmend mit der traditionellen Auffassung nimmt das neue Schrifttum deshalb an, dass das Stimmverbot bei Drittgeschäften (individualrechtlichen Rechtsgeschäften) generell eingreife.[662] Bei solchen Geschäften sei der Zweck des § 47 Abs. 4 Satz 2 GmbHG nämlich stets einschlägig.[663] Bei den korporativen (sozialrechtlichen) Rechtsgeschäften hänge die Geltung des Stimmverbots dagegen maßgeblich von der Art des betroffenen Interesses ab.[664] Das Stimmverbot greife nicht ein, wenn das Rechtsgeschäft ein mitgliedschaftliches Interesse des Gesellschafters berühre, also ein Interesse, das mit der Stellung als Gesellschafter verbunden sei. Dagegen gelte das Stimmverbot, wenn das Rechtsgeschäft ein privates Interesse betreffe und hierbei typischerweise die Willensbildung in der Gesellschaft beeinträchtigt werde, weil anzunehmen sei, dass der Gesellschafter seinem privaten Interesse bei der Beschlussfassung den Vorrang einräume. Das Erfordernis, dass die Beeinträchtigung der Willensbildung in der Gesellschaft typischerweise zu erwarten sein müsse, folge aus der präventiven Wirkung des Stimmverbots.[665]

2. *Meinungsstand: Einschränkung des Stimmverbots bei Gesamtvermögensveräußerung*

Die Frage, ob ein Stimmverbot nach § 47 Abs. 4 Satz 2 GmbHG bei der Beschlussfassung über die Veräußerung des ganzen Gesellschaftsvermögens an den

660 Vgl. nur *Drescher*, in: Münch. Komm. GmbHG, 3. Aufl. 2019, § 47 Rn. 158; *Hüffer*, in: FS Heinsius, 1991, S. 337, 341; *Hüffer/Schäfer*, in: Habersack/Casper/Löbbe, GmbHG, 3. Aufl. 2020, § 47 Rn. 131; *Römermann*, in: MHLS, GmbHG, 3. Aufl. 2017, § 47 Rn. 211.

661 *Hüffer/Schäfer*, in: Habersack/Casper/Löbbe, GmbHG, 3. Aufl. 2020, § 47 Rn. 131; *K. Schmidt*, in: Scholz, GmbHG, 12. Aufl. 2021, § 47 Rn. 100.

662 *Drescher*, in: Münch. Komm. GmbHG, 3. Aufl. 2019, § 47 Rn. 159; *Hüffer*, in: FS Heinsius, 1991, S. 337, 342; *Römermann*, in: MHLS, GmbHG, 3. Aufl. 2017, § 47 Rn. 236; *Zöllner/Noack*, in: Baumbach/Hueck, GmbHG, 22. Aufl. 2019, § 47 Rn. 81.

663 *Drescher*, in: Münch. Komm. GmbHG, 3. Aufl. 2019, § 47 Rn. 159.

664 Grundlegend *Zöllner*, Schranken, 1963, S. 231 ff.; so mit Unterschieden im Detail auch *Drescher*, in: Münch. Komm. GmbHG, 3. Aufl. 2019, § 47 Rn. 160; *Hüffer*, in: FS Heinsius, 1991, S. 337, 341 ff.; *Hüffer/Schäfer*, in: Habersack/Casper/Löbbe, GmbHG, 3. Aufl. 2020, § 47 Rn. 173 ff.; *Römermann*, in: MHLS, GmbHG, 3. Aufl. 2017, § 47 Rn. 235 f.; *Zöllner/Noack*, in: Baumbach/Hueck, GmbHG, 22. Aufl. 2019, § 47 Rn. 82 ff.

665 *Hüffer*, in: FS Heinsius, 1991, S. 337, 341 ff.

Mehrheitsgesellschafter gilt, wird unterschiedlich beurteilt. Einige Vertreter des Schrifttums sind der Auffassung, dass das Stimmverbot bei der Beschlussfassung über die Veräußerung des ganzen Gesellschaftsvermögens an den Mehrheitsgesellschafter eingreift.[666] Es wird argumentiert, dass auch die Veräußerung des ganzen Gesellschaftsvermögens an den Mehrheitsgesellschafter ein klassisches Verkehrsgeschäft sei, also ein normales Drittgeschäft.[667]

Andere Vertreter des Schrifttums sind dagegen der Auffassung, dass das Stimmverbot bei der Beschlussfassung über die Veräußerung des ganzen Gesellschaftsvermögens nicht eingreift.[668] Das wird damit begründet, dass die Veräußerung des ganzen Gesellschaftsvermögens wegen ihrer Nähe zur Satzungsänderung ein Grundlagengeschäft sei.[669] Zudem wird darauf verwiesen, dass auch bei vergleichbaren Strukturmaßnahmen kein Stimmverbot gelte.[670]

3. *Stellungnahme*

Dem neuen Schrifttum ist insoweit zuzustimmen, dass die Entscheidung darüber, ob das Stimmverbot eingreift, nicht von Begrifflichkeiten abhängig gemacht werden kann. Vielmehr kommt es hierbei entscheidend auf den Zweck des § 47 Abs. 4 Satz 2 GmbHG an, weil es um eine teleologische Reduktion der Regelung geht. Das ist allerdings so selbstverständlich, dass den Vertretern der traditionellen Auffassung unterstellt werden kann, dass sie die Differenzierung zwischen individualrechtlichen und sozialrechtlichen Rechtsgeschäften unter Berücksichtigung des Zwecks der Regelung vorgenommen haben. Insoweit dürfte es sich hierbei also um eine Scheindiskussion handeln und Einigkeit darüber bestehen, dass unter Berücksichtigung des Zwecks des § 47 Abs. 4 Satz 2 GmbHG zu ermitteln ist, ob eine bestimmte Art von Rechtsgeschäften von dem Anwendungsbereich der Regelung erfasst ist. Im Ergebnis ist hierbei dem neuen Schrifttum zu

---

666 *Henze*, ZIP 1995, 1473, 1478; *Hüren*, RNotZ 2014, 77, 87; *T. Meyer*, Liquidatorenkompetenzen, 1996, S. 78 f.; *H.-F. Müller*, in: Münch. Komm. GmbHG, 3. Aufl. 2018, § 70 Rn. 17; *Willms*, Auflösung und Vermögensübernahme, 1999, S. 9 ff.; *Winter*, Treubindungen, 1988, S. 159.

667 *T. Meyer*, Liquidatorenkompetenzen, 1996, S. 79.

668 *Koppensteiner*, ZHR 155 (1991), 97, 108; *Koppensteiner*, in: FS Sigle, 2000, S. 163, 175; *Gromm*, Übertragende Auflösung, 2016, S. 293 ff.; *Reichert*, ZHR-Beiheft 68 (1999), S. 25, 52 f.

669 *Koppensteiner*, in: FS Sigle, 2000, S. 163, 175; ähnlich bereits *Koppensteiner*, ZHR 155 (1991), 97, 108.

670 Vgl. *Koppensteiner*, in: FS Sigle, 2000, S. 163, 175; *Reichert*, ZHR-Beiheft 68 (1999), S. 25, 52 f.; vgl. auch *Koppensteiner*, ZHR 155 (1991), 97, 108.

folgen, weil die Geltung des Stimmverbots nach dem Normzweck nicht bei allen Rechtsgeschäften mit korporativem Charakter gerechtfertigt ist.

Der Zweck des § 47 Abs. 4 Satz 2 GmbHG wird, wie bereits erwähnt,[671] zutreffend darin gesehen zu verhindern, dass die Willensbildung in der Gesellschaft durch Sonderinteressen der Gesellschafter beeinträchtigt wird. Das Stimmverbot gilt daher bei allen gewöhnlichen Drittgeschäften unter Beteiligung eines Gesellschafters, die keinen Bezug zur Mitgliedschaft haben.

Der Verkauf des ganzen Gesellschaftsvermögens an den Mehrheitsgesellschafter ist aber kein solches normales Drittgeschäft. Es handelt sich um keinen gewöhnlichen Kaufvertrag. Vielmehr handelt es sich bei dem Kaufvertrag zwischen der Gesellschaft und dem Mehrheitsgesellschafter über das ganze Gesellschaftsvermögen, wie bereits ausgeführt,[672] um ein Grundlagengeschäft. Denn die Erfüllung des Kaufvertrags verändert die innere Struktur der Gesellschaft. Der Kaufvertrag über das ganze Gesellschaftsvermögen ist damit ein Rechtsgeschäft mit körperschaftlichem Charakter, weil er zugleich die mitgliedschaftlichen Interessen der Gesellschafter berührt.

Zwar sind durch den Kaufvertrag über das ganze Gesellschaftsvermögen neben den mitgliedschaftlichen Interessen der Gesellschafter zugleich die privaten Sonderinteressen des Mehrheitsgesellschafters tangiert, weil der Mehrheitsgesellschafter als Käufer des ganzen Gesellschaftsvermögens daran interessiert ist, einen möglichst günstigen Kaufvertrag abzuschließen, insbesondere einen möglichst niedrigen Kaufpreis zu vereinbaren. Bei der übertragenden Auflösung besteht damit die Gefahr, dass der Mehrheitsgesellschafter diesen privaten Sonderinteressen Vorrang einräumt und die Willensbildung in der Gesellschaft durch diese Sonderinteressen beeinträchtigt wird.

Bei der übertragenden Auflösung einer GmbH ist die Beeinträchtigung der Willensbildung in der Gesellschaft im Ergebnis aber typischerweise nicht zu erwarten. Denn der Gefahr einer unangemessenen Vertragsgestaltung kann, wie noch aufzuzeigen sein wird,[673] auf anderem Wege ausreichend begegnet werden.[674] Eine inhaltliche „Unrichtigkeit" des Beschlusses über die Veräußerung des ganzen Gesellschaftsvermögens, vor der § 47 Abs. 4 Satz 2 GmbHG im Fall seiner Anwendbarkeit schützen soll, ist wegen dieser Vorkehrungen bei der übertragenden Auflösung jedenfalls nicht typischerweise zu erwarten. Der

671 Dazu 4. Teil. C. II. 1. b).

672 Dazu 4. Teil. A. II. 2. b) aa) (2).

673 Dazu 5. Teil.

674 Ähnlich *Koppensteiner*, in: FS Sigle, 2000, S. 163, 175.

Ausschluss des Stimmrechts des Mehrheitsgesellschafters bei der Beschlussfassung über die Veräußerung des ganzen Gesellschaftsvermögens ist daher nicht gerechtfertigt. Hierbei ist zu berücksichtigen, dass der Ausschluss des Stimmrechts einen schwerwiegenden Eingriff in die Mitgliedschaft des Mehrheitsgesellschafters darstellen würde. Denn das Stimmrecht gehört zu den wichtigsten mitgliedschaftlichen Rechten eines Gesellschafters. Dies gilt vor allem bei einer so wichtigen Entscheidung wie der Veräußerung des ganzen Gesellschaftsvermögens, bei der es auch um die Zukunft der Gesellschaft und ihres Unternehmens geht.

Gegen ein Stimmverbot bei der übertragenden Auflösung der GmbH spricht weiter, dass der Mehrheitsgesellschafter nach der herrschenden Auffassung im Schrifttum[675] auch bei der Beschlussfassung über die Zustimmung zum Abschluss eines Unternehmensvertrags keinem Stimmverbot unterliegt.[676] Gleiches gilt nach herrschender Meinung[677] bei der Verschmelzung, die deutliche Parallelen zu der übertragenden Auflösung aufweist.[678] Bei der Verschmelzung wird zur Begründung ebenfalls angeführt, dass die Interessen der Minderheit nicht durch das Stimmverbot, sondern durch die im Umwandlungsgesetz vorgesehenen Schutzinstrumente gewahrt würden.[679]

---

675 *Emmerich*, in: Emmerich/Habersack, Aktien- und GmbH-Konzernrecht, 9. Aufl. 2019, § 293 AktG Rn. 40; *Hommelhoff*, in: Lutter/Hommelhoff, GmbHG, 20. Aufl. 2020, Anh. zu § 13 Rn. 51; *Koch*, in: Hüffer/Koch, AktG, 15. Aufl. 2021, § 293 Rn. 10; *Krieger*, DStR 1992, 432, 435; *Liebscher*, in: Münch. Komm. GmbHG, 3. Aufl. 2018, Anh. zu § 13 Rn. 747 f.; *Lohr*, NZG 2002, 551, 557; so zur Beschlussfassung über die Kündigung eines Beherrschungs- und Gewinnabführungsvertrags auch BGHZ 190, 45, 48 ff.; a. A. *Altmeppen*, GmbHG, 10. Aufl. 2021, Anh. zu § 13 Rn. 38 f. m. w. N.

676 Vgl. zu diesem Argument *Koppensteiner*, in: FS Sigle, 2000, S. 163, 175; *Reichert*, ZHR-Beiheft 68 (1999), S. 25, 52 f.

677 LG Arnsberg, AG 1995, 334, 334; *Braunfels*, MittRhNotK 1994, 233, 237; *Bayer*, in: Lutter/Hommelhoff, GmbHG, 20. Aufl. 2020, § 47 Rn. 50; *Ganzer*, in: Rowedder/Schmidt-Leithoff, GmbHG, 6. Aufl. 2017, § 47 Rn. 92; *Hüffer/Schäfer*, in: Habersack/Casper/Löbbe, GmbHG, 3. Aufl. 2020, § 47 Rn. 189 f.; *Lohr*, NZG 2002, 551, 557; *K. Schmidt*, in: Scholz, GmbHG, 12. Aufl. 2021, § 47 Rn. 114; a. A. *Römermann*, in: MHLS, GmbHG, 3. Aufl. 2017, § 47 Rn. 286 f.; *Zöllner*, Schranken, 1963, S. 252 f.; *Zöllner/Noack*, in: Baumbach/Hueck, GmbHG, 22. Aufl. 2019, § 47 Rn. 90; gegen die Anwendung des Stimmverbots bei Strukturänderungen mit körperschaftlichem Charakter (Ausgliederung wesentlicher Tätigkeitsbereiche gegen Gewährung von Anteilen an der Erwerbergesellschaft) auch OLG Stuttgart, DB 2001, 854, 858.

678 Vgl. zu diesem Argument *Koppensteiner*, in: FS Sigle, 2000, S. 163, 175; *Reichert*, ZHR-Beiheft 68 (1999), S. 25, 52 f.

679 Vgl. *Hüffer/Schäfer*, in: Habersack/Casper/Löbbe, GmbHG, 3. Aufl. 2020, § 47 Rn. 190.

4. *Ergebnis*

Im Ergebnis sprechen die besseren Gründe dafür, bei der übertragenden Auflösung der GmbH ein Stimmverbot des Mehrheitsgesellschafters bei der Beschlussfassung über die Veräußerung des ganzen Gesellschaftsvermögens an den Mehrheitsgesellschafter, also eine Anwendung des § 47 Abs. 4 Satz 2 GmbHG, abzulehnen. Bei der übertragenden Auflösung einer GmbH gilt damit weder bei der Beschlussfassung über die Auflösung der Gesellschaft noch bei der Beschlussfassung über die Veräußerung des ganzen Gesellschaftsvermögens ein Stimmverbot für den Mehrheitsgesellschafter.

III. Kommanditgesellschaft

Das Handelsgesetzbuch sieht Stimmrechtsausschlüsse in mehreren Vorschriften vor. Gemäß §§ 161 Abs. 2, 113 Abs. 2 HGB steht bei einer Beschlussfassung über die Geltendmachung von Ansprüchen gegen einen Gesellschafter der KG wegen Verletzung des Wettbewerbsverbots nur den übrigen Gesellschaftern das Stimmrecht zu, nicht aber dem betroffenen Gesellschafter. Das Gleiche gilt für den Antrag auf die Entziehung der Geschäftsführungsbefugnis, den Antrag auf die Entziehung der Vertretungsmacht und den Ausschluss eines Gesellschafters aus wichtigem Grund durch gerichtliche Entscheidung (§§ 161 Abs. 2, 117, 127, 140 Abs. 1 Satz 1 HGB).

Ebenso wie im Aktienrecht lässt sich aus solchen Vorschriften aber kein allgemeiner Grundsatz dahingehend ableiten, dass das Stimmrecht des Gesellschafters einer KG bei einer Beschlussfassung, bei der es einen Interessenkonflikt gibt, stets ausgeschlossen ist. Das gilt jedenfalls bei einer Beschlussfassung, bei der es um die Vornahme eines Rechtsgeschäfts zwischen der Gesellschaft und einem Gesellschafter geht.[680] In einem solchen Fall sieht das Gesetz zwar für den Verein (§ 34 BGB) und für die GmbH (§ 47 Abs. 4 Satz 2 GmbHG) ausdrücklich ein Stimmverbot vor, nicht aber für die GbR, die Personenhandelsgesellschaften, die Genossenschaft und die AG. Diese lückenhafte Regelung zeigt, dass es keinen allgemeinen gesellschaftsrechtlichen Grundsatz gibt, nach dem das Stimmrecht eines Gesellschafters ausgeschlossen ist, wenn über die Vornahme eines Rechtsgeschäfts zwischen ihm und der Gesellschaft entschieden wird.

---

680 *Enzinger*, in: Münch. Komm. HGB, 4. Aufl. 2016, § 119 Rn. 33 m. w. N.; a. A. die wohl h. M.; vgl. zur h. M. etwa *Roth*, in: Baumbach/Hopt, HGB, 40. Aufl. 2021, § 119 Rn. 8 m. w. N.; vgl. auch *Braunfels*, MittRhNotK 1994, 233, 235.

Selbst wenn es bei der KG ein Stimmverbot für Beschlüsse über Rechtsgeschäfte mit einem Gesellschafter gäbe, müsste man ein Stimmverbot des Mehrheitsgesellschafters bei dem Beschluss über die Veräußerung des ganzen Gesellschaftsvermögens aus den gleichen Gründen wie bei der GmbH[681] im Ergebnis verneinen.

D. Wichtiger Grund als Zulässigkeitserfordernis

Zwischen der übertragenden Auflösung und dem Ausschluss eines Gesellschafters besteht im wirtschaftlichen Ergebnis eine gewisse Ähnlichkeit. Da der Ausschluss eines Gesellschafters aus der Gesellschaft einen wichtigen Grund voraussetzt, stellt sich die Frage, ob das für die übertragende Auflösung ebenfalls gelten muss. Diese Frage wird nachfolgend für die AG, die GmbH und die KG gemeinsam untersucht, weil insoweit ähnliche Grundsätze gelten.

I. Ausschluss aus wichtigem Grund

Im KG-Recht ist der Ausschluss eines Gesellschafters aus wichtigem Grund ausdrücklich gesetzlich geregelt. Wenn in der Person eines Gesellschafters ein wichtiger Grund im Sinne des § 133 HGB vorliegt, können die übrigen Gesellschafter gemäß §§ 161 Abs. 2, 140 Abs. 1 HGB bei Gericht beantragen, dass dieser Gesellschafter aus der Gesellschaft ausgeschlossen wird (sog. Ausschließungsklage). Der Ausschluss des Gesellschafters erfolgt durch ein der Klage stattgebendes Gestaltungsurteil.[682] Diese gesetzliche Vorgabe ist aber dispositiv. Die Gesellschafter können im Gesellschaftsvertrag auch vereinbaren, dass ein Gesellschafter durch einen Beschluss der Gesellschafterversammlung aus der Gesellschaft ausgeschlossen werden kann, wenn ein wichtiger Grund vorliegt.[683]

Für die GmbH sieht das Gesetz den Ausschluss eines Gesellschafters aus wichtigem Grund nicht vor. In Rechtsprechung und Literatur ist heute aber anerkannt, dass ein Gesellschafter auch aus einer GmbH aus wichtigem Grund ausgeschlossen werden kann, und zwar auch dann, wenn der Gesellschaftsvertrag das nicht ausdrücklich vorsieht.[684] Enthält der Gesellschaftsvertrag keine

681 Dazu 4. Teil. C. II. 3.

682 *Lorz*, in: EBJS, HGB, 4. Aufl. 2020, § 140 Rn. 34.

683 *K. Schmidt*, in: Münch. Komm. HGB, 4. Aufl. 2016, § 140 Rn. 91 m. w. N.

684 BGHZ 9, 157, 158 ff.; BGHZ 16, 317, 322; BGHZ 80, 346, 348 ff.; *Grunewald*, Ausschluß, 1987, S. 45 ff.; *Kleindiek* in: Lutter/Hommelhoff, GmbHG, 20. Aufl. 2020, § 34 Rn. 109; *K. Schmidt*, GesR, 4. Aufl. 2002, § 35 IV 2 b, S. 1061; *Seibt*,

Regelung über den Ausschluss eines Gesellschafters, muss die Gesellschafterversammlung beschließen, dass eine Ausschließungsklage erhoben werden soll.[685] Erst danach darf die Ausschließungsklage eingereicht werden.[686] Der Ausschluss des Gesellschafters vollzieht sich dann durch Gestaltungsurteil.[687] Allerdings kann der Gesellschaftsvertrag auch die Möglichkeit eröffnen, einen Gesellschafter allein durch Beschluss der Gesellschafterversammlung aus der Gesellschaft auszuschließen, wenn ein wichtiger Grund vorliegt.[688]

Das Aktiengesetz enthält ebenfalls keine Vorschrift, die den Ausschluss eines Aktionärs aus wichtigem Grund ausdrücklich regelt. Nach der heute wohl überwiegenden Auffassung im Schrifttum ist ein Ausschluss aus wichtigem Grund gleichwohl auch bei der AG zulässig, auch wenn die Satzung hierzu keine Bestimmung enthält.[689] Das Verfahren ist auch hier zweistufig.[690] Zunächst muss die Hauptversammlung beschließen, dass eine Ausschließungsklage erhoben werden soll. Erst danach darf die Ausschließungsklage bei Gericht eingereicht werden. Wenn die Klage erfolgreich ist, erfolgt der Ausschluss des Gesellschafters auch bei der AG durch Gestaltungsurteil.[691]

Die Voraussetzungen eines wichtigen Grunds, der zum Ausschluss eines Gesellschafters berechtigt, sind im Einzelnen umstritten. Meist wird darauf abgestellt, ob in der Person des auszuschließenden Gesellschafters ein Grund vorliegt, der es bei Abwägung aller Umstände für die anderen Gesellschafter unzumutbar macht, das Gesellschaftsverhältnis mit diesem Gesellschafter fortzusetzen.[692] Die Anforderungen an die Zumutbarkeit werden heute, auch

---

in: Scholz, GmbHG, 12. Aufl. 2018, Anh. § 34 Rn. 25; *Ulmer/Habersack*, in: Habersack/Casper/Löbbe, GmbHG, 3. Aufl. 2020, Anh. § 34 Rn. 9.

685 *Strohn*, in: Münch. Komm. GmbHG, 3. Aufl. 2018, § 34 Rn. 143 ff.

686 *Strohn*, in: Münch. Komm. GmbHG, 3. Aufl. 2018, § 34 Rn. 167.

687 *Seibt*, in: Scholz, GmbHG, 12. Aufl. 2018, Anh. § 34 Rn. 37 ff.

688 *Strohn*, in: Münch. Komm. GmbHG, 3. Aufl. 2018, § 34 Rn. 167 m. w. N.

689 *Grunewald*, Ausschluß, 1987, S. 50 ff.; *Becker*, ZGR 1986, 383, 386 ff.; *Habersack*, ZIP 2001, 1230, 1230; *Scholz*, in: Münch. HdB. GesR IV, 5. Aufl. 2020, § 63 Rn. 56; *K. Schmidt*, GesR, 4. Aufl. 2002, § 28 I 5 a, S. 803; a. A. BGHZ 9, 157, 163; BGHZ 18, 350, 365; offengelassen von BGHZ 103, 184, 192 – Linotype.

690 *Scholz*, in: Münch. HdB. GesR IV, 5. Aufl. 2020, § 63 Rn. 57.

691 *Scholz*, in: Münch. HdB. GesR IV, 5. Aufl. 2020, § 63 Rn. 57.

692 Vgl. mit Unterschieden im Detail zur AG etwa *Scholz*, in: Münch. HdB. GesR IV, 5. Aufl. 2020, § 63 Rn. 56 m. w. N.; zur KG BGHZ 31, 295, 304 f.; *Lorz*, in: EBJS, HGB, 4. Aufl. 2020, § 140 Rn. 5 m. w. N.; zur GmbH BGHZ 9, 157, 159; *Strohn*, in: Münch. Komm. GmbHG, 3. Aufl. 2018, § 34 Rn. 123 m. w. N.

abhängig von der Rechtsform der Gesellschaft, unterschiedlich beurteilt. Bei der AG wird besonders betont, dass jedenfalls allein die Position als Minderheitsgesellschafter keinen wichtigen Grund darstelle;[693] das gilt aber selbstverständlich auch für die GmbH und die KG.

II. Meinungsstand

Im Schrifttum zum GmbH-Recht wird teilweise die Auffassung vertreten, dass die übertragende Auflösung nur zulässig sei, wenn ein wichtiger Grund vorliege, auf den auch ein Ausschluss aus der Gesellschaft gestützt werden könne.[694] Andernfalls liege in der übertragenden Auflösung ein Verstoß gegen die gesellschaftsrechtliche Treuepflicht[695] bzw. ein Rechtsmissbrauch[696].

Diese Auffassung wird damit begründet, dass die übertragende Auflösung materiell betrachtet einen Ausschluss der Minderheitsgesellschafter aus dem Unternehmen der Gesellschaft darstelle.[697] Bei einer übertragenden Auflösung setze der Mehrheitsgesellschafter den Auflösungsbeschluss daher „funktionswidrig" ein, weil es ihm nicht darum gehe, die in die Gesellschaft eingesetzten Mittel wieder freizusetzen, sondern die Minderheitsgesellschafter auszuschließen.[698]

Mit einer ähnlichen Begründung kommt ein Teil der Literatur zu dem Ergebnis, dass die übertragende Auflösung generell unzulässig ist, also auch bei Vorliegen eines wichtigen Grunds. Auf diese Ansicht wurde bereits eingegangen.[699]

Nach anderer Ansicht, die in der Literatur zur AG[700] und GmbH[701] vertreten wird, ist ein wichtiger Grund bei der übertragenden Auflösung nicht erforderlich. Die übertragende Auflösung unterscheide sich wesentlich von dem

---

693 *Habersack*, in: Emmerich/Habersack, Aktien- und GmbH-Konzernrecht, 9. Aufl. 2019, § 327a AktG Rn. 8.

694 *Lutter*, ZGR 1981, 171, 182; *Berner*, in: Münch. Komm. GmbHG, 3. Aufl. 2018, § 60 Rn. 97; *Casper*, in: Ulmer/Habersack/Löbbe, GmbHG, 2. Aufl. 2016, § 60 Rn. 43; ähnlich *Gromm*, Übertragende Auflösung, 2016, S. 275 ff.

695 *Berner*, in: Münch. Komm. GmbHG, 3. Aufl. 2018, § 60 Rn. 97; *Casper*, in: Ulmer/Habersack/Löbbe, GmbHG, 2. Aufl. 2016, § 60 Rn. 43.

696 *Lutter*, ZGR 1981, 171, 182.

697 *Lutter*, ZGR 1981, 171, 182.

698 *Lutter*, ZGR 1981, 171, 182.

699 Dazu 3. Teil. B. II. 2.

700 BGHZ 103, 184, 192 – Linotype; *Henze*, ZIP 1995, 1473, 1477; *Roth*, NZG 2003, 998, 1001; *Reinisch*, Ausschluss, 1992, S. 137.

701 *Henze*, ZIP 1995, 1473, 1477; *Winter*, Treubindungen, 1988, S. 162 f.

Ausschluss eines Gesellschafters aus der Gesellschaft.[702] Da die Minderheitsgesellschafter ebenfalls die Möglichkeit haben, das Unternehmen der Gesellschaft zu erwerben, befänden sie sich nicht in der gleichen Lage wie bei einem Ausschluss aus der Gesellschaft.[703]

Zudem liege kein funktionswidriger Einsatz des Auflösungsrechts vor, weil es zu einer Desinvestition komme: „Die Freisetzung des investierten Kapitals liegt darin, daß der Gesellschaftszweck beendet wird und es insoweit keiner gesellschaftlichen Bindung mehr unterliegt."[704]

III. Stellungnahme

Es ist im Ansatz durchaus nachvollziehbar, die übertragende Auflösung mit einem Ausschluss aus der Gesellschaft zu vergleichen. Denn beide Verfahren führen dazu, dass die betroffenen Gesellschafter ihre Mitgliedschaft in der Gesellschaft und ihre mittelbare Beteiligung an dem Unternehmen der Gesellschaft verlieren. Bei dieser Sichtweise liegt die Frage nahe, ob die übertragende Auflösung als Umgehung des Ausschlussverfahrens zu qualifizieren und deshalb nur zuzulassen ist, wenn sich der Mehrheitsgesellschafter auf einen wichtigen Grund, der den Ausschluss der betroffenen Minderheitsgesellschafter rechtfertigen würde, berufen kann.

Hiergegen spricht allerdings, dass die Minderheitsgesellschafter, wie schon dargelegt,[705] durch die übertragende Auflösung nicht aus der Gesellschaft ausgeschlossen werden. Von einem „Ausschluss" aus der Gesellschaft kann nur gesprochen werden, wenn nur der betroffene Gesellschafter seine Mitgliedschaft in der Gesellschaft verliert, die übrigen Gesellschafter ihre Mitgliedschaft aber behalten. Bei der übertragenden Auflösung ist die Situation aber eine andere. Hier wird die Gesellschaft liquidiert und alle Gesellschafter verlieren ihre Mitgliedschaft in der Gesellschaft.

Dieser Unterschied zwischen der übertragenden Auflösung und dem Ausschluss aus der Gesellschaft ist in diesem Zusammenhang entscheidend. Denn das Erfordernis eines wichtigen Grunds dient gerade dazu, den einzelnen Gesellschafter davor zu schützen, dass die übrigen Gesellschafter (nur) seine

---

702 BGHZ 103, 184, 192 – Linotype; *Henze*, ZIP 1995, 1473, 1477; *Winter*, Treubindungen, 1988, S. 162 f.

703 BGHZ 103, 184, 192 – Linotype; *Henze*, ZIP 1995, 1473, 1477; *Winter*, Treubindungen, 1988, S. 162 f.

704 BGHZ 103, 184, 193 – Linotype.

705 Dazu 3. Teil. B. II. 2. b) und 4. Teil. B. I. 2. b) aa).

Mitgliedschaft in der Gesellschaft beenden, ohne dass schwerwiegende, in seiner Person liegende Gründe vorliegen. Im Übrigen ist der Verlust der Mitgliedschaft bei der übertragenden Auflösung eine zwingende Folge der Gesellschaftsauflösung, die nach den gesetzlichen Regelungen gerade keinen Grund voraussetzt (§ 262 Abs. 1 Nr. 2 AktG, § 60 Abs. 1 Nr. 2 GmbHG, §§ 161 Abs. 2, 131 Abs. 1 Nr. 2 HGB).[706]

Die Minderheitsgesellschafter werden bei der übertragenden Auflösung, wie ebenfalls bereits ausgeführt,[707] auch nicht aus dem Unternehmen der Gesellschaft (mittelbar) „ausgeschlossen". Durch die übertragende Auflösung verlieren die Minderheitsgesellschafter zwar, wie bei einem Ausschluss, ihre Mitgliedschaft in der Gesellschaft und damit auch ihre mittelbare Beteiligung an dem Unternehmen der Gesellschaft, wohingegen der Mehrheitsgesellschafter an dem Unternehmen der Gesellschaft beteiligt bleibt. Das ist aber keine zwingende rechtliche Folge der übertragenden Auflösung. Denn auch die Minderheitsgesellschafter können das Unternehmen der Gesellschaft selbst erwerben, wenn sie hierfür einen höheren Kaufpreis bieten.[708]

Zwischen einem Ausschluss aus der Gesellschaft und einem mittelbaren „Ausschluss" aus dem Unternehmen der Gesellschaft bestehen zudem entscheidende Unterschiede. Die mittelbare Beteiligung der Minderheitsgesellschafter an dem Unternehmen der Gesellschaft ist gesetzlich nicht geschützt. Das zeigt sich schon daran, dass kein Minderheitsgesellschafter verhindern kann, dass das Unternehmen der Gesellschaft (an einen gesellschaftsfremden Dritten) veräußert wird, wenn der Mehrheitsgesellschafter über die notwendige Mehrheit verfügt, um eine übertragende Auflösung zu beschließen. Jedenfalls bei der AG und der GmbH verfügt der Mehrheitsgesellschafter in diesem Fall auch über die Mehrheit, die für eine Änderung der Statuten der Gesellschaft erforderlich ist (§ 179 Abs. 2 Satz 1 AktG, § 53 Abs. 2 Satz 1 GmbHG). Der Mehrheitsgesellschafter könnte damit ohne Zustimmung der Minderheitsgesellschafter beschließen, den bisherigen Unternehmensgegenstand der Gesellschaft vollständig aufzugeben. Die Geschäftsführung der Gesellschaft wäre dann wegen

706 Zu der Frage, ob der Beschluss über die Auflösung der Gesellschaft der sachlichen Rechtfertigung bedarf, 4. Teil. E. III.

707 Dazu 3. Teil. B. II. 2. b) und 4. Teil. B. I. 2. b) aa).

708 Ähnlich BGHZ 103, 184, 192 – Linotype; so auch *Henze*, ZIP 1995, 1473, 1477; *Winter*, Treubindungen, 1988, S. 162.

des Verbots der Satzungsüberschreitung[709] gezwungen, das Unternehmen der Gesellschaft zu veräußern.

Auch weitere Unterschiede zwischen dem Ausschluss aus der Gesellschaft und dem mit der übertragenden Auflösung verbundenen mittelbaren „Ausschluss" aus dem Unternehmen der Gesellschaft sprechen gegen eine Vergleichbarkeit beider Vorgänge. So haben die Minderheitsgesellschafter bei der Beschlussfassung über ihren Ausschluss (aus wichtigem Grund) kein Stimmrecht.[710] Konsequenterweise müsste man die Minderheitsgesellschafter bei der Beschlussfassung über die übertragende Auflösung der Gesellschaft vom Stimmrecht ausschließen. Das kann nicht richtig sein.

Darüber hinaus sind alle Folgen für die Minderheitsgesellschafter, die zwingend mit der übertragenden Auflösung verbunden sind, von dem gesetzlichen Auflösungsrecht gedeckt. Das wurde bereits ausgeführt.[711] Hierzu gehört auch der mittelbare „Ausschluss" aus dem Unternehmen der Gesellschaft. Hiermit kann deshalb ein gesetzlich nicht vorgesehenes zusätzliches materielles Erfordernis für die übertragende Auflösung nicht begründet werden.

Des Weiteren widerspräche es bei der AG und der GmbH dem Willen des Gesetzgebers und bei der KG dem Willen der Gesellschafter, das Auflösungsrecht an einen wichtigen Grund zu knüpfen. Für die AG und die GmbH macht das Gesetz das Auflösungsrecht gerade nicht von dem Vorliegen eines wichtigen Grunds abhängig, sondern verlangt nur eine qualifizierte Mehrheit (§ 262 Abs. 1 Nr. 2 AktG, § 60 Abs. 1 Nr. 2 GmbHG). Bei der KG könnte zwar etwas anderes im Gesellschaftsvertrag vereinbart und festgeschrieben werden. In aller Regel wird aber auch in Gesellschaftsverträgen der KG die Auflösung der Gesellschaft durch Mehrheitsentscheidung zugelassen und nicht an das Vorliegen eines wichtigen Grunds geknüpft.

Schließlich würde man allen Gesellschaftern faktisch verbieten, das Gesellschaftsvermögen im Liquidationsverfahren zu erwerben, wenn man die übertragende Auflösung nur bei Vorliegen eines wichtigen Grunds zuließe. Ein „in der Person" aller übrigen Gesellschafter liegender wichtiger Grund, also etwa eine schwerwiegende Pflichtverletzung, wird bei der Auflösung einer Gesellschaft nur in seltenen Ausnahmefällen vorliegen. Dem Mehrheitsgesellschafter

---

709 Vgl. zur AG etwa *Seibt*, in: K. Schmidt/Lutter, AktG, 4. Aufl. 2020, § 82 Rn. 13 ff.; zur GmbH *Ziemons*, in: MHLS, GmbHG, 3. Aufl. 2017, § 43 Rn. 111 ff.

710 Vgl. etwa *Kleindiek* in: Lutter/Hommelhoff, GmbHG, 20. Aufl. 2020, § 34 Rn. 123; *Roth*, in: Baumbach/Hopt, HGB, 40. Aufl. 2021, § 119 Rn. 8.

711 Näher dazu 3. Teil. B. II. 1. c).

wäre damit in aller Regel der Weg versperrt, das Gesellschaftsvermögen im Zuge der Liquidation zu erwerben. Das gleiche faktische Erwerbsverbot würde für die Minderheitsgesellschafter gelten. Denn konsequenterweise müsste man annehmen, dass auch die Minderheitsgesellschafter das Gesellschaftsvermögen nur erwerben dürfen, wenn ein wichtiger Grund vorliegt.

IV. Ergebnis

Zwischen der übertragenden Auflösung und dem Ausschluss aus der Gesellschaft bestehen erhebliche Unterschiede, und es sprechen weitere gewichtige Gründe dagegen, beide Fälle gleich zu behandeln.[712] Die übertragende Auflösung der AG, der GmbH und der KG setzt deshalb nicht voraus, dass hierfür ein zum Ausschluss der Minderheitsgesellschafter berechtigender wichtiger Grund vorliegt.

E. Schranken aus Treuepflicht und Gleichbehandlungsgebot

Bei allen drei untersuchten Gesellschaftsformen müssen die bei einer übertragenden Auflösung zu fassenden Gesellschafterbeschlüsse über die Auflösung der Gesellschaft und die Veräußerung des ganzen Gesellschaftsvermögens mit dem Gesetz und den Statuten der Gesellschaft vereinbar sein. Ein Gesetzesverstoß liegt auch dann vor, wenn die Beschlüsse gegen eine gesellschaftsrechtliche Generalklausel verstoßen. Bei der übertragenden Auflösung stellt sich insbesondere die Frage nach einer Verletzung der gesellschaftsrechtlichen Treuepflicht (dazu unter I.) und des Gleichbehandlungsgrundsatzes (dazu unter II.). In diesem Zusammenhang ist zu untersuchen, ob die Beschlüsse nur einer allgemeinen Treuepflichtkontrolle zu unterwerfen sind oder darüber hinaus einer sachlichen Rechtfertigung bedürfen (dazu unter III.). Die Frage, ob sich die Minderheitsgesellschafter bei einer übertragenden Auflösung auf bestimmte Beschlussmängel nicht berufen dürfen, wird an späterer Stelle erörtert.[713]

I. Gesellschaftsrechtliche Treuepflicht

Die übertragende Auflösung verstößt grundsätzlich nicht gegen die gesellschaftsrechtliche Treuepflicht[714], wie bereits festgestellt wurde.[715] Darüber hinaus stellt

712 Dazu auch 3. Teil. B. II. 2. b) und 4. Teil. B. I. 2. b) aa).
713 Dazu 5. Teil. B. II.
714 Zu den Grundlagen der gesellschaftsrechtlichen Treuepflicht 3. Teil. B. II. 1.
715 Dazu 3. Teil. B. II. 1.

sich aber die Frage, ob die übertragende Auflösung der AG, der GmbH und der KG im Einzelfall und bei Vorliegen besonderer Umstände doch treuwidrig sein kann. Diese Frage wird für alle untersuchten Gesellschaftsformen gemeinsam behandelt, weil insoweit ähnliche Grundsätze gelten.

1. *Bedingungen des Kaufvertrags*

Die gesellschaftsrechtliche Treuepflicht ist zunächst bei der Gestaltung des Kaufvertrags zwischen der Gesellschaft und dem Mehrheitsgesellschafter zu beachten. Der Mehrheitsgesellschafter verstößt nämlich gegen die gesellschaftsrechtliche Treuepflicht, wenn er durchsetzt, dass der Kaufvertrag mit der Gesellschaft zu unangemessenen Bedingungen abgeschlossen wird. Das ist insbesondere dann der Fall, wenn ein unangemessen niedriger Kaufpreis für das Gesellschaftsvermögen vereinbart wird (verdeckte Vermögenszuwendung[716]).[717] Die Bedingungen des Kaufvertrags müssen einem Drittvergleich standhalten, er muss also zu marktüblichen Bedingungen geschlossen worden sein (hypothetischer Drittvergleich; *at arm's length principle*).[718] Ist das nicht der Fall, verfolgt der Mehrheitsgesellschafter unzulässige Sondervorteile zulasten der Gesellschaft und der Minderheitsgesellschafter und verletzt hiermit seine gesellschaftsrechtliche Treuepflicht.[719]

2. *Erwerbsmöglichkeit der Minderheitsgesellschafter*

Ein Verstoß gegen die gesellschaftsrechtliche Treuepflicht liegt auch dann vor, wenn der Mehrheitsgesellschafter den Minderheitsgesellschaftern, etwa durch Vorabsprachen mit dem Vertretungsorgan der Gesellschaft (dazu sogleich), die rechtliche oder tatsächliche Möglichkeit nimmt, das ganze Vermögen der Gesellschaft im Zuge der Liquidation selbst zu erwerben.[720] Auch in diesem Fall

716 Im Gesellschaftsrecht ist es vorzugswürdig, den Begriff „verdeckte Vermögenszuwendung" zu verwenden anstatt den aus dem Steuerrecht stammenden Begriff „verdeckte Gewinnausschüttung", der im Gesellschaftsrecht unpräzise ist, vgl. dazu etwa *Pentz*, in: Rowedder/Schmidt-Leithoff, GmbHG, 6. Aufl. 2017, § 29 Rn. 160.

717 Vgl. BGHZ 76, 352, 355 ff. (GmbH); vgl. zur Verletzung der gesellschaftsrechtlichen Treuepflicht durch eine verdeckte Vermögenszuwendung zur GmbH etwa *Pentz*, in: Rowedder/Schmidt-Leithoff, GmbHG, 6. Aufl. 2017, § 29 Rn. 164 ff.

718 Näher zu den Anforderungen an den Drittvergleich 4. Teil. F. I. 1. a).

719 Vgl. BGHZ 76, 352, 357 (GmbH).

720 Vgl. zur AG BGHZ 103, 184, 193 f. – Linotype; a. A. *Friedrich*, BB 1994, 89, 93 f.; *Gromm*, Übertragende Auflösung, 2016, S. 101 ff.

verschafft sich der Mehrheitsgesellschafter einen Sondervorteil in Form der Erwerbsmöglichkeit, der den Minderheitsgesellschaftern vorenthalten wird, und verstößt damit gegen die gesellschaftsrechtliche Treuepflicht.[721]

3. Angebot durch einen Minderheitsgesellschafter oder Dritten

Auch wenn ein Minderheitsgesellschafter oder ein Dritter ein besseres Kaufangebot als der Mehrheitsgesellschafter für das Gesellschaftsvermögen abgibt, verstößt der Mehrheitsgesellschafter grundsätzlich gegen die gesellschaftsrechtliche Treuepflicht, wenn er unter Ausnutzung seiner Stimmenmehrheit der Veräußerung des ganzen Gesellschaftsvermögens an sich selbst zustimmt.[722] Denn in diesem Fall verfolgt der Mehrheitsgesellschafter Sondervorteile zum Schaden der Gesellschaft und der Minderheitsgesellschafter.[723]

Das gilt jedoch nur, wenn das Konkurrenzangebot ernst zu nehmen ist.[724] Der Minderheitsgesellschafter oder der Dritte muss daher gegebenenfalls nachweisen, dass er über die finanziellen Mittel verfügt, um den gebotenen Kaufpreis tatsächlich zu zahlen. Falls ein besseres und ernst zu nehmendes Konkurrenzangebot abgegeben wird, kann der Mehrheitsgesellschafter sein Angebot verbessern oder für die Veräußerung an den Minderheitsgesellschafter oder Dritten stimmen oder die übertragende Auflösung abbrechen.[725]

4. Vorbereitungsmaßnahmen

a) Urteil des Bundesgerichtshofs vom 28. Januar 1980

In der bereits angesprochenen Entscheidung[726] des Bundesgerichtshofs aus dem Jahr 1980, in der es um die übertragende Auflösung einer GmbH ging, hatte die Mehrheitsgesellschafterin, die 90 Prozent des Stammkapitals an der Gesellschaft hielt, die Übertragung des Gesellschaftsvermögens auf eine von ihr neu gegründete Gesellschaft bereits vorbereitet, bevor der Beschluss über die Auflösung der Gesellschaft gefasst worden war. Im Einzelnen hatte die

721 Vgl. BGHZ 103, 184, 193 – Linotype (AG).

722 Vgl. zur AG *Lutter/Drygala*, in: FS Kropff, 1997, S. 191, 214 f., 221 mit Verweis auf *Bommert*, JR 1988, 509, 510; so auch *Gromm*, Übertragende Auflösung, 2016, S. 106 f.

723 So zur AG *Lutter/Drygala*, in: FS Kropff, 1997, S. 191, 221 mit Verweis auf *Bommert*, JR 1988, 509, 510.

724 OLG Stuttgart, ZIP 1995, 1515, 1520 – MotoMeter I (AG).

725 Vgl. zur AG auch *Lutter*, ZHR 153 (1989), 446, 451.

726 BGHZ 76, 352 (GmbH).

Mehrheitsgesellschafterin, die gleichzeitig Geschäftsführerin der Gesellschaft war, vor der Auflösung der Gesellschaft unter anderem Anstellungsverträge mit leitenden Angestellten einvernehmlich aufgehoben, um die Angestellten in die neue Gesellschaft zu übernehmen, und mit einem Rundschreiben für die „Nachfolgefirma" geworben. Darüber hinaus hatte die Mehrheitsgesellschafterin dafür gesorgt, dass das Gesellschaftsvermögen nicht als Ganzes, sondern in Teilen an die neue Gesellschaft verkauft wurde. Dadurch musste kein Entgelt für die immateriellen Vermögensgegenstände, beispielsweise die Geschäftsbeziehungen und den Geschäftswert der Gesellschaft, entrichtet werden.[727]

Der Bundesgerichtshof hat angenommen, dass die Mehrheitsgesellschafterin durch diese vorbereitenden Maßnahmen ihre gesellschaftsrechtliche Treuepflicht (und ihre Pflicht zur ordnungsgemäßen Geschäftsführung) verletzt hat. Die Mehrheitsgesellschafterin sei nämlich verpflichtet gewesen, die Gesellschaft vor der Auflösung als werbende Gesellschaft wirtschaftlich zu erhalten und zu fördern. Stattdessen habe sie die Gesellschaft „ausgehöhlt" und der Auflösung der Gesellschaft damit „unerlaubt vorgegriffen". Zudem habe sie mit dem Versuch, das Unternehmen der Gesellschaft günstig zu übernehmen, unzulässige Sondervorteile verfolgt.[728] Diese vom Bundesgerichtshof zur GmbH vertretenen Grundsätze sind ohne Weiteres auf die AG und die KG übertragbar.

b) *Sichtweise des Schrifttums*

Die Literatur folgt der Ansicht des Bundesgerichtshofs, dass Maßnahmen, die die Vermögensübertragung auf den Mehrheitsgesellschafter vor der Auflösung vorbereiten, zu einem Verstoß gegen die gesellschaftsrechtliche Treuepflicht führen können.[729]

---

727 Zum Ganzen BGHZ 76, 352 f., 355 f. (GmbH).

728 Zum Ganzen BGHZ 76, 352, 355 ff. (GmbH).

729 Vgl. etwa zur GmbH *Arnold*, in: Henssler/Strohn, GesR, 5. Aufl. 2021, § 60 GmbHG Rn. 17; *Bayer*, in: Lutter/Hommelhoff, GmbHG, 20. Aufl. 2020, Anh. § 47 Rn. 56; *Gesell*, in: Rowedder/Schmidt-Leithoff, GmbHG, 6. Aufl. 2017, § 60 Rn. 16; *Haas*, in: Baumbach/Hueck, GmbHG, 22. Aufl. 2019, § 60 Rn. 20; *Helm/Haaf*, in: Beck. HdB. GmbH, 6. Aufl. 2021, § 18 Rn. 9; *Koch*, in: Heidelberger Komm. GmbHR, 8. Aufl. 2019, § 60 Rn. 7; *Merkt*, in: Münch. Komm. GmbHG, 3. Aufl. 2018, § 13 Rn. 154; *T. Meyer*, Liquidatorenkompetenzen, 1996, S. 64; *Nerlich*, in: MHLS, GmbHG, 3. Aufl. 2017, § 60 Rn. 46; *Raiser/Schäfer*, in: Habersack/Casper/Löbbe, GmbHG, 3. Aufl. 2020, Anh. § 47 Rn. 120; *K. Schmidt*, in: Scholz, GmbHG, 12. Aufl. 2021, § 47 Rn. 29; *Seibt*, in: Scholz, GmbHG, 12. Aufl. 2018, § 14 Rn. 109; *Wertenbruch*, in: Münch. Komm. GmbHG, 3. Aufl. 2019, Anh. § 47 Rn. 183; *Zöllner/Noack*, in: Baumbach/Hueck, GmbHG, 22. Aufl. 2019, Anh. § 47 Rn. 99; zur AG *Raiser/Veil*, Recht der

c) *Stellungnahme*

Der Auffassung des Bundesgerichtshofs ist zuzustimmen. Der Mehrheitsgesellschafter ist aufgrund der gesellschaftsrechtlichen Treuepflicht verpflichtet, den Erwerbszweck der werbenden Gesellschaft zu fördern.[730] Vor der Auflösung der Gesellschaft darf der Mehrheitsgesellschafter damit keine vorbereitenden Maßnahmen für die übertragende Auflösung treffen, um das Personal und das Vermögen der Gesellschaft auf eine andere Gesellschaft zu übertragen, sofern hierdurch die werbende Tätigkeit der Gesellschaft beeinträchtigt wird.[731]

In solchen Fällen ergibt sich die Treuwidrigkeit vorbereitender Maßnahmen des Mehrheitsgesellschafters auch daraus, dass er hiermit der Entscheidung der Gesellschafterversammlung über die Auflösung der Gesellschaft[732] und die Veräußerung des ganzen Gesellschaftsvermögens vorgreift. Diese Entscheidungen sind nämlich Sache aller Gesellschafter und nicht nur des Mehrheitsgesellschafters allein.

Mit solchen vorbereitenden Maßnahmen verfolgt der Mehrheitsgesellschafter, wie der Bundesgerichtshof[733] weiter zutreffend festgestellt hat, zudem unzulässige Sondervorteile, wenn er zwar das gesamte Unternehmen der Gesellschaft übernimmt, um es fortzuführen, hierfür aber nur einen auf Zerschlagungswerten basierenden und damit nicht angemessenen Kaufpreis entrichtet.

Das bedeutet aber auch, dass der Mehrheitsgesellschafter nach der Rechtsprechung des Bundesgerichtshofs treuwidrig handelt, wenn er das ganze Vermögen der (werbenden) Gesellschaft verbindlich kauft und bereits übernimmt, bevor die Gesellschaft aufgelöst wurde. Mit anderen Worten: Die Veräußerung (Verkauf und Übertragung) des ganzen Gesellschaftsvermögens an den Mehrheitsgesellschafter vor (oder ohne) Auflösung der Gesellschaft ist grundsätzlich treuwidrig und damit unzulässig. Das wird in der Literatur nicht ausreichend beachtet. Hier wird die übertragende Auflösung häufig als Vorgang beschrieben, bei dem das ganze Gesellschaftsvermögen zunächst an den Mehrheitsgesellschafter verkauft

---

Kapitalgesellschaften, 6. Aufl. 2015, § 22 Rn. 6; zur KG *K. Schmidt*, in: Münch. Komm. HGB, 4. Aufl. 2016, § 131 Rn. 20; vereinzelt wird in der Literatur auch angenommen, dass die übertragende Auflösung generell gegen die gesellschaftsrechtliche Treuepflicht verstößt, vgl. 3. Teil. B. II. 1. b).

730 Vgl. zur GmbH BGHZ 76, 352, 355; vgl. dazu auch *Merkt*, in: Münch. Komm. GmbHG, 3. Aufl. 2018, § 13 Rn. 88.

731 Vgl. BGHZ 76, 352, 355 ff. (GmbH).

732 Vgl. BGHZ 76, 352, 355 f. (GmbH).

733 BGHZ 76, 352, 355 ff. (GmbH).

und übertragen und die Gesellschaft erst anschließend aufgelöst wird. Eine solche Vorgehensweise ist nach der Rechtsprechung des Bundesgerichtshofs, der zuzustimmen ist, als treuwidrig anzusehen, weil dadurch die werbende Tätigkeit der Gesellschaft beeinträchtigt und der Auflösung unerlaubt vorgegriffen wird. Im Übrigen wurde bereits ausgeführt,[734] dass die Veräußerung des ganzen Gesellschaftsvermögens an den Mehrheitsgesellschafter bei einer übertragenden Auflösung im Wesentlichen deshalb mit der gesellschaftsrechtlichen Treuepflicht vereinbar ist, weil die Gesellschaft aufgelöst wird und die mit der Veräußerung verbundene Beeinträchtigung der Minderheitsgesellschafter durch das Auflösungsrecht gedeckt ist. Für eine Veräußerung des ganzen Gesellschaftsvermögens an den Mehrheitsgesellschafter vor oder ohne Auflösung der Gesellschaft gilt das selbstverständlich nicht.

d) Zwischenergebnis

Der Mehrheitsgesellschafter verstößt gegen die gesellschaftsrechtliche Treuepflicht, wenn er vor der Auflösung der AG, der GmbH oder der KG vorbereitende Maßnahmen trifft, um das ganze Gesellschaftsvermögen nach der Auflösung auf sich zu übertragen, sofern hierdurch die werbende Tätigkeit der Gesellschaft beeinträchtigt oder die Beschlussfassung über die Auflösung der Gesellschaft oder die Veräußerung des ganzen Gesellschaftsvermögens vorweggenommen wird (unzulässige Vorbereitungsmaßnahmen). Eine solche unzulässige Vorbereitungsmaßnahme liegt vor, wenn der Mehrheitsgesellschafter das ganze Gesellschaftsvermögen der werbenden Gesellschaft verbindlich kauft und bereits übernimmt, bevor die Gesellschaft aufgelöst wurde. Mit anderen Worten: Die Veräußerung (Verkauf und Übertragung) des ganzen Gesellschaftsvermögens an den Mehrheitsgesellschafter vor (oder ohne) Auflösung der Gesellschaft ist grundsätzlich treuwidrig.

5. Vorabsprachen

a) Meinungsstand

aa) Urteil des Bundesgerichtshofs vom 1. Februar 1988 – Linotype

Der Entscheidung[735] des Bundesgerichtshofs aus dem Jahr 1980 zur übertragenden Auflösung einer GmbH folgte im Jahr 1988 die Linotype-Entscheidung[736],

---

734 Dazu 3. Teil. B. II. 1. c).
735 BGHZ 76, 352 (GmbH).
736 BGHZ 103, 184 – Linotype (AG).

welche die übertragende Auflösung einer AG zum Gegenstand hatte. In der Linotype-Entscheidung hat der Bundesgerichtshof den Standpunkt eingenommen, dass der Mehrheitsgesellschafter gegen die gesellschaftsrechtliche Treuepflicht verstößt, wenn er Absprachen mit dem Vorstand der Gesellschaft wegen der Übernahme des ganzen Gesellschaftsvermögens trifft, bevor die Auflösung der Gesellschaft beschlossen wurde, und den Minderheitsgesellschaftern dadurch die Möglichkeit genommen wird, das Gesellschaftsvermögen selbst zu erwerben. In einem solchen Fall verfolge der Mehrheitsgesellschafter nämlich die Erlangung von Sondervorteilen zulasten der Minderheitsgesellschafter. Solche unzulässigen Vorabsprachen lägen bereits dann vor, wenn hierdurch eine „ausreichend sichere Grundlage“[737] dafür geschaffen werde, dass der Mehrheitsgesellschafter das Gesellschaftsvermögen allein erwerben könne. Einer rechtlich endgültigen vertraglichen Bindung der Gesellschaft bedürfe es dafür nicht.[738] Diese Grundsätze müssten konsequenterweise für die GmbH und die KG entsprechend gelten.

bb) Urteil des OLG Stuttgart vom 21. Dezember 1993 – MotoMeter I

Eine Entscheidung[739] des OLG Stuttgart in Sachen MotoMeter hatte ebenfalls die übertragende Auflösung einer AG zum Gegenstand. Dabei ging es um einen Fall, in dem der Mehrheitsgesellschafter und die Gesellschaft den Kaufvertrag über das ganze Gesellschaftsvermögen vor der Hauptversammlung geschlossen hatten, in der der Beschluss über die Auflösung der Gesellschaft gefasst wurde. Der Kaufvertrag wurde jedoch „mit Wirkung zum Zeitpunkt der Zustimmung der (…) Hauptversammlung“ geschlossen.[740] In der Hauptversammlung wurde dann zunächst der Beschluss über die Auflösung der Gesellschaft und erst danach der Beschluss über die Zustimmung zu dem Kaufvertrag gefasst.[741]

Das OLG Stuttgart hat angenommen, dass es sich bei dem vor der Auflösung der Gesellschaft abgeschlossenen Kaufvertrag, obwohl er aufschiebend bedingt durch die Zustimmung der Hauptversammlung geschlossen wurde, um eine unzulässige Vorabsprache im Sinne der Linotype-Entscheidung des

737 BGHZ 103, 184, 194 – Linotype (AG).

738 Zum Ganzen BGHZ 103, 184, 193 f. – Linotype (AG); vgl. zur Interpretation dieser Vorgaben des BGH das Urteil des Berufungsgerichts, an das der BGH die Sache zurückverwiesen hat, OLG Frankfurt, NJW-RR 1991, 805, 807 (AG).

739 OLG Stuttgart, ZIP 1995, 1515 – MotoMeter I (AG).

740 OLG Stuttgart, ZIP 1995, 1515, 1516 – MotoMeter I (AG).

741 Zum Ganzen OLG Stuttgart, ZIP 1995, 1515, 1515 f. – MotoMeter I (AG).

Bundesgerichtshofs handelte. Denn den Minderheitsgesellschaftern sei durch den Abschluss des Kaufvertrags die Möglichkeit genommen worden, das Gesellschaftsvermögen selbst zu erwerben. Der Kaufvertrag stelle „trotz seiner Abhängigkeit von der Zustimmung der Hauptversammlung den Erwerb durch die Mehrheitsaktionärin sicher".[742] Die Erwerbsmöglichkeit des Mehrheitsgesellschafters sei aber nicht erst mit dem Abschluss des Kaufvertrags, sondern bereits dann „tatsächlich garantiert"[743] im Sinne der Linotype-Entscheidung, wenn der Mehrheitsgesellschafter die Möglichkeit einer übertragenden Auflösung geprüft und sich diese Möglichkeit für ihn als vorteilhaft erwiesen habe. Es liege dann „in der Natur der Sache, den Erwerb durch Einsatz der Mehrheit der Stimmen auch zu realisieren".[744]

Im Ergebnis hat das OLG Stuttgart in dieser Entscheidung die Anfechtbarkeit der Beschlüsse über die Auflösung der Gesellschaft und die Zustimmung zu dem Kaufvertrag wegen einer Treuepflichtverletzung des Mehrheitsgesellschafters dennoch verneint, und zwar insbesondere mit der Begründung, dass die Minderheitsgesellschafter (in dem konkreten Fall) finanziell gar nicht in der Lage gewesen wären, das ganze Vermögen der Gesellschaft selbst zu erwerben.[745] Hierzu hat das OLG Stuttgart ausgeführt:

> „Reichen jedoch die finanziellen Mittel eines Minderheitsaktionärs oder dessen Geschäftsverbindungen für den Erwerb nicht aus, so leuchtet nicht ein, weshalb die Nichtigkeit des Auflösungsbeschlusses die Sanktion für die Treupflichtverletzung sein soll, denn die Erhaltung der rechtlichen Erwerbsmöglichkeit ist ohne konkrete Auswirkung auf die tatsächlichen Verhältnisse nicht gleichsam um ihrer selbst willen geboten."[746]

Die Revision des Klägers gegen die Entscheidung des OLG Stuttgart wurde vom Bundesgerichtshof nicht angenommen.[747]

cc) *Sichtweise des Schrifttums*

In der Literatur wird die Sichtweise des Bundesgerichtshofs, dass vorbereitende Absprachen gegen die gesellschaftsrechtliche Treuepflicht verstoßen können,

742 OLG Stuttgart, ZIP 1995, 1515, 1519 – MotoMeter I (AG).
743 OLG Stuttgart, ZIP 1995, 1515, 1519 – MotoMeter I (AG).
744 Zum Ganzen OLG Stuttgart, ZIP 1995, 1515, 1519 – MotoMeter I (AG).
745 OLG Stuttgart, ZIP 1995, 1515, 1519 ff. – MotoMeter I (AG).
746 OLG Stuttgart, ZIP 1995, 1515, 1519 – MotoMeter I (AG).
747 BGH, Beschl. v. 5. 12. 1994 – II ZR 8/94 (Nichtannahme der Revision – nicht veröffentlicht).

überwiegend geteilt.[748] Entgegen der Ansicht des OLG Stuttgart wird im aktienrechtlichen Schrifttum jedoch angenommen, dass eine unzulässige Vorabsprache im Sinne der Rechtsprechung des Bundesgerichtshofs nicht bereits darin zu sehen ist, dass der Kaufvertrag über das ganze Gesellschaftsvermögen abgeschlossen wird, bevor die Gesellschafterversammlung die Auflösung der Gesellschaft beschlossen hat.[749]

Für die AG hat *Friedrich*[750] das vom Bundesgerichtshof aufgestellte Kriterium der Vorabsprachen generell abgelehnt. Seiner Ansicht nach verstoßen Absprachen zwischen dem Vorstand und dem Mehrheitsaktionär vor der Auflösung einer AG selbst dann nicht gegen die gesellschaftsrechtliche Treuepflicht, wenn den Minderheitsaktionären dadurch die rechtliche Möglichkeit genommen werde, das Gesellschaftsvermögen selbst zu erwerben. Er begründet das im Wesentlichen damit, dass der Mehrheitsaktionär das ganze Gesellschaftsvermögen nach § 361 AktG 1965 (jetzt im Wesentlichen § 179a AktG) andernfalls gar nicht erwerben könne, ohne die gesellschaftsrechtliche Treuepflicht zu verletzen. Nach dieser Vorschrift bedürfe der Vertrag, durch den sich eine Gesellschaft zur Übertragung ihres ganzen Gesellschaftsvermögens verpflichtet, der Zustimmung der Hauptversammlung, und das setze verbindliche Vorabsprachen voraus. Solche Vorabsprachen könnten daher nicht unzulässig sein. Da der Mehrheitsaktionär allein mit seinen Stimmen die Auflösung der Gesellschaft und die Zustimmung zu dem Kaufvertrag durchsetzen könne, hätten die Minderheitsaktionäre ohnehin nicht die Möglichkeit, das ganze Gesellschaftsvermögen selbst zu erwerben.[751]

---

748 Vgl. etwa zur AG *Fleischer*, in: K. Schmidt/Lutter, AktG, 4. Aufl. 2020, § 53a Rn. 56; *Maul*, in: Beck. HdB. AG, 3. Aufl. 2018, § 4 Rn. 84; zur GmbH *Heckschen/Strnad*, in: Heckschen/Heidinger, GmbH, 4. Aufl. 2018, Kap. 18 Rn. 16; *Merkt*, in: Münch. Komm. GmbHG, 3. Aufl. 2018, § 13 Rn. 154; *Pentz*, in: Rowedder/Schmidt-Leithoff, GmbHG, 6. Aufl. 2017, § 13 Rn. 68; zur KG *Schäfer*, in: Staub, HGB, 5. Aufl. 2009, § 131 Rn. 23; vereinzelt wird in der Literatur auch angenommen, dass die übertragende Auflösung generell gegen die gesellschaftsrechtliche Treuepflicht verstößt, vgl. 3. Teil. B. II. 1. b).

749 Zur AG *Henze*, ZIP 1995, 1473, 1479; *Hoffmann-Becking*, in: Münch. HdB. GesR IV, 5. Aufl. 2020, § 66 Rn. 5; *Schmidt-Hern*, in: Beck. HdB. AG, 3. Aufl. 2018, § 18 Rn. 5; im Ergebnis auch *Friedrich*, BB 1994, 89, 93 f.; so auch LG Stuttgart, DB 1993, 472, 473 (Vorinstanz zu OLG Stuttgart, ZIP 1995, 1515 – MotoMeter I).

750 Zur AG *Friedrich*, BB 1994, 89, 93 f.; zur GmbH im Ergebnis auch *Gesell*, in: Rowedder/Schmidt-Leithoff, GmbHG, 6. Aufl. 2017, § 70 Rn. 17; wohl auch *Paura*, in: Habersack/Casper/Löbbe, GmbHG, 2. Aufl. 2016, § 70 Rn. 20.

751 Zum Ganzen zur AG *Friedrich*, BB 1994, 89, 93 f.

b) *Stellungnahme*

aa) *Unzulässigkeit von Vorabsprachen*

Der in der Linotype-Entscheidung vertretenen Ansicht des Bundesgerichtshofs, dass vor der Auflösung der Gesellschaft getroffene Absprachen, die den Minderheitsgesellschaftern die Möglichkeit nehmen, das Gesellschaftsvermögen im Zuge der Liquidation selbst zu erwerben, gegen die gesellschaftsrechtliche Treuepflicht verstoßen können, ist für die AG, die GmbH und die KG zuzustimmen. Aus der Linotype-Entscheidung des Bundesgerichtshofs ergibt sich aber lediglich, dass nur solche Vorabsprachen unzulässig sind, durch die „Fakten" geschaffen werden, die einen Erwerb des ganzen Vermögens der Gesellschaft durch die Minderheitsgesellschafter im Zuge der Liquidation rechtlich oder tatsächlich ausschließen.[752] Dem ist zu folgen, weil sich der Mehrheitsgesellschafter bei der übertragenden Auflösung gegenüber den Minderheitsgesellschaftern keine Sondervorteile verschaffen darf.[753]

Dabei ist anzunehmen, dass die Erwerbsmöglichkeit der Minderheitsgesellschafter rechtlich ausgeschlossen ist, wenn rechtlich bindende Absprachen über den Erwerb oder einzelne Elemente des Erwerbs des ganzen Gesellschaftsvermögens getroffen wurden (z. B. über der Kaufpreis).[754] Tatsächlich ausgeschlossen ist die Erwerbsmöglichkeit, wenn durch eine Absprache eine „ausreichend sichere Grundlage"[755] dafür geschaffen wurde, dass der Mehrheitsgesellschafter das Gesellschaftsvermögen allein erwerben kann. Dieses Kriterium („ausreichend sichere Grundlage") „bezweckt jedenfalls, Umgehungsversuche zu erfassen, wenn die Beteiligten von einer vertraglichen Bindung absehen, aber sich tatsächlich darauf verständigt haben, andere Bewerber nicht zum Zuge kommen zu lassen".[756] Das Kriterium wird aber nicht bereits dadurch erfüllt, dass der Mehrheitsgesellschafter mit seiner Stimmenmehrheit über die Auflösung der Gesellschaft und die Veräußerung des ganzen Gesellschaftsvermögens allein entscheiden kann. Es genügt auch nicht, dass aufgrund der tatsächlichen Gegebenheiten, etwa wegen einer engen wirtschaftlichen Verflechtung der Unternehmen

752 Vgl. zur AG *Hoffmann-Becking*, in: Münch. HdB. GesR IV, 5. Aufl. 2020, § 66 Rn. 5; *Schmidt-Hern*, in: Beck. HdB. AG, 3. Aufl. 2018, § 18 Rn. 5; vgl. zur Interpretation des vom BGH aufgestellten Kriteriums der vorherigen Absprachen OLG Frankfurt, NJW-RR 1991, 805, 807 (AG).

753 Dazu 4. Teil. E. I. 2.

754 Vgl. BGHZ 103, 184, 193 f. – Linotype (AG).

755 BGHZ 103, 184, 194 – Linotype (AG).

756 OLG Frankfurt, NJW-RR 1991, 805, 807 (AG).

der Gesellschaft und des Mehrheitsgesellschafters, im konkreten Einzelfall faktisch nur der Mehrheitsgesellschafter als Kaufinteressent infrage kommt.[757]

Sofern man danach zu dem Ergebnis gelangt, dass eine unzulässige Vorabsprache getroffen wurde und damit ein Verstoß gegen die gesellschaftsrechtliche Treuepflicht vorliegt, kann die Anfechtbarkeit der Beschlüsse über die Auflösung der Gesellschaft und der Veräußerung des ganzen Gesellschaftsvermögens entgegen der Ansicht des OLG Stuttgart[758] nicht mit der Begründung verneint werden, dass die Minderheitsgesellschafter ohnehin nicht über die Mittel verfügten, um das ganze Gesellschaftsvermögen selbst zu erwerben, und „die Erhaltung der rechtlichen Erwerbsmöglichkeit (…) ohne konkrete Auswirkung auf die tatsächlichen Verhältnisse nicht gleichsam um ihrer selbst willen geboten“[759] sei. Würde man dieser Ansicht folgen, könnte sich der Mehrheitsgesellschafter in vielen Fällen ohne Konsequenzen über die Rechte der Minderheitsgesellschafter hinwegsetzen. Ausgehend von der Argumentation des OLG Stuttgart müsste die Anfechtbarkeit von Gesellschafterbeschlüssen in allen Fällen verneint werden, in denen der Mehrheitsgesellschafter ein Recht der Minderheitsgesellschafter „ohne konkrete Auswirkung auf die tatsächlichen Verhältnisse“ missachtet, wie dies insbesondere bei einem Außerachtlassen des Stimmrechts der Minderheitsgesellschafter regelmäßig der Fall ist. Den Minderheitsgesellschaftern ist also in jedem Fall die Möglichkeit zur Abgabe eines Konkurrenzangebots zu geben. Die Frage, ob ein Minderheitsgesellschafter über die Mittel verfügt, um den Erwerb des ganzen Gesellschaftsvermögens zu finanzieren, spielt erst bei der Frage eine Rolle, ob ein etwaiges Konkurrenzangebot des Minderheitsgesellschafters berücksichtigt werden muss. Wenn der Minderheitsgesellschafter zwar ein besseres Konkurrenzangebot abgibt, aber nicht nachweist, dass er über die finanziellen Mittel verfügt, um den von ihm gebotenen Kaufpreis zu zahlen, kann das Konkurrenzangebot ignoriert werden, ohne dass hierin ein treuwidriges Verhalten zu sehen ist.[760]

---

757 OLG Frankfurt, NJW-RR 1991, 805, 807 (AG): „Nach Ansicht des Senats kann dies aber nicht gelten, wenn lediglich eine in Jahren gewachsene wirtschaftliche und systembedingte Abhängigkeit der Gesellschaft von ihrer Mehrheitsgesellschafterin eine Lage hat entstehen lassen, in der tatsächlich allein die Mehrheitsgesellschafterin als ernsthafte Interessentin für den Erwerb des Unternehmens oder seines wesentlichen Teils in Betracht kommt (…)“.

758 OLG Stuttgart, ZIP 1995, 1515, 1519 ff. – MotoMeter I (AG); näher zu dieser Entscheidung 4. Teil. E. I. 5. a) bb).

759 OLG Stuttgart, ZIP 1995, 1515, 1519 – MotoMeter I (AG).

760 Näher dazu 4. Teil. E. I. 3.

bb) Zulässigkeit des Kaufvertragsabschlusses vor Auflösung der Gesellschaft

Es stellt sich nun die weitere Frage, ob eine unzulässige Vorabsprache bei einer übertragenden Auflösung bereits darin zu sehen ist, dass der Kaufvertrag über das ganze Gesellschaftsvermögen abgeschlossen wird, bevor die Gesellschafterversammlung die Auflösung der Gesellschaft beschlossen hat. Bei der Beantwortung dieser Frage ist zwischen der AG einerseits und der GmbH und der KG andererseits zu unterscheiden.

(1) Aktiengesellschaft

(a) Zustimmungsbeschluss nach Auflösungsbeschluss

Bei der AG ist in dem (auch unbedingt) abgeschlossenen Kaufvertrag über das ganze Gesellschaftsvermögen dann keine unzulässige Vorabsprache zu sehen, wenn die Hauptversammlung den Beschluss über die Zustimmung zu dem Kaufvertrag (§ 179a AktG) erst nach dem Auflösungsbeschluss fasst. In diesem Fall wird der Kaufvertrag nämlich erst wirksam, wenn die Gesellschaft bereits aufgelöst ist. Denn die Wirksamkeit des Kaufvertrags hängt von Gesetzes wegen von der Zustimmung der Hauptversammlung ab.[761] Bis zur Zustimmung der Hauptversammlung ist der Kaufvertrag also schwebend unwirksam und bindet die Gesellschaft nicht.[762]

Der Abschluss eines nicht bindenden Kaufvertrags schafft für sich gesehen aber keine „Fakten", die dem Erwerb des Gesellschaftsvermögens durch einen Minderheitsgesellschafter rechtlich oder tatsächlich entgegenstehen. Die Minderheitsgesellschafter haben in diesem Fall die Möglichkeit, selbst ein Angebot für den Erwerb des Gesellschaftsvermögens abzugeben, beispielsweise nachdem ihnen mit der Einladung zu der Hauptversammlung, die über die Zustimmung zu dem Kaufvertrag beschließen soll, die Erwerbsabsicht des Mehrheitsgesellschafters bekannt geworden ist. Sofern ein Minderheitsgesellschafter ein besseres Kaufangebot als der Mehrheitsgesellschafter abgibt, darf der Mehrheitsgesellschafter dieses Angebot nicht übergehen und dem Kaufvertrag zwischen sich und der Gesellschaft nicht zustimmen. Andernfalls würde er nämlich, wie bereits festgestellt,[763] gegen die gesellschaftsrechtliche Treuepflicht verstoßen. Wenn der Mehrheitsgesellschafter nicht bereit oder finanziell nicht in der Lage

---

761 Dazu 2. Teil. C. I. 1. a) aa).
762 Dazu 2. Teil. C. I. 1. a) aa).
763 Dazu 4. Teil. E. I. 3.

ist, das Konkurrenzangebot zu überbieten, verbleibt ihm nur die Möglichkeit, die übertragende Auflösung abzubrechen oder dem Konkurrenzangebot zuzustimmen.

Auch dem Gesetz lässt sich entnehmen, dass im Vorfeld einer übertragenden Auflösung rechtlich nicht bindende Absprachen vor der Beschlussfassung der Hauptversammlung über die Auflösung der Gesellschaft grundsätzlich zulässig sind. Das ergibt sich bereits aus § 179a AktG. Diese Regelung setzt, worauf *Friedrich*[764] insoweit zutreffend hingewiesen hat, jedenfalls rechtlich unverbindliche Absprachen vor der Hauptversammlung denknotwendig voraus. Die Hauptversammlung kann dem Kaufvertrag nur zustimmen, wenn dieser bereits abgeschlossen oder jedenfalls abschlussreif verhandelt wurde. Solche Vorabsprachen müssen daher zulässig sein.[765]

Auch bei anderen Strukturmaßnahmen sind Absprachen vor der Hauptversammlung, die über diese Maßnahmen entscheiden soll, erforderlich und nach dem Gesetz daher zulässig. Beispielsweise setzt die Verschmelzung einer AG auf eine andere von dem Mehrheitsgesellschafter kontrollierte AG voraus, dass die Hauptversammlung der übertragenden Gesellschaft dem Verschmelzungsvertrag zustimmt (§§ 13 Abs. 1, 65 Abs. 1 Satz 1 UmwG). Der Verschmelzungsvertrag ist aber vor der Einberufung der Hauptversammlung zur Einsicht der Gesellschafter auszulegen (§ 63 Abs. 1 Satz 1 Nr. 1 UmwG), muss also bereits vorher verhandelt worden sein.

Dieses Ergebnis entspricht auch den praktischen Bedürfnissen und dem Interesse der Gesellschaft und aller Gesellschafter. Wenn die Gesellschaft und der Mehrheitsgesellschafter den Kaufvertrag erst nach der Auflösung der Gesellschaft verhandeln und abschließen dürften, wäre der Mehrheitsgesellschafter dazu gezwungen, die Gesellschaft aufzulösen, bevor überhaupt klar ist, ob er sich mit der Gesellschaft über einen Kauf einigen kann. Das könnte dazu führen, dass die Gesellschaft erst aufgelöst wird, um dann wieder fortgesetzt zu werden, wenn keine Einigung erzielt worden ist. Ein solches Hin und Her würde sich regelmäßig negativ auf das Ansehen und damit auf das Geschäft der Gesellschaft auswirken und der Gesellschaft und allen Gesellschaftern schaden.

(b) Zustimmungsbeschluss vor Auflösungsbeschluss

Etwas anderes gilt, wenn der Kaufvertrag zwischen der Gesellschaft und dem Mehrheitsgesellschafter über das ganze Vermögen der Gesellschaft unbedingt

---

764 *Friedrich*, BB 1994, 89, 93 f.

765 Vgl. OLG Stuttgart, ZIP 1995, 1515, 1519; *Friedrich*, BB 1994, 89, 93 f.

abgeschlossen und der Beschluss der Hauptversammlung über die Zustimmung zu dem Kaufvertrag über das ganze Gesellschaftsvermögen gefasst wird, bevor über die Auflösung der Gesellschaft beschlossen worden ist. In diesem Fall wird der Kaufvertrag nämlich wirksam und bindet die Gesellschaft rechtlich, bevor sie aufgelöst ist. Hierdurch wird den Minderheitsgesellschaftern rechtlich die Möglichkeit genommen, das Gesellschaftsvermögen im Zuge der Liquidation selbst zu erwerben. Damit liegt eine unzulässige Vorabsprache, also ein Verstoß gegen die gesellschaftsrechtliche Treuepflicht, vor.

(2) Gesellschaft mit beschränkter Haftung und Kommanditgesellschaft

(a) Keine aufschiebende Bedingung

Bei der GmbH[766] und der KG[767] hängt die Wirksamkeit des Kaufvertrags zwischen der Gesellschaft und dem Mehrheitsgesellschafter nicht von dem Beschluss der Gesellschafterversammlung über die Veräußerung des ganzen Gesellschaftsvermögens ab. Wenn der Kaufvertrag (unbedingt) geschlossen wird, bevor die Gesellschafterversammlung die Auflösung der Gesellschaft beschließt, wird der Kaufvertrag daher sofort wirksam und bindet die Gesellschaft. Hierdurch wird den Minderheitsgesellschaftern rechtlich die Möglichkeit genommen, das Gesellschaftsvermögen im Zuge der Liquidation selbst zu erwerben. Damit liegt eine unzulässige Vorabsprache vor, die einen Verstoß gegen die gesellschaftsrechtliche Treuepflicht begründet.

(b) Aufschiebende Bedingung

Der Fall liegt aber anders, wenn der Kaufvertrag unter der aufschiebenden Bedingung geschlossen wird, dass die Gesellschafterversammlung dem Kaufvertrag zustimmt. Dann besteht die gleiche Ausgangslage wie bei der AG, bei der die Wirksamkeit des Kaufvertrags schon kraft Gesetzes von dem Zustimmungsbeschluss abhängt (§ 179a Abs. 1 Satz 1 AktG); diesbezüglich kann auf die obigen Überlegungen zur AG verwiesen werden.

Ob eine unzulässige Vorabsprache vorliegt, hängt in diesem Fall also auch bei der GmbH und der KG davon ab, ob die Gesellschafterversammlung den Beschluss über die Veräußerung des ganzen Gesellschaftsvermögens vor oder nach dem Auflösungsbeschluss fasst. Wird der Zustimmungsbeschluss nach dem Auflösungsbeschluss gefasst, liegt keine unzulässige Vorabsprache vor.

766 Dazu 4. Teil. A. II. 2. c).

767 Dazu 4. Teil. A. III. 2. c).

Wird der Zustimmungsbeschluss vor dem Auflösungsbeschluss gefasst, ist hierin eine unzulässige Vorabsprache zu sehen, die einen Verstoß gegen die gesellschaftsrechtliche Treuepflicht begründet.

c) Zwischenergebnis

Eine unzulässige Vorabsprache im Sinne der Linotype-Entscheidung des Bundesgerichtshofs liegt bei allen drei untersuchten Gesellschaftsformen vor, wenn der Mehrheitsgesellschafter vor der Beschlussfassung über die Auflösung der Gesellschaft durch Absprachen mit der Geschäftsführung über den Erwerb des ganzen Gesellschaftsvermögens „Fakten" schafft, die einen Erwerb durch die Minderheitsgesellschafter im Zuge der Liquidation rechtlich oder tatsächlich ausschließen (unzulässige Vorabsprache).

Wird der Kaufvertrag zwischen der Gesellschaft und dem Mehrheitsgesellschafter über das ganze Gesellschaftsvermögen geschlossen, bevor der Beschluss über die Auflösung der Gesellschaft gefasst wurde, ist hierin nur dann keine unzulässige Vorabsprache zu sehen, wenn der Kaufvertrag erst nach der Auflösung der Gesellschaft wirksam wird. Bei der AG ist dies der Fall, wenn die Hauptversammlung den Beschluss über die Zustimmung zu dem Kaufvertrag erst nach dem Auflösungsbeschluss fasst. Bei der GmbH und der KG muss der Kaufvertrag unter der aufschiebenden Bedingung geschlossen werden, dass die Gesellschafterversammlung der Veräußerung des ganzen Gesellschaftsvermögens zustimmt; der Zustimmungsbeschluss darf allerdings erst nach dem Auflösungsbeschluss gefasst werden.

6. Zusammenfassung

Die übertragende Auflösung der AG, der GmbH und der KG kann im Einzelfall bei Vorliegen besonderer Umstände gegen die gesellschaftsrechtliche Treuepflicht verstoßen. Ein solcher Verstoß liegt vor, wenn der Kaufvertrag zwischen der Gesellschaft und dem Mehrheitsgesellschafter über das ganze Gesellschaftsvermögen einem Drittvergleich nicht standhält, insbesondere weil ein unangemessen niedriger Kaufpreis vereinbart wurde. Gleiches gilt, wenn der Mehrheitsgesellschafter den Minderheitsgesellschaftern die rechtliche oder tatsächliche Möglichkeit nimmt, das ganze Gesellschaftsvermögen selbst zu erwerben. Wenn ein Minderheitsgesellschafter oder ein Dritter ein ernst gemeintes und seriöses besseres Kaufangebot als der Mehrheitsgesellschafter für das ganze Gesellschaftsvermögen abgibt, verstößt der Mehrheitsgesellschafter gegen die gesellschaftsrechtliche Treuepflicht, wenn er dennoch den Beschluss über die Veräußerung des ganzen Gesellschaftsvermögens an sich selbst fasst.

Darüber hinaus verstößt der Mehrheitsgesellschafter gegen die gesellschaftsrechtliche Treuepflicht, wenn er vor der Auflösung der Gesellschaft vorbereitende Maßnahmen trifft, um das ganze Gesellschaftsvermögen nach der Auflösung auf sich zu übertragen, sofern hierdurch die werbende Tätigkeit der Gesellschaft beeinträchtigt oder die Beschlussfassung über die Auflösung der Gesellschaft oder die Veräußerung des ganzen Gesellschaftsvermögens vorweggenommen wird (unzulässige Vorbereitungsmaßnahmen). Eine solche unzulässige Vorbereitungsmaßnahme liegt vor, wenn der Mehrheitsgesellschafter das ganze Gesellschaftsvermögen der werbenden Gesellschaft verbindlich kauft und bereits übernimmt, bevor die Gesellschaft aufgelöst wurde. Mit anderen Worten: Die Veräußerung (Verkauf und Übertragung) des ganzen Gesellschaftsvermögens an den Mehrheitsgesellschafter vor (oder ohne) Auflösung der Gesellschaft ist grundsätzlich treuwidrig.

Gleiches gilt, wenn der Mehrheitsgesellschafter vor der Beschlussfassung über die Auflösung der Gesellschaft durch Absprachen über den Erwerb des Gesellschaftsvermögens „Fakten“ schafft, die einen Erwerb durch die Minderheitsgesellschafter im Zuge der Liquidation rechtlich oder tatsächlich ausschließen (unzulässige Vorabsprachen). Sofern der Mehrheitsgesellschafter und die Gesellschaft den Kaufvertrag über das ganze Gesellschaftsvermögen bereits abschließen, bevor die Auflösung der Gesellschaft beschlossen wurde, liegt darin eine unzulässige Vorabsprache, es sei denn, der Kaufvertrag wird erst nach der Auflösung der Gesellschaft wirksam. Bei der AG setzt das voraus, dass der Beschluss der Hauptversammlung über die Zustimmung zu dem Kaufvertrag über das ganze Gesellschaftsvermögen nach dem Auflösungsbeschluss gefasst wird. Bei der GmbH und der KG muss der Kaufvertrag unter der aufschiebenden Bedingung geschlossen werden, dass die Gesellschafterversammlung der Veräußerung des ganzen Gesellschaftsvermögens an den Mehrheitsgesellschafter zustimmt, und die Gesellschafterversammlung darf den Zustimmungsbeschluss erst nach dem Auflösungsbeschluss fassen.

II. Gleichbehandlungsgrundsatz

Der Gleichbehandlungsgrundsatz ist ein allgemeines Prinzip des Verbandsrechts.[768] Im Aktienrecht ist dieser Grundsatz in § 53a AktG ausdrücklich gesetzlich geregelt. Im GmbH- und im KG-Recht gibt es zwar keine entsprechende gesetzliche Bestimmung. Aber auch hier ist die Geltung dieses

768 Vgl. nur *Pentz*, in: Rowedder/Schmidt-Leithoff, GmbHG, 6. Aufl. 2017, § 13 Rn. 94.

Grundsatzes allgemein anerkannt.[769] Der Gleichbehandlungsgrundsatz besagt, dass die Gesellschafter ohne sachlichen Grund nicht unterschiedlich behandelt werden dürfen, und verbietet damit eine willkürliche Ungleichbehandlung der Gesellschafter.[770] Er verpflichtet die Gesellschaft und ihre Organe, also auch die Gesellschafterversammlung, nicht aber den einzelnen Gesellschafter.[771]

Ein Verstoß gegen den Gleichbehandlungsgrundsatz führt bei der AG[772], der GmbH[773] und – nach umstrittener Ansicht – auch bei der KG[774] zur Anfechtbarkeit des Gesellschafterbeschlusses, mit dem die Gesellschafterversammlung gegen den Gleichbehandlungsgrundsatz verstoßen hat.

Die Vereinbarkeit der übertragenden Auflösung mit dem Gleichbehandlungsgrundsatz wird nachfolgend für alle untersuchten Gesellschaftsformen gemeinsam behandelt, weil insoweit ähnliche Maßstäbe gelten.

1. Meinungsstand

Die Frage, ob die übertragende Auflösung den Gleichbehandlungsgrundsatz verletzt, wurde in der Literatur bisher nur vereinzelt erörtert und unterschiedlich beantwortet. Nach Ansicht von *Friedrich*[775] verstößt die übertragende Auflösung nicht gegen den Gleichbehandlungsgrundsatz. Ein solcher Verstoß lasse sich insbesondere nicht damit begründen, dass der Mehrheitsgesellschafter das Vermögen der Gesellschaft übernehme. Der Gleichbehandlungsgrundsatz beziehe sich nur auf den mitgliedschaftlichen Bereich. Er hindere die Gesellschaft daher nicht, Geschäfte mit einem Gesellschafter abzuschließen. Das gelte auch für ein Geschäft über die Veräußerung des ganzen Gesellschaftsvermögens.[776]

---

769 Vgl. zur GmbH *Bayer*, in: Lutter/Hommelhoff, GmbHG, 20. Aufl. 2020, § 14 Rn. 46; zur KG *Enzinger*, in: Münch. Komm. HGB, 4. Aufl. 2016, § 109 Rn. 20.

770 Vgl. zur AG *Henze/Notz*, in: Großkomm. AktG, 4. Aufl. 2008, § 53a Rn. 27; zur GmbH *Seibt*, in: Scholz, GmbHG, 12. Aufl. 2018, § 14 Rn. 56; zur KG *Schäfer*, in: Staub, HGB, 5. Aufl. 2009, § 105 Rn. 249.

771 Vgl. zur AG *Götze*, in: Münch. Komm. AktG, 5. Aufl. 2019, § 53a Rn. 5; zur GmbH *Merkt*, in: Münch. Komm. GmbHG, 3. Aufl. 2018, § 13 Rn. 291; zur KG *Haas*, in: Röhricht/Graf v. Westphalen/Haas, HGB, 5. Aufl. 2019, § 109 Rn. 10.

772 H. M.; vgl. nur *Henze/Notz*, in: Großkomm. AktG, 4. Aufl. 2008, § 53a Rn. 110 m. w. N.

773 H. M.; vgl. nur *Seibt*, in: Scholz, GmbHG, 12. Aufl. 2018, § 14 Rn. 61 m. w. N.

774 Vgl. zur sog. „Anfechtungslösung" nur *Enzinger*, in: Münch. Komm. HGB, 4. Aufl. 2016, § 119 Rn. 94 ff. m. w. N. auch zur Gegenansicht; vgl. zur Gegenansicht insbes. *Schäfer*, in: Staub, HGB, 5. Aufl. 2009, § 119 Rn. 75 ff.

775 Zur AG *Friedrich*, BB 1994, 89, 94.

776 Zum Ganzen zur AG *Friedrich*, BB 1994, 89, 94.

Dagegen vertritt *Timm*[777] die Auffassung, dass die übertragende Auflösung jedenfalls dann gegen den Gleichbehandlungsgrundsatz verstößt, wenn ein oder mehrere Minderheitsgesellschafter einen relevanten Anteil an der Gesellschaft halten. Denn die „Ausschaltung"[778] solcher Minderheitsgesellschafter, die über eine wesentliche Beteiligung verfügen, verstieße gegen den Gleichbehandlungsgrundsatz, wenn sie mittels einer hierzu gegründeten „Auffanggesellschaft" erfolge.[779]

Hillers[780] ist schließlich der Ansicht, dass die übertragende Auflösung den Gleichbehandlungsgrundsatz verletze, wenn nicht „jedem interessierten und zugleich zahlungskräftigen Mitgesellschafter" ebenfalls ermöglicht werde, das Unternehmen der Gesellschaft zu erwerben.

2. Stellungnahme

a) Veräußerung an Mehrheitsgesellschafter

Bei der übertragenden Auflösung der AG, der GmbH oder der KG könnte der Gleichbehandlungsgrundsatz tangiert sein, weil das Vermögen der Gesellschaft (nur) an den Mehrheitsgesellschafter und nicht an die Minderheitsgesellschafter veräußert wird. Dabei kann dahingestellt bleiben, ob der Gleichbehandlungsgrundsatz, wie *Friedrich*[781] meint, nur den mitgliedschaftlichen Bereich betreffe und nicht, was umstritten ist,[782] auf Drittgeschäfte anwendbar sei. Denn die Veräußerung des ganzen Gesellschaftsvermögens ist kein solches „normales" Drittgeschäft, sondern ein Grundlagengeschäft, durch das die innere Struktur der Gesellschaft grundlegend verändert wird.[783] Die Veräußerung des ganzen Gesellschaftsvermögens ist daher sehr wohl dem mitgliedschaftlichen Bereich zuzuordnen, auf den sich der Gleichbehandlungsgrundsatz unstreitig erstreckt.

In dem Umstand, dass die Gesellschaft im Rahmen der übertragenden Auflösung ihr ganzes Vermögen an den Mehrheitsgesellschafter und nicht an die

---

777 Zur GmbH *Timm*, JZ 1980, 665, 670.

778 So zur GmbH *Timm*, JZ 1980, 665, 670.

779 Zum Ganzen zur GmbH *Timm*, JZ 1980, 665, 670 mit Verweis auf *Ulmer*, BB 1964, 665, 668.

780 Zur KG *Hillers*, Personengesellschaft, 1989, S. 66.

781 Vgl. zur AG *Friedrich*, BB 1994, 89, 94.

782 Vgl. zur GmbH etwa *Merkt*, in: Münch. Komm. GmbHG, 3. Aufl. 2018, § 13 Rn. 293 m. w. N.

783 Näher dazu 4. Teil. A. II. 2. b) (GmbH) und 4. Teil. A. III. 2. b) (KG); für die AG gilt dies entsprechend.

Minderheitsgesellschafter veräußert, könnte aber nur dann ein Verstoß gegen den Gleichbehandlungsgrundsatz gesehen werden, wenn für diese „Ungleichbehandlung“ kein sachlicher Grund vorliegt. Ein sachlicher Grund würde insbesondere vorliegen, wenn die Minderheitsgesellschafter ebenfalls die Möglichkeit haben, ein Kaufangebot für das Gesellschaftsvermögen abzugeben, sie aber nicht gewillt oder in der Lage sind, ein besseres Angebot als der Mehrheitsgesellschafter abzugeben. In diesem Fall scheidet ein Verstoß gegen den Gleichbehandlungsgrundsatz daher aus. Auf den Umfang der Beteiligung der einzelnen Minderheitsgesellschafter kommt es in diesem Zusammenhang nicht an.[784]

Umgekehrt ist ein Verstoß gegen den Gleichbehandlungsgrundsatz gegeben, wenn ein besseres Kaufangebot eines Minderheitsgesellschafters übergangen wird. Das gilt allerdings nur dann, wenn dieses Konkurrenzangebot realistisch ist, der bietende Minderheitsgesellschafter also nachweist, dass er über die finanziellen Mittel verfügt, um den von ihm gebotenen Kaufpreis zu zahlen.[785] Zudem muss das Konkurrenzangebot ernst gemeint sein. Daher kann das Konkurrenzangebot eines Minderheitsgesellschafters ignoriert werden, wenn es offensichtlich nur vorgeschoben wurde und nur dazu dient, den Erwerb des ganzen Vermögens der Gesellschaft durch den Mehrheitsgesellschafter zu erschweren oder zu verhindern.

b) Bedingungen des Kaufvertrags

Darüber hinaus liegt ein Verstoß gegen den Gleichbehandlungsgrundsatz vor, wenn die Bedingungen des Kaufvertrags ohne sachlichen Grund einem Drittvergleich nicht standhalten, also nicht marktüblichen Bedingungen entsprechen (hypothetischer Drittvergleich; *at arm's length principle*).[786] Denn hierdurch erhält der Mehrheitsgesellschafter eine verdeckte Vermögenszuwendung, die den Minderheitsgesellschaftern nicht gewährt wird.[787]

c) Angebot an Minderheitsgesellschafter oder Dritten

Sofern das Unternehmen der Gesellschaft im Liquidationsverfahren an den Mehrheitsgesellschafter verkauft werden soll, sind die Liquidatoren nach

---

784 So aber zur GmbH *Timm*, JZ 1980, 665, 670.

785 Vgl. zur KG *Hillers*, Personengesellschaft, 1989, S. 66.

786 Näher zu den Anforderungen an den Drittvergleich 4. Teil. F. I. 1. a).

787 Vgl. zur Verletzung des Gleichbehandlungsgrundsatzes bei einer verdeckten Vermögenszuwendung zur GmbH etwa *Pentz*, in: Rowedder/Schmidt-Leithoff, GmbHG, 6. Aufl. 2017, § 29 Rn. 164 ff.

einer Literaturansicht zur GmbH dazu verpflichtet, den Minderheitsgesellschaftern das Unternehmen der Gesellschaft ebenfalls zum Kauf anzubieten.[788] Das müsse zu dem gleichen Preis geschehen.[789] Begründet wird dieses Erfordernis mit der gesellschaftsrechtlichen Treuepflicht[790] und dem Gleichbehandlungsgrundsatz[791].

Dieser Ansicht kann für die GmbH und auch für die AG und die KG nur mit erheblichen Einschränkungen gefolgt werden. Sofern das Vertretungsorgan der GmbH, der AG oder der KG dem Mehrheitsgesellschafter vor oder nach der Auflösung der Gesellschaft angeboten hat, das Unternehmen der Gesellschaft zu erwerben, gebietet es der Gleichbehandlungsgrundsatz nur dann, dass das Vertretungsorgan das Unternehmen der Gesellschaft auch den übrigen Gesellschaftern zum Erwerb anbietet, wenn kein sachlicher Grund für eine Ungleichbehandlung vorliegt.

Ein solcher sachlicher Grund liegt etwa vor, wenn und soweit ein Erwerb durch die übrigen Gesellschafter aus Sicht des Vertretungsorgans nicht zu erwarten ist. Das ist insbesondere der Fall, wenn die Minderheitsgesellschafter nicht über die finanziellen Mittel verfügen, um das ganze Gesellschaftsvermögen zu erwerben. Hiervon kann das Vertretungsorgan grundsätzlich ausgehen, wenn ein Minderheitsgesellschafter nur eine geringe Beteiligung an der Gesellschaft hält; eine Pflicht zur Nachforschung trifft die Mitglieder des Vertretungsorgans nicht. Bei Publikumsgesellschaften ist ein sachlicher Grund schon darin zu sehen, dass es schlicht nicht praktikabel wäre, das Unternehmen der Gesellschaft allen übrigen Minderheitsgesellschaftern zum Kauf anzubieten.

---

788 Zur GmbH *Büteröwe*, in: Henssler/Strohn, GesR, 5. Aufl. 2021, § 70 GmbHG Rn. 7; *Gesell*, in: Rowedder/Schmidt-Leithoff, GmbHG, 6. Aufl. 2017, § 70 Rn. 17; *Haas*, in: Baumbach/Hueck, GmbHG, 22. Aufl. 2019, § 70 Rn. 8a; *K. Schmidt/Scheller*, in: Scholz, GmbHG, 12. Aufl. 2021, § 70 Rn. 18; ähnlich *Helm/Haaf*, in: Beck. HdB. GmbH, 6. Aufl. 2021, § 18 Rn. 45; *Paura*, in: Ulmer/Habersack/Löbbe, GmbHG, 2. Aufl. 2016, § 70 Rn. 20; a. A. *Bommert*, JR 1988, 509, 510; *Willms*, Auflösung und Vermögensübernahme, 1999, S. 70 ff.

789 Zur GmbH *Gesell*, in: Rowedder/Schmidt-Leithoff, GmbHG, 6. Aufl. 2017, § 70 Rn. 17.

790 Zur GmbH *Büteröwe*, in: Henssler/Strohn, GesR, 5. Aufl. 2021, § 70 GmbHG Rn. 7; *Gesell*, in: Rowedder/Schmidt-Leithoff, GmbHG, 6. Aufl. 2017, § 70 Rn. 17; *Haas*, in: Baumbach/Hueck, GmbHG, 22. Aufl. 2019, § 70 Rn. 8a; wohl auch *K. Schmidt/Scheller*, in: Scholz, GmbHG, 12. Aufl. 2021, § 70 Rn. 18, Fn. 92.

791 Zur GmbH *Büteröwe*, in: Henssler/Strohn, GesR, 5. Aufl. 2021, § 70 GmbHG Rn. 7; *Haas*, in: Baumbach/Hueck, GmbHG, 22. Aufl. 2019, § 70 Rn. 8a.

Auch dann, wenn das Angebot zum Erwerb des Gesellschaftsvermögens von dem Mehrheitsgesellschafter ausgegangen ist, ist kein Grund dafür ersichtlich, dass das Vertretungsorgan den Minderheitsgesellschaftern das Unternehmen der Gesellschaft zum Kauf anbieten müsste. Aus dem Gleichbehandlungsgrundsatz kann sich dieses Erfordernis nicht ergeben. Dem Mehrheitsgesellschafter hat das Vertretungsorgan das Unternehmen der Gesellschaft auch nicht zum Kauf angeboten.

3. *Ergebnis*

Die übertragende Auflösung der AG, der GmbH und der KG verstößt grundsätzlich nicht gegen den Gleichbehandlungsgrundsatz. In dem Umstand, dass die Gesellschaft ihr ganzes Vermögen an den Mehrheitsgesellschafter und nicht an die Minderheitsgesellschafter veräußert, kann nur dann ein Verstoß gegen den Gleichbehandlungsgrundsatz gesehen werden, wenn hierfür kein sachlicher Grund vorliegt. Ein sachlicher Grund liegt insbesondere vor, wenn die Minderheitsgesellschafter die rechtliche und tatsächliche Möglichkeit haben, das Gesellschaftsvermögen selbst zu erwerben, sie aber kein besseres Kaufangebot als der Mehrheitsgesellschafter abgeben. Ein Verstoß gegen den Gleichbehandlungsgrundsatz liegt vor, wenn die Bedingungen des Kaufvertrags ohne sachlichen Grund einem Drittvergleich nicht standhalten. Das Vertretungsorgan der Gesellschaft muss den Minderheitsgesellschaftern das Unternehmen der Gesellschaft grundsätzlich nicht zum Kauf anbieten.

III. Sachliche Rechtfertigung (Treuepflicht)

Schon seit Längerem wird diskutiert, ob und gegebenenfalls welche Gesellschafterbeschlüsse außer einer allgemeinen Treuepflichtkontrolle auch einer sachlichen Rechtfertigung bedürfen. Bei der übertragenden Auflösung muss die Gesellschafterversammlung über die Auflösung der Gesellschaft und die Veräußerung des ganzen Gesellschaftsvermögens beschließen. Nachfolgend wird untersucht, ob die Zulässigkeit dieser Beschlüsse von einer sachlichen Rechtfertigung abhängt. Da die Diskussion bei der AG und der GmbH weitgehend parallel verläuft, erfolgt für diese Gesellschaftsformen eine gemeinsame Untersuchung. Anschließend wird auf die Situation bei der KG eingegangen.

1. *Aktiengesellschaft und Gesellschaft mit beschränkter Haftung*

Im Aktien- und GmbH-Recht ist heute weitgehend anerkannt, dass jedenfalls bestimmte Beschlüsse der Gesellschafterversammlung, die in die Rechte der

Minderheitsgesellschafter eingreifen, nicht nur am allgemeinen Maßstab der gesellschaftsrechtlichen Treuepflicht gemessen werden müssen, sondern auch der sachlichen Rechtfertigung bedürfen. Im Schrifttum wird teilweise die Auffassung vertreten, dass das Erfordernis der sachlichen Rechtfertigung für alle Beschlüsse gilt.[792] Nach der herrschenden Auffassung in der Literatur ist das Erfordernis dagegen nur bei bestimmten Beschlüssen zu beachten.[793] Für welche Beschlüsse das gelten soll, wird aber sehr unterschiedlich beantwortet.[794]

Auch nach der Rechtsprechung des Bundesgerichtshofs bedürfen nur bestimmte Gesellschafterbeschlüsse der sachlichen Rechtfertigung.[795] Für die AG hat der Bundesgerichtshof das Erfordernis erstmals für einen Bezugsrechtsausschluss bei einer ordentlichen Kapitalerhöhung[796] und später auch für einen Bezugsrechtsausschluss bei einem genehmigten Kapital[797] bejaht. Mit der Süssen-Entscheidung[798], in der es um die Befreiung eines Gesellschafters von einem satzungsmäßigen Wettbewerbsverbot ging, hat der Bundesgerichtshof seine aktienrechtliche Rechtsprechung zur sachlichen Rechtfertigung von

---

792 *Martens*, in: FS Fischer, 1979, S. 437, 445; *Martens*, GmbHR 1984, 265, 270; *Wiedemann*, ZGR 1980, 147, 156 f.; *Wiedemann*, in: FS Heinsius, 1991, S. 949, 960 ff.; *Wiedemann*, DB 1993, 141, 144.

793 Vgl. mit Unterschieden im Detail insbes. *Zöllner*, Schranken, 1963, S. 349 ff.; *Zöllner*, AG 2000, 145, 153 ff.; *Lutter*, ZGR 1981, 171 ff.; *Timm*, Konzernspitze, 1980, S. 81 ff.; *Timm*, ZGR 1987, 403, 421 ff.; *Hirte*, Bezugsrechtsausschluß, 1986, S. 138 ff.; *Winter*, Treubindungen, 1988, S. 154 ff.; *Harbarth*, in: Münch. Komm. GmbHG, 3. Aufl. 2018, § 53 Rn. 109; *Schäfer*, in: Münch. Komm. AktG, 5. Aufl. 2021, § 243 Rn. 42 ff.; *Ulmer/Casper*, in: Ulmer/Habersack/Löbbe, GmbHG, 2. Aufl. 2016, § 53 Rn. 79 f.

794 Vgl. zu den verschiedenen Fallgruppen *Schäfer*, in: Münch. Komm. AktG, 5. Aufl. 2021, § 243 Rn. 58 ff.; *Ulmer/Casper*, in: Ulmer/Habersack/Löbbe, GmbHG, 2. Aufl. 2016, § 53 Rn. 79 f.

795 Bejahend BGHZ 71, 40 – Kali + Salz (AG; Bezugsrechtsauschluss bei ordentlicher Kapitalerhöhung); BGHZ 80, 69 – Süssen (GmbH; Befreiung vom Wettbewerbsverbot); BGHZ 83, 319 – Holzmann (AG; Bezugsrechtsausschluss bei genehmigtem Kapital – einschränkend dann aber BGHZ 136, 133 – Siemens/Nold); BGHZ 125, 239 – Deutsche Bank (AG; Bezugsrechtsauschluss bei ordentlicher Kapitalerhöhung); verneinend BGHZ 70, 117 – Mannesmann (AG; Einführung eines Höchststimmrechts); BGHZ 76, 352 (GmbH; Auflösung); BGHZ 103, 184 – Linotype (AG; Auflösung); BGHZ 120, 141 – Bankverein Bremen (AG; Bezugsrechtsausschluss bei Genussrechten); BGHZ 138, 71 – Sachsenmilch (AG; Herabsetzung des Grundkapitals); BGHZ 180, 154 – Wertpapierdarlehen (AG; Aktienrechtlicher Squeeze-out).

796 BGHZ 71, 40 – Kali + Salz (AG).

797 BGHZ 83, 319 – Holzmann (AG).

798 BGHZ 80, 69 – Süssen (GmbH).

Gesellschafterbeschlüssen auf die GmbH übertragen. In mehreren Fällen hat er das Erfordernis der sachlichen Rechtfertigung aber auch abgelehnt, so etwa bei der Schaffung eines Höchststimmrechts[799] und der Herabsetzung des Grundkapitals[800]. Zudem hat der Bundesgerichtshof seine Rechtsprechung zur Notwendigkeit einer sachlichen Rechtfertigung für den Ausschluss des Bezugsrechts bei einem genehmigten Kapital[801] später wieder stark eingeschränkt.

Wiedemann[802] hat die Entwicklung der Rechtsprechung[803] zu dem Kriterium der sachlichen Rechtfertigung anschaulich wie folgt zusammengefasst: „Der sachliche Grund als ungeschriebene Tatbestandsvoraussetzung wirksamer Mehrheitsbeschlüsse hat in der deutschen Rechtsprechung nur ein vorübergehendes Aufflackern erlebt, wurde dann sogleich eingedämmt und glimmt jetzt nur noch in der Kapitalerhöhung weiter."

Das Erfordernis der sachlichen Rechtfertigung ist erfüllt, wenn der mit dem Gesellschafterbeschluss verbundene Eingriff „durch sachliche Gründe im Interesse der Gesellschaft gerechtfertigt ist", wobei die Prüfung dieser Voraussetzung eine „Abwägung der Interessen und der Verhältnismäßigkeit von Mittel und Zweck" beinhaltet.[804] Die Rechtsgrundlage für das Erfordernis der sachlichen Rechtfertigung wird überwiegend in der gesellschaftsrechtlichen Treuepflicht gesehen.[805] Sind die Voraussetzungen für eine sachliche Rechtfertigung nicht erfüllt, ist der Beschluss wegen einer Verletzung des Gesetzes anfechtbar.[806]

a) Meinungsstand

In Rechtsprechung und Literatur ist umstritten, ob das Erfordernis der sachlichen Rechtfertigung bei der übertragenden Auflösung zu beachten ist, ob also die Beschlüsse der Gesellschafterversammlung über die Auflösung der

---

799 BGHZ 70, 117 – Mannesmann (AG).

800 BGHZ 138, 71 – Sachsenmilch (AG).

801 BGHZ 136, 133 – Siemens/Nold (AG).

802 *Wiedemann*, WM 2009, 1, 7.

803 Vgl. zur Entwicklung der Rechtsprechung auch *Schäfer*, in: Münch. Komm. AktG, 5. Aufl. 2021, § 243 Rn. 50 f., 58 ff.

804 BGHZ 71, 40, 46 – Kali + Salz (AG); grundlegend *Zöllner*, Schranken, 1963, S. 349 ff.; vgl. auch BGHZ 80, 69, 74 – Süssen (GmbH); BGHZ 83, 319, 321 – Holzmann (AG); BGHZ 125, 239, 241 – Deutsche Bank (AG); *Koch*, in: Hüffer/Koch, AktG, 15. Aufl. 2021, § 243 Rn. 24.

805 Vgl. nur *Henze*, BB 1996, 489, 496 f.; *Schäfer*, in: Münch. Komm. AktG, 5. Aufl. 2021, § 243 Rn. 53 f., jeweils m. w. N.

806 *Schäfer*, in: Münch. Komm. AktG, 5. Aufl. 2021, § 243 Rn. 57.

Gesellschaft und die Veräußerung des ganzen Gesellschaftsvermögens einer sachlichen Rechtfertigung bedürfen.

aa) Auflösungsbeschluss

(1) Martens *und* Wiedemann

In der Literatur wird vereinzelt die Ansicht vertreten, dass der Beschluss der Gesellschafterversammlung über die Auflösung der Gesellschaft der sachlichen Rechtfertigung bedürfe.[807] *Martens*[808] hat das damit begründet, dass der Umstand, dass der Mehrheit das Recht eingeräumt wurde, die Gesellschaft durch Mehrheitsbeschluss aufzulösen, nicht zugleich bedeute, dass dieses Recht nicht auf eine die Minderheit schonende Weise ausgeübt werden müsse. Jede Mehrheitsentscheidung sei daher im Einzelfall daraufhin zu kontrollieren, ob hierbei auf die Interessen der Minderheit angemessen Rücksicht genommen wurde.[809]

Wiedemann[810] hat argumentiert, dass alle Beschlüsse der sachlichen Rechtfertigung bedürfen, weil die Ermessensfreiheit bei einer Maßnahme ansonsten zu „Umwegspressionen“[811] führen könne. Außerdem sei die einmal von der Mehrheit eingegangene Bindung zu berücksichtigen, die sich, wie im Vertragsrecht, bei ihrer später beabsichtigten Beendigung einschränkend auswirke. Es dränge sich der „Gedanke des venire contra factum proprium (…) auf, wenn die Aktionärsmehrheit dem Publikum erst eine Beteiligung anbietet, später aber das Unternehmen alleine fortsetzen möchte“.[812]

(2) Ganz herrschende Meinung

Dagegen lehnt die ganz herrschende Meinung eine sachliche Rechtfertigung des Beschlusses der Gesellschafterversammlung über die Auflösung der Gesellschaft ab.[813] Der Bundesgerichtshof hat das damit begründet, dass ein mit

807 *Wiedemann*, ZGR 1980, 147, 156 f.; *Wiedemann*, JZ 1989, 447, 448 f.; *Wiedemann*, in: FS Heinsius, 1991, S. 949, 962; *Martens*, GmbHR 1984, 265, 270.

808 *Martens*, GmbHR 1984, 265, 270.

809 Zum Ganzen *Martens*, GmbHR 1984, 265, 270.

810 *Wiedemann*, ZGR 1980, 147, 157.

811 *Wiedemann*, ZGR 1980, 147, 157.

812 *Wiedemann*, ZGR 1999, 857, 870 f.

813 BGHZ 76, 352, 353 (GmbH); BGHZ 103, 184, 189 ff. – Linotype (AG); OLG Stuttgart, ZIP 1995, 1515, 1519 – MotoMeter I (AG); LG Stuttgart, DB 1993, 472, 473 (AG); *Lutter*, ZHR 153 (1989), 446, 449; *Lutter/Drygala*, in: FS Kropff, 1997, S. 191, 215 f. (wohl noch differenzierend *Lutter*, ZGR 1981, 171, 177 f., 181 f.: sachliche Rechtfertigung nicht erforderlich, es sei denn, der Mehrheitsgesellschafter will das Unternehmen der Gesellschaft selbst übernehmen); *Grunewald*, Ausschluß, 1987, S. 299; *Timm*, JZ 1980,

der erforderlichen Mehrheit gefasster Auflösungsbeschluss seine Rechtfertigung „in sich“ trage.[814] Das Erfordernis der sachlichen Rechtfertigung führe zu einer verstärkten Bindung der in die Gesellschaft eingebrachten Mittel, die die gesetzlichen Voraussetzungen übersteige und die aus dem Gesetz heraus nicht begründet werden könne.[815] Den Gesellschaftern stehe es vielmehr frei, den Gesellschaftszweck mit der vom Gesetz verlangten Mehrheit zu beenden und die mit dem im Gesellschaftsvertrag vereinbarten Gesellschaftszweck verbundenen Gesellschafterrechte wieder aufzuheben.[816]

Lutter[817] und *Grunewald*[818] haben zur Begründung dieses Standpunkts angeführt, dass der Auflösungsbeschluss dazu diene, die in die Gesellschaft eingebrachten Mittel wieder freizusetzen, und dies niemals im Interesse der Gesellschaft liegen könne. Indem das Gesetz die Möglichkeit vorsehe, die Gesellschaft aufzulösen, zeige es zugleich, dass die Auflösung nicht an dem Erfordernis der sachlichen Rechtfertigung gemessen werden könne.[819] Auch *Zöllner*[820] hat darauf verwiesen, dass die Auflösung der Gesellschaft „logischerweise“ nicht an das Interesse der Gesellschaft gebunden sei, weil sie den Erwerbszweck

---

665, 667 f.; *Vetter*, ZHR 168 (2004), 8, 37; *Winter*, Treubindungen, 1988, S. 156 ff.; *Zöllner*, AG 2000, 145, 155; *Berner*, in: Münch. Komm. GmbHG, 3. Aufl. 2018, § 60 Rn. 95; *Friedrich*, BB 1994, 89, 93; *Harbarth*, in: Münch. Komm. GmbHG, 3. Aufl. 2018, § 53 Rn. 110; *Henze*, ZIP 1995, 1473, 1475 f.; *Henze*, in: FS Boujong, 1996, S. 233, 239 ff.; *Helm/Haaf*, in: Beck. HdB. GmbH, 6. Aufl. 2021, § 18 Rn. 9; *Hoffmann-Becking*, in: Münch. HdB. GesR IV, 5. Aufl. 2020, § 66 Rn. 5; *Schäfer*, in: Münch. Komm. AktG, 5. Aufl. 2021, § 243 Rn. 64; *Roth*, in: Bork/Schäfer, GmbHG, 4. Aufl. 2019, § 60 Rn. 9; *Schäfer*, in: Staub, HGB, 5. Aufl. 2009, § 131 Rn. 23; *Schmidt-Hern*, in: Beck. HdB. AG, 3. Aufl. 2018, § 18 Rn. 5; *Ulmer/Casper*, in: Ulmer/Habersack/Löbbe, GmbHG, 2. Aufl. 2016, § 53 Rn. 79; *Willms*, Auflösung und Vermögensübernahme, 1999, S. 124 ff.; *Zetzsche*, in: Kölner Komm. AktG, 3. Aufl. 2020, § 179a Rn. 135; so auch *Hirte*, Bezugsrechtsausschluß, 1986, S. 143 f., der allerdings auch die Ansicht vertritt, dass der Auflösungsbeschluss bei der übertragenden Auflösung rechtsmissbräuchlich sei, vgl. dazu 3. Teil. B. II. 2. a) aa); aus verfassungsrechtlicher Sicht auch BVerfG, NJW 2001, 279, 281 – MotoMeter (AG).

814 BGHZ 76, 352, 353 (GmbH); so auch BGHZ 103, 184, 190 f. – Linotype (AG).

815 BGHZ 103, 184, 190 f. – Linotype (AG); zustimmend *Lutter/Drygala*, in: FS Kropff, 1997, S. 191, 216.

816 BGHZ 103, 184, 191 – Linotype (AG).

817 Vgl. *Lutter*, ZGR 1981, 171, 177 ff.

818 Vgl. *Grunewald*, Ausschluß, 1987, S. 299.

819 Vgl. *Lutter*, ZGR 1981, 171, 177.

820 *Zöllner*, AG 2000, 145, 155.

gerade beseitige und der Verfolgung des Gesellschaftszwecks damit „diametral“ entgegenstehe.

bb) Zustimmungsbeschluss

(1) Teil des Schrifttums

Ein Teil des Schrifttums vertritt die Ansicht, dass der Beschluss der Gesellschafterversammlung über die Veräußerung des ganzen Gesellschaftsvermögens der sachlichen Rechtfertigung bedürfe.[821] *Timm*[822] hat zur Begründung angeführt, dass der mit dem Beschluss verbundene Eingriff in die Mitgliedschaft der Gesellschafter, der darin liege, dass die Gesellschafter ihre mittelbare Beteiligung an dem Unternehmen der Gesellschaft verlieren, mindestens so schwer wiege wie ein Bezugsrechtsausschluss. Wie der Bezugsrechtsausschluss müsse daher auch die Vermögensübertragung sachlich gerechtfertigt werden.[823]

(2) Überwiegende Meinung

Nach der wohl überwiegenden Meinung ist eine sachliche Rechtfertigung des Beschlusses der Gesellschafterversammlung über die Veräußerung des ganzen Gesellschaftsvermögens dagegen nicht erforderlich.[824] *Lutter/*

---

821 *Hirte*, Bezugsrechtsausschluß, 1986, S. 150, 193 f.; *Timm*, ZGR 1987, 403, 434 ff.; wohl auch – allerdings nicht ausdrücklich – *Wiedemann*, ZGR 1980, 147, 156 f.; *Wiedemann*, JZ 1989, 447, 448 f.; *Wiedemann*, in: FS Heinsius, 1991, S. 949, 960 ff.; *Martens*, GmbHR 1984, 265, 270, nach deren Ansicht alle Beschlüsse der sachlichen Rechtfertigung bedürfen; für den Fall der Übertragung auf den Mehrheitsgesellschafter auch *Harbarth*, in: Münch. Komm. GmbHG, 3. Aufl. 2018, § 53 Rn. 110; *Ulmer/Casper*, in: Ulmer/Habersack/Löbbe, GmbHG, 2. Aufl. 2016, § 53 Rn. 80; *Windbichler*, AG 1981, 169, 174.

822 *Timm*, ZGR 1987, 403, 435.

823 *Timm*, ZGR 1987, 403, 435.

824 BayObLGZ 1998, 211, 217 – Magna Media (AG); LG Stuttgart, DB 1993, 472, 473 (AG); *Böhm*, in: Münch. HdB. GesR III, 5. Aufl. 2018, § 32 Rn. 33; *Drescher*, in: Spindler/Stilz, AktG, 4. Aufl. 2019, § 243 Rn. 176; *Henze*, ZIP 1995, 1473, 1477 f.; *Henze*, in: FS Boujong, 1996, S. 233, 246 ff.; *Koch*, in: Hüffer/Koch, AktG, 15. Aufl. 2021, § 179a Rn. 10; *Land/Hasselbach*, DB 2000, 557, 560; *Rühland*, Ausschluss, 2004, S. 102; *Seibt*, in: K. Schmidt/Lutter, AktG, 4. Aufl. 2020, § 179a Rn. 16; *Stein*, in: Münch. Komm. AktG, 5. Aufl. 2021, § 179a Rn. 76; *Lutter/Drygala*, in: FS Kropff, 1997, S. 191, 216; *Vetter*, ZHR 168 (2004), 8, 37; *Willms*, Auflösung und Vermögensübernahme, 1999, S. 129 ff.; *Wolf*, ZIP 2002, 153, 157; tendenziell auch *Koppensteiner*, ZHR 155 (1991), 97, 109; zweifelnd *Schäfer*, in: Münch. Komm. AktG, 5. Aufl. 2021, § 243 Rn. 64; aus verfassungsrechtlicher Sicht auch BVerfG, NJW 2001, 279, 281 – MotoMeter (AG).

Drygala[825] haben das bei der übertragenden Auflösung damit begründet, dass dieser Beschluss letztlich nur die Folge der Auflösung sei und diese auch nicht sachlich gerechtfertigt werden müsse.

Zur AG hat *Henze*[826] ergänzend darauf hingewiesen, dass auf das Erfordernis einer sachlichen Rechtfertigung des Beschlusses der Hauptversammlung über die Zustimmung zu dem Kaufvertrag über das ganze Gesellschaftsvermögen auch deshalb verzichtet werden könne, weil die Minderheitsgesellschafter bereits anderweitig hinreichend geschützt würden. Der Zweck des § 179a AktG bestehe darin, die Beteiligung der Gesellschafter zu schützen. Die Beteiligung könne bei einer Veräußerung des ganzen Gesellschaftsvermögens aber nur dadurch gefährdet werden, dass das Vermögen unter Wert veräußert wird. Das sei zwar ein möglicher Anknüpfungspunkt für die Forderung nach einer sachlichen Rechtfertigung. Die Interessen der Minderheitsgesellschafter seien bei einer Veräußerung an einen gesellschaftsfremden Dritten aber bereits dadurch geschützt, dass alle Aktionäre, auch der Mehrheitsgesellschafter, daran interessiert seien, bei der Veräußerung einen möglichst hohen Kaufpreis zu erzielen. Bei der übertragenden Auflösung würden der Vorstand der Gesellschaft und der Mehrheitsgesellschafter in aller Regel schon im eigenen Interesse darauf bedacht sein, die Höhe des für das ganze Gesellschaftsvermögen vereinbarten Kaufpreises durch Einholung eines Wertgutachtens eines unabhängigen Sachverständigen abzusichern. Wenn die Minderheitsgesellschafter die Angemessenheit des vereinbarten Kaufpreises anzweifeln, könnten sie Nichtigkeitsklage gemäß § 241 Nr. 3 AktG wegen einer etwaigen verdeckten Gewinnausschüttung oder eine Anfechtungsklage nach § 243 Abs. 2 AktG erheben.[827]

cc) *Übertragende Auflösung*

Für den Fall der übertragenden Auflösung (der AG), also einer Kombination der Beschlüsse über die Auflösung der Gesellschaft und die Veräußerung des ganzen Gesellschaftsvermögens (an den Mehrheitsgesellschafter), vertritt ein Teil des Schrifttums die Auffassung, dass eine sachliche Rechtfertigung der übertragenden Auflösung erforderlich sei, wenn der Mehrheitsgesellschafter weniger als 95 Prozent des Grundkapitals halte.[828] Begründet wird das mit den Vorschriften

825 *Lutter/Drygala*, in: FS Kropff, 1997, S. 191, 216.

826 Zur AG *Henze*, in: FS Boujong, 1996, S. 233, 246 ff.

827 Zum Ganzen zur AG *Henze*, in: FS Boujong, 1996, S. 233, 246 ff.

828 *Schoppe*, Aktieneigentum, 2011, S. 275 f.; ähnlich *Grunewald*, in: Münch. Komm. AktG, 5. Aufl. 2020, Vorb. z. § 327a Rn. 13; *Singhof*, in: Spindler/Stilz, AktG, 4. Aufl. 2019, § 327a Rn. 8; a. A. *Gromm*, Übertragende Auflösung, 2016, S. 115 ff.

über den aktienrechtlichen Squeeze-out (§§ 327a ff. AktG). Nach diesen Vorschriften sei ein Ausschluss von Minderheitsgesellschaftern nur zulässig, wenn dem Mehrheitsgesellschafter 95 Prozent des Grundkapitals gehören. Hieraus ergebe sich eine Wertung, die auf den Fall der übertragenden Auflösung ausstrahle.[829] Die sachliche Rechtfertigung der übertragenden Auflösung setze voraus, dass unternehmerische Gründe für ihre Durchführung sprächen.[830]

b) Stellungnahme

Das Erfordernis einer sachlichen Rechtfertigung von Gesellschafterbeschlüssen stößt bereits auf grundlegende Bedenken. Denn durch dieses Erfordernis wird die Entscheidungskompetenz, die das Gesetz der Mehrheit der Gesellschafter einräumt, ohne gesetzliche Grundlage erheblich eingeschränkt und zu einem wesentlichen Teil auf die Gerichte verlagert. Darüber hinaus schränkt dieses Erfordernis die Handlungsfähigkeit der Gesellschafter und der Gesellschaft schwerwiegend ein und führt zu erheblichen praktischen Schwierigkeiten und zu Rechtsunsicherheiten. Das Erfordernis der sachlichen Rechtfertigung ist zudem überflüssig. Denn durch die allgemeine Treuepflichtkontrolle und den Gleichbehandlungsgrundsatz werden die Minderheitsgesellschafter ausreichend geschützt.

Ungeachtet dessen sprechen erhebliche Gründe dagegen, für die Beschlüsse der Gesellschafterversammlung über die Auflösung der Gesellschaft und die Veräußerung des ganzen Gesellschaftsvermögens eine sachliche Rechtfertigung zu fordern.

aa) Auflösungsbeschluss

Bei der AG und der GmbH bedarf der Beschluss der Gesellschafterversammlung über die Auflösung der Gesellschaft nach dem Wortlaut des § 262 Abs. 1 Nr. 2 AktG bzw. des § 60 Abs. 1 Nr. 2 GmbHG einer Mehrheit von drei Viertel des vertretenen Grundkapitals bzw. der abgegebenen Stimmen. Weitere Voraussetzungen sehen diese Regelungen nicht vor. Bei der AG kommt hinzu, dass § 262 Abs. 1 Nr. 2 AktG davon spricht, dass die Satzung „weitere Erfordernisse" bestimmen kann. Das zeigt, dass solche weiteren Erfordernisse von Gesetzes wegen nicht bestehen.

Bei der GmbH unterscheidet das Gesetz zudem zwischen der Auflösung durch Mehrheitsbeschluss (§ 60 Abs. 1 Nr. 2 GmbHG) und der Auflösung bei

829 *Schoppe*, Aktieneigentum, 2011, S. 275 f.
830 *Schoppe*, Aktieneigentum, 2011, S. 276.

Vorliegen eines wichtigen Grunds (§ 61 Abs. 1 GmbHG). Hieraus ergibt sich, dass der Beschluss über die Auflösung der GmbH gemäß § 60 Abs. 1 GmbHG keines Sachgrunds bedarf.[831] Das Aktiengesetz sieht eine Auflösung aus wichtigem Grund zwar nicht vor. Die Differenzierung im GmbH-Gesetz zeigt jedoch, dass das Gesetz diese Unterscheidung kennt. Das spricht auch bei der AG dafür, dass der Gesetzgeber bei der Auflösung nach § 262 Abs. 1 Nr. 2 AktG auf das Erfordernis eines Sachgrunds bewusst verzichtet hat.

Das entscheidende Argument dafür, dass der mit der erforderlichen Mehrheit gefasste Auflösungsbeschluss keiner sachlichen Rechtfertigung bedarf, ist aber in der Tat darin zu sehen, dass dieses Erfordernis bei einem Beschluss über die Auflösung der Gesellschaft nicht erfüllt werden könnte, weil die Auflösung auf die Beendigung der Gesellschaft gerichtet ist und dies niemals im Interesse der Gesellschaft liegt.[832] Daraus, dass das Gesetz die Auflösung zulässt, ergibt sich, dass das Erfordernis der sachlichen Rechtfertigung bei der Auflösung nicht relevant sein kann.[833]

Wenn die Mehrheit das ihr vom Gesetz eingeräumte Recht ausübt, die Gesellschaft durch Beschluss aufzulösen, kann hierin auch kein widersprüchliches Verhalten gesehen werden. Nach dem geltenden Recht kann eine einmal eingegangene rechtliche Bindung grundsätzlich sehr wohl auch wieder aufgehoben werden. Für ein Gesellschaftsverhältnis kann nichts anderes gelten. Ein „strukturelles Ungleichgewicht" gibt es hier nicht. Zudem weiß jeder Gesellschafter, der nicht die erforderliche Mehrheit hält, um einen Auflösungsbeschluss zu verhindern, dass die Gesellschaft jederzeit auch gegen seinen Willen aufgelöst werden kann. Ein schutzwürdiges Vertrauen besteht diesbezüglich nicht.

bb) Zustimmungsbeschluss

Auch im Hinblick auf den Beschluss der Gesellschafterversammlung über die Veräußerung des ganzen Gesellschaftsvermögens spricht bei der AG bereits der Gesetzeswortlaut gegen das Erfordernis einer sachlichen Rechtfertigung. Nach dem Wortlaut der §§ 179a Abs. 1 Satz 1, 179 Abs. 2 Satz 1 AktG ist für den Beschluss eine Mehrheit von drei Viertel des vertretenen Grundkapitals erforderlich; weitere Erfordernisse sieht das Gesetz nicht vor.[834] Diese Wertung des Gesetzes lässt sich auf die GmbH übertragen.

---

831 Vgl. *Winter*, Treubindungen, 1988, S. 156 f.

832 Vgl. *Lutter*, ZGR 1981, 171, 177 ff.; *Grunewald*, Ausschluß, 1987, S. 299; ähnlich *Zöllner*, AG 2000, 145, 155.

833 *Lutter*, ZGR 1981, 171, 177.

834 Vgl. *Henze*, in: FS Boujong, 1996, S. 233, 246.

Die Veräußerung des ganzen Gesellschaftsvermögens liegt typischerweise nicht im Interesse der Gesellschaft, weil die Gesellschaft das Vermögen regelmäßig benötigt, um ihren Gesellschaftszweck und satzungsmäßigen Unternehmensgegenstand zu verfolgen. Daher gilt auch hier: Indem das Gesetz die Veräußerung des ganzen Gesellschaftsvermögens zulässt, zeigt es zugleich, dass das Erfordernis der sachlichen Rechtfertigung bei der Veräußerung keine Rolle spielen kann.[835]

Entgegen der Ansicht von *Timm*[836] ist mit der Veräußerung des ganzen Gesellschaftsvermögens kein „Eingriff" in die Mitgliedschaft der Gesellschafter, sofern man insoweit überhaupt von einem Eingriff sprechen kann, verbunden, der mit dem Eingriff durch einen Bezugsrechtsausschluss vergleichbar wäre. Eine Kapitalerhöhung mit Bezugsrechtsausschluss verwässert die Beteiligung der vom Bezugsrecht ausgeschlossenen Gesellschafter, das heißt, ihre prozentuale Beteiligung am Gesellschaftskapital sinkt. Insoweit wird zu Recht von einem „Gesellschafterausschluss auf Raten"[837] gesprochen. Es ist von daher grundsätzlich nachvollziehbar, für einen Bezugsrechtsausschluss eine besondere sachliche Rechtfertigung zu verlangen. Denn ein Ausschluss aus der Gesellschaft ist grundsätzlich nur bei Vorliegen eines wichtigen Grunds zulässig.

Die Veräußerung des ganzen Gesellschaftsvermögens hat aber eine andere Qualität. Anders als der Bezugsrechtsausschluss hat die Veräußerung des ganzen Gesellschaftsvermögens keine unmittelbaren Auswirkungen auf die Beteiligung der Gesellschafter. Allenfalls der Wert der Beteiligung kann sich durch die Veräußerung ändern, wenn und soweit das Gesellschaftsvermögen nicht zu angemessenen Bedingungen veräußert wird.

cc) Übertragende Auflösung

Schließlich ist auch bei der übertragenden Auflösung, also bei einer Kombination der Beschlüsse über die Auflösung der Gesellschaft und die Veräußerung des ganzen Gesellschaftsvermögens (an den Mehrheitsgesellschafter), keine sachliche Rechtfertigung erforderlich. Bei der übertragenden Auflösung bestehen diesbezüglich keine Besonderheiten, die zu einer anderen Bewertung führen können.

---

835 So zum Auflösungsbeschluss auch *Lutter*, ZGR 1981, 171, 177 ff.; *Grunewald*, Ausschluß, 1987, S. 299; ähnlich *Zöllner*, AG 2000, 145, 155.

836 *Timm*, ZGR 1987, 403, 435.

837 *Hirte*, Bezugsrechtsausschluß, 1986, S. 31.

Insbesondere kann auch die übertragende Auflösung niemals dem Interesse der Gesellschaft entsprechen, weil, wie soeben ausgeführt, weder die Auflösung der Gesellschaft noch die Veräußerung des ganzen Gesellschaftsvermögens im Interesse der Gesellschaft liegen. Da die übertragende Auflösung grundsätzlich zulässig ist,[838] bedeutet das zugleich, dass das Erfordernis der sachlichen Rechtfertigung hierbei nicht relevant sein kann.

Auch die Ansicht, dass die übertragende Auflösung (der AG) nur dann einer sachlichen Rechtfertigung bedürfe, wenn der Mehrheitsgesellschafter weniger als 95 Prozent des Grundkapitals hält, ist nicht überzeugend. Diese Ansicht steht im Widerspruch zu den §§ 327a ff. AktG. Sie beruht auf der Annahme, dass die übertragende Auflösung mit einem Squeeze-out, also einem Ausschluss von Minderheitsgesellschaftern, vergleichbar sei und damit rechtlich gleichbehandelt werden müsse. Wenn man das annimmt, müsste man aber konsequenterweise auch den Squeeze-out wie eine übertragende Auflösung behandeln. Andernfalls würde ein Wertungswiderspruch vorliegen. Nach dieser Ansicht müsste also auch ein Squeeze-out entgegen der eindeutigen Regelung des § 327a Abs. 1 Satz 1 AktG zulässig sein, wenn dem Mehrheitsgesellschafter zwar weniger als 95 Prozent des Grundkapitals gehören, der Squeeze-out aber sachlich gerechtfertigt ist. Im Übrigen ist die übertragende Auflösung, wie bereits festgestellt,[839] mit einem Squeeze-out nicht vergleichbar.

c) Ergebnis

Bei der übertragenden Auflösung der AG und der GmbH bedürfen die Beschlüsse der Gesellschafterversammlung über die Auflösung der Gesellschaft und die Veräußerung des ganzen Gesellschaftsvermögens keiner sachlichen Rechtfertigung.

2. Kommanditgesellschaft

Für die KG befindet sich die Diskussion, ob bestimmte Gesellschafterbeschlüsse einer sachlichen Rechtfertigung bedürfen, noch im Anfangsstadium. Nach der Aufgabe des Bestimmtheitsgrundsatzes durch den Bundesgerichtshof[840] wurde die Frage in der Literatur teilweise bejaht.[841]

---

838 Dazu 3. Teil.

839 Dazu 4. Teil. B. I. 2. b) aa).

840 Dazu 4. Teil. B. III. 1.

841 *Schäfer*, in: Staub, HGB, 5. Aufl. 2009, § 119 Rn. 52; *Schäfer*, ZGR 2013, 237, 266; *Schäfer*, in: Münch. Komm. BGB, 8. Aufl. 2020, § 709 Rn. 105 f.; ablehnend *Enzinger*, in: Münch. Komm. HGB, 4. Aufl. 2016, § 119 Rn. 84.

Der Bundesgerichtshof hat das Erfordernis einer sachlichen Rechtfertigung in der Otto-Entscheidung aber ausdrücklich generell abgelehnt: „Dies bedeutet nicht, dass einer – durch den Gesellschaftsvertrag eindeutig legitimierten – Mehrheit im Rechtsstreit der Nachweis einer sachlichen Rechtfertigung des Beschlusses obliegt (…)".

In der Entscheidung des Bundesgerichtshofs in Sachen Schutzgemeinschaftsvertrag II findet sich zwar die folgende Formulierung: „Insbesondere in den zuletzt genannten Fällen [Eingriff in absolut oder relativ unentziehbare Rechte] liegt regelmäßig eine treupflichtwidrige Ausübung der Mehrheitsmacht vor. In sonstigen Fällen hat die Minderheit den Nachweis einer treupflichtwidrigen Mehrheitsentscheidung zu führen (…)"[842]. Dieser Hinweis bezieht sich aber auf die allgemeine Treuepflichtkontrolle. Hieraus ergibt sich nur, dass der Bundesgerichtshof auf dem Standpunkt steht, dass bei Mehrheitsentscheidungen, mit denen in absolut oder relativ unentziehbare Rechte eingegriffen wird, eine gewisse Vermutung für einen Treuepflichtverstoß spricht. Die vorzitierten Ausführungen können nicht dahingehend verstanden werden, dass der Bundesgerichtshof im Personengesellschaftsrecht für Mehrheitsbeschlüsse generell eine sachliche Rechtfertigung fordere. Einem solchen Erfordernis hat er in der oben zitierten Passage aus der Otto-Entscheidung ausdrücklich eine klare Absage erteilt.

Der Auffassung des Bundesgerichtshofs ist zuzustimmen. Wie bereits zur AG und GmbH ausgeführt,[843] ist das Erfordernis der sachlichen Rechtfertigung von Mehrheitsentscheidungen bedenklich und überflüssig. Das gilt bei der KG erst recht. Im Personengesellschaftsrecht muss die privatautonome Entscheidung aller Gesellschafter, das Mehrheitsprinzip im Gesellschaftsvertrag zu vereinbaren, akzeptiert werden. Entsprechend dieser Vereinbarung müssen die einzelnen Entscheidungen grundsätzlich der Mehrheit der Gesellschafter überlassen bleiben und dürfen nicht zur Sache der Gerichte gemacht werden. Die vorhandenen Instrumente zum Schutz der Minderheitsgesellschafter sind auch bei der KG ausreichend.

Selbst wenn man das Erfordernis der sachlichen Rechtfertigung entgegen der hier vertretenen Ansicht im KG-Recht grundsätzlich anerkennen würde, würden jedenfalls die im Rahmen einer übertragenden Auflösung zu fassenden Beschlüsse über die Auflösung der Gesellschaft[844] und die Veräußerung des

842 BGHZ 179, 13, 21 – Schutzgemeinschaftsvertrag II; so auch BGHZ 203, 77, 84.
843 Dazu 4. Teil. E. III. 1. b).
844 Insoweit auch *Schäfer*, ZGR 2013, 237, 265 f.

ganzen Gesellschaftsvermögens aus den gleichen Gründen wie bei der AG und der GmbH[845] keiner sachlichen Rechtfertigung bedürfen.

F. Vereinbarkeit mit Kapitalerhaltungsgeboten

Bei der übertragenden Auflösung sind darüber hinaus die Kapitalerhaltungsgebote (§ 57 Abs. 1 AktG, § 30 Abs. 1 GmbHG) und die nach der Auflösung geltenden Thesaurierungsgebote (§§ 271 Abs. 1, 272 Abs. 1 AktG, § 73 Abs. 1 GmbHG) zu beachten. Im Folgenden wird untersucht, welche Anforderungen sich aus diesen Geboten bei der übertragenden Auflösung ergeben und welche Auswirkungen ein Verstoß gegen diese Gebote auf den Kaufvertrag über das ganze Gesellschaftsvermögen und die bei der übertragenden Auflösung erforderlichen Gesellschafterbeschlüsse hat.

I. Aktiengesellschaft

Das Kapitalgesellschaftsrecht enthält wegen der fehlenden persönlichen Haftung der Gesellschafter unterschiedliche Regelungen, die zum Schutz der Gläubiger der Gesellschaft sicherstellen sollen, dass das Vermögen der Gesellschaft nicht unberechtigt an die Gesellschafter zurückfließt.[846] Für die AG ist der Kapitalerhaltungsschutz besonders streng ausgestaltet. Der Schutz erstreckt sich nicht nur auf das Gesellschaftsvermögen, das zur Deckung des Grundkapitals erforderlich ist, sondern grundsätzlich auf das gesamte Vermögen der Gesellschaft, soweit es sich nicht um beschlossenen Bilanzgewinn handelt.

1. Verbot der Einlagenrückgewähr (§ 57 AktG)

Die Kernvorschrift der aktienrechtlichen Kapitalerhaltung ist § 57 AktG. Nach § 57 Abs. 1 AktG dürfen den Aktionären die Einlagen grundsätzlich nicht zurückgewährt werden. Dieses Verbot gilt nach der Auflösung der Gesellschaft fort (vgl. § 264 Abs. 3 AktG), bis die Verbindlichkeiten der Gesellschaft beglichen sind und das Sperrjahr[847] abgelaufen ist (vgl. §§ 271 Abs. 1, 272 Abs. 1 AktG).[848]

---

845 Dazu 4. Teil. E. III. 1. b).
846 Vgl. dazu *Bayer*, in: Münch. Komm. AktG, 5. Aufl. 2019, § 57 Rn. 1.
847 Näher zum Sperrjahr 2. Teil. B. II.
848 *Bayer*, in: Münch. Komm. AktG, 5. Aufl. 2019, § 57 Rn. 14 m. w. N.

Im faktischen Konzern wird § 57 AktG nach herrschender Meinung allerdings durch § 311 AktG verdrängt.[849]

a) Verbotene Einlagenrückgewähr

Nach dem heutigen Verständnis verbietet § 57 Abs. 1 AktG grundsätzlich alle Leistungen aus dem Gesellschaftsvermögen an die Aktionäre, die auf ihrer Stellung als Gesellschafter beruhen (*causa societatis*), sofern es sich dabei nicht um beschlossenen Bilanzgewinn handelt oder eine spezielle Regelung die Leistung ausnahmsweise erlaubt.[850] Nicht von § 57 Abs. 1 AktG erfasst werden jedoch „drittgleiche Umsatzgeschäfte, bei denen Leistungen zu marktüblichen Bedingungen ausgetauscht werden (…), weil Leistungen, die die Gesellschaft auf Grund solcher Geschäfte erbringt, nicht auf der Gesellschafterstellung des Aktionärs beruhen“[851].

Demgegenüber verstoßen Umsatzgeschäfte zwischen der Gesellschaft und einem Aktionär gegen das Verbot der Einlagenrückgewähr, bei denen ein objektives Missverhältnis zwischen Leistung und Gegenleistung zulasten der Gesellschaft besteht (verdeckte Vermögenszuwendung).[852] Ein solches Missverhältnis liegt vor, wenn ein gewissenhaft nach kaufmännischen Grundsätzen handelnder Geschäftsleiter das Geschäft zu den gleichen Bedingungen mit einem Dritten nicht abgeschlossen hätte (hypothetischer Drittvergleich; *at arm's length principle*).[853] Sofern kein Marktpreis vorhanden ist, wie etwa bei einem

---

849 Vgl. dazu etwa *Habersack*, in: Emmerich/Habersack, Aktien- und GmbH-Konzernrecht, 9. Aufl. 2019, § 311 AktG Rn. 82 ff. m. w. N.; vgl. dazu im Zusammenhang mit der übertragenden Auflösung auch *Henze*, in: FS Boujong, 1996, S. 233, 248.

850 Vgl. BGH, NZG 2008, 106, 107; *Koch*, in: Hüffer/Koch, AktG, 15. Aufl. 2021, § 57 Rn. 2 m. w. N.

851 BGH, NZG 2008, 106, 107; vgl. dazu etwa *Henze*, in: Großkomm. AktG, 4. Aufl. 2008, § 57 Rn. 35 ff.

852 BGH, NZG 2012, 1030, 1031; OLG Koblenz, AG 2007, 408, 409 – Metro; *Bayer*, in: Münch. Komm. AktG, 5. Aufl. 2019, § 57 Rn. 56; *Fleischer*, WM 2007, 909, 912; *Fleischer*, in: K. Schmidt/Lutter, AktG, 4. Aufl. 2020, § 57 Rn. 12; *Rieckers*, in: Münch. HdB. GesR IV, 5. Aufl. 2020, § 16 Rn. 60.

853 Vgl. BGH, NJW 1987, 1194, 1195 (GmbH); BGH, NJW 1996, 589, 589 f. (GmbH); OLG Hamburg, ZIP 2005, 1968, 1969 (GmbH); OLG Koblenz, AG 2007, 408, 409 – Metro; OLG Köln, AG 2009, 584, 587 – Deutsche Telekom III; *Bayer*, in: Münch. Komm. AktG, 5. Aufl. 2019, § 57 Rn. 50; *Cahn/v. Spannenberg*, in: Spindler/Stilz, AktG, 4. Aufl. 2019, § 57 Rn. 19; *Fleischer*, WM 2007, 909, 912; *Fleischer*, in: K. Schmidt/Lutter, AktG, 4. Aufl. 2020, § 57 Rn. 12.

Unternehmensverkauf, ist den Geschäftsleitern jedoch ein weiter Beurteilungsspielraum zuzubilligen.[854] Bei einem Verkauf des Unternehmens der Gesellschaft sind für die Preisermittlung die anerkannten Bewertungsmethoden zugrunde zu legen.[855]

Bei der übertragenden Auflösung einer AG liegt damit ein Verstoß gegen das Verbot der Einlagenrückgewähr vor, wenn der vereinbarte Kaufpreis für das ganze Gesellschaftsvermögen nicht angemessen ist, weil er einem Drittvergleich nicht standhält.[856]

b) *Auswirkungen auf den Kaufvertrag*

Nach § 134 BGB ist ein Rechtsgeschäft nichtig, das gegen ein gesetzliches Verbot verstößt, wenn sich aus dem Gesetz nicht „ein anderes" ergibt. Entgegen der früher herrschenden Meinung führt ein Verstoß gegen das gesetzliche Verbot der Einlagenrückgewähr nach zutreffender und mittlerweile wohl herrschender Meinung nicht gemäß § 134 BGB zur Nichtigkeit des zugrunde liegenden Verpflichtungs- oder des Verfügungsgeschäfts. Denn aus § 62 AktG ergibt sich „ein anderes".[857] § 62 Abs. 1 Satz 1 AktG sieht vor, dass die Aktionäre der Gesellschaft Leistungen zurückgewähren müssen, die sie entgegen den Vorschriften des Aktiengesetzes, also etwa entgegen den Vorgaben des § 57 Abs. 1 AktG, von der Gesellschaft empfangen haben. Nach zutreffender Ansicht ist der Anspruch aus § 62 Abs. 1 Satz 1 AktG jedoch immer nur auf Wertersatz gerichtet.[858]

Bei der übertragenden Auflösung der AG sind der Kaufvertrag zwischen der Gesellschaft und dem Mehrheitsgesellschafter über das ganze

---

854 *Bayer*, in: Münch. Komm. AktG, 5. Aufl. 2019, § 57 Rn. 60; *Cahn/v. Spannenberg*, in: Spindler/Stilz, AktG, 4. Aufl. 2019, § 57 Rn. 22, jeweils m. w. N.; vgl. auch BGH, NJW 1996, 589, 590 (GmbH); OLG Hamburg, ZIP 2005, 1968, 1969 (GmbH).

855 *Bayer*, in: Münch. Komm. AktG, 5. Aufl. 2019, § 57 Rn. 60; *Fleischer*, in: K. Schmidt/Lutter, AktG, 4. Aufl. 2020, § 57 Rn. 13.

856 Vgl. *Henze*, ZIP 1995, 1473, 1480; *Koch*, in: Hüffer/Koch, AktG, 15. Aufl. 2021, § 179a Rn. 17; *Rühland*, Ausschluss, 2004, S. 95 ff.; *Stein*, in: Münch. Komm. AktG, 5. Aufl. 2021, § 179a Rn. 27 f., 36; *Walz*, in: MAH AktR, 3. Aufl. 2018, § 50 Rn. 27; vgl. auch BGH, NZG 2012, 1030, 1031; *Bayer*, in: Münch. Komm. AktG, 5. Aufl. 2019, § 57 Rn. 73.

857 Vgl. nur BGHZ 196, 312, 316 ff.; OLG München, NZG 2012, 706, 708 f.; vgl. zum Meinungsstand *Bayer*, in: Münch. Komm. AktG, 5. Aufl. 2019, § 57 Rn. 227 ff.; eingehend *Rosengarten*, ZHR 168 (2004), 708 ff.

858 Str.; so wie hier *Rosengarten*, ZHR 168 (2004), 708, 723 f.; vgl. zum Meinungsstand etwa *Bayer*, in: Münch. Komm. AktG, 5. Aufl. 2019, § 62 Rn. 46 ff. m. w. N.

Gesellschaftsvermögen und die zur Erfüllung des Kaufvertrags erforderlichen dinglichen Verfügungsgeschäfte deshalb nicht wegen eines Verstoßes gegen § 57 Abs. 1 AktG nichtig, wenn ein objektives Missverhältnis zwischen dem Wert des veräußerten Gesellschaftsvermögens und dem Kaufpreis besteht.[859] Der Mehrheitsgesellschafter ist in diesem Fall jedoch nach § 62 Abs. 1 Satz 1 AktG verpflichtet, Wertersatz in Höhe der Differenz zwischen dem vereinbarten und dem angemessenen Kaufpreis zu leisten.

c) *Auswirkungen auf die Hauptversammlungsbeschlüsse*

Ein Beschluss der Hauptversammlung ist nach § 241 Nr. 3 AktG nichtig, wenn durch seinen Inhalt Vorschriften verletzt werden, die ausschließlich oder überwiegend dem Schutz der Gläubiger der Gesellschaft dienen. Es wird angenommen, dass § 57 Abs. 1 AktG jedenfalls überwiegend den Schutz der Gläubiger der Gesellschaft bezwecke.[860] Nach dieser Ansicht ist ein Hauptversammlungsbeschluss, der gegen das Verbot der Einlagenrückgewähr verstößt, nicht nur anfechtbar, sondern gemäß § 241 Nr. 3 AktG nichtig.[861]

Dieser Ansicht ist im Grundsatz zuzustimmen, allerdings nur in den Fällen, in denen der Beschluss der Hauptversammlung nach seinem Inhalt selbst gegen § 57 Abs. 1 AktG verstößt. Sofern ein Hauptversammlungsbeschluss nur auf die Zustimmung zu einem Verpflichtungsgeschäft gerichtet ist, das § 57 Abs. 1 AktG verletzt, ist der Zustimmungsbeschluss dagegen nur anfechtbar.[862] Andernfalls würde ein Verstoß gegen § 57 Abs. 1 AktG nämlich entgegen dem oben[863] dargestellten neuen Verständnis zu den Folgen eines solchen Verstoßes für die zugrunde liegenden Geschäfte letztlich doch dazu führen, dass das Verpflichtungsgeschäft nichtig ist, obwohl sich aus § 62 AktG insoweit „ein anderes" ergibt (vgl. § 134 BGB).

Für die Nichtigkeitsfolge besteht auch kein Bedürfnis. Der Schutz der Aktionäre ist durch die Möglichkeit, den Zustimmungsbeschluss im Wege der Anfechtungsklage anzugreifen, ausreichend sichergestellt und die Gläubiger der

---

859 A. A. *Rühland*, Ausschluss, 2004, S. 100.

860 BGH, NZG 2012, 1030, 1031; *Bayer*, in: Münch. Komm. AktG, 5. Aufl. 2019, § 57 Rn. 1.

861 Vgl. BGH, NZG 2012, 1030, 1031; *Drescher*, in: Spindler/Stilz, AktG, 4. Aufl. 2019, § 241 Rn. 184 f.; *Schäfer*, in: Münch. Komm. AktG, 5. Aufl. 2021, § 241 Rn. 55; *Schwab*, in: K. Schmidt/Lutter, AktG, 4. Aufl. 2020, § 241 Rn. 27.

862 So auch die im Vordringen befindliche Meinung zum Zustimmungsbeschluss zu einem Gewinngemeinschaftsvertrag; vgl. dazu insbes. *Altmeppen*, in: Münch. Komm. AktG, 5. Aufl. 2020, § 292 Rn. 28 ff. m. w. N. auch zur bisher herrschenden Gegenansicht.

863 Dazu 4. Teil. F. I. 1. b).

Gesellschaft werden durch den Wertersatzanspruch der Gesellschaft aus § 62 Abs. 1 Satz 1 AktG[864] ausreichend geschützt; soweit die Gläubiger von der Gesellschaft keine Befriedigung erlangen können, kann der Wertersatzanspruch auch von den Gläubigern geltend gemacht werden (§ 62 Abs. 2 Satz 1 AktG). Die strenge Nichtigkeitsfolge wäre damit auch nicht verhältnismäßig.

Bei einer übertragenden Auflösung ist der Beschluss der Hauptversammlung über die Zustimmung zu dem Kaufvertrag über das ganze Gesellschaftsvermögen (§ 179a AktG) damit nicht gemäß §§ 241 Nr. 3, 57 Abs. 1 AktG nichtig, sondern nur anfechtbar, wenn ein objektives Missverhältnis zwischen dem Wert des veräußerten Gesellschaftsvermögens und dem Kaufpreis besteht.[865] Auf die Frage, ob die Minderheitsgesellschafter in diesem Fall im Wege der Anfechtungsklage gegen den Zustimmungsbeschluss vorgehen können, wird an späterer Stelle eingegangen.[866] Auf die Wirksamkeit des Auflösungsbeschlusses hat ein Verstoß gegen das Verbot der Einlagenrückgewähr keine Auswirkungen.

2. *Verteilungsverbot (§§ 271 f. AktG)*

Nach der Auflösung der AG sind darüber hinaus die §§ 271 Abs. 1, 272 Abs. 1 AktG zu beachten. § 271 Abs. 1 AktG bestimmt, dass das „nach der Berichtigung der Verbindlichkeiten" verbleibende Vermögen der Gesellschaft unter den Aktionären zu verteilen ist. Diese Regelung konstituiert nicht nur das Recht der Aktionäre, an dem Liquidationserlös beteiligt zu werden, sondern bestimmt zugleich, dass dieses Recht nachrangig gegenüber der Befriedigung der Gläubiger ist.[867] § 272 Abs. 1 AktG enthält darüber hinaus eine zeitliche Beschränkung für die Verteilung des Liquidationserlöses. Nach dieser Regelung darf das Vermögen der Gesellschaft erst verteilt werden, wenn ein Jahr seit dem Tag verstrichen ist, an dem der Aufruf der Gläubiger (vgl. § 267 AktG) bekanntgemacht worden ist (sog. Sperrjahr). Die übertragende Auflösung der AG verstößt damit auch gegen die §§ 271 Abs. 1, 272 Abs. 1 AktG, wenn die Gesellschaft ihr Vermögen während der Geltung des sich aus diesen Regelungen ergebenden Verteilungsverbots zu einem nicht angemessenen Kaufpreis an den Mehrheitsgesellschafter veräußert, weil hierin eine verdeckte Vermögenszuwendung liegt.

---

864 Dazu 4. Teil. F. I. 1. b).

865 A. A. *Rühland*, Ausschluss, 2004, S. 100; wohl auch *Henze*, in: FS Boujong, 1996, S. 233, 248; *Drescher*, in: Spindler/Stilz, AktG, 4. Aufl. 2019, § 1 SpruchG Rn. 19.

866 Dazu 5. Teil. B. II.

867 *Bachmann*, in: Spindler/Stilz, AktG, 4. Aufl. 2019, § 271 Rn. 1.

Im Hinblick auf die Auswirkungen eines Verstoßes gegen die §§ 271 Abs. 1, 272 Abs. 1 AktG gelten die Ausführungen zum Verbot der Einlagenrückgewähr entsprechend.[868] Der Verstoß führt also nicht zur Nichtigkeit des zugrunde liegenden Verpflichtungs- oder des Verfügungsgeschäfts.[869] Ein Zustimmungsbeschluss zu einem Verpflichtungsgeschäft, das gegen die §§ 271 Abs. 1, 272 Abs. 1 AktG verstößt, ist nicht nichtig, sondern nur anfechtbar. Die Gesellschaft hat jedoch nach § 62 Abs. 1 Satz 1 AktG einen Rückgewähranspruch gegen den jeweiligen Aktionär,[870] der stets auf Wertersatz gerichtet ist.

Bei der übertragenden Auflösung einer AG sind bei einem Verstoß gegen die §§ 271 Abs. 1, 272 Abs. 1 AktG, der in der Vereinbarung eines nicht angemessenen Kaufpreises besteht, damit weder der Kaufvertrag noch die zugehörigen dinglichen Erfüllungsgeschäfte nichtig. Auch der Beschluss der Hauptversammlung über die Zustimmung zu dem Kaufvertrag ist in diesem Fall nicht nichtig, sondern nur anfechtbar. Die Frage, ob die Minderheitsgesellschafter den Zustimmungsbeschluss im Anfechtungsverfahren auch angreifen können, wird an späterer Stelle behandelt.[871] Der Auflösungsbeschluss wird von einem Verstoß gegen die §§ 271 Abs. 1, 272 Abs. 1 AktG nicht tangiert.

II. Gesellschaft mit beschränkter Haftung

Im GmbH-Recht ist der Kapitalerhaltungsschutz weniger streng ausgestaltet als im Aktienrecht. Insbesondere gibt es keine dem § 57 Abs. 1 AktG entsprechende Vorschrift, die eine verdeckte Vermögenszuwendung der GmbH an ihre Gesellschafter generell verbietet.

1. Auszahlungsverbot (§ 30 GmbHG)

Eine verdeckte Vermögenszuwendung kann jedoch gegen § 30 Abs. 1 GmbHG verstoßen. Nach § 30 Abs. 1 GmbHG darf das zur Erhaltung des Stammkapitals erforderliche Vermögen der Gesellschaft grundsätzlich nicht an die Gesellschafter ausgezahlt werden. § 30 Abs. 1 GmbHG ist auch im Liquidationsstadium anwendbar, bis die Voraussetzungen des Verteilungsverbots (vgl. § 73

---

868 Dazu 4. Teil. F. I. 1.

869 *Koch*, in: Hüffer/Koch, AktG, 15. Aufl. 2021, § 272 Rn. 7.

870 *Bachmann*, in: Spindler/Stilz, AktG, 4. Aufl. 2019, § 271 Rn. 16; *Koch*, in: Hüffer/Koch, AktG, 15. Aufl. 2021, § 272 Rn. 7.

871 Dazu 5. Teil. B. II.

Abs. 1 GmbHG) entfallen sind.[872] Zudem gilt § 30 GmbHG nach herrschender Meinung auch im faktischen Konzern.[873]

a) *Verbotene Auszahlung*

Eine gegen § 30 Abs. 1 GmbHG verstoßende Auszahlung an die Gesellschafter liegt nur vor, wenn durch die Auszahlung bei der Gesellschaft eine Unterbilanz entsteht oder eine bestehende Unterbilanz vertieft wird.[874] Der Begriff „Auszahlung" im Sinne des § 30 Abs. 1 Satz 1 GmbHG erfasst nicht nur Geldleistungen, sondern „Leistungen aller Art".[875] Das Auszahlungsverbot erfasst jedoch nur Leistungen an einen Gesellschafter, die auf seiner Gesellschafterstellung beruhen (*causa societatis*).[876] Ein Umsatzgeschäft, das einem Drittvergleich standhält, also zu marktüblichen Bedingungen abgeschlossen wurde, verstößt damit nicht gegen § 30 Abs. 1 GmbHG, weil eine solche Leistung nicht durch die Gesellschafterstellung veranlasst ist.[877] Für die Anforderungen an den Drittvergleich gelten die Ausführungen zur AG entsprechend.[878]

Bei der übertragenden Auflösung einer GmbH liegt damit ein Verstoß gegen § 30 Abs. 1 GmbHG vor, wenn das ganze Gesellschaftsvermögen zu einem nicht marktüblichen Preis an den Mehrheitsgesellschafter veräußert wird und hierdurch bei der Gesellschaft eine Unterbilanz entsteht oder vertieft wird.[879]

---

872 BGHZ 179, 344, 357 – Sanitary; *Kleindiek*, in: Lutter/Hommelhoff, GmbHG, 20. Aufl. 2020, § 73 Rn. 3.

873 Vgl. dazu etwa *Habersack*, in: Habersack/Casper/Löbbe, GmbHG, 3. Aufl. 2020, § 30 Rn. 91 m. w. N.

874 *Pentz*, in: Rowedder/Schmidt-Leithoff, GmbHG, 6. Aufl. 2017, § 30 Rn. 30.

875 BGHZ 214, 258, 263; *Ekkenga*, in: Münch. Komm. GmbHG, 3. Aufl. 2018, § 30 Rn. 128 m. w. N.

876 Vgl. BGH, NJW 1987, 1194, 1195; BGH, NJW 1996, 589, 589 f.; OLG Düsseldorf, DStR 2012, 309, 311; OLG Hamburg, ZIP 2005, 1968, 1969; *Fastrich*, in: Baumbach/Hueck, GmbHG, 22. Aufl. 2019, § 30 Rn. 29; *Habersack*, in: Habersack/Casper/Löbbe, GmbHG, 3. Aufl. 2020, § 30 Rn. 58.

877 Vgl. BGH, NJW 1987, 1194, 1195; BGH, NJW 1996, 589, 589 f.; OLG Düsseldorf, DStR 2012, 309, 311; OLG Hamburg, ZIP 2005, 1968, 1969; *Fastrich*, in: Baumbach/Hueck, GmbHG, 22. Aufl. 2019, § 30 Rn. 29; *Habersack*, in: Habersack/Casper/Löbbe, GmbHG, 3. Aufl. 2020, § 30 Rn. 58.

878 Dazu 4. Teil. F. I. 1. a).

879 Vgl. *Paura*, in: Ulmer/Habersack/Löbbe, GmbHG, 2. Aufl. 2016, § 70 Rn. 20.

b) *Auswirkungen auf den Kaufvertrag*

Ein Verstoß gegen § 30 Abs. 1 GmbHG lässt die Wirksamkeit des Kaufvertrags mit dem Mehrheitsgesellschafter und die zu seiner Erfüllung erforderlichen dinglichen Verfügungsgeschäfte unberührt. Bei der GmbH greift die Nichtigkeitsfolge des § 134 BGB, wie bei einem Verstoß gegen § 57 Abs. 1 AktG,[880] nicht ein.[881] Auch hier ergibt sich aus dem Gesetz „ein anderes", nämlich ein Rückgewähranspruch aus § 31 Abs. 1 GmbHG.[882] Der Rückgewähranspruch ist entgegen der herrschenden Meinung auch bei der GmbH stets auf Wertersatz gerichtet.[883] Eine Erstattung ist nach § 31 Abs. 1 GmbHG jedoch nur geschuldet, soweit die Auszahlung gegen § 30 Abs. 1 GmbHG verstößt.[884]

c) *Auswirkungen auf die Gesellschafterbeschlüsse*

Ein Beschluss der Gesellschafterversammlung, auf dem eine gegen § 30 Abs. 1 GmbHG verstoßende Auszahlung beruht, ist grundsätzlich weder nichtig noch anfechtbar.[885] Bei der übertragenden Auflösung einer GmbH ist der Beschluss der Gesellschafterversammlung über die Veräußerung des ganzen Gesellschaftsvermögens damit auch dann wirksam, wenn ein Verstoß gegen § 30 Abs. 1 GmbHG vorliegt, weil der mit dem Mehrheitsgesellschafter vereinbarte Kaufpreis nicht angemessen ist. Ungeachtet dessen hätte die Unwirksamkeit des Zustimmungsbeschlusses auch keine Auswirkungen auf die Wirksamkeit des Kaufvertrags und der zugehörigen dinglichen Erfüllungsgeschäfte. Denn die Veräußerung hängt nicht von der Zustimmung der Gesellschafterversammlung ab.[886] Auch die Wirksamkeit des Auflösungsbeschlusses wird durch einen Verstoß gegen § 30 Abs. 1 GmbHG nicht berührt.

---

880 Dazu 4. Teil. F. I. 1. b).

881 BGHZ 136, 125, 129 ff.; *Habersack*, in: Habersack/Casper/Löbbe, GmbHG, 3. Aufl. 2020, § 30 Rn. 119 m. w. N.

882 Vgl. BGHZ 136, 125, 129 ff.; *Fastrich*, in: Baumbach/Hueck, GmbHG, 22. Aufl. 2019, § 30 Rn. 67.

883 Vgl. zum Meinungsstand *Ekkenga*, in: Münch. Komm. GmbHG, 3. Aufl. 2018, § 31 Rn. 3 ff; vgl. zum Rückgewähranspruch aus §§ 57, 62 AktG auch *Rosengarten*, ZHR 168 (2004), 708, 723 f.

884 *Ekkenga*, in: Münch. Komm. GmbHG, 3. Aufl. 2018, § 31 Rn. 8 m. w. N.

885 *Habersack*, in: Habersack/Casper/Löbbe, GmbHG, 3. Aufl. 2020, § 30 Rn. 118 m. w. N.; die Nichtigkeit eines Beschlusses der Gesellschafterversammlung wird ausnahmsweise angenommen, wenn der Inhalt des Beschlusses ausdrücklich auf eine Auszahlung unter Verletzung des § 30 GmbHG gerichtet ist, vgl. etwa *Heidinger*, in: MHLS, GmbHG, 3. Aufl. 2017, § 30 Rn. 140.

886 Dazu 4. Teil. A. II. 2. c).

2. *Verteilungsverbot (§ 73 GmbHG)*

Nach der Auflösung der GmbH gilt zudem das Verteilungsverbot gemäß § 73 Abs. 1 GmbHG, das mit dem Verteilungsverbot nach §§ 271 Abs. 1, 272 Abs. 1 AktG vergleichbar ist. Nach § 73 Abs. 1 GmbHG darf die Verteilung des Vermögens der Gesellschaft nicht vor der Tilgung oder der Sicherstellung der Schulden der Gesellschaft und nicht vor Ablauf eines Jahres seit dem Tag vorgenommen werden, an welchem die Aufforderung an die Gläubiger nach § 65 Abs. 2 GmbHG erfolgt ist. Dieses Verteilungsverbot geht damit weiter als das Auszahlungsverbot des § 30 Abs. 1 GmbHG. Es verbietet nicht nur Leistungen an die Gesellschafter, die zu einer Unterbilanz führen oder eine solche vertiefen, sondern alle Leistungen an die Gesellschafter.[887]

Nach § 73 Abs. 1 GmbHG sind jedoch, wie nach § 30 Abs. 1 GmbHG, nur Leistungen an einen Gesellschafter verboten, die auf seiner Gesellschafterstellung beruhen (*causa societatis*).[888] Das Verteilungsverbot steht Umsatzgeschäften zwischen der Gesellschaft und einem Gesellschafter, die einem Drittvergleich standhalten, damit nicht entgegen.[889] Für den Drittvergleich gelten die gleichen Anforderungen wie bei § 30 Abs. 1 GmbHG.[890]

Bei der übertragenden Auflösung einer GmbH liegt damit ein Verstoß gegen § 73 Abs. 1 GmbHG vor, wenn der Kaufvertrag mit dem Mehrheitsgesellschafter über das ganze Gesellschaftsvermögen während der Geltung des Verteilungsverbots abgeschlossen wird und der vereinbarte Kaufpreis nicht marktüblich ist, weil hierin eine verdeckte Vermögenszuwendung liegt.[891]

Ein Verstoß gegen § 73 Abs. 1 GmbHG lässt die Wirksamkeit des zugrunde liegenden Verpflichtungs- und Verfügungsgeschäfts unberührt.[892] Es besteht jedoch ein Rückgewähranspruch in analoger Anwendung des § 31 GmbHG.[893] Bei der übertragenden Auflösung einer GmbH hat ein Verstoß gegen § 73 Abs. 1 GmbHG damit keine Auswirkungen auf die Wirksamkeit des Kaufvertrags über das ganze Gesellschaftsvermögen und die zu seiner Erfüllung

887 *H. F. Müller*, in: Münch. Komm. GmbHG, 3. Aufl. 2018, § 73 Rn. 3.
888 *K. Schmidt/Scheller*, in: Scholz, GmbHG, 12. Aufl. 2021, § 73 Rn. 3.
889 Vgl. *K. Schmidt/Scheller*, in: Scholz, GmbHG, 12. Aufl. 2021, § 73 Rn. 3.
890 Dazu 4. Teil. F. II. 1. a).
891 Vgl. *Paura*, in: Ulmer/Habersack/Löbbe, GmbHG, 2. Aufl. 2016, § 70 Rn. 20.
892 *Kleindiek*, in: Lutter/Hommelhoff, GmbHG, 20. Aufl. 2020, § 73 Rn. 11.
893 Ganz h. M.; vgl. nur *Paura*, in: Ulmer/Habersack/Löbbe, GmbHG, 2. Aufl. 2016, § 73 Rn. 52.

erforderlichen dinglichen Verfügungsgeschäfte. Der Mehrheitsgesellschafter muss in einem solchen Fall jedoch analog § 31 Abs. 1 GmbHG Wertersatz leisten.

Auch die Beschlüsse der Gesellschafterversammlung über die Auflösung der Gesellschaft und die Veräußerung des ganzen Gesellschaftsvermögens sind bei einem Verstoß gegen § 73 Abs. 1 GmbHG, ebenso wenig wie bei einem Verstoß gegen § 30 Abs. 1 GmbHG, weder nichtig noch anfechtbar.

III. Kommanditgesellschaft

Ein Kapitalerhaltungsgebot in der Form, wie es im Aktien- und im GmbH-Recht vorgesehen ist, besteht wegen der persönlichen Haftung der Komplementäre im KG-Recht nicht. Aus dem gleichen Grund gilt nach der Auflösung der KG auch kein Verteilungsverbot und kein Sperrjahr, wie es in den §§ 271 Abs. 1, 272 Abs. 1 AktG, § 73 Abs. 1 GmbHG vorgesehen ist. Bei der GmbH & Co. KG gelten allerdings Ausnahmen.[894]

Ein Verteilungsverbot ergibt sich auch nicht aus §§ 161 Abs. 2, 155 Abs. 1 HGB. § 155 Abs. 1 HGB bestimmt zwar, ähnlich wie § 271 Abs. 1 AktG, dass das „nach Berichtigung der Schulden" verbleibende Vermögen der Gesellschaft von den Liquidatoren nach dem Verhältnis der Kapitalanteile unter den Gesellschaftern zu verteilen ist. Nach herrschender Meinung bezieht sich § 155 Abs. 1 HGB aber nur auf das Innenverhältnis, schützt aber nicht die Gläubiger der Gesellschaft.[895] Zudem ist die Regelung dispositiv, die Gesellschafter haben insbesondere das Recht, die Liquidatoren dazu anzuweisen, das Vermögen der Gesellschaft bereits vor der Berichtigung der Schulden der Gesellschaft zu verteilen.[896]

Sofern bei der übertragenden Auflösung der KG der Kaufpreis für das ganze Gesellschaftsvermögen nicht marktüblich ist, führt das damit weder zur Nichtigkeit des Kaufvertrags zwischen der Gesellschaft und dem Mehrheitsgesellschafter noch berührt es die Wirksamkeit der Beschlüsse der Gesellschafterversammlung über die Auflösung der Gesellschaft und die Veräußerung des ganzen Gesellschaftsvermögens.

---

894 Vgl. dazu etwa *Habersack*, in: Habersack/Casper/Löbbe, GmbHG, 3. Aufl. 2020, § 30 Rn. 124 ff.; *Pentz*, in: Rowedder/Schmidt-Leithoff, GmbHG, 6. Aufl. 2017, § 30 Rn. 115 ff.; *K. Schmidt*, in: Münch. Komm. HGB, 4. Aufl. 2019, §§ 171, 172 Rn. 124 ff.; vgl. zur analogen Anwendung des § 73 GmbHG auf die GmbH & Co. KG insbes. *Danzeglocke/Fischer*, NZG 2019, 886 ff.

895 *Habersack*, in: Staub, HGB, 5. Aufl. 2009, § 155 Rn. 16.

896 *Habersack*, in: Staub, HGB, 5. Aufl. 2009, § 155 Rn. 16.

IV. Zusammenfassung

Bei der übertragenden Auflösung der AG und der GmbH kann ein Verstoß gegen die Kapitalerhaltungsgebote (§ 57 Abs. 1 AktG, § 30 Abs. 1 GmbHG) und die nach der Auflösung geltenden Thesaurierungsgebote (§§ 271 Abs. 1, 272 Abs. 1 AktG, § 73 Abs. 1 GmbHG) vorliegen, wenn der mit dem Mehrheitsgesellschafter über das ganze Gesellschaftsvermögen vereinbarte Kaufpreis einem Drittvergleich nicht standhält. Ein solcher Verstoß führt nicht zur Nichtigkeit des Kaufvertrags oder der zur Erfüllung des Kaufvertrags erforderlichen dinglichen Verfügungsgeschäfte. Bei der AG ist der Beschluss der Hauptversammlung über die Veräußerung des ganzen Gesellschaftsvermögens in diesem Fall nicht nichtig, sondern nur anfechtbar. Bei der GmbH hat der Verstoß keine Auswirkungen auf die Wirksamkeit des Beschlusses der Gesellschafterversammlung über die Veräußerung des ganzen Gesellschaftsvermögens. Im KG-Recht bestehen keine vergleichbaren Kapitalerhaltungsregeln und Thesaurierungsgebote.

5. Teil. Vermögensschutz der Minderheitsgesellschafter

In diesem Teil wird der Frage nachgegangen, wie die Vermögensinteressen der Minderheitsgesellschafter, die bei der übertragenden Auflösung in einem besonderen Maße gefährdet sind, geschützt werden können. Die besondere Gefahr für die Vermögensinteressen der Minderheitsgesellschafter ergibt sich bei einer übertragenden Auflösung daraus, dass sich der Mehrheitsgesellschafter in einem Interessenkonflikt befindet. Daher ist zu befürchten, dass der Mehrheitsgesellschafter seine Mehrheitsmacht dazu einsetzt, einen unangemessen niedrigen Kaufpreis für das ganze Vermögen der Gesellschaft durchzusetzen und die Minderheitsgesellschafter damit einen Anteil am Liquidationserlös erhalten, der nicht dem tatsächlichen Wert ihrer Beteiligung entspricht.[897]

Vor diesem Hintergrund hat das Bundesverfassungsgericht die Zulässigkeit der übertragenden Auflösung der AG in der MotoMeter-Entscheidung[898] an die Voraussetzung geknüpft, dass die Minderheitsgesellschafter „wirtschaftlich ‚voll' entschädigt"[899] werden. Nachfolgend ist zu untersuchen, wie diese Vorgabe des Bundesverfassungsgerichts, die für die GmbH und die KG entsprechend gilt, umzusetzen ist. Dabei wird zunächst der präventive Schutz der Minderheitsgesellschafter behandelt (dazu unter A.) und anschließend der Rechtsschutz der Minderheitsgesellschafter (dazu unter B.).

A. Präventiver Schutz der Minderheitsgesellschafter

In der MotoMeter-Entscheidung[900] hat das Bundesverfassungsgericht aus verfassungsrechtlicher Sicht lediglich gefordert, dass die bei einer übertragenden Auflösung gefährdeten Vermögensinteressen der Minderheitsgesellschafter durch die Gerichte geschützt werden müssen. Das kann aber nicht genügen. Vielmehr muss bereits durch Vorgaben zu dem Verfahren der übertragenden Auflösung vorbeugend darauf hingewirkt werden, dass die Vermögensinteressen der Minderheitsgesellschafter nicht beeinträchtigt und Streitigkeiten vermieden werden.

---

897 Näher dazu 1. Teil. A.

898 BVerfG, NJW 2001, 279 – MotoMeter.

899 BVerfG, NJW 2001, 279, 280 – MotoMeter.

900 BVerfG, NJW 2001, 279 – MotoMeter.

Ohne einen solchen präventiven Schutz würden die Gerichte mit Streitigkeiten belastet, die durch einfache Verfahrenserfordernisse vermieden werden können.

I. Präventiver Schutz bei anderen Strukturmaßnahmen

Das Aktien- und das Umwandlungsgesetz sehen bei verschiedenen Strukturmaßnahmen bestimmte Informationsrechte der Gesellschafter vor, die dem präventiven Schutz der Gesellschafter dienen und bei den unterschiedlichen Strukturmaßnahmen im Wesentlichen ähnlich ausgestaltet sind. Solche Informationsrechte gelten etwa bei dem Abschluss eines Beherrschungs- und Gewinnabführungsvertrags (§§ 293a ff. AktG), der Mehrheitseingliederung (§ 320 AktG), dem aktienrechtlichen Squeeze-out (§§ 327b ff. AktG) und der Verschmelzung (§§ 8 ff. UmwG).

Bei einer Verschmelzung gelten beispielsweise folgende Informationsrechte der Gesellschafter, die für die verschiedenen Gesellschaftsformen teilweise unterschiedlich ausgestaltet sind:

1. Bericht des Vertretungsorgans der Gesellschaft

Die Vertretungsorgane der an der Verschmelzung beteiligten Gesellschaften müssen einen ausführlichen schriftlichen Bericht erstatten, in dem die Verschmelzung, der Verschmelzungsvertrag und insbesondere das Umtauschverhältnis der Anteile rechtlich und wirtschaftlich erläutert und begründet werden (§ 8 Abs. 1 Satz 1 UmwG). In dem Verschmelzungsbericht muss auf besondere Schwierigkeiten bei der Bewertung der an der Verschmelzung beteiligten Gesellschaften sowie auf die Folgen für die Beteiligung der Gesellschafter hingewiesen werden (§ 8 Abs. 1 Satz 2 UmwG). Ein Verschmelzungsbericht ist nicht erforderlich, wenn alle Gesellschafter der an der Verschmelzung beteiligten Gesellschaften auf seine Erstattung verzichten oder sich alle Anteile der übertragenden Gesellschaft in der Hand der übernehmenden Gesellschaft befinden (§ 8 Abs. 3 Satz 1 UmwG). Für eine an der Verschmelzung beteiligte KG muss ein Verschmelzungsbericht nicht erstattet werden, wenn alle Gesellschafter der KG zur Geschäftsführung berechtigt sind (§ 41 UmwG).

2. Prüfungsbericht eines sachverständigen Prüfers

Darüber hinaus muss der Verschmelzungsvertrag durch einen sachverständigen Prüfer geprüft werden (§ 9 Abs. 1 UmwG), der über das Ergebnis der Prüfung einen schriftlichen Bericht zu erstatten hat (§ 12 Abs. 1 Satz 1 UmwG). Für die AG besteht grundsätzlich bei jeder Verschmelzung eine solche Prüfungspflicht

(§ 60 UmwG). Eine Verschmelzungsprüfung und ein Prüfungsbericht sind bei der AG aber ausnahmsweise entbehrlich, wenn sich alle Anteile der übertragenden Gesellschaft in der Hand der übernehmenden Gesellschaft befinden (§§ 9 Abs. 2, 12 Abs. 3, 8 Abs. 3 UmwG) oder alle Gesellschafter der an der Verschmelzung beteiligten Gesellschaften auf die Prüfung verzichten (§§ 9 Abs. 3, 12 Abs. 3, 8 Abs. 3 UmwG). Bei der GmbH muss eine Prüfung nach §§ 9 ff. UmwG nur dann erfolgen, wenn ein Gesellschafter das verlangt (§ 48 Satz 1 UmwG). Bei der KG setzt die Prüfungspflicht neben einem solchen Verlangen eines Gesellschafters zusätzlich voraus, dass der Gesellschaftsvertrag eine Verschmelzung durch Mehrheitsentscheidung zulässt (§ 44 Satz 1 UmwG).

Sofern eine Prüfungspflicht besteht, ist der Verschmelzungsprüfer auf Antrag des Vertretungsorgans der Gesellschaft vom Gericht auszuwählen und zu bestellen (§ 10 Abs. 1 Satz 1 UmwG). Gegenstand der Verschmelzungsprüfung ist die Vollständigkeit und Richtigkeit des Verschmelzungsvertrags, insbesondere der Angaben, die der Verschmelzungsvertrag nach § 5 Abs. 1 UmwG enthalten muss.[901] Der Hauptzweck der Verschmelzungsprüfung besteht darin, die Angemessenheit des Umtauschverhältnisses der Anteile zu prüfen.[902] Dementsprechend muss der Prüfungsbericht mit einer Erklärung darüber abschließen, ob das vorgeschlagene Umtauschverhältnis der Anteile angemessen ist (§ 12 Abs. 2 Satz 1 UmwG). § 12 Abs. 2 Satz 2 UmwG enthält weitere inhaltliche Anforderungen an den Prüfungsbericht, die das Umtauschverhältnis betreffen. Im Übrigen richtet sich der Inhalt des Prüfungsberichts nach dem Gegenstand der Verschmelzungsprüfung.[903] Der Bericht muss daher insbesondere Ausführungen dazu enthalten, ob der Verschmelzungsvertrag vollständig und richtig ist.[904]

3. *Offenlegung von Unterlagen*

In welcher Weise der Verschmelzungsbericht und der Verschmelzungsprüfungsbericht sowie weitere die Verschmelzung betreffende Unterlagen offenzulegen sind, ist für die verschiedenen Gesellschaftsformen unterschiedlich geregelt.

Bei der AG sind der Verschmelzungsvertrag, der Verschmelzungsbericht, der Verschmelzungsprüfungsbericht sowie bestimmte weitere Unterlagen von der Einberufung der Hauptversammlung an, die über die Zustimmung zu dem Verschmelzungsvertrag beschließen soll, in den Geschäftsräumen der Gesellschaft

---

901 *Drygala*, in: Lutter, UmwG, 6. Aufl. 2019, § 9 Rn. 9.
902 *Drygala*, in: Lutter, UmwG, 6. Aufl. 2019, § 9 Rn. 10.
903 *Zeidler*, in: Semler/Stengel/Leonard, UmwG, 5. Aufl. 2021, § 12 Rn. 6.
904 *Zeidler*, in: Semler/Stengel/Leonard, UmwG, 5. Aufl. 2021, § 12 Rn. 6.

zur Einsicht der Aktionäre auszulegen (§ 63 Abs. 1 UmwG); auf Verlangen ist jedem Aktionär eine Abschrift dieser Unterlagen zu erteilen (§ 63 Abs. 3 UmwG). Diese Verpflichtungen entfallen, wenn die genannten Unterlagen für denselben Zeitraum über die Internetseite der Gesellschaft zugänglich gemacht werden (§ 63 Abs. 4 UmwG).

Der Verschmelzungsvertrag und der Verschmelzungsbericht sind bei der GmbH allen Gesellschaftern (§ 47 UmwG) und bei der KG den Gesellschaftern, die von der Geschäftsführung ausgeschlossen sind (§ 42 UmwG), spätestens zusammen mit der Einberufung der Gesellschafterversammlung, die über die Zustimmung zu dem Verschmelzungsvertrag beschließen soll, zu übersenden. Sofern ein Gesellschafter der GmbH oder der KG innerhalb einer Frist von einer Woche nach dem Erhalt dieser Unterlagen verlangt, dass eine Verschmelzungsprüfung nach §§ 9 ff. UmwG durchgeführt werden soll, muss diese erfolgen und muss der im Rahmen der Verschmelzungsprüfung erstellte Prüfungsbericht den Gesellschaftern ebenfalls übersandt werden.[905] Bei der KG kann ein Gesellschafter, wie bereits erwähnt, eine Verschmelzungsprüfung nur dann verlangen, wenn der Gesellschaftsvertrag eine Verschmelzung durch Mehrheitsentscheidung zulässt (§ 43 Abs. 2 UmwG). Für die GmbH sind in § 49 UmwG weitere Informationsrechte der Gesellschafter geregelt.

II. Aktiengesellschaft

Für die AG stellt sich vor diesem Hintergrund die Frage, ob das Aktienrecht Vorschriften enthält, die den präventiven Schutz der Minderheitsgesellschafter bei einer übertragenden Auflösung bereits ausreichend gewährleisten oder ob diesbezüglich für die übertragende Auflösung im Wege der Rechtsfortbildung weitere Voraussetzungen gefordert werden müssen.

1. Bestehende Informationspflichten

Das Aktiengesetz sieht bestimmte Informationspflichten gegenüber den Aktionären vor, die bei einer übertragenden Auflösung im Zusammenhang mit der Hauptversammlung gelten, die über die Zustimmung zu dem Kaufvertrag über das ganze Gesellschaftsvermögen beschließen soll.

---

905 Vgl. zur GmbH nur *Vetter*, in: Lutter, UmwG, 6. Aufl. 2019, § 48 Rn. 39; zur KG *H. Schmidt*, in: Lutter, UmwG, 6. Aufl. 2019, § 44 Rn. 11.

a) *Gesetzliche Vorgaben*

Nach § 123 Abs. 1 Satz 1 AktG muss die Hauptversammlung mit einer Frist von mindestens dreißig Tagen einberufen werden. Die Einberufung ist in den Gesellschaftsblättern bekanntzumachen (§ 121 Abs. 4 Satz 1 AktG). Bestandteil der Einberufung ist die Tagesordnung der Hauptversammlung, die insbesondere die Beschlussgegenstände enthalten muss (§ 121 Abs. 3 Satz 2 AktG). Mit der Einberufung ist der wesentliche Inhalt des Kaufvertrags über das ganze Gesellschaftsvermögen bekanntzumachen (§ 124 Abs. 2 Satz 3 AktG). Der Inhalt des Kaufvertrags muss dabei jedoch nicht erläutert werden.[906] Darüber hinaus ist der Kaufvertrag ab dem Zeitpunkt der Einberufung in den Geschäftsräumen der Gesellschaft zur Einsicht der Aktionäre auszulegen (§ 179a Abs. 2 Satz 1 AktG); jedem Aktionär ist auf Verlangen eine Abschrift zu erteilen (§ 179a Abs. 2 Satz 2 AktG). Alternativ kann der Kaufvertrag für denselben Zeitraum über die Internetseite der Gesellschaft zugänglich gemacht werden (§ 179a Abs. 2 Satz 3 AktG).

Der Kaufvertrag ist auch in der Hauptversammlung zugänglich zu machen (§ 179a Abs. 2 Satz 4 AktG). Zudem muss der Vorstand den Kaufvertrag in der Hauptversammlung mündlich erläutern (§ 179a Abs. 2 Satz 5 AktG). Welchen Anforderungen die Erläuterung genügen muss, lässt sich dem Gesetz nicht entnehmen.

Nach einer in der Literatur vertretenen Ansicht sei der Vorstand nach § 179a Abs. 2 Satz 5 AktG verpflichtet, detailliert und verständlich zu erklären, welche Relevanz dem Kaufvertrag aus rechtlicher und wirtschaftlicher Sicht zukomme, welche Auswirkungen der Kaufvertrag für die Gesellschaft habe und welche Gründe dafür sprächen, dem Kaufvertrag mit seinem konkreten Inhalt zuzustimmen.[907] Hierzu gehöre auch die Pflicht, die Eckdaten für die Festlegung des Kaufpreises zu nennen und zu erläutern.[908]

Diese weite Auslegung des § 179a Abs. 2 Satz 5 AktG widerspricht aber dem Wortlaut und der Entstehungsgeschichte der Regelung. Wie bereits dargelegt,[909]

---

906 *Rieckers*, in: Spindler/Stilz, AktG, 4. Aufl. 2019, § 124 Rn. 20.

907 Vgl. *Windbichler*, AG 1981, 169, 172; *Haberstock/Greitemann*, in: Hölters, AktG, 3. Aufl. 2017, § 179a Rn. 13; *Seibt*, in: K. Schmidt/Lutter, AktG, 4. Aufl. 2020, § 179a Rn. 21; *Stein*, in: Münch. Komm. AktG, 5. Aufl. 2021, § 179a Rn. 63.

908 *Haberstock/Greitemann*, in: Hölters, AktG, 3. Aufl. 2017, § 179a Rn. 13; *Seibt*, in: K. Schmidt/Lutter, AktG, 4. Aufl. 2020, § 179a Rn. 21; *Stein*, in: Münch. Komm. AktG, 5. Aufl. 2021, § 179a Rn. 63; vgl. dazu auch OLG Dresden, AG 2003, 433, 434 – Valarte Group.

909 Dazu 2. Teil. C. I. 2. d).

wurde die Erläuterungspflicht in § 179a Abs. 2 Satz 5 AktG aus § 361 Abs. 2 Satz 4 AktG 1965 übernommen. Die Erläuterungspflicht in § 361 Abs. 2 Satz 4 AktG 1965 ging auf eine entsprechende Regelung zur Verschmelzung in § 340 Abs. 3 Satz 4 AktG 1965 zurück.[910] In der Gesetzesbegründung heißt es zu der dortigen Informationspflicht ausdrücklich: „Außerdem muß der Vertrag in der Hauptversammlung verlesen werden."[911]

Zwar kann dieser Hinweis des historischen Gesetzgebers es nicht rechtfertigen, § 179a Abs. 2 Satz 5 AktG dahingehend auszulegen, dass der Vorstand den Kaufvertrag in der Hauptversammlung nur verlesen müsse. Eine solche Auslegung würde bereits dem objektiven Sinngehalt des § 179a Abs. 2 Satz 5 AktG widersprechen, weil „erläutern" mehr ist als „verlesen". Der vorzitierte Hinweis des historischen Gesetzgebers spricht aber dafür, die Regelung des § 179a Abs. 2 Satz 5 AktG eng auszulegen. Die von der oben genannten Literaturmeinung vertretene weite Auslegung dieser Regelung ist hiermit unvereinbar.

Die Regelung ist vielmehr dahingehend zu verstehen, dass der Vorstand nur die einzelnen Klauseln des Kaufvertrags erläutern muss. Hierfür spricht auch der Wortlaut des § 179a Abs. 2 Satz 5 AktG, wonach der Vorstand nur „ihn [den Vertrag]" zu erläutern hat. Da für das Verständnis und die Nachvollziehbarkeit der Kaufpreisklausel in dem Kaufvertrag entscheidend ist, wie der Kaufpreis konkret und im Einzelnen festgelegt wurde, muss der Vorstand in der Hauptversammlung auch hierzu Ausführungen machen.

Außer den vorgenannten Informationspflichten gelten bei der AG die allgemeinen gesetzlichen Regeln. Insbesondere haben die Aktionäre in der Hauptversammlung ein Auskunftsrecht (§ 131 Abs. 1 Satz 1 AktG).[912]

b) *Würdigung*

Die dargestellten gesetzlichen Informationspflichten bleiben hinter den oben dargestellten Informationspflichten bei einer Verschmelzung, die bei verschiedenen anderen aktien- und umwandlungsrechtlichen Strukturmaßnahmen in vergleichbarer Form gelten, deutlich zurück.

---

910 Näher dazu 2. Teil. C. I. 2. c).

911 Begr. RegE AktG 1965, BT-Drs. IV/171, S. 249, 253 (zu § 328 AktG-E 1965).

912 Nach der Hauptversammlung ist der Kaufvertrag der Niederschrift über die Hauptversammlung (§ 130 AktG) als Anlage beizufügen (§ 179a Abs. 2 Satz 6 AktG). Die Niederschrift nebst Anlagen ist zum Handelsregister einzureichen (§ 130 Abs. 5 AktG) und ist damit von jedermann einsehbar (§ 9 Abs. 1 Satz 1 HGB). Zudem ist der Kaufvertrag der Anmeldung der Auflösung beizufügen (§ 179a Abs. 3 AktG).

Im Vorfeld der Hauptversammlung werden die Gesellschafter durch die nach §§ 124 Abs. 2 Satz 3, 179a Abs. 2 Satz 1 bis 3 AktG bestehenden Informationspflichten zwar über den Inhalt des Kaufvertrags, also über den Vertragstext und über die Höhe des Kaufpreises, informiert. Im Vergleich zur Verschmelzung besteht aber keine Pflicht, den Gesellschaftern der AG vor der Hauptversammlung einen schriftlichen Bericht des Vorstands zur Verfügung zu stellen, in dem der Vertrag, insbesondere die Gegenleistung für die Übertragung des Gesellschaftsvermögens (hier also der Kaufpreis), rechtlich und wirtschaftlich erläutert und begründet wird. Anders als bei der Verschmelzung muss den Gesellschaftern auch kein Prüfungsbericht vorgelegt werden, aus dem sich das Ergebnis der Prüfung des Vertrags und insbesondere der Angemessenheit der Gegenleistung durch einen sachverständigen Prüfer ergeben. Auf Basis der Informationen, die den Gesellschaftern nach den gesetzlichen Regelungen vor der Hauptversammlung erteilt werden müssen, können sich die Gesellschafter damit vor der Versammlung kein Urteil darüber bilden, ob der Kaufpreis angemessen ist.[913]

Die nach § 179a Abs. 2 Satz 5 AktG bestehende Pflicht des Vorstands, den Inhalt des Kaufvertrags und dessen einzelne Klauseln, insbesondere die Kaufpreisregelung, in der Hauptversammlung zu erläutern, kann dieses Informationsdefizit nicht ausgleichen. Zum einen gibt es für den konkreten Inhalt dieser Erläuterungspflicht keine ausdrücklichen gesetzlichen Vorgaben. Zum anderen muss der Vorstand erst in der Hauptversammlung und nur mündlich erläutern, wie der Kaufpreis festgelegt wurde. Auf der Grundlage dieser Informationen werden sich die Minderheitsgesellschafter damit in aller Regel auch in der Hauptversammlung kein abschließendes und zutreffendes Urteil darüber bilden können, ob der mit dem Mehrheitsgesellschafter vereinbarte Kaufpreis für das ganze Gesellschaftsvermögen angemessen ist.[914]

2. *Meinungsstand*

Dementsprechend wird in der Literatur bezweifelt, dass die vorstehend genannten Informationspflichten bei der übertragenden Auflösung der AG ausreichend sind, um die Vermögensinteressen der Minderheitsgesellschafter zu schützen.

---

913 Vgl. zum Ganzen auch *Lutter/Drygala*, in: FS Kropff, 1997, S. 191, 198 f.

914 Vgl. zum Ganzen auch *Lutter/Drygala*, in: FS Kropff, 1997, S. 191, 198 f.

a) *Teil des Schrifttums: Besondere Berichts- und Prüfungspflichten*

Ein Teil des Schrifttums vertritt den Standpunkt, dass bei der übertragenden Auflösung der AG besondere Berichts- und Prüfungspflichten bestehen, die das Gesetz nicht ausdrücklich vorsieht.[915] Die Vertreter dieser Ansicht begründen das aber unterschiedlich und kommen im Detail zu abweichenden Ergebnissen:

aa) *Analoge Anwendung umwandlungsrechtlicher Regelungen aufgrund Gesetzesumgehung*

Lutter/Drygala[916] vertreten die Auffassung, dass bei der übertragenden Auflösung der AG bestimmte vermögensschützende Regelungen des Umwandlungsgesetzes entsprechend anwendbar seien, um die Minderheitsgesellschafter zu schützen. Erforderlich seien insbesondere ein schriftlicher Bericht (§ 8 UmwG analog), eine Prüfung (§§ 9 ff. UmwG analog) und ein Prüfungsbericht (§ 12 UmwG analog).[917]

Die analoge Anwendung dieser Regelungen begründen *Lutter/Drygala* mit einer teilweisen Gesetzesumgehung. Die übertragende Auflösung stelle zwar keine Umgehung der Regelungen des Umwandlungsgesetzes dar, die den Bestand der Mitgliedschaft der Gesellschafter schützen. Die übertragende Auflösung sei daher grundsätzlich zulässig.

Mit einer übertragenden Auflösung würden aber die Vorschriften des Umwandlungsgesetzes umgangen, die den Schutz des Vermögens der Gesellschafter bezwecken.[918] Denn im Hinblick auf den Vermögensschutz handele es

---

915 *Lutter/Drygala*, in: FS Kropff, 1997, S. 191, 213 f.; *Lutter/Leinekugel*, ZIP 1999, 261, 267; *Dreier*, in: Dreier/Fritzsche/Verfürth, SpruchG, 2. Aufl. 2016, § 1 Rn. 76; *Emmerich*, AG 1998, 151, 152; *Gromm*, Übertragende Auflösung, 2016, S. 177 ff.; *Henze*, in: FS Peltzer, 2001, S. 181, 193 f.; *Kallmeyer*, in: FS Lutter, 2000, S. 1245, 1248 ff.; *Leinekugel*, Ausstrahlungswirkungen, 2000, S. 29 ff., 222 ff.; *Lochner*, in: Heidel, AktR, 5. Aufl. 2020, Vor §§ 327a ff. Rn. 11; *Roth*, NZG 2003, 998, 1001; *Rühland*, Ausschluss, 2004, S. 90 ff.; *Trölitzsch*, DStR 1999, 764, 766; wohl auch *Bayer*, in: Lutter, UmwG, 6. Aufl. 2019, Einl. I Rn. 57 ff.

916 *Lutter/Drygala*, in: FS Kropff, 1997, S. 191, 201 ff.; zustimmend *Emmerich*, AG 1998, 151, 152; *Lochner*, in: Heidel, AktR, 5. Aufl. 2020, Vor §§ 327a ff. Rn. 11; so auch *Lutter/Leinekugel*, ZIP 1999, 261, 267.

917 Darüber hinaus erklären *Lutter/Drygala* zwar auch die §§ 293a ff. AktG für entsprechend anwendbar (vgl. *Lutter/Drygala*, in: FS Kropff, 1997, S. 191, 208). Das Erfordernis eines Berichts, einer Prüfung und eines Prüfungsberichts stützen sie im Ergebnis aber ausschließlich auf umwandlungsrechtliche Vorschriften (vgl. *Lutter/Drygala*, in: FS Kropff, 1997, S. 191, 213 f.).

918 Zustimmend *Emmerich*, AG 1998, 151, 152.

sich bei der übertragenden Auflösung und bei der Umwandlung um „austauschbare Vorgänge"[919]. Bei einer übertragenden Auflösung seien die Vermögensinteressen der Minderheitsgesellschafter wegen des bestehenden Interessenkonflikts aufseiten des Mehrheitsgesellschafters gefährdet. Daher sei das Interesse der Minderheitsgesellschafter bei der übertragenden Auflösung ebenso wie bei der Umwandlung darauf gerichtet, einen angemessenen Ausgleich für den Verlust ihrer Mitgliedschaft zu erhalten. Dafür seien die Instrumente, die die Rechtsprechung zum Schutz der Minderheitsgesellschafter vorsehe, unzureichend. Es sei daher erforderlich, die Regelungen des Umwandlungsgesetzes entsprechend heranzuziehen.

Die Umgehung der vermögensschützenden Regelungen des Umwandlungsgesetzes führe bei der übertragenden Auflösung – wie bei der verdeckten Sacheinlage – aber nicht zur Unzulässigkeit der übertragenden Auflösung, sondern nur zur analogen Anwendung der umgangenen Vorschriften bei der übertragenden Auflösung.[920]

bb) Gesamtanaloge Anwendung umwandlungs- und aktienrechtlicher Regelungen

Andere Vertreter der Literatur[921] kommen zu einem ähnlichen Ergebnis wie *Lutter/Drygala*. Sie begründen dieses Ergebnis aber nicht mit einer Umgehung der Vorschriften des Umwandlungsgesetzes, sondern mit einer Gesamtanalogie.[922] Verlangt werden auch von dieser Ansicht insbesondere ein Bericht (§ 8 UmwG, §§ 293a, 320 Abs. 1 Satz 3 AktG analog)[923], eine Prüfung (§§ 9 ff. UmwG, §§ 293b,

919 *Lutter/Drygala*, in: FS Kropff, 1997, S. 191, 201.

920 Zum Ganzen *Lutter/Drygala*, in: FS Kropff, 1997, S. 191, 201 ff.

921 *Leinekugel*, Ausstrahlungswirkungen, 2000, S. 29 ff., 222 ff.; *Henze*, in: FS Peltzer, 2001, S. 181, 193 f.; *Roth*, NZG 2003, 998, 1001; *Trölitzsch*, DStR 1999, 764, 766; wohl auch *Bayer*, in: Lutter, UmwG, 6. Aufl. 2019, Einl. I Rn. 57 ff.; *Dreier*, in: Dreier/Fritzsche/Verfürth, SpruchG, 2. Aufl. 2016, § 1 Rn. 76; im Hinblick auf die Berichtspflicht des Vorstands auch *Reichert/Balke*, Reichert, Hauptversammlung, 5. Aufl. 2021, § 5 Rn. 122 ff.

922 *Leinekugel*, Ausstrahlungswirkungen, 2000, S. 222 ff., 244; in diesem Sinne wohl auch *Henze*, in: FS Peltzer, 2001, S. 181, 193 f.; *Roth*, NZG 2003, 998, 1001; ähnlich *Bayer*, in: Lutter, UmwG, 6. Aufl. 2019, Einl. I Rn. 57 ff.

923 *Henze*, in: FS Peltzer, 2001, S. 181, 193 f.; *Roth*, NZG 2003, 998, 1001; so auch *Leinekugel*, Ausstrahlungswirkungen, 2000, S. 229, der aber zusätzlich die §§ 127, 162, 176 Abs. 1, 192 UmwG, § 186 Abs. 4 Satz 2 AktG, § 4 SpTrUG und § 5 LwAnpG nennt; vgl. zu der allgemeinen Diskussion über die ungeschriebenen Berichtspflichten bei

320 Abs. 3 Satz 1 AktG analog)[924] und ein Prüfungsbericht (§ 12 UmwG, §§ 293e, 320 Abs. 3 Satz 3 AktG analog)[925]. Die analoge Anwendung dieser Regelungen sei zum Schutz der Minderheitsgesellschafter der AG geboten.[926] Dadurch würden die Minderheitsgesellschafter die Informationen erhalten, die erforderlich seien, um zu entscheiden, ob sie den Ausgleich für den Verlust ihrer Mitgliedschaft akzeptieren oder dagegen vorgehen wollen.[927]

cc) *Einzelanalogie umwandlungsrechtlicher Vorschriften*

Rühland[928] ist der Auffassung, dass die dem Schutz der Minderheitsgesellschafter dienenden Regelungen des Umwandlungsgesetzes auf die übertragende Auflösung im Wege der Einzelanalogie anwendbar seien. Einer Analogie stehe nicht entgegen, dass der Gesetzgeber durch das Umwandlungsbereinigungsgesetz[929] in § 179a AktG anders als im Umwandlungsgesetz keine minderheitsschützenden Regelungen vorgesehen habe. Der Gesetzgeber habe das nur deshalb nicht getan, weil er der Diskussion um die Folgen der Holzmüller-Entscheidung[930] des Bundesgerichtshofs nicht vorgreifen wollte.[931]

dd) *Ausstrahlungswirkung umwandlungs- und aktienrechtlicher Regelungen*

Kallmeyer[932] lehnt eine Analogie ab. Er nimmt aber wegen einer „Ausstrahlungswirkung" bestimmter umwandlungs- und aktienrechtlicher Regelungen an, dass bei der übertragenden Auflösung der AG ein schriftlicher Bericht und eine Abfindungsprüfung mit Prüfungsbericht erforderlich seien. Dabei versteht

---

Strukturmaßnahmen etwa *Koch*, in: Hüffer/Koch, AktG, 15. Aufl. 2021, § 119 Rn. 27 f.; *Reichert/Balke*, Reichert, Hauptversammlung, 5. Aufl. 2021, § 5 Rn. 104 ff.

924 *Leinekugel*, Ausstrahlungswirkungen, 2000, S. 231; *Henze*, in: FS Peltzer, 2001, S. 181, 193 f.; so auch *Roth*, NZG 2003, 998, 1001, der aber zusätzlich § 327c Abs. 2 Satz 2 und 3 AktG entsprechend heranziehen will.

925 *Henze*, in: FS Peltzer, 2001, S. 181, 193 f.; wohl auch *Leinekugel*, Ausstrahlungswirkungen, 2000, S. 231 ff.; *Roth*, NZG 2003, 998, 1001.

926 *Henze*, in: FS Peltzer, 2001, S. 181, 193 f.; *Roth*, NZG 2003, 998, 1001.

927 *Henze*, in: FS Peltzer, 2001, S. 181, 193 f.; ähnlich *Roth*, NZG 2003, 998, 1001.

928 In diesem Sinne wohl *Rühland*, Ausschluss, 2004, S. 90 ff.

929 UmwBerG v. 28. 10. 1994, BGBl. I S. 3210.

930 BGHZ 83, 122 – Holzmüller.

931 Zum Ganzen *Rühland*, Ausschluss, 2004, S. 90 ff.

932 *Kallmeyer*, in: FS Lutter, 2000, S. 1245, 1248 ff.

er unter einer „Ausstrahlungswirkung" den Transfer der Wertung, die sich aus einer gesetzlichen Regelung ergebe.

Das Berichtserfordernis begründet *Kallmeyer* mit einer „Ausstrahlungswirkung" von § 8 UmwG und §§ 293a, 319 Abs. 3 Satz 1 Nr. 3 AktG. Eine analoge Anwendung dieser Vorschriften auf die übertragende Auflösung lehnt er dagegen ab. Denn diesen Vorschriften lägen Überlegungen zugrunde, die bei der übertragenden Auflösung nicht greifen würden. Der Grund für den formalen Bericht, der nach diesen Vorschriften erforderlich sei, liege darin, dass die entsprechenden Maßnahmen, anders als die übertragende Auflösung, der Eintragung in das Handelsregister bedürften. Die Prüfung durch das Registergericht, die vor der Eintragung erfolge, erstrecke sich dabei nicht darauf, ob die Rechte der Minderheitsgesellschafter materiell beeinträchtigt wurden. Vielmehr prüfe das Registergericht nur, ob die Formalien beachten wurden. Daher werde versucht, den Schutz der Minderheitsgesellschafter durch formale Voraussetzungen sicherzustellen.

Aus dem gleichen Grund sei auch eine analoge Anwendung der Vorschriften über die Prüfung des Vorgangs auf die übertragende Auflösung (§§ 9 ff. UmwG, §§ 293b, 320 Abs. 3 AktG) abzulehnen. Allerdings müsse aufgrund einer „Ausstrahlungswirkung" des § 30 Abs. 2 Satz 1 UmwG bei der übertragenden Auflösung eine Abfindungsprüfung vorgenommen werden, bei der ein Wirtschaftsprüfer die Abfindung, die sich aus dem Kaufpreis für das ganze Gesellschaftsvermögen ergebe, prüfen und hierüber schriftlich Bericht erstatten müsse.[933]

ee) Analoge Anwendung der §§ 327b ff. AktG

Nach Ansicht von *Gromm*[934] sind die Vorschriften über den aktienrechtlichen Squeeze-out (§§ 327b ff. AktG) bei einer übertragenden Auflösung der AG entsprechend anwendbar. Insbesondere müsse der Mehrheitsgesellschafter einen schriftlichen Bericht erstatten, in dem die Voraussetzungen für die übertragende Auflösung dargelegt und die Angemessenheit des Kaufpreises erläutert und begründet werden (§ 327c Abs. 2 Satz 1 AktG analog). Zudem sei die Angemessenheit des Kaufpreises durch einen oder mehrere sachverständige Prüfer zu prüfen (§ 327c Abs. 2 Satz 1 AktG analog). *Gromm* hat dies damit begründet, dass die Minderheitsgesellschafter bei einer übertragenden Auflösung ein vergleichbares Interesse wie die Minderheitsgesellschafter bei einem Squeeze-out

933 Zum Ganzen *Kallmeyer*, in: FS Lutter, 2000, S. 1245, 1248 ff.

934 *Gromm*, Übertragende Auflösung, 2016, S. 177 ff.

daran hätten, über die Voraussetzungen der übertragenden Auflösung und den Kaufpreis informiert zu werden.[935]

b) Anderer Teil des Schrifttums: Keine besonderen verfahrensrechtlichen Erfordernisse

Ein anderer Teil des Schrifttums vertritt die Auffassung, dass bei der übertragenden Auflösung der AG keine weiteren als die im Gesetz ausdrücklich vorgesehenen Verfahrenserfordernisse beachtet werden müssen.[936] Eine analoge Anwendung der verfahrensrechtlichen Vorschriften des Umwandlungsgesetzes auf die übertragende Auflösung komme nicht in Betracht.[937] Gleiches gelte für eine entsprechende Anwendung konzernrechtlicher Vorschriften.[938] Eine Analogie scheide bereits deshalb aus, weil keine planwidrige Regelungslücke vorliege.[939]

3. Stellungnahme

a) Analogie wegen einer Gesetzesumgehung

Eine analoge Anwendung der vermögensschützenden Regelungen des Umwandlungsgesetzes über den Verschmelzungsbericht, die Verschmelzungsprüfung und den Verschmelzungsprüfungsbericht (§§ 9 bis 12 UmwG) kann nicht mit einer Gesetzesumgehung bei der übertragenden Auflösung der AG begründet werden. Dieser Ansatz von *Lutter/Drygala*[940] ist, trotz der grundsätzlich

---

935 Zum Ganzen *Gromm*, Übertragende Auflösung, 2016, S. 177 ff.

936 *Holzborn*, in: Spindler/Stilz, AktG, 4. Aufl. 2019, § 179a Rn. 41; *Koch*, in: Hüffer/Koch, AktG, 15. Aufl. 2021, § 179a Rn. 23; *Lieder*, in: Münch. HdB. GesR VIII, 5. Aufl. 2018, § 3 Rn. 24; *Marsch-Barner/Oppenhoff*, in: Kallmeyer, UmwG, 7. Aufl. 2020, § 1 Rn. 20; vgl. auch *Henze*, BB 2001, 53, 56.

937 *Holzborn*, in: Spindler/Stilz, AktG, 4. Aufl. 2019, § 179a Rn. 41; *Koch*, in: Hüffer/Koch, AktG, 15. Aufl. 2021, § 179a Rn. 23; *Marsch-Barner/Oppenhoff*, in: Kallmeyer, UmwG, 7. Aufl. 2020, § 1 Rn. 20; vgl. auch *Henze*, BB 2001, 53, 56.

938 So hinsichtlich §§ 293a ff. AktG *Holzborn*, in: Spindler/Stilz, AktG, 4. Aufl. 2019, § 179a Rn. 41; so hinsichtlich § 327c Abs. 2 Satz 2 und 3 AktG *Koch*, in: Hüffer/Koch, AktG, 15. Aufl. 2021, § 179a Rn. 23.

939 *Holzborn*, in: Spindler/Stilz, AktG, 4. Aufl. 2019, § 179a Rn. 41; wohl auch *Henze*, BB 2001, 53, 56; *Koch*, in: Hüffer/Koch, AktG, 15. Aufl. 2021, § 179a Rn. 23; vgl. zur Frage der Begründung eines Abfindungsanspruchs bei einer übertragenden Auflösung in analoger Anwendung umwandlungsrechtlicher Regelungen auch BayObLGZ 1998, 211, 214 – Magna Media.

940 *Lutter/Drygala*, in: FS Kropff, 1997, S. 191, 201 ff.

überzeugenden Begründung, im Ergebnis abzulehnen. Das bereits deshalb, weil den Regelungen des Umwandlungsgesetzes, wie bereits ausgeführt,[941] keine Ausschließlichkeitswirkung zukommt. Eine Umgehung des Umwandlungsgesetzes liegt bei der übertragenden Auflösung der AG daher nicht vor.

b) Gesamtanalogie

Auch die Begründung, dass sich besondere Berichts- und Prüfungspflichten bei der übertragenden Auflösung einer AG aus einer Gesamtanalogie ergäben, erscheint zweifelhaft. Eine Gesamtanalogie kommt nur in Betracht, wenn sich aus mehreren unterschiedlichen gesetzlichen Vorschriften, die für unterschiedliche Tatbestände die gleiche Rechtsfolge vorsehen, ein allgemeiner Rechtsgrundsatz ableiten lässt, der bei einer wertungsmäßigen Betrachtung auch für andere vergleichbare Sachverhalte Geltung beansprucht.[942] Es ist damit der Frage nachzugehen, ob sich aus den umwandlungs- und konzernrechtlichen Regelungen, die in bestimmten Fällen besondere Berichts- und Prüfungspflichten vorsehen, ein solcher allgemeiner Rechtsgrundsatz, der bei der übertragenden Auflösung zu beachten ist, herleiten lässt.

aa) Berichtspflicht

Soweit es um die Berichtspflicht geht, wird die Gesamtanalogie auf eine Reihe von Vorschriften gestützt. Angeführt werden insbesondere § 8 UmwG und die §§ 293a, 320 Abs. 1 Satz 3 AktG[943]. Darüber hinaus werden die §§ 127, 162, 176 Abs. 1, 192 UmwG, § 186 Abs. 4 Satz 2 AktG, § 4 SpTrUG und § 5 LwAnpG (gemeint ist wohl § 6 LwAnpG) genannt.[944]

Aus dieser Aufzählung sticht zunächst § 320 Abs. 1 Satz 3 AktG heraus, der für die Mehrheitseingliederung gilt. Hier passt schon die Rechtsfolge nicht. Nach dieser Regelung ist ein Bericht des Vorstands der Gesellschaft gar nicht erforderlich, sondern nur ein Bericht des Vorstands der Hauptgesellschaft. Aus dieser Regelung kann ein allgemeiner Grundsatz, wonach der Vorstand der Gesellschaft rechtlich dazu verpflichtet sei, bei vergleichbaren Strukturmaßnahmen (einschließlich der übertragenden Auflösung) einen Bericht zu erstatten, bereits vom gedanklichen Ansatz her nicht abgeleitet werden. Darüber hinaus

---

941 Dazu 3. Teil. B. II. 3. b) aa).

942 Vgl. nur *Larenz/Canaris*, Methodenlehre, 3. Aufl. 1995, S. 204 ff.

943 *Henze*, in: FS Peltzer, 2001, S. 181, 193 f.; *Leinekugel*, Ausstrahlungswirkungen, 2000, S. 229; *Roth*, NZG 2003, 998, 1001.

944 *Leinekugel*, Ausstrahlungswirkungen, 2000, S. 229.

zeigt diese Regelung, dass das Gesetz eben nicht in allen Fällen einen Bericht des Vorstands der Gesellschaft verlangt und die Rechtsfolgen der Vorschriften, die eine Berichtspflicht vorsehen, nicht einheitlich sind. Die Regelung des § 320 Abs. 1 Satz 3 AktG spricht damit im Ergebnis nicht für, sondern gegen eine Gesamtanalogie.

Hinzu kommt, dass die Rechtsfolge des § 320 Abs. 1 Satz 3 AktG bei der übertragenden Auflösung nicht sachgerecht wäre. Denn bei der übertragenden Auflösung wäre die Hauptgesellschaft der Mehrheitsgesellschafter. Es ist aber nicht zielführend, der Gefährdung der Vermögensinteressen der Minderheitsgesellschafter, die auf einem Interessenkonflikt aufseiten des Mehrheitsgesellschafters beruht, damit zu begegnen, dass man den Mehrheitsgesellschafter verpflichtet, einen Bericht über den Vorgang der übertragenden Auflösung zu erstatten.

Das gilt im Übrigen auch für die Rechtsfolge des § 327c Abs. 2 Satz 1 AktG, der bei einem aktienrechtlichen Squeeze-out eine Berichtspflicht des Mehrheitsgesellschafters vorsieht. Darüber hinaus unterscheiden sich die übertragende Auflösung und der Squeeze-out in einem insoweit entscheidenden Punkt. Bei einem Squeeze-out werden die Aktien der Minderheitsgesellschafter auf den Mehrheitsgesellschafter übertragen und die Barabfindung einseitig von dem Mehrheitsgesellschafter festgelegt. Der Vorstand der Gesellschaft verfügt damit typischerweise nicht über eigene Informationen, auf deren Grundlage er einen Bericht erstatten könnte. Vor diesem Hintergrund ist es bei einem Squeeze-out nachvollziehbar, dass der Mehrheitsgesellschafter nach den gesetzlichen Regelungen den Bericht erstatten muss. Bei der übertragenden Auflösung ist die Lage eine andere. Der festgelegte Kaufpreis ist das Ergebnis von Verhandlungen zwischen dem Vorstand der Gesellschaft und dem Mehrheitsgesellschafter. Der Vorstand der Gesellschaft muss seine Entscheidung, sich auf einen bestimmten Kaufpreis zu einigen, auf Grundlage angemessener Information treffen. Insoweit gelten die allgemeinen Grundsätze. Der Vorstand verfügt damit selbst über die Informationen, die für die Beurteilung der Angemessenheit des Kaufpreises erforderlich sind. Diese Informationen sind für die Minderheitsgesellschafter auch mehr wert als die Informationen vonseiten des einem Interessenkonflikt unterliegenden Mehrheitsgesellschafters. Denn schon um eine eigene Haftung zu vermeiden wird der Vorstand sicherstellen, dass die seiner Entscheidung zugrunde liegenden Informationen angemessen und belastbar sind.

Soweit zur Begründung der Berichtspflicht über eine Gesamtanalogie § 127 UmwG herangezogen wird, kann auch das nicht überzeugen. Zwar sieht diese Vorschrift bei der Ausgliederung eine Berichtspflicht des Vorstands der Gesellschaft vor. Aus der Gesetzesbegründung ergibt sich aber ausdrücklich, dass hierbei Angaben zu dem Umtauschverhältnis, also letztlich zu der Gegenleistung für die Übertragung des Gesellschaftsvermögens, gerade nicht erforderlich sind.[945] Auch die sich aus § 127 UmwG ergebende Rechtsfolge stimmt damit nicht mit den in diesem Zusammenhang zur Begründung einer Gesamtanalogie herangezogenen weiteren gesetzlichen Vorschriften, etwa den §§ 8, 176 Abs. 1 UmwG, überein. Zudem hilft die sich aus § 127 UmwG ergebende Rechtsfolge jedenfalls bei der übertragenden Auflösung nicht weiter, weil die Berichtspflicht hier vor allem sicherstellen soll, dass die Minderheitsgesellschafter über die Angemessenheit der Gegenleistung, also des Kaufpreises, informiert werden.

Eine Gesamtanalogie kann auch nicht auf § 162 UmwG gestützt werden. Diese Vorschrift gilt für die Ausgliederung aus dem Vermögen rechtsfähiger Stiftungen. Hier stellt sich schon im Ansatz die Frage, ob einer Regelung für eine rechtsfähige Stiftung eine Aussage zur Rechtslage bei der AG entnommen werden kann. Im Übrigen ist nach dieser Vorschrift ein Ausgliederungsbericht „nur erforderlich", wenn die Ausgliederung der staatlichen Genehmigung oder der Zustimmung des Stifters bedarf. Es handelt sich also um eine Ausnahmevorschrift. Das sich hieraus ergebende Berichtserfordernis dient der Information des Stifters oder der Behörde, die über die Zustimmung zu der Ausgliederung zu befinden hat,[946] und nicht etwa der Information von Anteilsinhabern, die es bei einer rechtsfähigen Stiftung gar nicht gibt. Eine Berichtspflicht des Vorstands bei einer übertragenden Auflösung der AG zugunsten von Minderheitsgesellschaftern lässt sich also auch aus § 162 UmwG nicht herleiten.

Eine Gesamtanalogie scheidet im Hinblick auf die Berichtspflicht schließlich deshalb aus, weil für verschiedene andere Strukturmaßnahmen nach den aktienrechtlichen Regelungen keine Berichtspflicht besteht.[947] Hierzu zählen die Auflösung der Gesellschaft (§§ 262 ff. AktG) und die Veräußerung des ganzen Gesellschaftsvermögens (§ 179a AktG). Auch bei Satzungsänderungen besteht keine Berichtspflicht (§ 179 AktG).

Zusammenfassend ist damit festzuhalten, dass das Gesetz nur bei einigen – keineswegs aber bei allen oder auch nur den meisten – Strukturmaßnahmen eine Berichtspflicht des Vorstands der Gesellschaft vorsieht. Zudem sind die Rechtsfolgen der Vorschriften, die eine Berichtspflicht anordnen, im Detail nicht einheitlich. Nicht einmal das Umwandlungsbereinigungsgesetz[948], mit dem unter

---

945 Begr. RegE UmwBerG, BT-Drs. 12/6699, S. 119.

946 Vgl. Begr. RegE UmwBerG, BT-Drs. 12/6699, S. 130.

947 Vgl. zur Pflicht zur Erstattung eines sog. „Holzmüller-Berichts" aufgrund einer Gesamtanalogie die ähnliche Argumentation von *Koch*, in: Hüffer/Koch, AktG, 15. Aufl. 2021, § 119 Rn. 27.

948 UmwBerG v. 28. 10. 1994, BGBl. I S. 3210.

anderem § 179a AktG eingeführt wurde, hat für alle Strukturmaßnahmen eine Berichtspflicht vorgesehen. Darüber hinaus verfolgen die Vorschriften, die eine Berichtspflicht anordnen, teilweise unterschiedliche Zwecke. Ein allgemeiner Rechtsgrundsatz, aus dem sich bei der übertragenden Auflösung der AG eine Berichtspflicht des Vorstands der Gesellschaft ergibt, lässt sich aus dem Gesetz damit nicht herleiten.

bb) Prüfungspflicht

Die gleichen Gründe sprechen dagegen, eine Prüfungspflicht und die Pflicht zur Erstattung eines Prüfungsberichts mit einer Gesamtanalogie zu begründen. Die Gesamtanalogie wird auf die Regelungen über die Verschmelzung, den Unternehmensvertrag und die Mehrheitseingliederung gestützt. Herangezogen werden für die Prüfungspflicht die §§ 9 ff. UmwG und die §§ 293b, 320 Abs. 3 Satz 1 AktG[949] und für die Pflicht zur Erstattung eines Prüfungsberichts § 12 UmwG und die §§ 293e, 320 Abs. 3 Satz 3 AktG[950]. Zusätzlich könnte § 327c Abs. 2 AktG genannt werden, der eine Prüfung bei einem aktienrechtlichen Squeeze-out vorsieht.

Allerdings sind die Rechtsfolgen dieser Vorschriften und die mit ihnen verfolgten Zwecke ebenfalls nicht einheitlich. Schon deshalb kann aus diesen Vorschriften kein allgemeiner, bei einer übertragenden Auflösung der AG anzuwendender Rechtsgrundsatz abgeleitet werden. Beispielsweise muss der Prüfer bei einem Unternehmensvertrag von den Vorständen der vertragsschließenden Gesellschaften und bei einer Mehrheitseingliederung durch den Vorstand der Hauptgesellschaft bestellt werden (§ 320 Abs. 3 AktG).

Zudem ist die Pflicht zur Prüfung und zur Erstattung eines Prüfungsberichts nur lückenhaft geregelt. Eine solche gesetzliche Pflicht besteht beispielsweise nicht bei der Auflösung der Gesellschaft (§§ 262 ff. AktG) und bei der Veräußerung des ganzen Gesellschaftsvermögens (§ 179a AktG). Auch bei der Ausgliederung besteht keine solche Pflicht (§ 125 Satz 2 UmwG).

---

949 *Henze*, in: FS Peltzer, 2001, S. 181, 193 f.; *Leinekugel*, Ausstrahlungswirkungen, 2000, S. 231; so auch *Roth*, NZG 2003, 998, 1001, der aber zusätzlich § 327c Abs. 2 Satz 2 und 3 AktG entsprechend heranziehen will.

950 *Henze*, in: FS Peltzer, 2001, S. 181, 193 f.; wohl auch *Leinekugel*, Ausstrahlungswirkungen, 2000, S. 231 ff.; *Roth*, NZG 2003, 998, 1001.

cc) Zwischenergebnis

Im Ergebnis lässt sich damit festhalten, dass das Gesetz eine Berichts- und Prüfungspflicht bei Strukturmaßnahmen der AG nur lückenhaft und aus unterschiedlichen Gründen anordnet. Darüber hinaus sind die Rechtsfolgen der gesetzlichen Bestimmungen, die eine Berichts- und Prüfungspflicht vorsehen, nicht einheitlich. Es ist deshalb nicht möglich, aus diesen gesetzlichen Bestimmungen im Wege der Gesamtanalogie einen allgemeinen Rechtsgrundsatz abzuleiten, der eine Berichts- und Prüfungspflicht auch bei der übertragenden Auflösung der AG begründen könnte.

c) „Ausstrahlungswirkung"

Auch die Begründung von *Kallmeyer*[951], dass sich besondere Berichts- und Prüfungspflichten aus einer „Ausstrahlungswirkung" umwandlungs- und aktienrechtlicher Vorschriften ergäben, kann schon im Ansatz nicht überzeugen. Zwar können Wertungen, die gesetzlichen Regelungen zugrunde liegen, bei der Rechtsanwendung, beispielsweise bei der Auslegung anderer gesetzlicher Vorschriften, herangezogen werden. Mit einer „Ausstrahlungswirkung" gesetzlicher Regelungen können aber keine vom Gesetz nicht ausdrücklich vorgesehenen Pflichten begründet werden. Die Methodenlehre kennt diesen Begriff nicht.[952]

Es ist auch widersprüchlich, wenn *Kallmeyer* als Begründung für die von ihm als erforderlich angesehenen Berichts- und Prüfungspflichten eine analoge Anwendung der von ihm in Bezug genommenen umwandlungs- und aktienrechtlichen Vorschriften mit der Begründung ablehnt, dass ihnen keine vergleichbare Interessenlage zugrunde läge, um eben aus diesen Vorschriften eine „Ausstrahlungswirkung" für das Bestehen solcher Berichts- und Prüfungspflichten abzuleiten.[953]

d) Einzelanalogie

Besondere Berichts- und Prüfungspflichten können bei der übertragenden Auflösung der AG damit nicht mit einer Gesetzesumgehung, einer Gesamtanalogie oder einer „Ausstrahlungswirkung" begründet werden. Es bleibt zu untersuchen, ob eine Einzelanalogie in Betracht kommt.

---

951 *Kallmeyer*, in: FS Lutter, 2000, S. 1245, 1248 ff.

952 Vgl. *Wiedemann*, ZGR 1999, 857, 865 m. w. N.

953 So zum Berichtserfordernis gemäß § 8 UmwG, §§ 293a, 319 Abs. 3 Satz 1 Nr. 3 AktG *Kallmeyer*, in: FS Lutter, 2000, S. 1245, 1252 f.

aa) *Voraussetzungen einer analogen Normanwendung*

Eine gesetzesimmanente Rechtsfortbildung durch Analogie setzt eine Regelungslücke im Sinne einer „planwidrige[n] Unvollständigkeit“[954] des Gesetzes und eine vergleichbare Interessenlage voraus.[955] Für die Beantwortung der Frage, ob eine planwidrige Regelungslücke gegeben ist, kommt es auf den Regelungszweck an, der dem Gesetz zugrunde liegt.[956] „Das Gesetz muss also, gemessen an seiner eigenen Regelungsabsicht, unvollständig sein.“[957]

Eine vergleichbare Interessenlage setzt voraus, dass „der zu beurteilende Sachverhalt in rechtlicher Hinsicht soweit mit dem Tatbestand, den der Gesetzgeber geregelt hat, vergleichbar ist, dass angenommen werden kann, der Gesetzgeber wäre bei einer Interessenabwägung, bei der er sich von den gleichen Grundsätzen hätte leiten lassen wie bei dem Erlass der herangezogenen Gesetzesvorschrift, zu dem gleichen Abwägungsergebnis gekommen“[958].

bb) *Planwidrige Regelungslücke*

Es ist umstritten, ob hinsichtlich der übertragenden Auflösung der AG, insbesondere im Hinblick auf das Fehlen einer ausdrücklichen gesetzlich vorgesehenen Berichts- und Prüfungspflicht, eine planwidrige Regelungslücke vorliegt.

(1) Meinungsstand

Teilweise wird eine planwidrige Regelungslücke verneint.[959] Das wird mit der Entstehungsgeschichte des § 179a AktG begründet. Bei der Einführung des § 179a AktG durch das Umwandlungsbereinigungsgesetz[960] habe der Gesetzgeber bewusst darauf verzichtet, eine besondere Regelung für den Fall der

954 *Larenz/Canaris*, Methodenlehre, 3. Aufl. 1995, S. 194 mit Verweis auf *Elze*, Lücken im Gesetz, 1916, S. 3 ff.

955 *Larenz/Canaris*, Methodenlehre, 3. Aufl. 1995, S. 191 ff.; so auch BGHZ 218, 80, 87 f. m. w. N.

956 *Larenz/Canaris*, Methodenlehre, 3. Aufl. 1995, S. 194; so auch BGHZ 218, 80, 88 m. w. N.

957 BGHZ 218, 80, 88 m. w. N.

958 BGHZ 220, 354, 361 m. w. N.

959 BayObLGZ 1998, 211, 214 – Magna Media; *Holzborn*, in: Spindler/Stilz, AktG, 4. Aufl. 2019, § 179a Rn. 41; *Kallmeyer*, in: FS Lutter, 2000, S. 1245, 1249; *Koch*, in: Hüffer/Koch, AktG, 15. Aufl. 2021, § 179a Rn. 23; *Peters*, BB 1999, 801, 804; *Schnorbus*, Gestaltungsfreiheit, 2001, S. 119 ff.; *Sosnitza*, NZG 1998, 1003, 1003; wohl auch *Henze*, BB 2001, 53, 56.

960 UmwBerG v. 28. 10. 1994, BGBl. I S. 3210.

übertragenden Auflösung der AG zu treffen, obwohl ihm die Probleme bekannt gewesen seien, die mit der übertragenden Auflösung verbunden sind.[961]

Nach anderer Ansicht liegt eine planwidrige Regelungslücke vor.[962] *Lutter/Leinkugel*[963] haben das damit begründet, dass „gedachter Normalfall" des § 179a AktG der Verkauf des ganzen Gesellschaftsvermögens an einen Dritten sei, bei dem aufgrund der gleichgerichteten Interessen aller Gesellschafter kein Bedürfnis für einen besonderen Schutz der Minderheitsgesellschafter bestehe.[964] Zudem sei § 361 AktG 1965 (jetzt im Wesentlichen § 179a AktG) gar nicht von dem Regelungsgegenstand des Umwandlungsbereinigungsgesetzes umfasst gewesen, der auf Strukturmaßnahmen mit der Regelungstechnik der Gesamtrechtsnachfolge und Identität gerichtet gewesen sei. In Rahmen dieser Gesetzesänderung sei § 361 AktG 1965 daher lediglich verschoben und sprachlich leicht angepasst worden, ohne den Inhalt der Regelung zu überdenken.[965]

Auch *Wiedemann*[966] hat unter Verweis auf die Entstehungsgeschichte des § 179a AktG der Annahme widersprochen, dass die Vorschrift auch den „Sonderfall"[967] der übertragenden Auflösung abschließend regele. Der Diskussionsentwurf des Bundesministeriums der Justiz für das Gesetz zur Bereinigung des Umwandlungsrechts aus dem Jahr 1988[968] habe ursprünglich vorgesehen, das Gesamtvermögensgeschäft im Umwandlungsgesetz zu regeln und den Vorschriften über die Verschmelzung zu unterstellen. Das sei in der Literatur[969] kritisiert worden, weil es sich dabei nicht um einen Fall der Gesamtrechtsnachfolge

---

961 BayObLGZ 1998, 211, 214 – Magna Media; *Holzborn*, in: Spindler/Stilz, AktG, 4. Aufl. 2019, § 179a Rn. 41; *Peters*, BB 1999, 801, 804; wohl auch *Koch*, in: Hüffer/Koch, AktG, 15. Aufl. 2021, § 179a Rn. 23; *Schnorbus*, Gestaltungsfreiheit, 2001, S. 119 ff.; ähnlich *Kallmeyer*, in: FS Lutter, 2000, S. 1245, 1249.

962 *Lutter/Leinekugel*, ZIP 1999, 261, 263 f.; *Gromm*, Übertragende Auflösung, 2016, S. 182 ff.; *Henze*, in: FS Wiedemann, 2002, S. 935, 951; *Klöhn*, Abfindungsansprüche, 2009, S. 311; *Leinekugel*, Ausstrahlungswirkungen, 2000, S. 30 f.; *Rühland*, Ausschluss, 2004, S. 90 ff.; *Trölitzsch*, DStR 1999, 764, 765 f.; *Wiedemann*, ZGR 1999, 857, 863 ff.; in einem anderen Zusammenhang auch *Dreier*, in: Dreier/Fritzsche/Verfürth, SpruchG, 2. Aufl. 2016, § 1 Rn. 71 ff.

963 *Lutter/Leinekugel*, ZIP 1999, 261, 264 f.

964 So auch *Bayer*, in: Lutter, UmwG, 6. Aufl. 2019, Einl. I Rn. 55; *Trölitzsch*, DStR 1999, 764, 765 f.

965 Zum Ganzen *Lutter/Leinekugel*, ZIP 1999, 261, 264 f.

966 *Wiedemann*, ZGR 1999, 857, 863 ff.

967 *Wiedemann*, ZGR 1999, 857, 865.

968 DiskE UmwBerG, BAnz. v. 15. 11. 1988, Nr. 214a.

969 *K. Schmidt*, ZGR 1990, 580 ff.; *K. Schmidt*, in: FS Heinsius, 1991, S. 715 ff.

handele. Nur aus diesem Grund habe der Gesetzgeber von seinem Vorhaben Abstand genommen.[970]

(2) Stellungnahme

Für die übertragende Auflösung der AG sieht das Gesetz, wie eingangs ausgeführt,[971] keine besonderen Berichts- und Prüfungspflichten vor, wie sie etwa bei umwandlungsrechtlichen Maßnahmen gelten. Allerdings könnte die Entstehungsgeschichte des § 179a AktG[972] dagegen sprechen, dass es sich hierbei um eine planwidrige Regelungslücke handelt.

Bis zur Einführung des Umwandlungsbereinigungsgesetzes[973], das am 1. Januar 1995 in Kraft getreten ist, waren die umwandlungsrechtlichen Vorschriften in unterschiedlichen Gesetzen enthalten. Diese Vorschriften sollten durch das Umwandlungsbereinigungsgesetz im Umwandlungsgesetz „zusammengefaßt, systematisiert und erweitert“[974] werden. Auch das Vierte Buch des Aktiengesetzes von 1965 (§§ 339 bis 393 AktG 1965) enthielt umwandlungsrechtliche Vorschriften. Teil des Vierten Buchs war auch § 361 AktG 1965, die Vorgängerregelung des § 179a AktG.

Dem Umwandlungsbereinigungsgesetz war im Jahr 1988 ein Diskussionsentwurf des Bundesministeriums der Justiz für ein Gesetz zur Bereinigung des Umwandlungsrechts[975] vorausgegangen. Der Diskussionsentwurf enthielt zwei Vorschriften, die die Verpflichtung zur Übertragung des ganzen Gesellschaftsvermögens (§ 251 UmwG-E 1988 – Vollübertragung) und die Verpflichtung zur Übertragung von Teilen des Gesellschaftsvermögens (§ 252 UmwG-E 1988 – Teilübertragung) regelten. Die §§ 251 f. UmwG-E 1988 sahen eine entsprechende Anwendung der Bestimmungen über die Verschmelzung auf die Vollübertragung und der Bestimmungen über die Spaltung auf die Teilübertragung vor.[976] Hierdurch sollte eine Umgehung der verschmelzungs- und spaltungsrechtlichen Regelungen verhindert werden.[977] Das Vorbild des § 251 UmwG-E 1988

970 Zum Ganzen *Wiedemann*, ZGR 1999, 857, 863 ff.; so auch *Henze*, in: FS Wiedemann, 2002, S. 935, 951; *Roth*, NZG 2003, 998, 1002; *Rühland*, WM 2002, 1957, 1965; *Rühland*, Ausschluss, 2004, S. 90 f.

971 Dazu 5. Teil. A. II. 1.

972 Dazu auch 2. Teil. C. I. 2.

973 UmwBerG v. 28. 10. 1994, BGBl. I S. 3210.

974 RegE UmwBerG, BT-Drs. 12/6699, S. 1.

975 DiskE UmwBerG, BAnz. v. 15. 11. 1988, Nr. 214a.

976 DiskE UmwBerG, BAnz. v. 15. 11. 1988, Nr. 214a, S. 133 f. (Text).

977 DiskE UmwBerG, BAnz. v. 15. 11. 1988, Nr. 214a, S. 5, 190 f. (Begründung); vgl. zum Vorstehenden auch *Wiedemann*, ZGR 1999, 857, 863 f.

war § 361 AktG 1965.[978] Durch § 251 UmwG-E 1988 sollte § 361 AktG 1965 also in modifizierter Form in das Umwandlungsgesetz übernommen werden. § 361 AktG 1965 wäre im Aktiengesetz ersatzlos entfallen.

Letztlich hat der Gesetzgeber aber davon abgesehen, § 361 AktG 1965 durch § 251 UmwG-E 1988 in das Umwandlungsgesetz zu übernehmen. Durch das Umwandlungsbereinigungsgesetz wurden nur alle übrigen Vorschriften des Vierten Buchs des Aktiengesetzes in das Umwandlungsgesetz übertragen. § 361 AktG 1965 wurde ohne wesentliche sprachliche oder inhaltliche Änderungen in § 179a AktG übernommen und das Vierte Buch des Aktiengesetzes wurde aufgehoben. Vor diesem Hintergrund könnte man schlussfolgern, dass der Gesetzgeber die Aufnahme einer Regelung mit dem Inhalt des § 251 UmwG-E 1988 bewusst abgelehnt habe. Dann würde eine entsprechende Anwendung verschmelzungsrechtlicher oder vergleichbarer gesetzlicher Regelungen auf den Fall der Übertragung des ganzen Gesellschaftsvermögens nicht in Betracht kommen, weil keine planwidrige Regelungslücke vorläge. Diese Sichtweise hält einer näheren Prüfung aber nicht stand.

In einem Festschriftbeitrag aus dem Jahr 1991 hat *K. Schmidt*[979] die §§ 251 f. UmwG-E 1988 heftig kritisiert.[980] Insbesondere wandte er ein, dass mit diesen Vorschriften die Holzmüller-Grundsätze des Bundesgerichtshofs festgeschrieben würden, bevor diese Grundsätze durch Rechtsprechung und Literatur hinreichend konkretisiert werden konnten („lex Holzmüller"). Im Hinblick auf § 251 UmwG-E 1988, durch den § 361 AktG 1965 in das Umwandlungsgesetz übernommen werden sollte, wies *K. Schmidt* darauf hin, dass § 361 AktG 1965 bereits im Recht der Vermögensübertragung (§§ 359 ff. AktG 1965) ein „Fremdkörper"[981] sei, weil die Bestimmung keinen Fall der Gesamtrechtsnachfolge betreffe. Weder § 361 AktG 1965 noch § 251 UmwG-E 1988 gehörten in das Umwandlungsgesetz. Zudem müsse es zunächst der Rechtsprechung und der Literatur überlassen werden, den von § 251 UmwG-E 1988 bezweckten Umgehungsschutz gegen „faktische Strukturänderungen" zu konkretisieren.[982]

978 DiskE UmwBerG, BAnz. v. 15. 11. 1988, Nr. 214a, S. 190 f. (Begründung).
979 *K. Schmidt*, in: FS Heinsius, 1991, S. 715, 716 ff.
980 Vgl. dazu auch *Wiedemann*, ZGR 1999, 857, 863 f.
981 *K. Schmidt*, in: FS Heinsius, 1991, S. 715, 721.
982 Zum Ganzen *K. Schmidt*, in: FS Heinsius, 1991, S. 715, 716 ff.; ähnlich bereits *K. Schmidt*, ZGR 1990, 580, 586 ff.

Diese Kritik war der Grund dafür, dass der Gesetzgeber davon abgesehen hat, die §§ 251 f. UmwG-E 1988 einzuführen.[983] Der Gesetzgeber hat sich also aus systematischen Gründen dagegen entschieden, § 361 AktG 1965 durch § 251 UmwG-E 1988 in das Umwandlungsgesetz zu übernehmen, weil diese Regelung keinen Fall einer Gesamtrechtsnachfolge betrifft und daher aus systematischer Sicht nicht in das Umwandlungsgesetz gepasst hätte. Zudem wollte der Gesetzgeber der Diskussion in Rechtsprechung und Literatur nicht vorgreifen.[984]

Das wird durch die Gesetzesmaterialien zum Umwandlungsbereinigungsgesetz bestätigt. Statt § 361 AktG 1965 durch § 251 UmwG-E 1988 in das Umwandlungsgesetz zu übernehmen, wie dies noch im Diskussionsentwurf aus dem Jahr 1988 vorgesehen war, wurde § 361 AktG 1965 durch das Umwandlungsbereinigungsgesetz letztlich ohne wesentliche sprachliche oder inhaltliche Änderungen in § 179a AktG fortgeführt. In der Begründung des Regierungsentwurfs zum Umwandlungsbereinigungsgesetz wurde das wie folgt begründet:

> „Verträge, in denen sich ein oder mehrere Rechtsträger zur Übertragung ihres Vermögens oder von Teilen ihres Vermögens an einen oder mehrere andere Rechtsträger lediglich verpflichten, ohne daß es zu einer Gesamtrechtsnachfolge oder einer Sonderrechtsnachfolge, also zu einem Übergang von Gegenständen oder zu einem Anteilstausch kommt, sind im geltenden Recht bisher nur durch § 361 des Aktiengesetzes erfaßt. Dabei handelt es sich jedoch nicht um einen Fall der Umwandlung. Deshalb soll der bisherige Inhalt des § 361 AktG an anderer Stelle im Aktiengesetz beibehalten werden (…).“[985]

Später heißt es in der Begründung des Regierungsentwurfs noch: „§ 361 wird als § 179a AktG fortgeführt.“[986] Weiter wird ausgeführt: „§ 361 AktG ist im Recht der Umwandlung ein Fremdkörper, weil er weder einen Vermögensübergang im Wege der Gesamtrechtsnachfolge oder Sonderrechtsnachfolge noch einen

983 *Wiedemann*, ZGR 1999, 857, 864 mit Verweis auf *Ganske*, in: IDW, Reform des Umwandlungsrechts, S. 15, 28 („Dagegen sind die Vorschriften über die Verpflichtung zur Voll- oder Teilübertragung des Vermögens teils gänzlich entfallen, teils, auf ihren Ursprung reduziert, an anderer Stelle geregelt worden. Es ist das Verdienst Karsten Schmidts [Fn. 73: „Festschrift Heinsius S. 715“], die Diskussion über diese ‚lex Holzmüller‘ in die richtige Richtung gelenkt zu haben.“); so auch *Henze*, in: FS Wiedemann, 2002, S. 935, 951; *Roth*, NZG 2003, 998, 1002; *Rühland*, WM 2002, 1957, 1965; *Rühland*, Ausschluss, 2004, S. 90 f.

984 Vgl. *Rühland*, Ausschluss, 2004, S. 90 ff.

985 Begr. RegE UmwBerG, BT-Drs. 12/6699, S. 72.

986 Begr. RegE UmwBerG, BT-Drs. 12/6699, S. 179.

Wechsel der Rechtsform regelt, sondern nur die schuldrechtliche Verpflichtung zur Übertragung des gesamten Gesellschaftsvermögens betrifft."[987]

Die zitierten Ausführungen bestätigen, dass sich der Gesetzgeber aus systematischen Gründen dagegen entschieden hat, § 361 AktG 1965 durch § 251 UmwG-E 1988 in das Umwandlungsgesetz zu übernehmen, weil die Regelung keinen Fall der Gesamtrechtsnachfolge betraf und daher nicht in das Umwandlungsgesetz gepasst hätte.[988] Der Inhalt des § 251 UmwG-E 1988 hat für die Entscheidung keine Rolle gespielt. Aus der Entscheidung des Gesetzgebers kann daher nicht abgeleitet werden, er habe den Inhalt der Regelung bewusst abgelehnt.

Die vorzitierten Ausführungen in der Begründung des Regierungsentwurfs bestätigen im Übrigen das Argument von *Lutter/Leinkugel*[989], dass § 361 AktG 1965 durch das Umwandlungsbereinigungsgesetz lediglich verschoben und sprachlich leicht angepasst worden sei, ohne seinen Inhalt zu überdenken. In der Begründung des Regierungsentwurfs ist ausdrücklich davon die Rede, dass § 361 AktG 1965 „an anderer Stelle im Aktiengesetz beibehalten" und „fortgeführt" werden sollte, nämlich in § 179a AktG. Mit dem Inhalt des § 361 AktG 1965 hat sich der Gesetzgeber dabei nicht auseinandergesetzt, worauf schon die Formulierungen „beibehalten" und „fortgeführt" hindeuten.

Der Gesetzgeber hatte auch keinen Anlass, sich mit dem Inhalt des § 361 AktG 1965 zu beschäftigen. Denn diese Vorschrift war nicht von dem Regelungsgegenstand des Umwandlungsbereinigungsgesetzes umfasst.[990] Der Regelungsgegenstand dieses Gesetzes wurde in dem Regierungsentwurf wie folgt beschrieben: „Regelungsgegenstand des Entwurfs sind die verschiedenen Arten der Umwandlung von Unternehmensträgern."[991] Wie den oben zitierten Ausführungen in der Begründung des Regierungsentwurfs zu entnehmen ist, hat der Gesetzgeber im Rahmen des Gesetzgebungsverfahrens erkannt, dass § 361 AktG 1965 keine Art der Umwandlung behandelt („Dabei handelt es sich jedoch nicht um einen Fall der Umwandlung.").

Es war ganz offenkundig die Kritik von *K. Schmidt*, die den Gesetzgeber davon abgehalten hat, § 361 AktG 1965 durch § 251 UmwG-E 1988 in modifizierter Form in das Umwandlungsgesetz zu übernehmen. Es dürfte nämlich kein Zufall sein, dass der Gesetzgeber in der Begründung des Regierungsentwurfs

---

987 Begr. RegE UmwBerG, BT-Drs. 12/6699, S. 177.
988 Vgl. *Lutter/Leinekugel*, ZIP 1999, 261, 265.
989 *Lutter/Leinekugel*, ZIP 1999, 261, 264 f.
990 *Lutter/Leinekugel*, ZIP 1999, 261, 265.
991 Begr. RegE UmwBerG, BT-Drs. 12/6699, S. 71.

die gleiche Formulierung wie *K. Schmidt* in seinem bereits angesprochen Festschriftbeitrag[992] verwendet und davon gesprochen hat, dass § 361 AktG 1965 im Umwandlungsrecht ein „Fremdkörper" sei. Ein wesentlicher Kritikpunkt von *K. Schmidt* bestand aber auch darin, dass der Gesetzgeber mit Einführung des § 251 UmwG-E 1988 der Diskussion in Rechtsprechung und Literatur vorgegriffen hätte. Vor diesem Hintergrund spricht alles dafür, dass auch das ein Grund für den Gesetzgeber war, von der Einführung des § 251 UmwG-E 1988 abzusehen. Dann spricht die Entstehungsgeschichte des § 179a AktG aber nicht dagegen, sondern dafür, dass es dem Willen des Gesetzgebers entspricht, die bestehenden Schutzlücken im Hinblick auf § 179a AktG im Wege der Rechtsfortbildung zu schließen. Nach dem Vorgesagten hat das sogar der Erwartung des Gesetzgebers entsprochen.

Vor dem Hintergrund der Entstehungsgeschichte des § 179a AktG erweist sich damit die These, der Gesetzgeber des Umwandlungsbereinigungsgesetzes habe den Fall der übertragenden Auflösung durch die „Einführung" des § 179a AktG abschließend regeln wollen, als nicht haltbar. Die Entstehungsgeschichte des § 179a AktG spricht im Gegenteil dafür, dass selbst für den „Normalfall", in dem das ganze Gesellschaftsvermögen ohne Auflösung der Gesellschaft an einen gesellschaftsfremden Dritten veräußert wird, dann aber erst recht für die übertragende Auflösung, eine planwidrige Regelungslücke vorliegt.

(3) Zwischenergebnis

Es ist also festzuhalten, dass im Hinblick auf die Frage, ob bei der übertragenden Auflösung einer AG eine Berichts- und Prüfungspflicht zu fordern ist, eine planwidrige Regelungslücke vorliegt.

cc) Analoge Anwendung der §§ 8 ff. UmwG

Für die Begründung einer Berichts- und Prüfungspflicht bei der übertragenden Auflösung einer AG über eine Analogie kommen unterschiedliche Vorschriften in Betracht. Die größte Ähnlichkeit weist der Tatbestand der übertragenden Auflösung mit dem Tatbestand einer Verschmelzung auf. Auch bei der Verschmelzung wird das Vermögen der Gesellschaft unter Gewährung einer Gegenleistung (hier in Form von Anteilen) auf eine andere Gesellschaft übertragen (hier im Wege der Gesamtrechtsnachfolge) und die übertragende Gesellschaft wird bei der Verschmelzung (hier ohne Abwicklung) aufgelöst.

992 *K. Schmidt*, in: FS Heinsius, 1991, S. 715, 721.

Für die Heranziehung verschmelzungsrechtlicher Vorschriften bei der übertragenden Auflösung spricht darüber hinaus die Entstehungsgeschichte des § 179a AktG. Denn § 361 AktG 1965, die Vorgängerregelung des § 179a AktG, enthielt in Absatz 1 Satz 4[993] eine Regelung, die eine für den Verschmelzungsvertrag geltende Regelung für anwendbar erklärte. Hieraus lässt sich entnehmen, dass die verschmelzungsrechtlichen Vorschriften auch nach der Wertung des Gesetzgebers einen mit der Veräußerung des ganzen Gesellschaftsvermögens vergleichbaren Sachverhalt erfassen. Damit kommt eine analoge Anwendung der §§ 8 ff. UmwG, die bei einer Verschmelzung eine Berichts- und Prüfungspflicht vorsehen, bei einer übertragenden Auflösung in Betracht.

Eine analoge Anwendung der Regelungen über den aktienrechtlichen Squeeze-out (§§ 327a ff. AktG) ist dagegen abzulehnen. Hiergegen spricht bereits, dass die übertragende Auflösung, wie bereits dargelegt,[994] mit einem Squeeze-out nicht vergleichbar ist. Zudem würde die analoge Anwendung der Squeeze-out-Regelungen dazu führen, dass der Mehrheitsgesellschafter – und nicht der Vorstand der Gesellschaft – einen schriftlichen Bericht über den Vorgang der übertragenden Auflösung erstatten müsste (vgl. § 327c Abs. 2 Satz 1 AktG). Das wäre aber, wie bereits ausgeführt,[995] nicht sachgerecht.

(1) Umwandlungsrechtliches „Analogieverbot"

Einer analogen Anwendung der §§ 8 ff. UmwG könnte jedoch ein umwandlungsrechtliches „Analogieverbot" entgegenstehen.

(a) Meinungsstand

Nach einem Teil des Schrifttums besteht ein umwandlungsrechtliches „Analogieverbot" dahingehend, dass eine analoge Anwendung umwandlungsrechtlicher Vorschriften jedenfalls außerhalb des Umwandlungsgesetzes schlechthin nicht in Betracht kommt.[996] Zur Begründung wird

---

993 „Für den Vertrag gilt § 341 Abs. 1."; § 341 Abs. 1 AktG 1965 (Verschmelzungsvertrag): „Der Verschmelzungsvertrag bedarf der notariellen Beurkundung. § 310 des Bürgerlichen Gesetzbuchs gilt für ihn nicht."

994 Dazu 4. Teil. B. I. 2. b) aa).

995 Dazu 5. Teil. A. II. 3. b) aa).

996 *Bungert*, NZG 1998, 367, 368; *Heckschen*, DB 1998, 1385, 1386; *Stengel*, in: Semler/Stengel/Leonard, UmwG, 5. Aufl. 2021, § 1 Rn. 61 ff.; *Schnorbus*, DB 2001, 1654, 1658 f.; vgl. auch LG Hamburg, AG 1997, 238, 238 – Wünsche; LG München I, NZG 2006, 873, 874 f. – Infineon.

auf § 1 Abs. 2 UmwG verwiesen, aus dem sich ein solches Analogieverbot ergebe.[997]

Die überwiegende Meinung nimmt dagegen an, dass jedenfalls einzelne Bestimmungen des Umwandlungsgesetzes analog angewendet werden könnten.[998] Die Entstehungsgeschichte des Umwandlungsgesetzes stehe einer analogen Anwendung einzelner Regelungen des Umwandlungsgesetzes nicht entgegen.[999]

(b) Stellungnahme

In § 1 Abs. 1 UmwG werden die Arten der Umwandlung aufgezählt, die das Umwandlungsgesetz regelt. § 1 Abs. 2 UmwG bestimmt, dass eine Umwandlung im Sinne des § 1 Abs. 1 UmwG außer in den im Umwandlungsgesetz geregelten Fällen nur möglich ist, wenn sie in einem anderen Gesetz ausdrücklich vorgesehen wird. Damit ergibt sich aus § 1 Abs. 2 UmwG nur, dass die in § 1 Abs. 1 UmwG aufgezählten Arten der Umwandlung abschließend sind (sog. *numerus clausus* der Umwandlungsmöglichkeiten);[1000] weitere Arten der Umwandlung sind nur statthaft, wenn sie in einem Gesetz ausdrücklich vorgesehen werden. Es ist daher nicht zulässig, neue Strukturmaßnahmen mit der Rechtsfolge der Gesamtrechtsnachfolge im Wege der Privatautonomie zu schaffen.[1001] Eine Aussage zu der Frage, ob einzelne umwandlungsrechtliche Vorschriften auf vergleichbare Fälle analog angewendet werden dürfen, lässt sich der Regelung nicht entnehmen.[1002]

In der Begründung des Regierungsentwurfs zum Umwandlungsbereinigungsgesetz[1003] heißt es zu § 1 UmwG: „Die von dem neuen Umwandlungsgesetz

---

997 *Bungert*, NZG 1998, 367, 368; *Stengel*, in: Semler/Stengel/Leonard, UmwG, 5. Aufl. 2021, § 1 Rn. 62.

998 OLG Frankfurt, AG 1999, 378, 379 f. – Altana/Milupa; *Bayer*, in: Lutter, UmwG, 6. Aufl. 2019, Einl. I Rn. 58; *Drygala*, in: Lutter, UmwG, 6. Aufl. 2019, § 1 Rn. 60; *Joost*, ZHR 163 (1999), 164, 179 f.; *Lieder*, in: Münch. HdB. GesR VIII, 5. Aufl. 2018, § 4 Rn. 62; *Mayer*, in: Widmann/Mayer, UmwR, 193. Lief. (2021), Anh. 5 Rn. 907; *Priester*, ZHR 163 (1999), 187, 191 f.; *Reichert*, ZHR-Beiheft 68 (1999), S. 25, 36; *Schlitt*, in: Semler/Stengel/Leonard, UmwG, 5. Aufl. 2021, Anh. § 173 Rn. 10; *Trölitzsch*, DStR 1999, 764, 765; im Ergebnis auch LG Karlsruhe, AG 1998, 99, 101 ff. – Badenwerk; eingehend *Leinekugel*, Ausstrahlungswirkungen, 2000, S. 174 ff.

999 *Joost*, ZHR 163 (1999), 164, 180 f.; *Drygala*, in: Lutter, UmwG, 6. Aufl. 2019, § 1 Rn. 60; *Leinekugel*, Ausstrahlungswirkungen, 2000, S. 174 ff.

1000 Begr. RegE UmwBerG, BT-Drs. 12/6699, S. 80.

1001 Allg. M.; vgl. nur *Schnorbus*, Gestaltungsfreiheit, 2001, S. 41.

1002 Vgl. *Joost*, ZHR 163 (1999), 164, 179 f.; *Reichert*, ZHR-Beiheft 68 (1999), S. 25, 35 f.

1003 UmwBerG v. 28. 10. 1994, BGBl. I S. 3210.

eröffneten Möglichkeiten der Umwandlung in allen ihren Formen treten also neben die nach allgemeinem Zivil- und Handelsrecht schon jetzt möglichen Methoden (…). Die zwingenden Vorschriften des Umwandlungsgesetzes müssen demnach nur dann beachtet werden, wenn sich die beteiligten Rechtsträger der Vorteile bedienen wollen, die das Gesetz und die mit ihm verbundenen steuerrechtlichen Regelungen mit sich bringen. Dies ist insbesondere für die neuen Umwandlungsarten der Spaltung (…) und dort besonders für die Ausgliederung von Bedeutung. Die bisher schon möglichen Methoden, eine Ausgliederung von Unternehmensteilen im Wege der Übertragung der einzelnen Gegenstände und der Überleitung einzelner Verbindlichkeiten herbeizuführen, bleiben erhalten.“[1004]

Auch diesen Ausführungen kann allenfalls entnommen werden, dass es nach der Vorstellung des historischen Gesetzgebers nur ausgeschlossen sein sollte, die Vorschriften des Umwandlungsgesetzes, die für eine bestimmte Umwandlungsart gelten und hierfür „Vorteile“ gewähren (z. B. den Vorteil der Gesamtrechtsnachfolge), auf alternative Gestaltungsformen außerhalb des Umwandlungsgesetzes analog anzuwenden. Darum geht es hier aber nicht. Vorliegend geht es um die Ausfüllung einer festgestellten planwidrigen Regelungslücke durch eine entsprechende Anwendung einzelner Vorschriften des Umwandlungsgesetzes über Berichts- und Prüfungspflichten.

Selbst wenn der Gesetzgeber ursprünglich den Standpunkt vertreten haben sollte, dass eine analoge Anwendung der Vorschriften des Umwandlungsgesetzes generell ausgeschlossen sein sollte, hätte eine solche unterstellte Vorstellung des historischen Gesetzgebers im Gesetz keinen Niederschlag gefunden und der Gesetzgeber hätte eine solche unterstellte frühere Auffassung inzwischen aufgegeben. Das ergibt sich bereits daraus, dass mittlerweile selbst aktienrechtliche Vorschriften bestimmte Regelungen des Umwandlungsgesetzes für entsprechend anwendbar erklären.[1005] Spätestens dadurch wurde das angebliche „Eiland“[1006] des Umwandlungsgesetzes durchbrochen.

1004 Begr. RegE UmwBerG, BT-Drs. 12/6699, S. 80.

1005 Vgl. etwa § 293c Abs. 2 AktG: „§ 10 Abs. 3 bis 5 des Umwandlungsgesetzes gilt entsprechend.“ (eingeführt durch Artikel 2 Nr. 1b des Gesetzes zur Neuordnung des gesellschaftsrechtlichen Spruchverfahrens v. 12. 6. 2003, BGBl. I S. 838); vgl. auch § 249 Abs. 1 Satz 3 AktG.

1006 So die Formulierung von *Leinekugel*, Ausstrahlungswirkungen, 2000, S. 177, mit der er die von ihm abgelehnte Auffassung beschreibt, nach der ein generelles Analogieverbot besteht.

Gegen ein „Analogieverbot", jedenfalls im Hinblick auf die hier infrage stehenden §§ 8 ff. UmwG, spricht darüber hinaus, dass diese Vorschriften für den Fall der Verschmelzung eine Berichts- und Prüfungspflicht vorgeben, die in ähnlicher Form auch nach dem Aktiengesetz für verschiedene Strukturmaßnahmen vorgesehen ist (vgl. etwa §§ 293a, 293b ff. AktG).[1007]

Der Gesetzgeber hat durch zahlreiche Vorschriften des noch verhältnismäßig jungen und damit modernen Umwandlungsgesetzes gezeigt, wie bestimmte Aspekte, die sich bei Strukturmaßnahmen ergeben und einer Regelung bedürfen, aus seiner Sicht rechtlich behandelt werden sollen, insbesondere unter Berücksichtigung der Besonderheiten der unterschiedlichen Gesellschaftsformen. Sofern den Vorschriften des Umwandlungsgesetzes, wie den §§ 8 ff. UmwG, keine rein umwandlungsspezifischen Wertungen zugrunde liegen, ist eine analoge Anwendung dieser Regelungen daher sachgerecht und geboten, um Regelungslücken in vergleichbaren Fällen außerhalb des Umwandlungsgesetzes gezielt zu schließen.

(c) Zwischenergebnis

Im Ergebnis steht einer analogen Anwendung einzelner Regelung des Umwandlungsgesetzes kein umwandlungsrechtliches „Analogieverbot" entgegen. Das gilt insbesondere für die hier infrage stehenden §§ 8 ff. UmwG.

(2) Wortlaut des § 179a AktG

Einer analogen Anwendung umwandlungsrechtlicher Vorschriften auf die Veräußerung des ganzen Vermögens einer AG wird darüber hinaus der Wortlaut des § 179a Abs. 1 AktG entgegengehalten („ohne daß die Übertragung unter die Vorschriften des Umwandlungsgesetzes fällt").[1008] Dabei wird jedoch die Bedeutung dieser Formulierung verkannt. Sie dient lediglich dazu, den Anwendungsbereich des § 179a AktG, der die Vermögensübertragung im Wege der Einzelrechtsnachfolge zum Gegenstand hat, von dem Anwendungsbereich des Umwandlungsgesetzes, das die Vermögensübertragung im Wege der Gesamtrechtsnachfolge regelt, in diesem Punkt abzugrenzen.[1009] Mit dieser Formulierung wollte der Gesetzgeber keine Aussage dazu treffen, ob umwandlungsrechtliche Vorschriften bei einer Übertragung des ganzen Gesellschaftsvermögens analog angewendet werden dürfen.

1007 Vgl. *Leinekugel*, Ausstrahlungswirkungen, 2000, S. 183.
1008 BayObLGZ 1998, 211, 214 – Magna Media; *Peters*, BB 1999, 801, 804.
1009 Vgl. *Stein*, in: Münch. Komm. AktG, 5. Aufl. 2021, § 179a Rn. 22.

Dieses Ergebnis wird durch die Entstehungsgeschichte des § 179a AktG bestätigt. § 179a AktG geht, wie bereits dargelegt,[1010] auf § 361 AktG 1965 zurück. Wie § 179a Abs. 1 Satz 1 AktG enthielt § 361 Abs. 1 Satz 1 AktG 1965 einen zwar anders formulierten, aber inhaltsgleichen Zusatz: „ohne daß die Übertragung unter die §§ 339 bis 360 fällt". Bei den §§ 339 bis 360 AktG 1965 handelte es sich um umwandlungsrechtliche Regelungen, die durch das Umwandlungsbereinigungsgesetz[1011] in das Umwandlungsgesetz übernommen wurden.[1012] Trotz dieses Zusatzes enthielt § 361 Abs. 1 Satz 4 AktG 1965[1013] einen Verweis, mit dem eine Regelung der §§ 339 bis 360 AktG 1965 für anwendbar erklärt wurde, nämlich § 341 Abs. 1 AktG 1965[1014] (Verschmelzungsvertrag). Mit dieser Regelungstechnik hat der Gesetzgeber damit genau das getan, was die hier in Rede stehende Gegenansicht als unzulässig ansieht, nämlich – ungeachtet des Wortlauts des § 179a AktG – eine umwandlungsrechtliche Regelung auf die Veräußerung des ganzen Gesellschaftsvermögens als anwendbar bestätigt. Der Wortlaut des § 179a Abs. 1 AktG kann der analogen Anwendung einzelner umwandlungsrechtlicher Regelungen damit nicht entgegenstehen.

(3) Vergleichbare Interessenlage

Es bleibt in diesem Zusammenhang noch zu untersuchen, ob bei der Verschmelzung und der übertragenden Auflösung im Hinblick auf die von den §§ 8 ff. UmwG geregelte Berichts- und Prüfungspflicht eine vergleichbare Interessenlage vorliegt.

(a) Berichtspflicht

Die Berichtspflicht gemäß § 8 UmwG dient nach der Begründung des Regierungsentwurfs zum Umwandlungsbereinigungsgesetz[1015] „ausschließlich dem Schutz der Anteilsinhaber".[1016] Die Hauptfunktion des § 8 UmwG bestehe darin, die Anteilsinhaber vor der Beschlussfassung zu unterrichten, „damit sie sich vor

1010 Dazu 2. Teil. C. I. 2.

1011 UmwBerG v. 28. 10. 1994, BGBl. I S. 3210.

1012 Daher wurde der Wortlaut des § 179a AktG entsprechend angepasst („ohne daß die Übertragung unter die Vorschriften des Umwandlungsgesetzes fällt").

1013 „Für den Vertrag gilt § 341 Abs. 1."

1014 „Der Verschmelzungsvertrag bedarf der notariellen Beurkundung. § 310 des Bürgerlichen Gesetzbuchs gilt für ihn nicht."

1015 UmwBerG v. 28. 10. 1994, BGBl. I S. 3210.

1016 Begr. RegE UmwBerG, BT-Drs. 12/6699, S. 84.

ihrer Entscheidung ein ausreichendes Bild über die tatsächlichen Grundlagen für die Ermittlung des angemessenen Umtauschverhältnisses machen können"[1017]. Die Gesellschafter sollen damit vor allem darüber informiert werden, wie das Umtauschverhältnis ermittelt wurde. Durch das Umtauschverhältnis wird festgelegt, wie viele Anteile die Gesellschafter an der übernehmenden Gesellschaft für ihre Anteile an der übertragenden Gesellschaft erhalten. Es bestimmt also die Höhe der Gegenleistung (in Form von Anteilen an der übernehmenden Gesellschaft), die den Gesellschaftern dafür gewährt wird, dass das Gesellschaftsvermögen auf die übernehmende Gesellschaft übertragen wird. Die Gesellschafter sollen durch die ihnen nach § 8 UmwG zu erteilenden Auskünfte in die Lage versetzt werden, zu beurteilen, ob diese Gegenleistung angemessen ist.

Bei der übertragenden Auflösung besteht eine vergleichbare Interessenlage. Auch hier erhalten letztlich die Gesellschafter eine Gegenleistung dafür, dass das ganze Gesellschaftsvermögen an den Mehrheitsgesellschafter veräußert wird. Zwar wird die Gegenleistung (in Form des Kaufpreises) zunächst an die Gesellschaft gezahlt. Da die Gesellschaft aber im Zusammenhang mit der Veräußerung des ganzen Gesellschaftsvermögens liquidiert wird, fließt der Kaufpreis (in Form der Liquidationsanteile) auf dem „Umweg" über die Gesellschaft an die Gesellschafter. Die Höhe des Kaufpreises wirkt sich unmittelbar auf die Höhe der Liquidationsanteile aus. Wegen dieses unmittelbaren Zusammenhangs zwischen der Auflösung der Gesellschaft und der Veräußerung des ganzen Gesellschaftsvermögens ist bei der übertragenden Auflösung eine Gesamtbetrachtung angezeigt. Die Gesellschafter haben damit auch bei der übertragenden Auflösung ein berechtigtes Interesse daran, vor der Hauptversammlung über die Grundlagen für die Beurteilung der Angemessenheit des Kaufpreises informiert zu werden.

Bei der übertragenden Auflösung besteht sogar ein gesteigertes Interesse der Minderheitsgesellschafter, über die Angemessenheit des Kaufpreises informiert zu werden. Denn das ganze Gesellschaftsvermögen wird an den Mehrheitsgesellschafter veräußert, der sich in einem Interessenkonflikt befindet. Es besteht daher die Gefahr, dass der Mehrheitsgesellschafter seine Mehrheitsmacht dazu einsetzt, einen unangemessen niedrigen Kaufpreis für das Gesellschaftsvermögen durchzusetzen.

(b) Prüfungspflicht

Entsprechendes gilt für die Prüfungspflicht gemäß §§ 9 ff. UmwG. Auch insoweit liegt bei der übertragenden Auflösung eine vergleichbare Interessenlage vor.

1017 Begr. RegE UmwBerG, BT-Drs. 12/6699, S. 84.

Der Zweck der von den §§ 9 ff. UmwG angeordneten Prüfungspflicht besteht im Wesentlichen darin, die Angemessenheit des Umtauschverhältnisses zu überprüfen und die Gesellschafter über das Prüfungsergebnis zu informieren.[1018] Die gerichtliche Bestellung des Prüfers soll darüber hinaus die Akzeptanz des Prüfungsergebnisses erhöhen und Streitigkeiten über die Angemessenheit der Gegenleistung vermeiden.[1019]

Wie zur Berichtspflicht gemäß § 8 UmwG ausgeführt, ist die Interessenlage der Gesellschafter bei einer übertragenden Auflösung im Hinblick auf die Gegenleistung, die für die Übertragung des ganzen Gesellschaftsvermögens geleistet wird, mit der Interessenlage der Gesellschafter bei einer Verschmelzung vergleichbar. Die Höhe des Kaufpreises betrifft die Gesellschafter unmittelbar. Daher haben die Gesellschafter auch bei der übertragenden Auflösung ein Interesse daran, dass die Angemessenheit der Gegenleistung (hier also des Kaufpreises) durch einen unabhängigen Sachverständigen überprüft wird und sie über das Ergebnis der Prüfung informiert werden. Zudem haben alle Beteiligten einer übertragenden Auflösung ein mit den Beteiligten einer Verschmelzung vergleichbares Interesse daran, dass Streitigkeiten über die Angemessenheit des Kaufpreises vermieden werden.

(c) Zwischenergebnis

Bei der übertragenden Auflösung einer AG besteht im Hinblick auf die sich aus §§ 8 ff UmwG ergebende Berichts- und Prüfungspflicht eine vergleichbare Interessenlage. Diese Vorschriften sind damit auf die übertragende Auflösung der AG analog anwendbar.

dd) Folgen der analogen Anwendung der §§ 8 ff. UmwG

(1) Bericht

Der Vorstand der veräußernden Gesellschaft hat bei der übertragenden Auflösung damit in entsprechender Anwendung des § 8 UmwG einen schriftlichen Bericht zu erstatten.[1020] Es wurde bereits ausgeführt,[1021] dass bei der übertragenden Auflösung eine Berichtspflicht des Vorstands der Gesellschaft (anders als eine Berichtspflicht des Mehrheitsgesellschafters) auch sachgerecht ist. Im Hinblick auf die inhaltlichen Anforderungen dieser Berichtspflicht sind die

---

1018 *Mayer*, in: Widmann/Mayer, UmwR, 193. Lief. (2021), § 9 Rn. 13.

1019 Vgl. Begr. RegE UmwBerG, BT-Drs. 12/6699, S. 85.

1020 So im Ergebnis auch *Lutter/Drygala*, in: FS Kropff, 1997, S. 191, 214.

1021 Dazu 5. Teil. A. II. 3. b) aa).

Besonderheiten der übertragenden Auflösung zu beachten. Die Funktion des Berichts besteht im Wesentlichen darin, die Gesellschafter vor der Hauptversammlung in die Lage zu versetzen, die Angemessenheit des Kaufpreises beurteilen zu können. Der Vorstand muss in dem Bericht daher die Informationen offenlegen und erläutern, die für die Beurteilung der Angemessenheit des Kaufpreises erforderlich sind. Wenn dem Vorstand diese Informationen nicht bereits vorliegen, ist er verpflichtet, sie einzuholen. Darüber hinaus besteht der Zweck der Berichtspflicht bei der übertragenden Auflösung darin, dass die Gesellschafter sich ein Urteil darüber bilden können, ob neben der Kaufpreisregelung auch die übrigen Bedingungen des Kaufvertrags angemessen sind. In dem Bericht muss zudem der voraussichtliche Liquidationserlös angegeben und erläutert werden.[1022]

Der Vorgang der übertragenden Auflösung selbst muss in dem Bericht dagegen nicht rechtlich oder wirtschaftlich erläutert werden. Es muss also nicht erläutert werden, warum die übertragende Auflösung durchgeführt wird oder wieso sie zweckmäßig ist. Insoweit gelten die gleichen Überlegungen, die bei der übertragenden Auflösung gegen das Erfordernis der sachlichen Rechtfertigung sprechen:[1023] Die gesetzlich zulässige übertragende Auflösung ist auf die Beendigung der Gesellschaft und die Veräußerung des ganzen Gesellschaftsvermögens gerichtet. Sie kann (und muss) daher nicht im Interesse der Gesellschaft liegen. Auch nähere Erläuterungen über den Käufer des Gesellschaftsvermögens, also den Mehrheitsgesellschafter oder seine Tochtergesellschaft, sind nicht erforderlich, weil die Minderheitsgesellschafter an dem Käufer nicht beteiligt werden; erforderlich sind aber Angaben zur Zahlungsfähigkeit des Käufers.

Der Vorstand der Gesellschaft muss bei der übertragenden Auflösung also einen ausführlichen schriftlichen Bericht erstatten, in dem die Regelungen des Kaufvertrags rechtlich und wirtschaftlich erläutert werden; insbesondere müssen in dem Bericht die Informationen offengelegt werden, die für die Beurteilung der Angemessenheit des Kaufpreises erforderlich sind. Auf besondere Schwierigkeiten bei der Bewertung der Gesellschaft ist hinzuweisen (§ 8 Abs. 1 UmwG analog). Tatsachen, an denen ein Geheimhaltungsinteresse besteht, müssen in den Bericht nicht aufgenommen werden (§ 8 Abs. 2 UmwG analog). Die Gesellschafter können auf die Erstattung des Berichts verzichten (§ 8 Abs. 3 UmwG analog).

1022 *Lutter/Drygala*, in: FS Kropff, 1997, S. 191, 214.
1023 Dazu 4. Teil. E. III. 1. b).

(2) *Prüfung*

Darüber hinaus muss ein sachverständiger Prüfer den Kaufvertrag gemäß §§ 9 ff. UmwG analog prüfen.[1024] Allerdings kann sich die Prüfung des Kaufvertrags im Wesentlichen darauf konzentrieren, ob der Kaufpreis angemessen ist. Zudem kann sich die Prüfung der Vollständigkeit und Richtigkeit des Kaufvertrags auf die *essentialia negotii* und im Übrigen auf die betriebswirtschaftlichen Effekte des Kaufvertrags beschränken. Denn anders als bei der Verschmelzung (§ 5 Abs. 1 UmwG) gibt es keine detaillierten gesetzlichen Vorgaben für den Mindestinhalt des Kaufvertrags und der Prüfer ist kein Jurist, sondern ein Wirtschaftsprüfer. Eine detaillierte gutachterliche rechtliche Prüfung und Bewertung der Regelungen des Kaufvertrags kann deshalb nicht erwartet werden und ist nicht erforderlich.[1025]

Über das Ergebnis der Prüfung hat der Prüfer einen schriftlichen Bericht zu erstatten. Für den Inhalt des Berichts gilt § 12 Abs. 2 UmwG analog, wobei an die Stelle des Umtauschverhältnisses die Höhe des Kaufpreises tritt. Der Bericht muss damit insbesondere eine Erklärung darüber enthalten, ob die Höhe des Kaufpreises angemessen ist. Die Gesellschafter können auf die Prüfung und den Prüfungsbericht verzichten (§§ 9 Abs. 3, 12 Abs. 3, 8 Abs. 3 UmwG analog).

(3) *Offenlegung von Unterlagen*

Der Bericht des Vorstands und der Prüfungsbericht sind gemäß § 63 UmwG analog von dem Zeitpunkt der Einberufung der Hauptversammlung an, die über die Zustimmung zu dem Kaufvertrag beschließen soll, in dem Geschäftsraum der Gesellschaft zur Einsicht der Aktionäre auszulegen und auf Verlangen ist jedem Aktionär eine Abschrift dieser Unterlagen zu erteilen, es sei denn, diese Unterlagen werden für denselben Zeitraum über die Internetseite der Gesellschaft zugänglich gemacht.[1026] Für die Information zu dem Inhalt des Kaufvertrags, also zu dessen Vertragstext und zu dessen wesentlichem Inhalt, gelten die §§ 179a Abs. 2, 124 Abs. 2 Satz 3 AktG. Insoweit besteht keine Regelungslücke. Schließlich sind der Bericht des Vorstands und der Prüfungsbericht gemäß § 64 Abs. 1 Satz 1 UmwG analog in der Hauptversammlung zugänglich zu machen. Die übrigen Bestimmungen des § 64 UmwG sind nicht entsprechend anwendbar. Insoweit gilt 179a Abs. 2 Satz 5 AktG.

1024 So im Ergebnis auch *Lutter/Drygala*, in: FS Kropff, 1997, S. 191, 214.

1025 Vgl. zur entsprechenden Situation bei der Prüfung eines Unternehmensvertrags *Altmeppen*, in: Münch. Komm. AktG, 5. Aufl. 2020, § 293b Rn. 6 f.

1026 So im Ergebnis auch *Lutter/Drygala*, in: FS Kropff, 1997, S. 191, 214.

4. *Ergebnis*

Bei der übertragenden Auflösung einer AG sind in entsprechender Anwendung der §§ 8 ff. UmwG ein Bericht des Vorstands und eine Prüfung durch einen sachverständigen Prüfer nebst Prüfungsbericht erforderlich.

III. Gesellschaft mit beschränkter Haftung

Auch für die GmbH ist zu untersuchen, ob die vorhandenen gesetzlichen Verfahrenserfordernisse bei einer übertragenden Auflösung zum Schutz der Minderheitsgesellschafter ausreichend sind oder im Wege der Rechtsfortbildung ergänzt werden müssen.

1. *Bestehende Informationspflichten*

a) *Gesetzliche Vorgaben*

Nach dem GmbH-Gesetz bestehen für die Gesellschafterversammlung, die bei einer übertragenden Auflösung über die Veräußerung des ganzen Gesellschaftsvermögens beschließen soll, bestimmte Informationspflichten gegenüber den Gesellschaftern. Die Gesellschafterversammlung muss, wenn im Gesellschaftsvertrag keine andere Frist vorgegeben ist, mit einer Frist von mindestens einer Woche einberufen werden (§ 51 Abs. 1 Satz 2 GmbHG). Diese Frist ist aus Gründen der Rechtssicherheit grundsätzlich auch bei wichtigen und komplexen Beschlussgegenständen als ausreichend anzusehen.[1027] Die Tagesordnung muss grundsätzlich spätestens drei Tage vor der Versammlung angekündigt werden (§ 51 Abs. 4 GmbHG).[1028] Nach einer von einem Teil des Schrifttums vertretenen Ansicht können die Geschäftsführer bei wichtigen Beschlussgegenständen aber verpflichtet sein, die Gesellschafter früher zu informieren.[1029]

Darüber hinaus wird angenommen, dass eine allgemeine Informationspflicht besteht, wonach die Geschäftsführer verpflichtet sind, den Gesellschaftern vor der Beschlussfassung die Informationen zu erteilen, die sie benötigen, um sich ein Urteil über die Beschlussgegenstände zu bilden.[1030] Bei wichtigen oder

---

1027 *Liebscher*, in: Münch. Komm. GmbHG, 3. Aufl. 2019, § 51 Rn. 23.

1028 *Zöllner/Noack*, in: Baumbach/Hueck, GmbHG, 22. Aufl. 2019, § 51 Rn. 22.

1029 *Liebscher*, in: Münch. Komm. GmbHG, 3. Aufl. 2019, § 51 Rn. 38; *Seibt*, in: Scholz, GmbHG, 12. Aufl. 2021, § 51 Rn. 24; a. A. *Bayer*, in: Lutter/Hommelhoff, GmbHG, 20. Aufl. 2020, § 51 Rn. 19, der die Frist nur in „ganz besonders gelagerten Ausnahmefällen“ für nicht ausreichend hält.

1030 *Altmeppen*, GmbHG, 10. Aufl. 2021, § 51 Rn. 14; *Hüffer/ Schäfer*, in: Habersack/Casper/Löbbe, GmbHG, 3. Aufl. 2020, § 51 Rn. 21; *Wolff*, in: Münch. HdB. GesR III,

komplexen Beschlussgegenständen kann das bedeuten, dass die Gesellschafter nicht erst in, sondern bereits rechtzeitig vor der Gesellschafterversammlung informiert werden müssen.[1031] Außerhalb des Umwandlungsgesetzes gibt es aber keine gesetzlichen Vorschriften, die ausdrücklich vorsehen, dass der Einbe rufung der Gesellschafterversammlung bestimmte Unterlagen beizufügen sind. Auch § 179a AktG ist, wie bereits ausgeführt,[1032] auf die GmbH nicht entsprechend anwendbar.

Des Weiteren steht den Gesellschaftern gemäß § 51a Abs. 1 GmbHG ein umfassendes Auskunfts- und Einsichtsrecht zu. Nach dieser Vorschrift müssen die Geschäftsführer jedem Gesellschafter unverzüglich Auskunft über die Angelegenheiten der Gesellschaft erteilen und den Gesellschaftern gestatten, die Bücher und Schriften der Gesellschaft einzusehen. Diese Pflichten bestehen jedoch nur auf Verlangen.

b) Würdigung

Damit lässt sich festhalten, dass für die GmbH zwar gesetzliche Informationspflichten der Geschäftsführer gegenüber den Gesellschaftern bestehen, die im Zusammenhang mit der Gesellschafterversammlung, in der die Beschlüsse zu der übertragenden Auflösung gefasst werden sollen, zu beachten sind. Es fehlt aber an konkreten gesetzlichen Vorgaben zum Umfang dieser Informationspflichten der Geschäftsführer und dazu, in welcher Weise die Geschäftsführer diese Informationspflichten, insbesondere wegen eines für die Gesellschafter so wichtigen Beschlussgegenstands wie der übertragenden Auflösung, zu erfüllen haben. Ob den Gesellschaftern bei einer übertragenden Auflösung die Unterlagen und Informationen überhaupt und so rechtzeitig vor der beschlussfassenden Gesellschafterversammlung erteilt werden, die sie benötigen, um sich ein unabhängiges Urteil zu dem Kaufvertrag mit dem Mehrheitsgesellschafter, insbesondere über die Angemessenheit des mit ihm vereinbarten Kaufpreises, bilden zu können, hängt also im Einzelfall davon ab, wie die Geschäftsführer den Umfang ihrer allgemeinen Informationspflicht interpretieren.

---

5. Aufl. 2018, § 39 Rn. 79; *Zöllner/Noack*, in: Baumbach/Hueck, GmbHG, 22. Aufl. 2019, § 51a Rn. 56.

1031 *Altmeppen*, GmbHG, 10. Aufl. 2021, § 51 Rn. 14; *Hüffer/ Schäfer*, in: Habersack/ Casper/Löbbe, GmbHG, 3. Aufl. 2020, § 51 Rn. 21; *Wolff*, in: Münch. HdB. GesR III, 5. Aufl. 2018, § 39 Rn. 79.

1032 Dazu 4. Teil. A. II. 2. a).

Im Vergleich zu den oben[1033] dargestellten Informationspflichten bei einer Verschmelzung besteht bei der GmbH auch keine gesetzliche Pflicht, den Gesellschaftern unaufgefordert einen schriftlichen Bericht der Geschäftsführer zu übersenden, in dem der Vertrag, insbesondere der Kaufpreis, erläutert wird. Anders als bei einer Verschmelzung können die Gesellschafter einer GmbH nach den gesetzlichen Regelungen auch nicht verlangen, dass die Angemessenheit der Gegenleistung, also des Kaufpreises, durch einen unabhängigen Sachverständigen überprüft wird. Dieses Manko können die Gesellschafter, ohne dass ihnen vorher zu der von dem Mehrheitsgesellschafter beabsichtigten und auf den Weg gebrachten übertragenden Auflösung Informationen zu dem Kaufvertrag vorliegen, auch nicht durch Wahrnehmung ihrer sich aus § 51a Abs. 1 GmbHG ergebenden Auskunftsrechte ausräumen, worauf noch näher eingegangen wird.

2. *Analoge Anwendung der §§ 8 ff. UmwG*

Vor diesem Hintergrund stellt sich die Frage, ob auch bei der übertragenden Auflösung einer GmbH die Beachtung weitergehender Verfahrenserfordernisse in analoger Anwendung gesetzlicher Vorschriften geboten ist. Aus den gleichen Gründen wie bei der AG,[1034] kommt bei der GmbH vorrangig eine entsprechende Anwendung der §§ 8 ff. UmwG in Betracht, die eine Berichts- und Prüfungspflicht bei der Verschmelzung vorsehen. Neben den §§ 8 ff. UmwG könnten die §§ 47 f. UmwG, die die Berichts- und Prüfungspflichten bei einer Verschmelzung der GmbH näher regeln, zusätzlich analog anzuwenden sein. Das setzt auch hier voraus, dass eine planwidrige Regelungslücke und eine vergleichbare Interessenlage vorliegen.[1035]

Auch bei der GmbH scheidet eine analoge Anwendung der §§ 327a ff. AktG jedenfalls aus den zur AG[1036] genannten Gründen aus.[1037] Wie bereits zur AG ausgeführt,[1038] besteht kein umwandlungsrechtliches „Analogieverbot“, das einer entsprechenden Anwendung einzelner umwandlungsrechtlicher Regelungen entgegensteht.

1033 Dazu 5. Teil. A. I.

1034 Dazu 5. Teil. A. II. 3. d) cc).

1035 Näher zu den Analogievoraussetzungen 5. Teil. A. II. 3. d) aa).

1036 Dazu 5. Teil. A. II. 3. d) cc).

1037 A. A. *Gromm*, Übertragende Auflösung, 2016, S. 285.

1038 Dazu 5. Teil. A. II. 3. d) cc) (1).

a) *Planwidrige Regelungslücke*

Bei der fehlenden gesetzlichen Regelung einer Prüfungs- und Berichtspflicht bei der übertragenden Auflösung der GmbH handelt es sich um eine planwidrige Regelungslücke. Es gelten ähnliche Überlegungen wie bei der AG.[1039] Der Diskussionsentwurf des Bundesministeriums der Justiz für ein Gesetz zur Bereinigung des Umwandlungsrechts aus dem Jahr 1988 enthielt in § 251 UmwG-E 1988 eine Regelung, nach der die Bestimmungen über die Verschmelzung auf eine Vollübertragung im Wege der Einzelrechtsnachfolge entsprechend gelten sollten.[1040] Der Gesetzgeber hat, wie zur AG näher ausgeführt,[1041] von der Einführung des § 251 UmwG-E 1988 aus systematischen Gründen abgesehen, und weil er der Diskussion in Rechtsprechung und Literatur über die Behandlung der Vollübertragung im Wege der Einzelrechtsnachfolge nicht vorgreifen wollte. Nach dem Diskussionsentwurf war § 251 UmwG-E 1988 nicht nur auf die AG, sondern auch auf andere verschmelzungsfähige Rechtsträger, insbesondere die GmbH (und die KG), anwendbar.[1042] Auch bei der GmbH liegt damit bereits bei der Übertragung des ganzen Gesellschaftsvermögens an einen gesellschaftsfremden Dritten, und damit erst recht bei der übertragenden Auflösung, eine planwidrige Regelungslücke vor.

b) *Vergleichbare Interessenlage*

aa) *Berichtspflicht*

Im Hinblick auf § 8 UmwG liegt auch bei der übertragenden Auflösung der GmbH eine vergleichbare Interessenlage vor. Insoweit gelten die Ausführungen zur AG ohne Einschränkungen entsprechend.[1043] Auch bei der übertragenden Auflösung einer GmbH haben die Minderheitsgesellschafter ein berechtigtes Interesse daran, über die Grundlagen für die Beurteilung der Angemessenheit des Kaufpreises informiert zu werden, weil der Kaufpreis in Form des Liquidationserlöses letztlich an sie ausgekehrt wird und sich der Mehrheitsgesellschafter bei einer übertragenden Auflösung in einem Interessenkonflikt befindet.

Bei der GmbH ist die Regelung des § 8 UmwG im Zusammenhang mit § 47 UmwG zu sehen. Gemäß § 47 UmwG sind der Verschmelzungsvertrag und der Verschmelzungsbericht den Gesellschaftern spätestens mit der Einberufung

---

1039 Dazu 5. Teil. A. II. 3. d) bb) (2).

1040 DiskE UmwBerG, BAnz. v. 15. 11. 1988, Nr. 214a, S. 133 f. (Text).

1041 Dazu 5. Teil. A. II. 3. d) bb) (2).

1042 Vgl. *K. Schmidt*, in: FS Heinsius, 1991, S. 715, 720; *K. Schmidt*, ZGR 1990, 580, 587.

1043 Dazu 5. Teil. A. II. 3. d) cc) (3) (a).

der Gesellschafterversammlung zu übersenden, die über die Zustimmung zu dem Verschmelzungsvertrag beschließen soll. In der Begründung des Regierungsentwurfs zum Umwandlungsbereinigungsgesetz[1044] heißt es zu dieser Vorschrift: „Die Vorschrift konkretisiert das allgemeine Auskunfts- und Einsichtsrecht des GmbH-Gesellschafters (vgl. § 51a GmbHG) für den Vorgang der Verschmelzung. Dieser ist für eine GmbH so wesentlich, daß den Gesellschaftern diejenigen Unterlagen, die für ihre Zustimmung die größte Bedeutung haben, rechtzeitig vor der Beschlußfassung (…) zur Verfügung gestellt werden sollen.“[1045]

Die Begründung des Regierungsentwurfs bestätigt, dass das Auskunfts- und Einsichtsrecht der Gesellschafter gemäß § 51a GmbHG, das ein ausdrückliches dahingehendes Verlangen voraussetzt, die schutzwürdigen Interessen der von einem wesentlichen Beschlussvorgang betroffenen Gesellschafter nicht ausreichend abdeckt, es vielmehr bei einem Sachverhalt, wie ihn § 47 UmwG erfasst, geboten ist, dass die Gesellschafter vor der Beschlussfassung unaufgefordert und detailliert über den Beschlussgegenstand unterrichtet werden. Darauf, ob die Geschäftsführung der GmbH eine diesbezügliche Informationspflicht nach den allgemeinen Grundsätzen[1046] für erforderlich hält und in welchem Umfang, kommt es wegen § 47 UmwG nicht an.

Auch insoweit besteht bei der übertragenden Auflösung eine vergleichbare Interessenlage. Die übertragende Auflösung der GmbH ist ein mit einer Verschmelzung der GmbH vergleichbarer bedeutsamer Vorgang. Die Gesellschafter haben daher auch bei der übertragenden Auflösung der GmbH ein berechtigtes Interesse daran, rechtzeitig vor der beschlussfassenden Gesellschafterversammlung die wesentlichen Informationen und Unterlagen zu erhalten, die sie für die von ihnen zu treffende Entscheidung über die Veräußerung des ganzen Gesellschaftsvermögens an den Mehrheitsgesellschafter benötigen, also den Kaufvertrag mit dem Mehrheitsgesellschafter und den Bericht der Geschäftsführer hierzu, und zwar ohne ein vorheriges Verlangen und ohne darauf angewiesen zu sein, wie die Geschäftsführer ihre Informationspflicht nach den allgemeinen Grundsätzen im konkreten Einzelfall „interpretieren“. Diesen Aspekt hat auch der Gesetzgeber in der Begründung des Regierungsentwurfs zum Umwandlungsbereinigungsgesetz ausdrücklich hervorgehoben: „An einer ausführlichen Vorabinformation haben (…) die Anteilsinhaber eines jeden Rechtsträgers

---

1044 UmwBerG v. 28. 10. 1994, BGBl. I S. 3210.
1045 Begr. RegE UmwBerG, BT-Drs. 12/6699, S. 99.
1046 Dazu 5. Teil. A. III. 1. a).

ohne Rücksicht auf dessen Rechtsform ein berechtigtes Interesse. Ein solches formalisiertes Informationsrecht hat einen größeren Wert als die allgemeinen Unterrichtungs- und Einsichtsrechte."[1047]

Gegen eine vergleichbare Interessenlage lässt sich schon aus dem letztgenannten Grund nicht einwenden, dass den Gesellschaftern bereits gemäß § 51a GmbHG ein Auskunfts- und Einsichtsrecht zustehe, und für eine analoge Anwendung umwandlungsrechtlicher Informationspflichten daher kein Bedürfnis bestehe.[1048] Gegen eine solche Sichtweise spricht darüber hinaus die Tatsache, dass der Gesetzgeber bei verschiedenen Umwandlungsmaßnahmen unter Beteiligung einer GmbH ausdrücklich eine besondere Berichtspflicht der Geschäftsführung festgeschrieben und er damit bestätigt hat, dass das Auskunftsrecht gemäß § 51a GmbHG bei Beschlussgegenständen, die für die Gesellschafter von besonderer Bedeutung sind, also bei wesentlichen Vorgängen, nicht als ausreichend angesehen werden kann.

Hinzu kommt, dass § 51a GmbHG ein konkretes Auskunftsverlangen des Gesellschafters voraussetzt, die Gesellschafter bei der übertragenden Auflösung der GmbH aber ebenso wie bei der Verschmelzung der GmbH ohne vorherigen Erhalt von detaillierten Informationen gar nicht in der Lage sind, von der Geschäftsführung zielführende Auskünfte zu verlangen. Erst dadurch, dass die Geschäftsführung gemäß § 47 UmwG verpflichtet wird, unaufgefordert Bericht über diesen für die Gesellschafter wesentlichen Beschlussgegenstand zu erstatten, werden sie ausreichend informiert und in die Lage versetzt, von ihnen für erforderlich gehaltene ergänzende Auskünfte von den Geschäftsführern zu verlangen und in weitere Unterlagen der Gesellschaft Einsicht zu nehmen. Das ist bei der übertragenden Auflösung der GmbH nicht anders. Soweit es um die Berichtspflicht gemäß §§ 8, 47 UmwG geht, liegt damit bei der Verschmelzung der GmbH und der übertragenden Auflösung der GmbH eine vergleichbare Interessenlage vor.

bb) Prüfungspflicht

Auch wegen der Prüfungspflicht gemäß §§ 9 ff. UmwG besteht bei der übertragenden Auflösung der GmbH und der Verschmelzung einer GmbH eine vergleichbare Interessenlage. Der wesentliche Zweck der Prüfung, die gemäß § 48

1047 Begr. RegE UmwBerG, BT-Drs. 12/6699, S. 83.

1048 So die Argumentation von *Liebscher*, in: Münch. Komm. GmbHG, 3. Aufl. 2019, § 51 Rn. 82 zur analogen Anwendung umwandlungsrechtlicher Informationspflichten auf die Ausgliederung im Wege der Einzelrechtsübertragung.

Satz 1 UmwG nur auf Verlangen eines Gesellschafters erfolgen muss, liegt darin, dass das Umtauschverhältnis, also letztlich die Gegenleistung für die Übertragung des ganzen Gesellschaftsvermögens in Form der Anteile an der übertragenden Gesellschaft, von einem unabhängigen Prüfer auf seine Angemessenheit hin überprüft und die Gesellschafter vor der Beschlussfassung über das Ergebnis der Prüfung informiert werden.[1049] Zudem soll durch die gerichtliche Bestellung des Prüfers vermieden werden, dass Streitigkeiten über die Angemessenheit der Gegenleistung entstehen.[1050]

Wie den obigen[1051] Ausführungen zur vergleichbaren Interessenlage im Hinblick auf die Berichtspflicht gemäß § 8 UmwG bei der übertragenden Auflösung der AG entnommen werden kann, die für die GmbH, wie gesagt, vollumfänglich entsprechend gelten, ist die Interessenlage der Gesellschafter bei einer übertragenden Auflösung im Hinblick auf die Gegenleistung, die für die Übertragung des Gesellschaftsvermögens geleistet wird, mit der Interessenlage der Gesellschafter bei einer Verschmelzung vergleichbar. Die Gesellschafter der GmbH haben daher auch bei der übertragenden Auflösung der GmbH ein Interesse daran, dass die Angemessenheit der Gegenleistung (hier des Kaufpreises) auf ihr Verlangen durch einen unabhängigen Sachverständigen überprüft wird und sie über das Ergebnis der Prüfung informiert werden. Darüber hinaus haben die Beteiligten auch bei einer übertragenden Auflösung ein Interesse daran, dass es nicht zu Streitigkeiten über die Angemessenheit der Gegenleistung kommt.

c) Zwischenergebnis

Die §§ 8 ff., 47 f. UmwG sind damit auf die übertragende Auflösung der GmbH analog anwendbar.

1049 *Mayer*, in: Widmann/Mayer, UmwR, 193. Lief. (2021), § 9 Rn. 13; vgl. auch Begr. RegE UmwBerG, BT-Drs. 12/6699, S. 99 zu § 48 UmwG: „Der GmbH-Gesellschafter kann stets ein Interesse daran haben, daß das Umtauschverhältnis der Anteile von unabhängigen Sachverständigen geprüft wird. Dies gilt insbesondere für Gesellschaften mit einem großen Kreis von Gesellschaftern, von denen jedenfalls der größere Teil dem Geschäftsleben der GmbH fernsteht und deren Unternehmenswert aus eigener Anschauung nicht beurteilen kann. Es gilt aber auch für Minderheitsgesellschafter kleiner GmbH."

1050 Vgl. Begr. RegE UmwBerG, BT-Drs. 12/6699, S. 85.

1051 Dazu 5. Teil. A. II. 3. d) cc) (3) (a).

3. *Folgen der analogen Anwendung der §§ 8 ff. UmwG*

Die Geschäftsführer sind auch bei der übertragenden Auflösung der GmbH dazu verpflichtet, unaufgefordert einen ausführlichen schriftlichen Bericht zu erstatten, in dem der Kaufvertrag, insbesondere der Kaufpreis, erläutert wird (§ 8 UmwG analog). Wegen der inhaltlichen Anforderungen an den Bericht wird auf die Ausführungen zur AG verwiesen.[1052] Der Kaufvertrag und der Bericht der Geschäftsführer sind den Gesellschaftern spätestens zusammen mit der Einberufung der Gesellschafterversammlung zu übersenden, die über die Veräußerung des ganzen Gesellschaftsvermögens beschließen soll (§ 47 UmwG analog).

Auch wenn der Mehrheitsgesellschafter die Geschäftsführer durch Gesellschafterbeschluss dazu anweist, den Kaufvertrag zu vorgegebenen Konditionen abzuschließen, müssen die Geschäftsführer die Informationen einholen, die für den Bericht erforderlich sind, also insbesondere die für die Beurteilung der Angemessenheit des Kaufpreises erforderlichen Informationen. Im Übrigen ist der Beschluss der Gesellschafterversammlung über die Veräußerung des ganzen Gesellschaftsvermögens grundsätzlich anfechtbar, wenn die inhaltlichen Anforderungen an den Bericht nicht erfüllt werden.[1053] Es liegt daher auch im Interesse des Mehrheitsgesellschafters, dass die Geschäftsführer über die für den Bericht erforderlichen Informationen verfügen.

Darüber hinaus müssen die Geschäftsführer den Kaufvertrag, insbesondere die Angemessenheit des Kaufpreises, durch einen unabhängigen Sachverständigen prüfen lassen, wenn ein Gesellschafter dies innerhalb einer Frist von einer Woche verlangt, nachdem er den Kaufvertrag und den Bericht der Geschäftsführer erhalten hat (§§ 9 ff., 48 Satz 1 UmwG analog). Das muss bei dem Zeitplan für die übertragende Auflösung berücksichtigt werden.[1054] Für den Gegenstand der Prüfung gelten die Ausführungen zur AG entsprechend.[1055] Die Kosten der Prüfung trägt die Gesellschaft (§ 48 Satz 2 UmwG analog).

1052 Dazu 5. Teil. A. II. 3. d) dd) (1).

1053 Vgl. zu den entsprechenden Auswirkungen eines fehlerhaften Berichts auf den Zustimmungsbeschluss bei der Verschmelzung etwa *Drygala*, in: Lutter, UmwG, 6. Aufl. 2019, § 8 Rn. 59.

1054 Vgl. hierzu *Vetter*, in: Lutter, UmwG, 6. Aufl. 2019, § 48 Rn. 31 ff.

1055 Dazu 5. Teil. A. II. 3. d) dd) (2).

4. *Ergebnis*

Die §§ 8 ff., 47 f. UmwG gelten bei der übertragenden Auflösung einer GmbH entsprechend. Danach sind ein Bericht der Geschäftsführung und eine Prüfung durch einen sachverständigen Prüfer nebst Prüfungsbericht erforderlich, wenn ein Gesellschafter eine Prüfung verlangt. Zudem sind der Bericht und der Kaufvertrag den Gesellschaftern spätestens zusammen mit der Einberufung der Gesellschafterversammlung zu übersenden (§ 47 UmwG analog).

IV. Kommanditgesellschaft

Nunmehr ist für die KG zu prüfen, ob die sich aus dem Handelsgesetzbuch ergebenden Informationspflichten der geschäftsführenden Gesellschafter und die Auskunftsrechte der Gesellschafter bei der übertragenden Auflösung der KG den Schutz der Interessen der Minderheitsgesellschafter in ausreichendem Umfang abdecken.

1. *Bestehende Informationspflichten*

a) *Gesetzliche Vorgaben*

Im Handelsgesetzbuch finden sich keine Verfahrensvorschriften für die Beschlussfassung der Gesellschafter der KG. Die §§ 705 ff. BGB enthalten ebenfalls keine Regelungen zur Beschlussfassung. Das Gesetz sieht auch nicht vor, dass die Beschlüsse der Gesellschafter der KG (vgl. §§ 161 Abs. 2, 119 HGB) in einer Gesellschafterversammlung gefasst werden müssen. Dementsprechend fehlen gesetzliche Vorgaben für die Einberufung und die Abhaltung der Gesellschafterversammlung. Der Grund hierfür liegt in dem nach den gesetzlichen Vorschriften für die KG (und für die GbR) geltenden Einstimmigkeitsprinzip.

Der Gesellschaftsvertrag einer KG sieht in der Praxis allerdings regelmäßig vor, dass die Beschlüsse der Gesellschafter grundsätzlich in einer Gesellschafterversammlung zu fassen sind. In der Literatur wird zudem angenommen, dass ein nach dem Gesellschaftsvertrag zugelassener Mehrheitsbeschluss unwirksam ist, wenn die Beschlussfassung nicht in einer Gesellschafterversammlung erfolgt, weil der Minderheit hierdurch regelmäßig ihr Recht genommen wird, ihre abweichende Meinung kundzutun, um dadurch die Beschlussfassung zu verhindern.[1056] Sofern der Gesellschaftsvertrag eine Beschlussfassung in der Gesellschafterversammlung vorsieht, enthält er regelmäßig auch grundlegende

1056 *Schäfer*, in: Staub, HGB, 5. Aufl. 2009, § 119 Rn. 16.

Bestimmungen über die Einberufung der Gesellschafterversammlung. Insbesondere wird häufig vorgesehen, dass eine bestimmte Frist für die Einberufung gilt und mit der Einberufung die Tagesordnung zu übermitteln ist.

Soweit der Gesellschaftsvertrag keine Bestimmungen über das Verfahren der Gesellschafterversammlung enthält, wird im Schrifttum angenommen, dass bestimmte Vorschriften des GmbH-Gesetzes entsprechend anwendbar seien.[1057] Danach soll die Frist für die Einberufung der Gesellschafterversammlung, wie in § 51 Abs. 1 Satz 2 GmbHG vorgesehen, mindestens eine Woche betragen.[1058] Darüber hinaus sei die Tagesordnung, das wird jedenfalls von einigen Vertretern der Literatur gefordert, anzukündigen.[1059] Schließlich wird angenommen, dass die geschäftsführenden Gesellschafter die Pflicht haben, die übrigen Gesellschafter rechtzeitig und umfassend vor der Beschlussfassung über die Beschlussgegenstände zu informieren.[1060]

Den Gesellschaftern stehen zudem, abhängig von ihrer Stellung, bestimmte Informationsrechte zu, die aber ein entsprechendes Verlangen der Gesellschafter voraussetzen. Ein zur Geschäftsführung berechtigter Komplementär oder Kommanditist hat gegenüber den anderen geschäftsführenden Gesellschaftern wegen der Gesamtverantwortung für Geschäftsführungsmaßnahmen grundsätzlich einen umfassenden Informationsanspruch.[1061] Auch den von der Geschäftsführung ausgeschlossenen Komplementären steht gemäß § 118 HGB ein umfassendes Kontroll- und Auskunftsrecht zu.[1062] Zudem haben die nicht geschäftsführungsbefugten Komplementäre ein hiervon unabhängiges Auskunftsrecht im Hinblick auf anstehende Beschlussgegenstände.[1063]

1057 *Enzinger*, in: Münch. Komm. HGB, 4. Aufl. 2016, § 119 Rn. 48 f.; *Freitag*, in: EBJS, HGB, 4. Aufl. 2020, § 119 Rn. 46; *Schäfer*, in: Staub, HGB, 5. Aufl. 2009, § 119 Rn. 17 ff.

1058 *Schäfer*, in: Staub, HGB, 5. Aufl. 2009, § 119 Rn. 18.

1059 *Enzinger*, in: Münch. Komm. HGB, 4. Aufl. 2016, § 119 Rn. 49; *Lieder*, in: Oetker, HGB, 7. Aufl. 2021, § 119 Rn. 38; a. A. *Schäfer*, in: Staub, HGB, 5. Aufl. 2009, § 119 Rn. 18.

1060 *Enzinger*, in: Münch. Komm. HGB, 4. Aufl. 2016, § 118 Rn. 14; *Schäfer*, in: Staub, HGB, 5. Aufl. 2009, § 118 Rn. 26.

1061 *Enzinger*, in: Münch. Komm. HGB, 4. Aufl. 2016, § 118 Rn. 1; *Weipert*, in: Münch. HdB. GesR II, 5. Aufl. 2019, § 15 Rn. 2.

1062 *Enzinger*, in: Münch. Komm. HGB, 4. Aufl. 2016, § 118 Rn. 1, 12; *Weipert*, in: Münch. HdB. GesR II, 5. Aufl. 2019, § 15 Rn. 4, 8, 27 ff.

1063 *Schäfer*, in: Staub, HGB, 5. Aufl. 2009, § 118 Rn. 26.

Den nicht zur Geschäftsführung berechtigten Kommanditisten steht dagegen gemäß § 166 Abs. 1 HGB nur ein beschränktes Kontrollrecht zu. Danach haben die Kommanditisten lediglich einen Anspruch darauf, die abschriftliche Mitteilung des Jahresabschlusses zu verlangen und dessen Richtigkeit unter Einsicht der Bücher und Papiere der KG zu prüfen. Den Kommanditisten steht darüber hinaus ein Auskunftsrecht wegen der Tatsachen und Umstände zu, deren Kenntnis für die Wahrnehmung ihrer mitgliedschaftlichen Rechte, insbesondere ihres Stimmrechts, erforderlich sind.[1064]

b) Würdigung

Für die KG gibt es also keine gesetzlichen Regelungen, die ausdrücklich vorgeben, wie die Gesellschafter bei einer übertragenden Auflösung der KG vor oder in der beschlussfassenden Gesellschafterversammlung von den geschäftsführenden Gesellschaftern informiert werden müssen. Ob die nicht geschäftsführenden Gesellschafter rechtzeitig vor der Beschlussfassung unaufgefordert die Unterlagen und die Informationen erhalten, die erforderlich sind, um sich ein Urteil über die Angemessenheit der Regelungen des Kaufvertrags mit dem Mehrheitsgesellschafter, insbesondere über die Angemessenheit des Kaufpreises, bilden zu können, hängt damit im konkreten Einzelfall davon ab, wie die geschäftsführenden Gesellschafter die ihnen grundsätzlich obliegende Informationspflicht auslegen. Hierfür gibt es keine konkreten Vorgaben, insbesondere nicht dafür, ob und wie die Gesellschafter bei einer übertragenden Auflösung der KG über den Inhalt des Kaufvertrags mit dem Mehrheitsgesellschafter oder über die Grundlagen für die Beurteilung der Angemessenheit des Kaufpreises informiert werden müssen.

Anders als bei einer Verschmelzung besteht auch keine gesetzliche Pflicht, den Gesellschaftern, die von der Geschäftsführung ausgeschlossen sind, einen schriftlichen Bericht der geschäftsführenden Gesellschafter zu übersenden, in dem der Vertrag, insbesondere der Kaufpreis, erläutert wird. Die Gesellschafter können auch nicht verlangen, dass ein unabhängiger Sachverständiger überprüft, ob die Gegenleistung, also der Kaufpreis, angemessen ist.

1064 *Casper*, in: Staub, HGB, 5. Aufl. 2015, § 166 Rn. 21; *Grunewald*, ZGR 1989, 545, 551 ff.; *Grunewald*, in: Münch. Komm. HGB, 4. Aufl. 2019, § 166 Rn. 12 ff.; *Schlitt*, Informationsrechte, 1996, S. 116 f.; *K. Schmidt*, Informationsrechte, 1984, S. 68 f.

2. *Analoge Anwendung der §§ 8 ff. UmwG*

Es ist deshalb zu untersuchen, ob auch bei der übertragenden Auflösung der KG die Beachtung weitergehender Verfahrenserfordernisse im Wege einer Analogie geboten ist. Aus den gleichen Gründen wie bei der AG[1065] ist in erster Linie an eine analoge Anwendung der §§ 8 ff. UmwG zu denken, die für die Verschmelzung eine besondere Berichts- und Prüfungspflicht vorsehen. Neben den §§ 8 ff. UmwG wären zusätzlich die §§ 41 f., 44 UmwG zu beachten, die für die an der Verschmelzung beteiligte KG besondere Regelungen für die Berichts- und Prüfungspflicht enthalten.

Eine entsprechende Anwendung dieser Vorschriften erfordert eine planwidrige Regelungslücke und eine vergleichbare Interessenlage.[1066] Wie bereits zur AG ausgeführt,[1067] ist die analoge Anwendung einzelner umwandlungsrechtlicher Vorschriften nicht aufgrund eines „Analogieverbots" ausgeschlossen.

a) Planwidrige Regelungslücke

Im Hinblick auf das Vorliegen einer planwidrigen Regelungslücke kann vollumfänglich auf die Ausführungen zur GmbH[1068] verwiesen werden. § 251 UmwG-E 1988 galt nämlich nach dem Diskussionsentwurf des Bundesministeriums der Justiz für ein Gesetz zur Bereinigung des Umwandlungsrechts[1069] aus dem Jahr 1988 auch für die KG.[1070] Bei der KG ist daher ebenfalls schon im Hinblick auf die Übertragung des ganzen Gesellschaftsvermögens an einen gesellschaftsfremden Dritten, und damit erst recht bei der übertragenden Auflösung, eine planwidrige Regelungslücke gegeben.

b) Vergleichbare Interessenlage

aa) Berichtspflicht

Auch bei der übertragenden Auflösung der KG besteht hinsichtlich der Berichtspflicht gemäß § 8 UmwG eine vergleichbare Interessenlage. Die Ausführungen zur AG gelten insoweit vollumfänglich entsprechend.[1071] Die

---

1065 Dazu 5. Teil. A. II. 3. d) cc).

1066 Näher zu den Analogievoraussetzungen 5. Teil. A. II. 3. d) aa).

1067 Dazu 5. Teil. A. II. 3. d) cc) (1).

1068 Dazu 5. Teil. A. III. 2. a).

1069 DiskE UmwBerG, BAnz. v. 15. 11. 1988, Nr. 214a, S. 133 f. (Text).

1070 Vgl. *K. Schmidt*, in: FS Heinsius, 1991, S. 715, 720; *K. Schmidt*, ZGR 1990, 580, 587.

1071 Dazu 5. Teil. A. II. 3. d) cc) (3) (a).

Minderheitsgesellschafter haben auch bei der übertragenden Auflösung der KG ein berechtigtes Interesse daran, über die Grundlagen für die Beurteilung der Angemessenheit des Kaufpreises informiert zu werden, weil der Kaufpreis in Form des Liquidationserlöses letztlich an sie ausgekehrt wird und sich der Mehrheitsgesellschafter bei einer übertragenden Auflösung in einem Interessenkonflikt befindet.

Bei der KG wird die Berichtspflicht nach § 8 UmwG durch § 41 UmwG eingeschränkt. Nach dieser Regelung ist ein Bericht nicht erforderlich, wenn alle Gesellschafter der KG zur Geschäftsführung berechtigt sind. Der Grund hierfür liegt nach der Begründung des Regierungsentwurfs zum Umwandlungsbereinigungsgesetz[1072] darin, dass es den geschäftsführenden Gesellschaftern möglich ist, an der Vorbereitung des Vorgangs mitzuwirken und sich selbst darüber zu informieren.[1073] Diese Überlegung trifft auch auf den Fall der übertragenden Auflösung zu. Ein Bericht ist damit auch hier entbehrlich, wenn alle Gesellschafter, also auch die Kommanditisten, zur Geschäftsführung berechtigt sind.

Gemäß § 42 UmwG sind der Verschmelzungsvertrag und der Bericht der geschäftsführenden Gesellschafter den Gesellschaftern, die von der Geschäftsführung ausgeschlossen sind, spätestens zusammen mit der Einberufung der Gesellschafterversammlung, die über die Zustimmung zu dem Verschmelzungsvertrag beschließen soll, zu übersenden. Die Begründung des Regierungsentwurfs zum Umwandlungsbereinigungsgesetz enthält zu dieser Regelung die folgende Erläuterung: „Die Vorschrift konkretisiert das Kontrollrecht der von der Geschäftsführung ausgeschlossenen Gesellschafter (…) (vgl. § 118 HGB). Für die Kommanditisten einer KG wird dadurch für die Fusion ein selbständiges Auskunftsrecht geschaffen (vgl. § 166 Abs. 2 HGB), das ihre Stellung stärkt und ihnen eine Grundlage für ihre Entscheidung gibt.“[1074]

Das hier angesprochene Kontrollrecht der Komplementäre gemäß § 118 HGB besteht nur auf Verlangen. Damit dürfte der wesentliche Zweck des § 42 UmwG nach der Begründung des Regierungsentwurfs insoweit darin bestehen, dass die von der Geschäftsführung ausgeschlossenen Komplementäre die relevanten Unterlagen auch ohne ein ausdrückliches Verlangen von den geschäftsführenden Gesellschaftern erhalten, weil es sich um eine für sie wesentliche Maßnahme[1075]

1072 UmwBerG v. 28. 10. 1994, BGBl. I S. 3210.

1073 Begr. RegE UmwBerG, BT-Drs. 12/6699, S. 98.

1074 Begr. RegE UmwBerG, BT-Drs. 12/6699, S. 98.

1075 Vgl. die Begründung zu § 47 UmwG, der entsprechenden Regelung bei der GmbH: „Die Vorschrift konkretisiert das allgemeine Auskunfts- und Einsichtsrecht des GmbH-Gesellschafters (vgl. § 51a GmbHG) für den Vorgang der Verschmelzung.

handelt. Im Hinblick auf die Kommanditisten soll nach der vorstehend zitierten Gesetzesbegründung darüber hinaus auch die Basis für ein solches Informationsrecht geschaffen werden, wobei die heute wohl überwiegende Meinung auch den Kommanditisten über den Wortlaut des § 166 HGB hinaus ein weitreichendes Auskunftsrecht einräumt.[1076] Letztlich soll durch § 42 UmwG aber auch sichergestellt werden, dass die von der Geschäftsführung ausgeschlossenen Gesellschafter die relevanten Unterlagen erhalten, und zwar unabhängig davon, ob die geschäftsführenden Gesellschafter die Bereitstellung dieser Unterlagen im Vorfeld der Gesellschafterversammlung nach den allgemeinen Grundsätzen[1077] für erforderlich halten.

Diese Überlegungen treffen auch auf die übertragende Auflösung der KG zu. Bei der übertragenden Auflösung handelt sich um eine Maßnahme, die für die Gesellschafter von großer Bedeutung ist. Die nicht an der Geschäftsführung beteiligten Gesellschafter, die sich nicht ohne Weiteres selbst über die Maßnahme informieren können, haben daher auch bei der übertragenden Auflösung ein erhebliches Interesse daran, dass ihnen die maßgeblichen Unterlagen, also der Bericht der geschäftsführenden Gesellschafter und der Kaufvertrag, unaufgefordert und rechtzeitig vor der Entscheidung über die Maßnahme zur Verfügung gestellt werden. Zudem haben die Kommanditisten auch im Fall der übertragenden Auflösung ein erhebliches Interesse daran, dass ihnen diese Unterlagen übersandt werden, und zwar unabhängig davon, ob die geschäftsführenden Gesellschafter das für erforderlich halten, um sich ein Urteil über die zur Entscheidung anstehende Maßnahme bilden zu können.

Eine vergleichbare Interessenlage lässt sich auch nicht mit der Überlegung verneinen, dass den Gesellschaftern nach dem Handelsgesetzbuch bereits umfassende Informationsrechte zustünden und daher kein Bedürfnis für eine analoge Anwendung der umwandlungsrechtlichen Vorschriften zur Berichtspflicht bestehe. Zunächst zeigen gerade die vorgenannten umwandlungsrechtlichen Vorschriften, dass der Gesetzgeber die allgemeinen Informationsrechte in bestimmten Fällen für nicht ausreichend hält. Andernfalls wären diese Vorschriften überflüssig.

Dieser ist für eine GmbH so wesentlich, daß den Gesellschaftern diejenigen Unterlagen, die für ihre Zustimmung die größte Bedeutung haben, rechtzeitig vor der Beschlußfassung (…) zur Verfügung gestellt werden sollen.“, Begr. RegE UmwBerG, BT-Drs. 12/6699, S. 99.

1076 Vgl. nur *Grunewald*, in: Münch. Komm. HGB, 4. Aufl. 2019, § 166 Rn. 13 m. w. N.

1077 Dazu 5. Teil. A. IV. 1. a).

Darüber hinaus bestehen die sich aus §§ 118, 166 HGB ergebenden Kontrollrechte, anders als die umwandlungsrechtlichen Informationsrechte, nur auf Verlangen. Schließlich stellt § 42 UmwG klar, welche Unterlagen den Gesellschaftern für eine angemessene Vorbereitung der Entscheidung zur Verfügung gestellt werden müssen. Dadurch wird sichergestellt, dass die Gesellschafter diese Unterlagen unabhängig davon erhalten, ob die geschäftsführenden Gesellschafter sich bereits nach den allgemeinen Grundsätzen zur unaufgeforderten Vorlage des Kaufvertrags nebst Erläuterungen hierzu für verpflichtet halten. Diesen Aspekt hat auch der Gesetzgeber in der Begründung des Regierungsentwurfs ausdrücklich hervorgehoben: „An einer ausführlichen Vorabinformation haben (…) die Anteilsinhaber eines jeden Rechtsträgers ohne Rücksicht auf dessen Rechtsform ein berechtigtes Interesse. Ein solches formalisiertes Informationsrecht hat einen größeren Wert als die allgemeinen Unterrichtungs- und Einsichtsrechte."[1078] Im Hinblick auf die Regelungen über die Berichtspflicht gemäß §§ 8 ff., 41 f. UmwG besteht damit eine vergleichbare Interessenlage.

bb) Prüfungspflicht

Auch hinsichtlich der Prüfungspflicht liegt eine vergleichbare Interessenlage vor. Die Prüfungspflicht nach §§ 9 ff. UmwG besteht bei der KG nur, wenn nach dem Gesellschaftsvertrag eine Mehrheitsentscheidung möglich ist und einer der Gesellschafter eine Prüfung verlangt. Die Prüfung hat im Wesentlichen den Zweck, durch eine unabhängige Person überprüfen zu lassen, ob das Umtauschverhältnis angemessen ist, und die Gesellschafter über das Prüfungsergebnis zu informieren.[1079] Darüber hinaus soll durch die gerichtliche Bestellung des Prüfers vermieden werden, dass Streitigkeiten darüber entstehen, ob die Gegenleistung angemessen ist.[1080]

Wie den obigen[1081] Ausführungen zur vergleichbaren Interessenlage hinsichtlich der Berichtspflicht gemäß § 8 UmwG bei der übertragenden Auflösung der AG entnommen werden kann, die für die KG, wie gesagt, vollumfänglich entsprechend gelten, ist die Interessenlage der Gesellschafter bei einer übertragenden Auflösung im Hinblick auf die Gegenleistung, die für die Übertragung des Gesellschaftsvermögens geleistet wird, mit der Interessenlage der Gesellschafter bei einer Verschmelzung vergleichbar. Die Höhe des Kaufpreises

1078 Begr. RegE UmwBerG, BT-Drs. 12/6699, S. 83.
1079 *Mayer*, in: Widmann/Mayer, UmwR, 193. Lief. (2021), § 9 Rn. 13.
1080 Vgl. Begr. RegE UmwBerG, BT-Drs. 12/6699, S. 85.
1081 Dazu 5. Teil. A. II. 3. d) cc) (3) (a).

betrifft die Gesellschafter unmittelbar. Daher haben die Gesellschafter auch bei der übertragenden Auflösung der KG ein Interesse daran, verlangen zu können, dass die Angemessenheit der Gegenleistung (hier des Kaufpreises) durch einen unabhängigen Sachverständigen überprüft wird, und dass sie über das Ergebnis informiert werden. Zudem haben alle Beteiligten auch bei der übertragenden Auflösung der KG ein Interesse daran, dass Streitigkeiten über die Angemessenheit des Kaufpreises vermieden werden.

c) *Zwischenergebnis*

Damit sind die §§ 8 ff., 41 f., 44 UmwG auf die übertragende Auflösung der KG analog anwendbar.

3. *Folgen der analogen Anwendung der §§ 8 ff. UmwG*

Die zur Geschäftsführung berechtigten Gesellschafter der KG sind damit bei einer übertragenden Auflösung verpflichtet, einen ausführlichen schriftlichen Bericht zu erstatten, in dem der Kaufvertrag, insbesondere der Kaufpreis, erläutert wird (§ 8 UmwG analog). Für die Anforderungen an den Inhalt des Berichts gelten die Ausführungen zur AG entsprechend.[1082] Der Bericht ist bei der KG allerdings nicht erforderlich, wenn alle Gesellschafter zur Geschäftsführung berechtigt sind (§ 41 UmwG analog). Bei der KG besteht damit in aller Regel eine Berichtspflicht, weil die Kommanditisten nach den gesetzlichen Regelungen von der Geschäftsführung ausgeschlossen sind (§ 164 Satz 1 HGB). Falls allerdings der Gesellschaftsvertrag einem Kommanditisten die Befugnis zur Geschäftsführung einräumt, gilt der Kommanditist als ein zur Geschäftsführung berechtigter Gesellschafter im Sinne des § 41 UmwG.[1083]

Der Bericht und der Kaufvertrag sind den Gesellschaftern, die von der Geschäftsführung ausgeschlossen sind, spätestens zusammen mit der Einberufung der Gesellschafterversammlung zu übersenden, die über die Veräußerung des ganzen Gesellschaftsvermögens beschließen soll (§ 42 UmwG analog). Eine Prüfung nach §§ 9 ff. UmwG ist erforderlich, wenn die übertragende Auflösung der KG nach dem Gesellschaftsvertrag aufgrund einer Mehrheitsentscheidung beschlossen werden kann und einer der Gesellschafter innerhalb einer Frist von einer Woche, nachdem er den Kaufvertrag und den Bericht erhalten hat, eine Prüfung verlangt (§ 44 UmwG analog). Für den Gegenstand der Prüfung wird

---

1082 Dazu 5. Teil. A. II. 3. d) dd) (1).

1083 Vgl. *H. Schmidt*, in: Lutter, UmwG, 6. Aufl. 2019, § 41 Rn. 4.

auf die Ausführungen zur AG verwiesen.[1084] Die Kosten der Prüfung trägt die Gesellschaft (§ 44 Satz 2 UmwG analog).

4. *Ergebnis*

Bei der übertragenden Auflösung einer KG sind die §§ 8 ff., 41 f., 44 UmwG analog anwendbar. Die zur Geschäftsführung berechtigten Gesellschafter haben einen ausführlichen schriftlichen Bericht zu erstatten, in dem der Kaufvertrag, insbesondere der Kaufpreis, erläutert wird (§ 8 UmwG analog). Das Berichtserfordernis entfällt, wenn alle Gesellschafter zur Geschäftsführung berechtigt sind (§ 41 UmwG analog). Falls ein Gesellschafter das verlangt, ist zudem eine Prüfung durch einen sachverständigen Prüfer nebst Prüfungsbericht erforderlich. Des Weiteren sind der Bericht und der Kaufvertrag den Gesellschaftern, die von der Geschäftsführung ausgeschlossen sind, vor der beschlussfassenden Gesellschafterversammlung zu übersenden (§ 42 UmwG analog).

B. Rechtsschutz der Minderheitsgesellschafter

Aus der MotoMeter-Entscheidung[1085] des Bundesverfassungsgerichts ergibt sich, dass es den Minderheitsgesellschaftern im Rahmen einer übertragenden Auflösung möglich sein muss, gerichtlich überprüfen zu lassen, ob der Mehrheitsgesellschafter für das ganze Vermögen der Gesellschaft einen Preis gezahlt hat, der dem tatsächlichen Wert der Unternehmensbeteiligung der Gesellschafter entspricht. Dabei ist das Bundesverfassungsgericht davon ausgegangen, dass eine solche gerichtliche Überprüfung des von dem Mehrheitsgesellschafter gezahlten Preises aus verfassungsrechtlicher Sicht entweder im Klage- oder im Spruchverfahren erfolgen könne.[1086] Diese für die übertragende Auflösung der AG aufgestellten Vorgaben gelten für die übertragende Auflösung der GmbH und der KG entsprechend.

I. Anwendbarkeit des Spruchverfahrens

Im Spruchverfahren können Gesellschafter überprüfen lassen, ob Ausgleichs- und Abfindungsansprüche, die ihnen im Rahmen von gesellschaftsrechtlichen Strukturmaßnahmen zustehen, angemessen sind. Den Gesellschaftern soll

---

1084 Dazu 5. Teil. A. II. 3. d) dd) (2).
1085 BVerfG, NJW 2001, 279 – MotoMeter.
1086 Vgl. zum Ganzen BVerfG, NJW 2001, 279, 280 f. – MotoMeter.

hierdurch effektiver Rechtsschutz gewährt werden, ohne dass die zugrunde liegende gesellschaftsrechtliche Strukturmaßnahme durch Klagen der Gesellschafter blockiert wird.[1087]

Allerdings gibt es keine gesetzliche Vorschrift, die das Spruchverfahren bei einer übertragenden Auflösung für anwendbar erklärt. Daher ist zu untersuchen, ob eine analoge Anwendung der Vorschriften des Spruchverfahrens bei der übertragenden Auflösung geboten ist. Diese Frage wird für die AG, die GmbH und die KG gemeinsam behandelt, da insoweit weitgehend ähnliche Überlegungen gelten.

1. Überblick über das Spruchverfahren

Das gesellschaftsrechtliche Spruchverfahren ist im Spruchverfahrensgesetz geregelt. Das Spruchverfahrensgesetz ist nach § 1 SpruchG unter anderem anwendbar auf das gerichtliche Verfahren für die Bestimmung des Ausgleichs und der Abfindung für außenstehende Aktionäre bei einem Beherrschungs- und Gewinnabführungsvertrag (§§ 304 f. AktG), der Abfindung von ausgeschiedenen Aktionären bei der Eingliederung (§ 320b AktG), der Barabfindung von Minderheitsaktionären bei deren Ausschluss (§§ 327a ff. AktG) und der Zuzahlung an Gesellschafter oder der Barabfindung von Gesellschaftern bei umwandlungsrechtlichen Maßnahmen (z. B. §§ 15, 34 UmwG). Sofern die Möglichkeit eröffnet ist, die angemessene Kompensation im Spruchverfahren überprüfen zu lassen, können Klagen gegen die Wirksamkeit der Gesellschafterbeschlüsse, die der fraglichen Strukturmaßnahme zugrunde liegen, nicht darauf gestützt werden, dass die Kompensation (vgl. §§ 304 Abs. 3 Satz 2, 305 Abs. 5 Satz 1, 320b Abs. 2 Satz 1, 327f Satz 1 AktG, § 32 UmwG) bzw. die Grundlage für die Bestimmung der Kompensation (vgl. § 14 Abs. 2 UmwG) nicht angemessen sei.

Wer Antragsteller (§ 3 SpruchG) und wer der jeweilige Antragsgegner (§ 5 SpruchG) eines Spruchverfahrens ist, hängt davon ab, welche Kompensation überprüft werden soll. Sofern beispielsweise die angemessene Abfindung der außenstehenden Aktionäre bei einem Beherrschungs- und Gewinnabführungsvertrag im Spruchverfahren bestimmt werden soll (§ 305 AktG), ist jeder außenstehende Aktionär antragsberechtigt (§ 3 Nr. 1 SpruchG). Antragsgegner ist in diesem Fall der andere Vertragsteil des Beherrschungs- und Gewinnabführungsvertrags, also die herrschende Gesellschaft (§ 5 Nr. 1 SpruchG).

1087 Begr. RegE SpruchG, BT-Drs. 15/371, S. 11.

Sofern ein Gesellschafter den Antrag stellt, die angemessene Kompensation im Spruchverfahren festzustellen, gilt die Entscheidung des Gerichts auch gegenüber allen anderen betroffenen Gesellschaftern (§ 13 SpruchG). Durch die gerichtliche Entscheidung im Spruchverfahren wird aber nur die angemessene Kompensation der Gesellschafter festgestellt; die Entscheidung ist kein Vollstreckungstitel.[1088] Wenn die Kompensation, die im Spruchverfahren bestimmt worden ist, nicht freiwillig erbracht wird, muss der jeweilige Gesellschafter den Anspruch im Wege der Leistungsklage durchsetzen (vgl. § 16 SpruchG).[1089]

2. *Meinungsstand*

a) *Aktiengesellschaft*

Für die AG ist heftig umstritten, ob die Vorschriften des Spruchverfahrens auf die übertragende Auflösung analog angewendet werden können.

aa) *Teil der Instanzgerichte und der Literatur: Keine analoge Anwendung der Regelungen des Spruchverfahrens*

Von einem Teil der Instanzgerichte und teilweise auch im aktienrechtlichen Schrifttum wird die Ansicht vertreten, dass die Vorschriften des Spruchverfahrens bei der übertragenden Auflösung einer AG weder direkt noch analog anwendbar seien.[1090] Die Interessen der Minderheitsaktionäre seien bereits

---

1088 *Kubis*, in: Münch. Komm. AktG, 5. Aufl. 2020, § 13 SpruchG Rn. 4.

1089 *Kubis*, in: Münch. Komm. AktG, 5. Aufl. 2020, § 13 SpruchG Rn. 4.

1090 Vgl. OLG Stuttgart, ZIP 1997, 362, 362 f. – MotoMeter II; BayObLGZ 1998, 211, 213 ff. – Magna Media; OLG Zweibrücken, AG 2005, 778, 779 – Guano II; LG Stuttgart, DB 1993, 473, 473; *Angerer*, BKR 2002, 260, 262 f.; *Bauer*, NZG 2000, 1214, 1215; *Böttcher*, in: Böttcher/Habighorst/Schulte, UmwR, 2. Aufl. 2019, § 1 SpruchG Rn. 19; *Drescher*, in: Spindler/Stilz, AktG, 4. Aufl. 2019, § 1 SpruchG Rn. 19; *Ehmann*, in: Grigoleit, AktG, 2. Aufl. 2020, § 179a AktG Rn. 12; *Grunewald*, ZIP 2002, 18, 20; *Grunewald*, in: Münch. Komm. AktG, 5. Aufl. 2020, Vorb. z. § 327a Rn. 12; *Henze*, in: FS Peltzer, 2001, S. 181, 193 f. (anders dann aber *Henze*, in: FS Wiedemann, 2002, S. 935, 952); *Kallmeyer*, in: FS Lutter, 2000, S. 1245, 1257 ff.; *Kubis*, in: Münch. Komm. AktG, 5. Aufl. 2020, § 1 SpruchG Rn. 29; *Küting*, DStR 2003, 838, 842; *Lutter/Drygala*, in: FS Kropff, 1997, S. 191, 215 (anders dann aber *Lutter/Leinekugel*, ZIP 1999, 261, 265 f.); *Mülbert*, in: FS Ulmer, 2003, S. 433, 442; *Peters*, BB 1999, 801, 804; *Roth*, NZG 2003, 998, 1003; *Rühland*, WM 2002, 1957, 1964 ff.; *Schnorbus*, in: K. Schmidt/Lutter, AktG, 4. Aufl. 2020, Vorb. zu §§ 327a Rn. 11; *Sosnitza*, NZG 1998, 1003, 1003; *Strohn*, in: Henssler/Strohn, GesR, 5. Aufl. 2021, § 179a AktG Rn. 13; *Vetter*, ZHR 168 (2004), 8, 38; *Wasmann*, in: Kölner Komm. AktG, 3. Aufl. 2013, § 1 SpruchG Rn. 32 ff.; tendenziell auch *Krieger*, BB 2002, 53, 54.

dadurch ausreichend geschützt, dass sie gegen den Beschluss der Hauptversammlung über die Zustimmung zu dem mit dem Mehrheitsaktionär abgeschlossenen Kaufvertrag Anfechtungsklage erheben könnten.[1091]

Den Minderheitsaktionären stehe bei einer übertragenden Auflösung auch kein materiell-rechtlicher Anspruch zu, dessen Angemessenheit sie im Spruchverfahren überprüfen lassen könnten.[1092] Auch die analoge Anwendung einer der gesetzlichen Vorschriften, die einen solchen materiell-rechtlichen Anspruch vorsehen, komme nicht in Betracht, weil die übertragende Auflösung mit keinem der Fälle vergleichbar sei, in denen ein solcher Anspruch gewährt wird.[1093] Darüber hinaus scheitere eine Analogie daran, dass keine planwidrige Regelungslücke vorliege.[1094] Denn bei der Einführung des § 179a AktG durch das Umwandlungsbereinigungsgesetz[1095] habe der Gesetzgeber bewusst darauf verzichtet, einen im Spruchverfahren überprüfbaren Anspruch vorzusehen.[1096]

bb) Überwiegendes Schrifttum: Analoge Anwendung der Regelungen des Spruchverfahrens

Nach der mittlerweile überwiegenden Auffassung im aktienrechtlichen Schrifttum sind die Vorschriften des Spruchverfahrens bei der übertragenden Auflösung der AG entsprechend anwendbar.[1097] Nur das Spruchverfahren und

---

1091 BayObLGZ 1998, 211, 217 f. – Magna Media; OLG Zweibrücken, AG 2005, 778, 779 – Guano II; *Böttcher*, in: Böttcher/Habighorst/Schulte, UmwR, 2. Aufl. 2019, § 1 SpruchG Rn. 19; *Drescher*, in: Spindler/Stilz, AktG, 4. Aufl. 2019, § 1 SpruchG Rn. 19; *Henze*, in: FS Peltzer, 2001, S. 181, 194.

1092 OLG Stuttgart, ZIP 1997, 362, 362 f. – MotoMeter II; BayObLGZ 1998, 211, 216 f. – Magna Media; *Drescher*, in: Spindler/Stilz, AktG, 4. Aufl. 2019, § 1 SpruchG Rn. 19; *Roth*, NZG 2003, 998, 1003.

1093 OLG Stuttgart, ZIP 1997, 362, 362 f. – MotoMeter II; insoweit anders BayObLGZ 1998, 211, 216 f. – Magna Media; OLG Zweibrücken, AG 2005, 778, 779 – Guano II.

1094 OLG Stuttgart, ZIP 1997, 362, 363 – MotoMeter II; BayObLGZ 1998, 211, 216 f. – Magna Media; *Angerer*, BKR 2002, 260, 263; *Bauer*, NZG 2000, 1214, 1215; *Böttcher*, in: Böttcher/Habighorst/Schulte, UmwR, 2. Aufl. 2019, § 1 SpruchG Rn. 19; *Drescher*, in: Spindler/Stilz, AktG, 4. Aufl. 2019, § 1 SpruchG Rn. 19; *Rühland*, WM 2002, 1957, 1964, 1966; *Sosnitza*, NZG 1998, 1003, 1003; *Wasmann*, in: Kölner Komm. AktG, 3. Aufl. 2013, § 1 SpruchG Rn. 34.

1095 UmwBerG v. 28. 10. 1994, BGBl. I S. 3210.

1096 OLG Stuttgart, ZIP 1997, 362, 363 – MotoMeter II; BayObLGZ 1998, 211, 216 f. – Magna Media; *Sosnitza*, NZG 1998, 1003, 1003.

1097 *Adolff/Tieves*, BB 2003, 797, 805; *Dreier*, in: Dreier/Fritzsche/Verfürth, SpruchG, 2. Aufl. 2016, § 1 Rn. 68 ff.; *Drygala*, in: Lutter, UmwG, 6. Aufl. 2019, § 1 Rn. 54; *Emmerich*, in: Emmerich/Habersack, Aktien- und GmbH-Konzernrecht, 9. Aufl.

nicht das Anfechtungsverfahren könne den aus verfassungsrechtlicher Sicht erforderlichen Schutz der Vermögensinteressen der Minderheitsaktionäre gewährleisten.[1098]

Die Interessenlage der Minderheitsaktionäre sei bei der übertragenden Auflösung vergleichbar mit der Interessenlage der Minderheitsaktionäre bei anderen Strukturmaßnahmen, bei denen das Spruchverfahren eröffnet sei.[1099] Eine Vergleichbarkeit bestehe insbesondere mit dem aktienrechtlichen Squeeze-out.[1100] Sowohl bei einer übertragenden Auflösung als auch bei einem Squeeze-out sei der Mehrheitsgesellschafter letztendlich alleiniger Eigentümer des Vermögens der Gesellschaft und die Minderheitsaktionäre hätten ein Interesse daran, einen Ausgleich für den Verlust ihrer Mitgliedschaft in der Gesellschaft zu erhalten. Auch bei einer Verschmelzung bestehe die gleiche Interessenlage für einen

---

2019, § 1 SpruchG Rn. 7; *Gromm*, Übertragende Auflösung, 2016, S. 204 ff.; *Haberstock/Greitemann*, in: Hölters, AktG, 3. Aufl. 2017, § 179a Rn. 21; *Henze*, in: FS Wiedemann, 2002, S. 935, 952 (anders aber noch *Henze*, in: FS Peltzer, 2001, S. 181, 193 f.); *Hoffmann*, in: FS Stilz, 2014, S. 267, 280 f.; *Holzborn*, in: Spindler/Stilz, AktG, 4. Aufl. 2019, § 179a Rn. 44; *Klöhn*, Abfindungsansprüche, 2009, S. 312 f.; *Koch*, in: Münch. Komm. AktG, 5. Aufl. 2021, § 262 Rn. 49; *Koch*, in: Hüffer/Koch, AktG, 15. Aufl. 2021, § 179a Rn. 22; *Land/Hennings*, AG 2005, 380, 381; *Leinekugel*, Ausstrahlungswirkungen, 2000, S. 242 f.; *Lieder*, in: Münch. HdB. GesR VIII, 5. Aufl. 2018, § 3 Rn. 24; *Lutter/Leinekugel*, ZIP 1999, 261, 265 f. (anders aber noch *Lutter/Drygala*, in: FS Kropff, 1997, S. 191, 215); *Schoppe*, Aktieneigentum, 2011, S. 278 f.; *Schwichtenberg*, DStR 2001, 2075, 2078; *Seibt*, in: K. Schmidt/Lutter, AktG, 4. Aufl. 2020, § 179a Rn. 29; *Stein*, in: Münch. Komm. AktG, 5. Aufl. 2021, § 179a Rn. 81 ff.; *Wolf*, ZIP 2002, 153, 157 ff.; *Zetzsche*, in: Kölner Komm. AktG, 3. Aufl. 2020, § 179a Rn. 141 ff.; wohl auch *Windbichler*, GesR, 24. Aufl. 2017, § 33 Rn. 24; *Wiedemann*, ZGR 1999, 857, 865 ff.; tendenziell auch *Bungert/Mennicke*, BB 2003, 2021, 2023; *Raiser*, in: FS Kümpel, 2003, S. 437, 446 f.; *Scharpf*, Ausschluss, 2004, S. 178; *Schlitt*, ZIP 2004, 533, 540.

1098 *Holzborn*, in: Spindler/Stilz, AktG, 4. Aufl. 2019, § 179a Rn. 44; *Koch*, in: Hüffer/Koch, AktG, 15. Aufl. 2021, § 179a Rn. 22; *Lutter/Leinekugel*, ZIP 1999, 261, 265 f.; *Schoppe*, Aktieneigentum, 2011, S. 278; *Seibt*, in: K. Schmidt/Lutter, AktG, 4. Aufl. 2020, § 179a Rn. 29; *Stein*, in: Münch. Komm. AktG, 5. Aufl. 2021, § 179a Rn. 85; *Wolf*, ZIP 2002, 153, 158 f.; *Zetzsche*, in: Kölner Komm. AktG, 3. Aufl. 2020, § 179a Rn. 143; vgl. zu den Nachteilen des Anfechtungsverfahrens auch *Henze*, in: FS Wiedemann, 2002, S. 935, 952; *Lutter/Leinekugel*, ZIP 1999, 261, 265 f.

1099 *Dreier*, in: Dreier/Fritzsche/Verfürth, SpruchG, 2. Aufl. 2016, § 1 Rn. 74 f.

1100 Auch *Wolf*, ZIP 2002, 153, 158 verweist zur Begründung auf die Rechtslage bei einem Squeeze-out.

Minderheitsaktionär, der ein Abfindungsangebot angenommen habe und damit seine Mitgliedschaft verliere.[1101]

Darüber hinaus wird zur Begründung auf die Argumentation des Bundesgerichtshofs in der Macrotron-Entscheidung[1102] verwiesen, mit der der Bundesgerichtshof eine analoge Anwendung der Vorschriften des Spruchverfahrens auf das Pflichtangebot bei einem regulären Delisting begründet hat; diese Argumentation gelte für die übertragende Auflösung entsprechend.[1103] In dieser Entscheidung hat der Bundesgerichtshof angeführt, dass das Anfechtungsverfahren nicht zweckmäßig sei, weil die Minderheitsaktionäre damit die Maßnahme lediglich verhindern und nur mittelbar eine Erhöhung des Kaufpreises erreichen könnten. Zudem könnten der Gesellschaft unverhältnismäßige Kosten und erhebliche Nachteile entstehen, wenn die Maßnahme verzögert werde. Daher sei es sinnvoll, den Streit der Parteien nicht im Anfechtungs, sondern im Spruchverfahren auszutragen.[1104]

Über die vom Bundesgerichtshof angesprochenen Punkte hinaus verweist die Literatur zur Begründung auf weitere Vorteile des Spruchverfahrens. Insbesondere wird der im Spruchverfahren geltende Amtsermittlungsgrundsatz angeführt.[1105] Dagegen müssten im Klageverfahren wegen des darin geltenden Beibringungsgrundsatzes die Minderheitsaktionäre den Unternehmenswert darlegen und beweisen.[1106] Hierfür würden ihnen aber in der Regel die erforderlichen Informationen und finanziellen Mittel fehlen.[1107] Die Anwendbarkeit des Spruchverfahrens reduziere zudem das Risiko missbräuchlicher Anfechtungsklagen durch räuberische Aktionäre.[1108] Denn eine Anfechtungsklage könne dann nicht mehr mit der Behauptung erhoben werden, dass der Kaufpreis, den

---

1101 Zum Ganzen *Dreier*, in: Dreier/Fritzsche/Verfürth, SpruchG, 2. Aufl. 2016, § 1 Rn. 74 f.

1102 BGHZ 153, 47 – Macrotron.

1103 *Stein*, in: Münch. Komm. AktG, 5. Aufl. 2021, § 179a Rn. 84 f.; *Holzborn*, in: Spindler/Stilz, AktG, 4. Aufl. 2019, § 179a Rn. 42 ff.; auch *Adolff/Tieves*, BB 2003, 797, 805 verweisen zur Begründung auf die Macrotron-Entscheidung des BGH; vgl. auch *Schlitt*, ZIP 2004, 533, 540.

1104 Vgl. zum Ganzen BGHZ 153, 47, 57 f. – Macrotron.

1105 *Haberstock/Greitemann*, in: Hölters, AktG, 3. Aufl. 2017, § 179a Rn. 21; *Henze*, in: FS Wiedemann, 2002, S. 935, 952; *Seibt*, in: K. Schmidt/Lutter, AktG, 4. Aufl. 2020, § 179a Rn. 29; *Wolf*, ZIP 2002, 153, 159.

1106 *Henze*, in: FS Wiedemann, 2002, S. 935, 952.

1107 *Henze*, in: FS Wiedemann, 2002, S. 935, 952.

1108 *Wolf*, ZIP 2002, 153, 158 f.

der Mehrheitsaktionär für das ganze Gesellschaftsvermögen gezahlt hat, nicht angemessen sei. Solche Anfechtungsklagen könnten die Umsetzung der übertragenden Auflösung damit nicht mehr blockieren.[1109]

Unter den Befürwortern einer analogen Anwendung der Vorschriften des Spruchverfahrens ist allerdings streitig, was zum Gegenstand des Verfahrens gemacht werden soll.

(1) Anspruch auf Kaufpreiszahlung als Gegenstand des Spruchverfahrens

Ein Teil der Literatur nimmt an, dass der Gegenstand des Spruchverfahrens bei der übertragenden Auflösung einer AG der „Unternehmenskaufvertrag selbst"[1110] bzw. der mit dem Mehrheitsaktionär vereinbarte Kaufpreis[1111] sei. Die Aktionäre könnten die Wertkontrolle im Spruchverfahren auf Basis einer „verfassungsrechtlich fundierten quasigesetzlichen Prozessstandschaft" beantragen.[1112] Das Defizit im Hinblick auf den Schutz der Minderheitsaktionäre ergebe sich bei einer übertragenden Auflösung gerade daraus, dass die Angemessenheit des Kaufpreises nicht überprüft werde, und genau eine solche Überprüfung des Kaufpreises habe das Bundesverfassungsgericht in der MotoMeter-Entscheidung[1113] gefordert.[1114]

Dem lasse sich nicht entgegenhalten, dass der Inhaber des Anspruchs auf Kaufpreiszahlung die Gesellschaft sei, es in den Fällen, in denen das Spruchverfahren unmittelbar anwendbar sei, aber um Ansprüche der Aktionäre gehe.[1115] Denn die Höhe des Kaufpreises habe unmittelbaren Einfluss auf die Höhe des Anspruchs der Aktionäre am Liquidationserlös. Bei der Überprüfung des mit

---

1109 Zum Ganzen *Wolf*, ZIP 2002, 153, 158 f.; ähnlich *Lutter/Leinekugel*, ZIP 1999, 261, 266.

1110 *Stein*, in: Münch. Komm. AktG, 5. Aufl. 2021, § 179a Rn. 88; so auch *Holzborn*, in: Spindler/Stilz, AktG, 4. Aufl. 2019, § 179a Rn. 45.

1111 *Gromm*, Übertragende Auflösung, 2016, S. 210 ff.; *Koch*, in: Hüffer/Koch, AktG, 15. Aufl. 2021, § 179a Rn. 22; *Land/Hennings*, AG 2005, 380, 381; *Seibt*, in: K. Schmidt/Lutter, AktG, 4. Aufl. 2020, § 179a Rn. 29; *Zetzsche*, in: Kölner Komm. AktG, 3. Aufl. 2020, § 179a Rn. 146; so auch *Schoppe*, Aktieneigentum, 2011, S. 278 f., der alternativ aber auch die Prüfung eines eigenen Abfindungsanspruchs für möglich hält.

1112 *Stein*, in: Münch. Komm. AktG, 5. Aufl. 2021, § 179a Rn. 88.

1113 BVerfG, NJW 2001, 279 – MotoMeter.

1114 *Stein*, in: Münch. Komm. AktG, 5. Aufl. 2021, § 179a Rn. 88; so auch *Holzborn*, in: Spindler/Stilz, AktG, 4. Aufl. 2019, § 179a Rn. 45.

1115 *Stein*, in: Münch. Komm. AktG, 5. Aufl. 2021, § 179a Rn. 88.

dem Mehrheitsaktionär vereinbarten Kaufpreises gehe es daher letztlich um die Kontrolle eines Abfindungsanspruchs der Aktionäre.[1116]

Das Spruchverfahren sei auch dazu geeignet, die Angemessenheit des Kaufpreises zu überprüfen. Denn wie die Kontrolle von Abfindungsansprüchen basiere die Überprüfung der Angemessenheit des Kaufpreises auf dem Wert des Unternehmens der Gesellschaft.[1117]

Ein eigener Abfindungsanspruch müsse den Minderheitsaktionären dagegen nicht gewährt werden. Den Interessen der Minderheitsaktionäre werde dadurch ausreichend Rechnung getragen, dass im Spruchverfahren die Zahlung eines angemessenen Kaufpreises durch den Mehrheitsaktionär sichergestellt werde. Für einen zusätzlichen Abfindungsanspruch bestehe daher kein Bedürfnis.[1118]

(2) Anspruch auf anteiligen Liquidationserlös als Gegenstand des Spruchverfahrens

Vereinzelt wird auch in Betracht gezogen, den Anspruch der Minderheitsaktionäre auf anteiligen Liquidationserlös zum Gegenstand des Spruchverfahrens zu machen.[1119] *Windbichler*[1120] spricht in diesem Zusammenhang von einem Anspruch auf „Zuzahlung“ gegen den Mehrheitsaktionär als Ausfluss der gesellschaftsrechtlichen Treuepflicht.

(3) Eigener Abfindungsanspruch als Gegenstand des Spruchverfahrens

Von einem anderen Teil der Literatur wird die Ansicht vertreten, dass den Minderheitsaktionären ein eigener Anspruch auf Abfindung zu gewähren sei, dessen Höhe im Spruchverfahren überprüft werden könne.[1121]

1116 Zum Ganzen *Stein*, in: Münch. Komm. AktG, 5. Aufl. 2021, § 179a Rn. 88; so auch *Holzborn*, in: Spindler/Stilz, AktG, 4. Aufl. 2019, § 179a Rn. 45.

1117 Zum Ganzen *Stein*, in: Münch. Komm. AktG, 5. Aufl. 2021, § 179a Rn. 88.

1118 *Koch*, in: Hüffer/Koch, AktG, 15. Aufl. 2021, § 179a Rn. 22.

1119 *Holzborn*, in: Spindler/Stilz, AktG, 4. Aufl. 2019, § 179a Rn. 45; *Stein*, in: Münch. Komm. AktG, 5. Aufl. 2021, § 179a Rn. 87; *Windbichler*, GesR, 24. Aufl. 2017, § 33 Rn. 24.

1120 *Windbichler*, GesR, 24. Aufl. 2017, § 33 Rn. 24: „Das überprüfungsbedürftige Element (...) kann (...) sowohl der Kaufpreis bei der Vermögensveräußerung als auch der Liquidationserlös für die Minderheitsaktionäre (Zuzahlung des Hauptaktionärs aus Treuepflicht?) sein.“

1121 *Wiedemann*, ZGR 1999, 857, 865 ff.; *Dreier*, in: Dreier/Fritzsche/Verfürth, SpruchG, 2. Aufl. 2016, § 1 Rn. 76; *Haberstock/Greitemann*, in: Hölters, AktG, 3. Aufl. 2017, § 179a Rn. 21; *Henze*, in: FS Wiedemann, 2002, S. 935, 949 ff.; *Hoffmann*, in: FS Stilz, 2014, S. 267, 280 f.; *Lutter/Leinekugel*, ZIP 1999, 261, 266 f.; wohl auch *Emmerich*,

Nach Ansicht von *Wiedemann*[1122] gibt es einen allgemeinen gesellschaftsrechtlichen Grundsatz, dass ein Gesellschafter nur gegen eine gerichtlich überprüfbare Abfindung aus der Gesellschaft verdrängt werden dürfe. Dieser Grundsatz ergebe sich aus einer Gesamtanalogie der Abfindungsregelungen, die bei dem Ausschluss und dem Ausscheiden aus einer Gesellschaft gelten (z. B. § 738 BGB). Da eine Entschädigungspflicht auch bei mittelbaren Enteignungen bestehe, gelte dieser Grundsatz auch für den mittelbaren Ausschluss im Wege der übertragenden Auflösung.[1123] *Henze*[1124] ist *Wiedemann* später im Ergebnis gefolgt, stützt diesen Grundsatz aber nicht auf eine Gesamtanalogie, sondern, jedenfalls für das Aktienrecht, auf Art. 14 Abs. 1 GG.

Dagegen meint *Hoffmann*[1125], dass den Minderheitsaktionären ein Anspruch auf Barabfindung in analoger Anwendung der Regelungen über den aktienrechtlichen Squeeze-out zu gewähren sei. Der Squeeze-out sei das gesetzlich vorgesehene Mittel, um das Ziel zu erreichen, das der Mehrheitsaktionär auch bei einer übertragenden Auflösung verfolge. In beiden Fällen müsse daher der gleiche Minderheitenschutz gelten.[1126]

b) Gesellschaft mit beschränkter Haftung und Kommanditgesellschaft

Für die GmbH und die KG wurde die Frage, ob die Vorschriften des Spruchverfahrens auf die übertragende Auflösung analog angewendet werden können, bisher, soweit ersichtlich, nicht (eingehend) erörtert. Für die GmbH wird jedoch vereinzelt vertreten, dass nicht das Spruchverfahren, sondern das Anfechtungsverfahren bei der übertragenden Auflösung eröffnet sei, wenn der Kaufpreis, den der Mehrheitsgesellschafter für das Vermögen der GmbH zahlt, zu niedrig ist.[1127]

---

in: Emmerich/Habersack, Aktien- und GmbH-Konzernrecht, 9. Aufl. 2019, § 1 SpruchG Rn. 7; tendenziell auch *Habersack*, in: Emmerich/Habersack, Aktien- und GmbH-Konzernrecht, 9. Aufl. 2019, § 327a AktG Rn. 10; *Schlitt*, ZIP 2004, 533, 540; so auch *Schoppe*, Aktieneigentum, 2011, S. 278 f., der alternativ aber auch die Prüfung des Kaufpreises für möglich hält; vgl. dazu auch BGHZ 82, 188, 191 ff. – Hoesch/Hoogovens; *Grunewald*, in: FS Claussen, 1997, S. 103, 110 f.; *Timm*, JZ 1982, 403, 406 ff.; *Windbichler*, AG 1981, 169, 169; *Wiedemann*, ZGR 1978, 477, 488 ff.

1122 Vgl. *Wiedemann*, ZGR 1999, 857, 865 ff.

1123 Vgl. zum Ganzen *Wiedemann*, ZGR 1999, 857, 865 ff.

1124 *Henze*, in: FS Wiedemann, 2002, S. 935, 949 ff.

1125 *Hoffmann*, in: FS Stilz, 2014, S. 267, 280 f.

1126 Zum Ganzen *Hoffmann*, in: FS Stilz, 2014, S. 267, 280 f.

1127 *Gesell*, in: Rowedder/Schmidt-Leithoff, GmbHG, 6. Aufl. 2017, § 70 Rn. 17.

3. *Stellungnahme*

a) *Gegenstand des Spruchverfahrens*

Fraglich ist zunächst, was bei einer übertragenden Auflösung der AG, der GmbH und der KG zum Gegenstand des Spruchverfahrens gemacht werden könnte. In der aktienrechtlichen Literatur wird, wie bereits dargelegt,[1128] vertreten, dass Gegenstand des Spruchverfahrens bei einer übertragenden Auflösung der Anspruch der Gesellschaft auf Kaufpreiszahlung, der Anspruch der Minderheitsgesellschafter auf anteiligen Liquidationserlös oder ein eigener Abfindungsanspruch der Minderheitsgesellschafter sei.

aa) *Anspruch auf Kaufpreiszahlung*

Für den Anspruch der Gesellschaft auf Kaufpreiszahlung lässt sich anführen, dass sich die Gefahr für die Vermögensinteressen der Minderheitsgesellschafter bei der übertragenden Auflösung gerade daraus ergibt, dass zwischen der Gesellschaft und dem Mehrheitsgesellschafter ein nicht angemessener Kaufpreis vereinbart wird.[1129]

Es sprechen jedoch gewichtige Gründe dagegen, den Anspruch auf Kaufpreiszahlung im Spruchverfahren überprüfen zu lassen. Zunächst liegt, soweit es um den Kaufpreisanspruch geht, keine vergleichbare Interessenlage vor, die für eine analoge Anwendung der Vorschriften des Spruchverfahrens erforderlich ist. Bei den gesetzlich geregelten Fällen, in denen das Spruchverfahren eröffnet ist, geht es ausnahmslos um eigene Ausgleichs- und Abfindungsansprüche der Gesellschafter (vgl. nur die Aufzählung in § 1 SpruchG). Der Kaufpreisanspruch ist dagegen kein Anspruch der Gesellschafter, sondern ein Anspruch der Gesellschaft. Aufgrund dieses erheblichen Unterschieds kann auch nicht angenommen werden, dass der Gesetzgeber, wenn er diese Frage geregelt hätte bzw. regeln würde, das bestehende System durchbrechen und bei der übertragenden Auflösung den Anspruch der Gesellschaft auf Kaufpreiszahlung zum Gegenstand des Spruchverfahrens machen würde.

Dementsprechend sind die Vorschriften des Spruchverfahrens auch nur darauf zugeschnitten, eigene Ausgleichs- und Abfindungsansprüche der Gesellschafter als Antragssteller gegen den jeweiligen Antragsgegner im Spruchverfahren

---

1128 Dazu 5. Teil. B. I. 2. a) bb).

1129 Vgl. *Stein*, in: Münch. Komm. AktG, 5. Aufl. 2021, § 179a Rn. 88; *Holzborn*, in: Spindler/Stilz, AktG, 4. Aufl. 2019, § 179a Rn. 45.

überprüfen zu lassen.[1130] Wenn der Kaufpreisanspruch der Gesellschaft zum Gegenstand des Spruchverfahrens gemacht würde, entstünde ein Dreiecksverhältnis zwischen Gesellschaft, Gesellschafter und Mehrheitsgesellschafter, für das die Vorschriften des Spruchverfahrens nicht konzipiert wurden und nicht geeignet sind.[1131] Die Vorschriften des Spruchverfahrens könnten bei der übertragenden Auflösung also nicht einfach analog angewendet, sondern müssten erheblich modifiziert und ergänzt werden, wenn der Anspruch der Gesellschaft auf Kaufpreiszahlung gegen den Mehrheitsgesellschafter zum Gegenstand des Spruchverfahrens gemacht würde. Zudem müsste eine im Gesetz nicht vorgesehene Prozessstandschaft begründet werden, um den Minderheitsgesellschaftern bei der übertragenden Auflösung die Möglichkeit zu geben, den Anspruch der Gesellschaft auf Kaufpreiszahlung im Spruchverfahren überprüfen zu lassen.

Des Weiteren kann aus den Regelungen des Spruchverfahrens keine Befugnis des Gerichts abgeleitet werden, zum Schutz der Minderheitsgesellschafter den Kaufvertrag zwischen der Gesellschaft und dem Mehrheitsgesellschafter dahingehend zu ändern, dass der Kaufpreis erhöht wird.[1132] Denn nach den gesetzlichen Regelungen besteht eine solche Befugnis des Gerichts nur für Ausgleichs- und Abfindungsansprüche der Gesellschafter.

Darüber hinaus würde es dem Zweck des Spruchverfahrens widersprechen, wenn der Anspruch der Gesellschaft auf Kaufpreiszahlung zum Gegenstand des Spruchverfahrens gemacht würde. Der wesentliche Zweck des Spruchverfahrens besteht darin, den Gesellschaftern effektiven Rechtsschutz zur Überprüfung der Angemessenheit der ihnen zustehenden Kompensation zu gewähren, ohne dass die Umsetzung der jeweiligen Strukturmaßnahme hierdurch blockiert wird oder blockiert werden kann.[1133] Wenn der Anspruch der Gesellschaft auf Kaufpreiszahlung zum Gegenstand des Spruchverfahrens gemacht würde, würde das anhängige Spruchverfahren der Umsetzung der übertragenden Auflösung, die erst mit der Beendigung der Gesellschaft abgeschlossen ist, entgegenstehen. Denn die Abwicklung der Gesellschaft kann grundsätzlich erst beendet werden, wenn die Forderungen der Gesellschaft beglichen und die gerichtlichen Verfahren der Gesellschaft beendet wurden.[1134] Wegen der regelmäßig langen Dauer

1130 Vgl. *Hoffmann*, in: FS Stilz, 2014, S. 267, 281; in diesem Sinne wohl auch *Strohn*, in: Henssler/Strohn, GesR, 5. Aufl. 2021, § 179a AktG Rn. 13 („systemfremd").

1131 Vgl. *Hoffmann*, in: FS Stilz, 2014, S. 267, 277 f., 281.

1132 Ähnlich zum Verschmelzungsvertrag *Hoffmann*, in: FS Stilz, 2014, S. 267, 277.

1133 Begr. RegE SpruchG, BT-Drs. 15/371, S. 11.

1134 *Koch*, in: Münch. Komm. AktG, 5. Aufl. 2021, § 273 Rn. 4.

eines Spruchverfahrens, würde das in vielen Fällen dazu führen, dass die Gesellschaft über mehrere Jahre nur deshalb nicht beendet werden kann, weil das Spruchverfahren noch anhängig ist. Hierdurch würden der Gesellschaft zudem weitere Aufwendungen entstehen, die den anteiligen Liquidationserlös der Min derheitsgesellschafter schmälern würden, beispielsweise für die Zahlung der Gehälter der Liquidatoren und für die Jahresabschlüsse der Gesellschaft, die auch während des Liquidationsverfahrens aufgestellt werden müssen[1135].

bb) Anspruch auf anteiligen Liquidationserlös

Das zuletzt genannte Argument spricht auch dagegen, den Anspruch der Minderheitsgesellschafter auf anteiligen Liquidationserlös zum Gegenstand des Spruchverfahrens zu machen. Da dieser Anspruch ebenfalls gegen die Gesellschaft gerichtet ist, könnte die Gesellschaft auch in diesem Fall erst nach Abschluss des Spruchverfahrens beendet werden.

Auch im Übrigen würde es bei der übertragenden Auflösung keinen Sinn machen, den Anspruch der Minderheitsgesellschafter auf anteiligen Liquidationserlös zum Gegenstand des Spruchverfahrens zu machen. Denn hierbei handelt es sich um einen gegen die Gesellschaft gerichteten Anspruch. Die Mittel, um einen gegebenenfalls vom Gericht festgelegten höheren Liquidationserlös zu zahlen, sind im Vermögen der Gesellschaft aber nicht vorhanden, wenn der Mehrheitsgesellschafter keinen angemessenen Kaufpreis gezahlt hat.[1136]

cc) Eigener Abfindungsanspruch

Dafür, den Minderheitsgesellschaftern einen eigenen, im Spruchverfahren überprüfbaren Anspruch auf Abfindung gegen den Mehrheitsgesellschafter zu gewähren, spricht, dass das Spruchverfahren auf die Überprüfung eines solchen Anspruchs zugeschnitten ist. Daher müssten die Vorschriften des Spruchverfahrens bei der übertragenden Auflösung allenfalls geringfügig modifiziert werden. Zudem würde ein anhängiges Spruchverfahren der Beendigung der Gesellschaft nicht entgegenstehen, weil der Anspruch nicht gegen die Gesellschaft gerichtet ist.

Ein eigener Abfindungsanspruch der Minderheitsgesellschafter lässt sich bei einer übertragenden Auflösung allerdings dogmatisch nicht begründen. Die Vertreter der Ansicht, die einen solchen Anspruch befürworten, stützen

1135 Vgl. zur AG und GmbH § 270 Abs. 1 AktG, § 71 Abs. 1 GmbHG und zur KG *Weiß*, in: MAH PersGesR, 3. Aufl. 2019, § 25 Rn. 90.

1136 In diesem Sinne wohl auch *Hoffmann*, in: FS Stilz, 2014, S. 267, 281.

diesen Ansatz auf eine Einzel- oder Gesamtanalogie und vereinzelt unmittelbar auf Art. 14 Abs. 1 GG. Für eine Analogie fehlt es aber bereits an einer Regelungslücke. Bei der übertragenden Auflösung gewährt das Gesetz den Minderheitsgesellschaftern für den Verlust ihrer Mitgliedschaft in der Gesellschaft einen Anspruch auf „Abfindung", nämlich einen Anspruch auf anteiligen Liquidationserlös (§ 271 Abs. 1 AktG, § 72 Satz 1 GmbHG, §§ 161 Abs. 2, 155 Abs. 1 HGB). Aus dem gleichen Grund ergibt sich auch aus Art. 14 Abs. 1 GG bei der übertragenden Auflösung kein Bedürfnis für einen (vollen) Abfindungsanspruch der Minderheitsgesellschafter. Die mit der übertragenden Auflösung einhergehende Beeinträchtigung des Anteilseigentums der Minderheitsgesellschafter wird durch den Anspruch auf anteiligen Liquidationserlös jedenfalls teilweise ausgeglichen und, soweit der von dem Mehrheitsgesellschafter gezahlte Kaufpreis angemessen ist, sogar vollständig kompensiert.

Entgegen der Ansicht von *Hoffmann*[1137] scheidet es insbesondere aus, den Minderheitsgesellschaftern (der AG) einen Anspruch auf Barabfindung in analoger Anwendung der Regelungen über den aktienrechtlichen Squeeze-out zu gewähren. Bei einem Squeeze-out geht es nicht um ein „Angebot" des Mehrheitsgesellschafters an die Minderheitsgesellschafter, ihre Anteile gegen eine Abfindung zu erwerben, welches die Minderheitsgesellschafter annehmen oder ablehnen können. Die Aktien der Minderheitsgesellschafter werden bei einem Squeeze-out vielmehr zwangsweise gegen Abfindung auf den Mehrheitsgesellschafter übertragen. Ein solcher zwangsweiser Ausschluss der Minderheitsgesellschafter ist nach der ausdrücklichen gesetzlichen Regelung in § 327a Abs. 1 Satz 1 AktG aber nur zulässig, wenn die Hauptversammlung das beschließt und der Mehrheitsgesellschafter 95 Prozent des Grundkapitals hält. Sofern diese Voraussetzungen vorliegen und die Minderheitsgesellschafter gegen Abfindung aus der Gesellschaft ausgeschlossen werden, geht es auch nicht um eine analoge, sondern um eine direkte Anwendung der Squeeze-out-Regelungen. Im Übrigen ist die übertragende Auflösung, wie bereits ausgeführt,[1138] mit einem Squeeze-out nicht vergleichbar.

Gegen eine Gesamtanalogie spricht zudem, dass das Gesetz den Minderheitsgesellschaftern nicht bei allen Strukturmaßnahmen Abfindungsansprüche einräumt. Das zeigt bereits die differenzierende Regelung des § 29 UmwG, die den Gesellschaftern bei einer Verschmelzung, die wesentliche Parallelen zur übertragenden Auflösung aufweist, nur in bestimmten Fällen einen Abfindungsanspruch

1137 *Hoffmann*, in: FS Stilz, 2014, S. 267, 280 f.

1138 Dazu 4. Teil. B. I. 2. b) aa).

gewährt, beispielsweise wenn die übertragende Gesellschaft eine andere Rechtsform hat als die übernehmende Gesellschaft (sog. Mischverschmelzung) oder bei der Verschmelzung einer börsennotierten AG auf eine nicht börsennotierte AG.

Die gesetzlich vorgesehenen Abfindungsansprüche passen auch nicht ohne Weiteres auf den Fall der übertragenden Auflösung. Gemäß den Vorschriften des Umwandlungsgesetzes, die für alle untersuchten Gesellschaftsformen gelten, haben die Gesellschafter bei unterschiedlichen Umwandlungsmaßnahmen unter bestimmten Voraussetzungen ein Recht auf Abfindung. Ein solches Abfindungsrecht kann etwa bei der Verschmelzung bestehen (§ 29 UmwG). Für die AG besteht ein Abfindungsrecht nach dem Aktiengesetz auch bei dem Abschluss eines Beherrschungs- und Gewinnabführungsvertrags (§ 305 AktG), der Mehrheitseingliederung (§ 320b AktG) und dem aktienrechtlichen Squeeze-out (§§ 327a ff. AktG). Die Angemessenheit der Abfindung können die Gesellschafter in diesen Fällen im Spruchverfahren überprüfen lassen (vgl. nur § 1 Nr. 1 bis 4 SpruchG). Den Gesellschaftern wird im Gegenzug die Möglichkeit genommen, wegen der von ihnen angezweifelten Angemessenheit der Abfindung klageweise gegen die Wirksamkeit des zugrunde liegenden Beschlusses der Gesellschafterversammlung vorzugehen (vgl. § 32 UmwG, §§ 304 Abs. 3 Satz 2, 305 Abs. 5 Satz 2, 320b Abs. 2 Satz 1, 327f Satz 1 AktG).

Diesen Regelungen lässt sich entnehmen, dass das Klagerecht nur im Hinblick auf den Anspruch auf Abfindung ausgeschlossen ist, dessen Angemessenheit im Spruchverfahren überprüft wird. Bei einer übertragenden Auflösung würde der Ausschluss des Klagerechts im Hinblick auf die Abfindung jedoch nicht weiterhelfen. Denn die Gesellschafter könnten gegen die Wirksamkeit der Gesellschafterbeschlüsse dann weiterhin mit der Begründung vorgehen, dass der vereinbarte Kaufpreis nicht angemessen sei. Der von dem Mehrheitsgesellschafter gezahlte Kaufpreis würde im Spruchverfahren nicht einmal inzident überprüft, wenn ein eigener Abfindungsanspruch der Minderheitsgesellschafter zum Gegenstand des Spruchverfahrens gemacht würde.

dd) Anspruch auf Zuzahlung

Zu untersuchen ist weiter, ob den Gesellschaftern bei der übertragenden Auflösung der AG, der GmbH und der KG ein eigener Anspruch auf Zuzahlung gegen den Mehrheitsgesellschafter einzuräumen ist.[1139] Ein

1139 Vgl. auch *Windbichler*, GesR, 24. Aufl. 2017, § 33 Rn. 24: „Das überprüfungsbedürftige Element (…) kann (…) sowohl der Kaufpreis bei der Vermögensveräußerung

solcher Anspruch könnte auf eine analoge Anwendung des § 15 UmwG gestützt werden.[1140]

Nach § 15 Abs. 1 Satz 1 UmwG hat bei einer Verschmelzung jeder Gesellschafter der übertragenden Gesellschaft das Recht, von der übernehmenden Gesellschaft einen Ausgleich durch bare Zuzahlung zu verlangen, wenn das Umtauschverhältnis der Anteile, also die Basis für die Ermittlung der Gegenleistung für die Übertragung des Gesellschaftsvermögens, zu niedrig bemessen ist. Es geht um Fälle, in denen die Gesellschafter der übertragenden Gesellschaft eine zu niedrige Gegenleistung für die Übertragung des Gesellschaftsvermögens erhalten haben, also zu wenige Anteile an der übernehmenden Gesellschaft. Falls die Gesellschafter der Ansicht sind, dass das Umtauschverhältnis zu niedrig bemessen ist, können sie die angemessene Zuzahlung im Spruchverfahren durch das Gericht bestimmen lassen (§ 15 Abs. 1 Satz 2 UmwG). Mit dieser Begründung können sie jedoch nicht klageweise gegen die Wirksamkeit des Umwandlungsbeschlusses der übertragenden Gesellschaft vorgehen (§ 14 Abs. 2 UmwG).

Auf den Fall der übertragenden Auflösung übertragen würde dies bedeuten, dass die Gesellschafter gegen den Mehrheitsgesellschafter einen Anspruch auf bare Zuzahlung hätten, wenn der von ihm mit der Gesellschaft für das ganze Gesellschaftsvermögen vereinbarte Kaufpreis sich als zu niedrig erweist. In diesem Fall erhalten die Gesellschafter nämlich einen zu geringen anteiligen Abwicklungserlös. Die bare Zuzahlung wäre der Anteil des jeweiligen Gesellschafters an dem Differenzbetrag zwischen dem vereinbarten und dem vom Gericht als angemessen angesehenen (höheren) Kaufpreis. Der Anteil des jeweiligen Gesellschafters an dem Differenzbetrag würde von der Höhe seiner Beteiligung abhängen. Der Gegenstand des Spruchverfahrens wäre also ein Anspruch des einzelnen Minderheitsgesellschafters auf einen Anteil an diesem Differenzbetrag. Im Hinblick auf diesen Differenzbetrag liegt auch eine Regelungslücke vor, weil genau dieser Differenzbetrag durch den Anspruch auf anteiligen Liquidationserlös nicht ausgeglichen wird.

Im Vergleich zu den soeben diskutierten Ansprüchen wäre es mit erheblichen Vorteilen verbunden, den Anspruch auf Zuzahlung in entsprechender Anwendung des § 15 UmwG im Spruchverfahren überprüfen zu lassen.

---

als auch der Liquidationserlös für die Minderheitsaktionäre (Zuzahlung des Hauptaktionärs aus Treuepflicht?) sein."

1140 Auch *Lutter/Leinekugel*, ZIP 1999, 261, 266 und *Wolf*, ZIP 2002, 153, 158 verweisen zur Begründung eines eigenen im Spruchverfahren überprüfbaren Anspruchs der Minderheitsgesellschafter – neben anderen Regelungen – auf § 15 UmwG.

Der Zuzahlungsanspruch ließe sich in die bestehende gesetzliche Systematik weitgehend reibungslos einfügen. Insbesondere könnten die Regelungen des Spruchverfahrens grundsätzlich ohne Weiteres entsprechend angewendet werden. Hierbei würde das Gericht den von dem Mehrheitsgesellschafter gezahlten Kaufpreis prüfen, wenn auch nur inzident. Ein Eingriff in den Kaufvertrag zwischen der Gesellschaft und dem Mehrheitsgesellschafter wegen einer Erhöhung des Kaufpreises wäre damit nicht erforderlich.

Die Überprüfung des Anspruchs auf Zuzahlung stünde auch im Einklang mit dem Zweck des Spruchverfahrens. Die Beendigung der Gesellschaft würde durch das anhängige Spruchverfahren nicht tangiert, weil sein Gegenstand ein Anspruch der Minderheitsgesellschafter gegen den Mehrheitsgesellschafter wäre; die Gesellschaft wäre an dem Spruchverfahren damit nicht beteiligt. Der Anspruch würde sich auch gegen den richtigen Schuldner richten, weil die Mittel für den Ausgleich der Differenz zwischen dem vereinbarten und dem angemessenen Kaufpreis letztlich aus dem Vermögen des Mehrheitsgesellschafters kommen müssen; im Vermögen der Gesellschaft sind diese Mittel, wie bereits erwähnt,[1141] nicht vorhanden.

b) Analoge Anwendung des § 15 UmwG

Fraglich ist damit, ob sich eine analoge Anwendung des § 15 UmwG bei der übertragenden Auflösung der AG, der GmbH und der KG dogmatisch begründen lässt. Insoweit wurde bereits ausgeführt, dass die übertragende Auflösung wesentliche Parallelen zur Verschmelzung aufweist und eine analoge Anwendung verschmelzungsrechtlicher Vorschriften daher naheliegt.[1142] Zudem wurde aufgezeigt, dass der analogen Anwendung umwandlungsrechtlicher Vorschriften weder ein „Analogieverbot"[1143] noch – bei der AG – der Wortlaut des § 179a AktG[1144] entgegenstehen.

aa) Grundsätzliche Analogiefähigkeit

Die grundsätzliche Analogiefähigkeit der Vorschriften des Spruchverfahrens ist in Rechtsprechung und Literatur heute richtigerweise anerkannt.[1145] In der

1141 Dazu 5. Teil. B. I. 3. a) bb).

1142 Dazu 5. Teil. A. II. 3. d) cc) (AG), 5. Teil. A. III. 2 (GmbH) und 5. Teil. A. IV. 2 (KG).

1143 Dazu 5. Teil. A. II. 3. d) cc) (1).

1144 Dazu 5. Teil. A. II. 3. d) cc) (2).

1145 Vgl. nur BGHZ 153, 47, 58 – Macrotron; BGHZ 177, 131, 135; BayObLGZ 1998, 211, 215 f. – Magna Media; OLG Zweibrücken, AG 2005, 778, 779 – Guano II; *Stein*, in: Münch. Komm. AktG, 5. Aufl. 2021, § 179a Rn. 81 m. w. N.; aus

Macrotron-Entscheidung[1146], in der es um die Angemessenheit des Pflichtangebots bei einem regulären Delisting[1147] ging, hat der Bundesgerichtshof die Analogiefähigkeit der Vorschriften des Spruchverfahrens ausdrücklich bejaht und zur Begründung angeführt, dass „prozessuale Regelungen lediglich Hilfsmittel zur Durchsetzung des materiellen Rechts sind und ihre Analogiefähigkeit aus diesem Grunde ebenso gegeben ist wie diejenige des Rechts, dessen Durchsetzung sie dienen“[1148].

bb) Planwidrige Regelungslücke

Eine planwidrige Regelungslücke[1149] für die Anwendbarkeit des § 15 UmwG und der Regelungen des Spruchverfahrens liegt bei allen untersuchten Gesellschaftsformen vor. Insofern gelten die Ausführungen zur planwidrigen Regelungslücke im Hinblick auf eine Berichts- und Prüfungspflicht bei der AG[1150], der GmbH[1151] und der KG[1152] hier entsprechend. Wie dort näher ausgeführt, wollte der Gesetzgeber die rechtliche Behandlung der „Vollübertragung“ im Wege der Einzelrechtsnachfolge, und damit auch den Fall der übertragenden Auflösung, zunächst der Diskussion in Rechtsprechung und Literatur überlassen. Für die AG kann gegen eine planwidrige Regelungslücke damit insbesondere nicht eingewandt werden, dass § 179a AktG den Fall der übertragenden Auflösung abschließend regele.

---

verfassungsrechtlicher Sicht auch BVerfG, NJW 2001, 279, 280 f. – MotoMeter; aus rechtspolitischer Sicht zu § 361 AktG 1965 (jetzt § 179a AktG) bereits BGHZ 82, 188, 191 f. – Hoesch/Hoogovens; vgl. auch Beschlussempfehlung und Bericht des Rechtsausschusses zu dem Gesetzentwurf der Bundesregierung eines Gesetzes zur Neuordnung des gesellschaftsrechtlichen Spruchverfahrens, BT-Drs. 15/838, S. 16: „Nach Auffassung des Rechtsausschusses steht der Vorschrift des Artikels 1 § 1 nicht entgegen, dass die Regelungen über das Spruchverfahren über den dort ausdrücklich genannten Anwendungsbereich hinaus auch für andere Fälle analog angewandt werden können, wie dies z. B. kürzlich vom BGH (vgl. NJW 2003, S. 1032) für den Fall des ‚Delisting‘ angenommen worden ist.“

1146 BGHZ 153, 47 – Macrotron.

1147 Seine Rechtsprechung, dass ein Pflichtangebot beim regulären Delisting erforderlich ist, hat der BGH mittlerweile aufgegeben, vgl. BGH, NJW 2014, 146, 147 ff. – Macrotron II.

1148 BGHZ 153, 47, 58 – Macrotron m. w. N.

1149 Zu den Anforderungen an eine planwidrige Regelungslücke 5. Teil. A. II. 3. d) aa).

1150 Dazu 5. Teil. A. II. 3. d) bb) (2).

1151 Dazu 5. Teil. A. III. 2. a).

1152 Dazu 5. Teil. A. IV. 2. a).

Auch die Regelungen über den Anspruch auf anteiligen Liquidationserlös (§ 271 Abs. 1 AktG, § 72 Satz 1 GmbHG, §§ 161 Abs. 2, 155 Abs. 1 HGB) stehen der analogen Anwendung des § 15 UmwG nicht entgegen. Zwar wird der Verlust der Mitgliedschaft der Minderheitsgesellschafter durch diesen Anspruch bereits (teilweise) ausgeglichen. Die Zuzahlung ist jedoch der Anteil des jeweiligen Gesellschafters an dem Differenzbetrag zwischen dem vereinbarten und dem vom Gericht als angemessen angesehenen Kaufpreis. Dieser anteilige Differenzbetrag wird durch den Anspruch auf anteiligen Liquidationserlös gerade nicht ausgeglichen.

Eine planwidrige Regelungslücke liegt auch im Hinblick auf die Vorschriften des Spruchverfahrens vor. Der Rechtsausschuss des Deutschen Bundestags[1153] hat im Rahmen des Gesetzgebungsverfahrens zum Spruchverfahrensneuordnungsgesetz[1154] ausdrücklich darauf hingewiesen, dass eine analoge Anwendung der Vorschriften des Spruchverfahrens auf vergleichbare Fälle in Betracht komme.[1155] Nach der ausdrücklich bekundeten Regelungsabsicht des Gesetzgebers sind also die Fälle, in denen das Spruchverfahren eröffnet ist, im Gesetz nicht abschließend geregelt.

cc) Vergleichbare Interessenlage

Es stellt sich schließlich die Frage, ob im Hinblick auf die Vorschriften des Spruchverfahrens und § 15 UmwG bei der übertragenden Auflösung der AG, der GmbH und der KG eine vergleichbare Interessenlage[1156] gegeben ist. Der Zweck des Spruchverfahrens besteht im Allgemeinen darin, es den Anteilsinhabern zu ermöglichen, die Angemessenheit von Ausgleichs- und Abfindungsansprüchen, die ihnen im Rahmen von gesellschaftsrechtlichen Strukturmaßnahmen zustehen, gerichtlich überprüfen zu lassen.[1157] Den Anteilsinhabern soll hierdurch

1153 Beschlussempfehlung und Bericht des Rechtsausschusses zu dem Gesetzentwurf der Bundesregierung eines Gesetzes zur Neuordnung des gesellschaftsrechtlichen Spruchverfahrens, BT-Drs. 15/838, S. 16.

1154 Gesetz zur Neuordnung des gesellschaftsrechtlichen Spruchverfahrens v. 12. 6. 2003, BGBl. I S. 838.

1155 *Holzborn*, in: Spindler/Stilz, AktG, 4. Aufl. 2019, § 179a Rn. 44; *Seibt*, in: K. Schmidt/Lutter, AktG, 4. Aufl. 2020, § 179a Rn. 29; *Stein*, in: Münch. Komm. AktG, 5. Aufl. 2021, § 179a Rn. 86; vgl. auch *Haberstock/Greitemann*, in: Hölters, AktG, 3. Aufl. 2017, § 179a Rn. 21.

1156 Zu den Anforderungen an eine vergleichbare Interessenlage 5. Teil. A. II. 3. d) aa).

1157 Begr. RegE SpruchG, BT-Drs. 15/371, S. 11.

effektiver Rechtsschutz gewährt werden, ohne dass die zugrunde liegende Strukturmaßnahme durch Klagen der Anteilsinhaber blockiert werden kann.[1158]

Das entspricht der Interessenlage im Hinblick auf § 15 UmwG, der im Zusammenhang mit § 14 Abs. 2 UmwG zu sehen ist. Nach § 14 Abs. 2 UmwG kann eine Klage gegen die Wirksamkeit des Umwandlungsbeschlusses der übertragenden Gesellschaft nicht darauf gestützt werden, dass das Umtauschverhältnis, also letztlich die Gegenleistung für die Übertragung des Gesellschaftsvermögens in Form von Anteilen an der übertragenden Gesellschaft, zu niedrig bemessen ist. Dadurch soll verhindert werden, dass die Umsetzung der Maßnahme durch einen Streit über die Angemessenheit der Gegenleistung verzögert wird.[1159] Als Ausgleich für den Entzug des Klagerechts wird den Gesellschaftern gemäß § 15 UmwG das Recht auf bare Zuzahlung eingeräumt, also ein Recht auf Verbesserung der Gegenleistung.[1160]

Bei der übertragenden Auflösung besteht eine vergleichbare Interessenlage. Auch hier erhalten letztlich die Gesellschafter die Gegenleistung dafür, dass das ganze Gesellschaftsvermögen an den Mehrheitsgesellschafter veräußert wird. Die Gegenleistung (in Form des Kaufpreises) fließt zwar zunächst an die Gesellschaft. Da die Gesellschaft aber in unmittelbarem Zusammenhang mit der Veräußerung des ganzen Gesellschaftsvermögens liquidiert wird, wird der Kaufpreis (in Form der Liquidationsanteile) direkt an die Gesellschafter ausgekehrt. Die Höhe des Kaufpreises wirkt sich unmittelbar auf die Höhe der Liquidationsanteile der Gesellschafter aus. Die Gesellschafter haben bei der übertragenden Auflösung ähnlich wie bei der Verschmelzung daher ein berechtigtes Interesse daran, die Angemessenheit der Gegenleistung gerichtlich überprüfen zu lassen.

Wenn die Gesellschafter die Angemessenheit der Gegenleistung nicht im Spruchverfahren kontrollieren lassen könnten, bliebe ihnen als einzige Möglichkeit, die Angemessenheit der Gegenleistung durch eine Klage gegen die Wirksamkeit des Beschlusses der Gesellschafterversammlung über die Veräußerung des ganzen Gesellschaftsvermögens überprüfen zu lassen. Dadurch würde die Umsetzung der übertragenden Auflösung nur wegen eines Streits über die Angemessenheit der Gegenleistung blockiert werden. Genau das soll bei der Verschmelzung durch den Ausschluss des Klagerechts (§ 14 Abs. 2 UmwG) und – als Ausgleich hierfür – den Anspruch der Gesellschafter auf bare Zuzahlung, dessen

---

1158 Begr. RegE SpruchG, BT-Drs. 15/371, S. 11.

1159 Begr. RegE UmwBerG, BT-Drs. 12/6699, S. 87; vgl. dazu auch *Bayer/Vetter*, in: Lutter, UmwG, 6. Aufl. 2019, § 14 Rn. 17.

1160 Begr. RegE UmwBerG, BT-Drs. 12/6699, S. 87 f.

Höhe im Spruchverfahren bestimmt werden kann (§ 15 UmwG), verhindert werden.

Weitere allgemeine „Überlegungen, die der Einführung des Spruchverfahrens im Unternehmensvertrags- und Umwandlungsrecht zu Grunde liegen", lassen sich den folgenden Ausführungen des Bundesgerichtshofs in der Macrotron-Entscheidung zum Pflichtangebot beim Delisting entnehmen:

> „Dem Senat erscheint es nicht zweckmäßig, die Möglichkeit der Überprüfung, ob das Kaufangebot dem Verkehrswert der Aktien entspricht, durch das Institut der Anfechtungsklage sicherzustellen. Es kann den Interessen beider Parteien nicht vollständig gerecht werden. Die Aktionäre können lediglich eine Kassation des Beschlusses erreichen und dadurch dessen Durchsetzung verhindern. Sie vermögen auf diese Weise nur mittelbar eine Erhöhung des Kaufangebotspreises durch die Gesellschaft oder den Mehrheitsaktionär zu erreichen. Der Gesellschaft entstehen durch das Erfordernis der erneuten Einberufung einer Hauptversammlung unverhältnismäßige Kosten. Ferner können für sie durch die Verzögerung des Delisting erhebliche Nachteile eintreten. Wie entsprechende Regelungen im Unternehmensvertragsrecht (...) und im Umwandlungsrecht (...) zeigen, kann den Belangen der Beteiligten eher dadurch entsprochen werden, dass die Höhe des Angebotsbetrags in einem dafür geschaffenen Verfahren (Spruchverfahren) geklärt wird."[1161]

Diese Überlegungen, die der Einführung der Vorschriften des Spruchverfahrens zugrunde liegen, gelten gleichermaßen für den Fall der übertragenden Auflösung.[1162] Im Ergebnis besteht damit auch eine vergleichbare Interessenlage.

c) Zwischenergebnis

Bei der übertragenden Auflösung der AG, der GmbH und der KG haben die Minderheitsgesellschafter in entsprechender Anwendung des § 15 Abs. 1 Satz 1 UmwG das Recht, von dem Mehrheitsgesellschafter einen Ausgleich durch bare Zuzahlung zu verlangen, wenn der Kaufpreis zu niedrig bemessen ist. Die Höhe der Zuzahlung können die Minderheitsgesellschafter im Spruchverfahren bestimmen lassen.

1161 BGHZ 153, 47, 57 f. – Macrotron.

1162 Vgl. *Holzborn*, in: Spindler/Stilz, AktG, 4. Aufl. 2019, § 179a Rn. 42 ff.; *Stein*, in: Münch. Komm. AktG, 5. Aufl. 2021, § 179a Rn. 84 f.

4. *Folgen der analogen Anwendung des § 15 UmwG*

a) *Inhalt des Zuzahlungsanspruchs*

Bei einer übertragenden Auflösung der AG, der GmbH und der KG können die Minderheitsgesellschafter in entsprechender Anwendung des § 15 Abs. 1 Satz 1 UmwG von dem Mehrheitsgesellschafter einen Ausgleich durch bare Zuzahlung verlangen, wenn der Kaufpreis für das ganze Gesellschaftsvermögen zu niedrig bemessen ist. Die bare Zuzahlung ist der Anteil des jeweiligen Gesellschafters an dem Differenzbetrag zwischen dem vereinbarten und dem vom Gericht als angemessen angesehenen (höheren) Kaufpreis. Der Anteil des jeweiligen Gesellschafters an dem Differenzbetrag hängt von der Höhe seiner Beteiligung ab. Das Gericht prüft die Angemessenheit des von dem Mehrheitsgesellschafter gezahlten Kaufpreises damit inzident.

b) *Entstehung des Zuzahlungsanspruchs*

Bei einer direkten Anwendung des § 15 Abs. 1 Satz 1 UmwG entsteht der Anspruch auf bare Zuzahlung mit Wirksamwerden der Verschmelzung, also mit Erlöschen der übertragenden Gesellschaft. Auf den Gesamtvorgang der übertragenden Auflösung übertragen würde der Anspruch damit erst mit Beendigung der Gesellschaft entstehen, weil die Gesellschaft erst in diesem Zeitpunkt erlischt. Vor dem Hintergrund der gewöhnlichen Dauer der Abwicklung einer Gesellschaft erscheint das nicht sachgerecht. Bei der AG und der GmbH gilt zudem ein Sperrjahr, vor dessen Ablauf eine Beendigung nicht möglich ist (§ 272 Abs. 1 AktG, § 73 Abs. 1 GmbHG). Es ist daher angemessener anzunehmen, dass der Anspruch auf bare Zuzahlung bei einer entsprechenden Anwendung des § 15 Abs. 1 Satz 1 UmwG auf die übertragende Auflösung bereits entsteht, nachdem sowohl der Beschluss der Gesellschafterversammlung über die Auflösung der Gesellschaft als auch der Beschluss über die Veräußerung des ganzen Gesellschaftsvermögens gefasst worden sind.

c) *Bestimmung der Zuzahlung im Spruchverfahren*

Die angemessene Zuzahlung wird auf Antrag durch das Gericht nach den Vorschriften des Spruchverfahrensgesetzes bestimmt (§ 15 Abs. 1 Satz 2 UmwG analog). Antragsberechtigt ist jeder Gesellschafter (§ 3 Nr. 3 SpruchG, § 15 Abs. 1 Satz 2 UmwG jeweils analog). Der Antrag auf die Bestimmung der Zuzahlung im Spruchverfahren muss binnen drei Monaten seit dem Tag gestellt werden, in dem der Anspruch auf Zuzahlung entstanden ist (§ 4 Abs. 1 Nr. 4 SpruchG analog). Antragsgegner ist der Mehrheitsgesellschafter oder seine Tochtergesellschaft, wenn diese das ganze Gesellschaftsvermögen erwirbt (§ 5 Nr. 4 SpruchG analog).

d) *Einschränkung des Klagerechts der Gesellschafter*

Eine Klage gegen die Wirksamkeit der Beschlüsse der Gesellschafterversammlung über die Auflösung der Gesellschaft und die Veräußerung des ganzen Gesellschaftsvermögens kann nicht darauf gestützt werden, dass der Kaufpreis für das ganze Gesellschaftsvermögen zu niedrig bemessen sei (§ 14 Abs. 2 UmwG analog).

e) *Besonderheiten des Zuzahlungsanspruchs*

Bei der übertragenden Auflösung der AG, der GmbH und der KG bedarf der Anspruch der Gesellschafter auf Zuzahlung wegen der Zweckwidmung des Gesellschaftsvermögens (und bei der AG und der GmbH auch wegen des Grundsatzes der Kapitalerhaltung) einer (vorübergehenden) Einschränkung. Vor der Beendigung der Gesellschaft dürfen die Gesellschafter nur verlangen, dass die Zuzahlung an die Gesellschaft gezahlt wird. Die Zuzahlung fließt dann aber, soweit sie nicht zur Befriedung der Gläubiger der Gesellschaft verwendet wird, über den anteiligen Liquidationserlös letztlich an die Gesellschafter zurück. Eine Zahlung an sich selbst dürfen die Gesellschafter erst verlangen, wenn die Gesellschaft beendet ist, und nur soweit der Betrag nicht dazu benötigt wird, die Gläubiger der Gesellschaft zu befriedigen. Hierdurch wird auch sichergestellt, dass die Gesellschafter nicht bessergestellt werden als in dem Fall, in dem der Mehrheitsgesellschafter einen angemessenen Kaufpreis für das ganze Gesellschaftsvermögen an die Gesellschaft gezahlt hat. Denn auch in diesem Fall fließt der volle Kaufpreis zunächst an die Gesellschaft und ist vorrangig zur Befriedigung der Gläubiger der Gesellschaft zu verwenden.

Diese (vorübergehende) Einschränkung ändert aber nichts daran, dass der Anspruch auf Zuzahlung ein eigener Anspruch der Gesellschafter ist, der damit zur Überprüfung im Spruchverfahren geeignet ist und der Beendigung der Gesellschaft nicht entgegensteht.[1163] Zudem wird sich diese Einschränkung nur in wenigen Ausnahmefällen auswirken. Die Gesellschafter werden in aller Regel verlangen können, dass die Zuzahlung unmittelbar an sie selbst gezahlt wird. Denn wegen der üblicherweise langen Dauer eines Spruchverfahrens wird die

1163 Zu diesen und weiteren Vorteilen, die mit dem Anspruch auf Zuzahlung verbunden sind, bereits unter 5. Teil. B. I. 3. a) dd).

Gesellschaft in aller Regel bereits beendet sein, wenn das Spruchverfahren abgeschlossen ist. Das Vermögen der Gesellschaft wird auch regelmäßig ausreichen, um die Gläubiger der Gesellschaft zu befriedigen, zumal der Mehrheitsgesellschafter bei einer übertragenden Auflösung typischerweise das gesamte Unternehmen und damit auch sämtliche Passiva der Gesellschaft übernimmt.

Zur Begründung der vorstehenden Einschränkung kann verwiesen werden auf die entsprechende rechtliche Behandlung von Ansprüchen der Gesellschafter auf Ersatz eines mittelbaren Schadens, der dadurch entsteht, dass die Gesellschaft einen Schaden erleidet und der innere Wert der Beteiligung der Gesellschafter dadurch entsprechend sinkt (sog. Reflexschaden). Auch wenn den Gesellschaftern in diesem Fall eigene Schadenersatzansprüche zustehen, können sie grundsätzlich nicht verlangen, dass Schadenersatz in ihr Privatvermögen geleistet wird. Die Gesellschafter können vielmehr nur beanspruchen, dass der Schaden, der dem Vermögen der Gesellschaft zugefügt wurde, durch eine Zahlung an die Gesellschaft ausgeglichen wird.[1164] Dabei kommt es nicht darauf an, ob die Gesellschaft ebenfalls einen Anspruch auf Schadenersatz gegen den Schädiger hat.[1165] Diese Grundsätze gelten auch während des Liquidationsverfahrens.[1166]

Zur Begründung dieser Grundsätze wird bei der AG, der GmbH und der KG insbesondere auf die Zweckwidmung des Gesellschaftsvermögens und bei der AG und der GmbH zusätzlich auf den Grundsatz der Kapitalerhaltung verwiesen.[1167] Nach der Beendigung der Gesellschaft können die Gesellschafter deshalb Zahlung an sich selbst verlangen, soweit der Betrag nicht benötigt wird, um die Gläubiger der Gesellschaft zu befriedigen.[1168] Denn mit der Beendigung der Gesellschaft entfallen die Zweckwidmung des Gesellschaftsvermögens und der Zweck der Kapitalerhaltung.[1169]

Der Anspruch auf Zuzahlung an die Minderheitsgesellschafter bei der übertragenden Auflösung ist letztlich ebenfalls darauf gerichtet, einen mittelbaren

---

1164 Ganz h. M.; vgl. zum Vorstehenden zur AG nur BGHZ 129, 136, 165 f. – Girmes; zur GmbH BGH, NJW 2013, 2586, 2587 f.; zur KG *Habersack*, in: *Staub*, HGB, 5. Aufl. 2009, § 124 Rn. 17, jeweils m. w. N.

1165 BGHZ 129, 136, 166 – Girmes (AG).

1166 BGH, NJW 2013, 2586, 2587 (GmbH).

1167 Vgl. zur AG BGHZ 129, 136, 166 – Girmes; zur GmbH BGH, NJW 2013, 2586, 2587; zur KG *Habersack*, in: *Staub*, HGB, 5. Aufl. 2009, § 124 Rn. 17.

1168 Vgl. zur AG BGHZ 129, 136, 166 – Girmes; zur GmbH *Altmeppen*, GmbHG, 10. Aufl. 2021, § 13 Rn. 156; *Ekkenga*, in: Münch. Komm. GmbHG, 3. Aufl. 2018, § 29 Rn. 270; *Pentz*, in: Rowedder/Schmidt-Leithoff, GmbHG, 6. Aufl. 2017, § 29 Rn. 172.

1169 Vgl. zur GmbH *Altmeppen*, GmbHG, 10. Aufl. 2021, § 13 Rn. 156.

„Schaden" der Gesellschafter auszugleichen, der durch eine Schädigung der Gesellschaft entstanden ist, nämlich durch die Vereinbarung und Zahlung eines nicht angemessenen Kaufpreises für das ganze Gesellschaftsvermögen. Die Begründung für die Grundsätze zum Reflexschaden ist daher auf den Anspruch auf Zuzahlung übertragbar, der den Minderheitsgesellschaftern bei einer übertragenden Auflösung gegen den Mehrheitsgesellschafter analog § 15 UmwG zusteht. Das spricht für eine entsprechende Anwendung dieser Grundsätze auf die Zuzahlung bei einer übertragenden Auflösung.

Darüber hinaus muss sichergestellt werden, dass der Mehrheitsgesellschafter den Differenzbetrag zwischen dem vereinbarten und dem angemessenen Kaufpreis nur einmal leisten muss. Sofern und soweit der Mehrheitsgesellschafter diesen Differenzbetrag ausnahmsweise bereits an die Gesellschaft gezahlt hat, beispielsweise um einen Anspruch der Gesellschaft auf Schadenersatz zu erfüllen, müssen sich die Gesellschafter diesen Betrag auf ihren Zuzahlungsanspruch anrechnen lassen. Die Gesellschafter werden dadurch nicht schlechter gestellt. Denn der von dem Mehrheitsgesellschafter an die Gesellschaft gezahlte Betrag wird letztlich in Form der anteiligen Liquidationserlöse an die Gesellschafter ausgekehrt, soweit er nicht zur Befriedigung der Gläubiger der Gesellschafter verwendet wird.

5. *Ergebnis*

Die Minderheitsgesellschafter haben bei einer übertragenden Auflösung der AG, der GmbH und der KG in entsprechender Anwendung des § 15 Abs. 1 Satz 1 UmwG das Recht, von dem Mehrheitsgesellschafter einen Ausgleich durch bare Zuzahlung zu verlangen, wenn ein zu niedriger Kaufpreis für das ganze Gesellschaftsvermögen vereinbart worden ist. Die Höhe der angemessenen Zuzahlung können die Minderheitsgesellschafter im Spruchverfahren durch das Gericht bestimmen lassen (§ 15 Abs. 1 Satz 2 UmwG analog). Die bare Zuzahlung ist der Anteil des jeweiligen Gesellschafters an dem Differenzbetrag zwischen dem vereinbarten und dem vom Gericht als angemessen angesehenen (höheren) Kaufpreis. Der Anteil des jeweiligen Gesellschafters an dem Differenzbetrag hängt von der Höhe seiner Beteiligung ab. Eine Klage gegen die Wirksamkeit der Beschlüsse der Gesellschafterversammlung über die Auflösung der Gesellschaft und die Veräußerung des ganzen Gesellschaftsvermögens kann nicht darauf gestützt werden, dass der Kaufpreis für das Gesellschaftsvermögen zu niedrig bemessen sei (§ 14 Abs. 2 UmwG analog).

II. Klageverfahren (Beschlussmängel)

Eine Klage gegen die Wirksamkeit der Beschlüsse der Gesellschafterversammlung über die Auflösung der Gesellschaft und die Veräußerung des ganzen Gesellschaftsvermögens an den Mehrheitsgesellschafter kann bei der übertragenden Auflösung der AG, der GmbH und der KG nicht darauf gestützt werden, dass ein zu geringer Kaufpreis für das Gesellschaftsvermögen vereinbart worden sei (§ 14 Abs. 2 UmwG analog). Damit kann eine Klage insbesondere nicht darauf gestützt werden, dass ein Verstoß gegen die gesellschaftsrechtliche Treuepflicht[1170], den Gleichbehandlungsgrundsatz[1171] sowie – bei der AG – gegen das Verbot der Einlagenrückgewähr (§ 57 Abs. 1 AktG) oder das nach der Auflösung geltende Verteilungsverbot (§§ 271 Abs. 1, 272 Abs. 1 AktG)[1172] vorliege, wenn das damit begründet wird, dass der Kaufpreis nicht angemessen sei. Die Erhebung einer Klage gegen die Wirksamkeit der bei der übertragenden Auflösung gefassten Gesellschafterbeschlüsse wegen anderer Beschlussmängel bleibt aber möglich und richtet sich nach den allgemeinen Grundsätzen. Die Klage muss jedoch innerhalb eines Monats nach der Beschlussfassung erhoben werden (§ 14 Abs. 1 UmwG analog). Welche Beschlussmängel bei der übertragenden Auflösung in Betracht kommen, wurde bereits ausgeführt.[1173]

III. Schadenersatzansprüche

Bei der übertragenden Auflösung der AG, der GmbH und der KG ist darüber hinaus an Schadenersatzansprüche der Minderheitsgesellschafter gegen den Mehrheitsgesellschafter und die Organe der Gesellschaft zu denken, wenn der mit dem Mehrheitsgesellschafter für das ganze Gesellschaftsvermögen vereinbarte Kaufpreis unangemessen ist. Diese richten sich nach den allgemeinen Grundsätzen.

Ein eigener Schadenersatzanspruch (z. B. aus § 823 Abs. 2 BGB i. V. m. § 266 StGB oder § 826 BGB) wegen eines unangemessenen Kaufpreises für das ganze Gesellschaftsvermögen wird den Minderheitsgesellschaftern aber nur ausnahmsweise zustehen. Denn auf der Grundlage des hier vertretenen Ansatzes haben die Minderheitsgesellschafter bei der übertragenden Auflösung in einem solchen Fall einen im Spruchverfahren überprüfbaren Anspruch auf Zuzahlung

---

1170 Dazu 4. Teil. E. I. 1.
1171 Dazu 4. Teil. E. II. 2. b).
1172 Dazu 4. Teil. F. I.
1173 Dazu 4. Teil. E und 4. Teil. F.

gegen den Mehrheitsgesellschafter.[1174] Dadurch entfällt regelmäßig der Schaden der Minderheitsgesellschafter und damit die Voraussetzungen für einen Schadenersatzanspruch. Zudem setzt ein Anspruch auf Schadenersatz neben einem Schaden der Minderheitsgesellschafter auch ein Verschulden des Schädigers voraus. Der Nachweis eines Verschuldens wird den Minderheitsgesellschaftern aber wohl nur selten gelingen.

Demgegenüber steht der Anspruch auf Zuzahlung den Minderheitsgesellschaftern unabhängig von einem Verschulden des Mehrheitsgesellschafters zu. Zudem gilt im Spruchverfahren der Amtsermittlungsgrundsatz. Bei einem Anspruch der Minderheitsgesellschafter auf Schadenersatz gegen die Organe der Gesellschaft müssen sich die Minderheitsgesellschafter grundsätzlich als Mitverschulden (§ 254 Abs. 2 BGB) entgegenhalten lassen, wenn sie es unterlassen haben, die Zuzahlung im Spruchverfahren bestimmen zu lassen.[1175]

1174 Dazu 5. Teil. B. I.

1175 Vgl. zum Anspruch aus § 25 UmwG *Grunewald*, in: Lutter, UmwG, 6. Aufl. 2019, § 25 Rn. 15 m. w. N.

6. Teil. Ergebnisse in Thesen

Vereinbarkeit mit Verfassungsrecht

1. Aus verfassungsrechtlicher Sicht ist die übertragende Auflösung der AG, der GmbH und der KG grundsätzlich zulässig. Es muss jedoch sichergestellt werden, dass die ausscheidenden Minderheitsgesellschafter einen Ausgleich in Höhe des Werts ihrer Beteiligung erhalten und die Möglichkeit haben, das gerichtlich überprüfen zu lassen.[1176]

Vereinbarkeit mit einfachem Recht

2. Die übertragende Auflösung der AG, der GmbH und der KG ist auch aus Sicht des einfachen Rechts und damit insgesamt zulässig.[1177]
3. Die übertragende Auflösung der AG, der GmbH und der KG verstößt grundsätzlich nicht gegen die gesellschaftsrechtliche Treuepflicht. Die Beeinträchtigungen der Minderheitsgesellschafter, die mit der übertragenden Auflösung verbunden sind, werden von dem Auflösungsrecht gedeckt und können deshalb die Treuwidrigkeit einer mit den Stimmen des Mehrheitsgesellschafters beschlossenen übertragenden Auflösung nicht begründen.[1178]
4. Ein Rechtsmissbrauch ist in der übertragenden Auflösung der AG, der GmbH und der KG nicht zusehen. Der Auflösungsbeschluss wird bei der übertragenden Auflösung nicht zweckwidrig (Ausschluss statt Desinvestition) eingesetzt. Die übertragende Auflösung ist mit einem Ausschluss aus der Gesellschaft nicht vergleichbar.[1179]
5. Weder die Vorschriften des Umwandlungsgesetzes[1180] noch die Vorschriften über den aktienrechtlichen Squeeze-out (§§ 327a ff. AktG)[1181] stehen der Zulässigkeit der übertragenden Auflösung der AG, der GmbH oder der KG entgegen.

1176 Dazu S. 57 ff.
1177 Dazu S. 66 ff.
1178 Dazu S. 69 ff.
1179 Dazu S. 75 ff.
1180 Dazu S. 81 ff.
1181 Dazu S. 89 ff.

Erforderliche Gesellschafterbeschlüsse

6. Die übertragende Auflösung der AG, der GmbH und der KG bedarf in einem ersten Schritt eines Beschlusses der Gesellschafterversammlung über die Auflösung der Gesellschaft (§ 262 Abs. 1 Nr. 2 AktG, § 60 Abs. 1 Nr. 2 GmbHG, §§ 161 Abs. 2, 131 Abs. 1 Nr. 2 HGB). Bei der übertragenden Auflösung der AG ist zudem gemäß § 179a Abs. 1 Satz 1 AktG ein Beschluss der Hauptversammlung über die Zustimmung zu dem Kaufvertrag zwischen der Gesellschaft und dem Mehrheitsgesellschafter über das ganze Gesellschaftsvermögen erforderlich. Auf die GmbH und die KG ist § 179a AktG nicht analog anwendbar. Bei der übertragenden Auflösung der GmbH und der KG bedarf die Veräußerung des ganzen Gesellschaftsvermögens aber nach den allgemeinen Grundsätzen eines zustimmenden Beschlusses der Gesellschafterversammlung, weil es sich dabei um ein Grundlagengeschäft handelt. Der Zustimmungsbeschluss ist bei der AG, der GmbH und der KG jeweils unabhängig davon erforderlich, ob der Kaufvertrag über das ganze Gesellschaftsvermögen vor oder nach der Auflösung der Gesellschaft geschlossen wird.[1182]

Beschlussmehrheit und Beteiligungserfordernis

7. Bei der AG bedürfen die Beschlüsse der Hauptversammlung über die Auflösung der Gesellschaft und die Zustimmung zu dem Kaufvertrag über das ganze Gesellschaftsvermögen jeweils lediglich einer Mehrheit von mindestens drei Viertel des bei der Beschlussfassung vertretenen Grundkapitals (§§ 262 Abs. 1 Nr. 2, 179a Abs. 1 Satz 1 AktG). Ein bestimmtes Beteiligungserfordernis besteht nicht.[1183]
8. Bei der übertragenden Auflösung einer GmbH bedarf der Beschluss der Gesellschafterversammlung über die Auflösung der GmbH gemäß § 60 Abs. 1 Nr. 2 GmbHG einer Mehrheit von mindestens drei Viertel der abgegebenen Stimmen. Gleiches gilt in entsprechender Anwendung des § 53 Abs. 2 Satz 1 GmbHG für den Beschluss über die Veräußerung des ganzen Gesellschaftsvermögens. Ein Beteiligungserfordernis muss nicht beachtet werden.[1184]
9. Bei der KG hängt die Frage, welche Mehrheits- und Beteiligungserfordernisse bei den Beschlüssen der Gesellschafterversammlung über die Auflösung

1182 Dazu S. 103 ff.
1183 Dazu S. 141 ff.
1184 Dazu S. 158 ff.

der Gesellschaft und die Veräußerung des ganzen Gesellschaftsvermögens zu beachten sind, grundsätzlich von dem Inhalt des Gesellschaftsvertrags ab. Enthält der Gesellschaftsvertrag der KG insoweit keine Regelung, gilt das gesetzliche Einstimmigkeitsprinzip. Damit diese Beschlüsse von dem Mehrheitsgesellschafter durch Mehrheitsentscheidung auch gegen die Stimmen der Minderheitsgesellschafter gefasst werden können, muss der Gesellschaftsvertrag eine Mehrheitsklausel enthalten, die diese Beschlussgegenstände umfasst und aus der sich eine antizipierte Zustimmung der Minderheitsgesellschafter entnehmen lässt. Eine allgemeine Mehrheitsklausel ist hierfür nicht ausreichend. Zudem muss die Mehrheitsklausel in entsprechender Anwendung des § 43 Abs. 2 Satz 2 UmwG eine Mehrheit von mindestens drei Viertel der abgegebenen Stimmen vorsehen.[1185]

Stimmrecht des Mehrheitsgesellschafters

10. Bei der übertragenden Auflösung der AG, der GmbH und der KG unterliegt der Mehrheitsgesellschafter weder bei der Beschlussfassung über die Auflösung der Gesellschaft noch bei der Beschlussfassung über die Veräußerung des ganzen Gesellschaftsvermögens an den Mehrheitsgesellschafter einem Stimmverbot. Insbesondere bei der übertragenden Auflösung der GmbH ist das Stimmrecht des Mehrheitsgesellschafters nicht gemäß § 47 Abs. 4 Satz 2 GmbHG ausgeschlossen, wenn die Gesellschafterversammlung über die Veräußerung des ganzen Gesellschaftsvermögens an ihn selbst beschließt.[1186]

Wichtiger Grund als Zulässigkeitserfordernis

11. Die übertragende Auflösung der AG, der GmbH und der KG setzt nicht voraus, dass hierfür ein zum Ausschluss der Minderheitsgesellschafter berechtigender wichtiger Grund vorliegt. Zwischen der übertragenden Auflösung und dem Ausschluss aus der Gesellschaft bestehen erhebliche Unterschiede, und es sprechen weitere gewichtige Gründe dagegen, beide Fälle rechtlich gleich zu behandeln.[1187]

Schranken aus der Treuepflicht und dem Gleichbehandlungsgebot

12. Die übertragende Auflösung der AG, der GmbH und der KG kann im Einzelfall bei Vorliegen besonderer Umstände gegen die gesellschaftsrechtliche

1185 Dazu S. 164 ff.
1186 Dazu S. 178 ff.
1187 Dazu S. 187 ff.

Treuepflicht verstoßen. Ein solcher Verstoß liegt vor, wenn der Kaufvertrag zwischen der Gesellschaft und dem Mehrheitsgesellschafter über das ganze Gesellschaftsvermögen einem Drittvergleich nicht standhält, insbesondere weil ein unangemessen niedriger Kaufpreis vereinbart wurde. Zudem handelt der Mehrheitsgesellschafter treuwidrig, wenn er das ganze Gesellschaftsvermögen der werbenden Gesellschaft verbindlich kauft und bereits übernimmt, bevor die Gesellschaft aufgelöst wurde. Mit anderen Worten: Die Veräußerung (Verkauf und Übertragung) des ganzen Gesellschaftsvermögens an den Mehrheitsgesellschafter vor (oder ohne) Auflösung der Gesellschaft ist grundsätzlich treuwidrig. Darüber hinaus verstößt der Mehrheitsgesellschafter gegen die gesellschaftsrechtliche Treuepflicht, wenn er vor der Beschlussfassung über die Auflösung der Gesellschaft durch Absprachen über den Erwerb des Gesellschaftsvermögens „Fakten" schafft, die einen Erwerb durch die Minderheitsgesellschafter im Zuge der Liquidation rechtlich oder tatsächlich ausschließen. Eine solche unzulässige Vorabsprache liegt vor, wenn der Mehrheitsgesellschafter und die Gesellschaft den Kaufvertrag über das ganze Gesellschaftsvermögen bereits abschließen, bevor die Auflösung der Gesellschaft beschlossen wurde, es sei denn, der Kaufvertrag wird erst nach der Auflösung der Gesellschaft wirksam. Bei der AG setzt das voraus, dass der Beschluss der Hauptversammlung über die Zustimmung zu dem Kaufvertrag über das ganze Gesellschaftsvermögen nach dem Auflösungsbeschluss gefasst wird. Bei der GmbH und der KG muss der Kaufvertrag unter der aufschiebenden Bedingung geschlossen werden, dass die Gesellschafterversammlung der Veräußerung des ganzen Gesellschaftsvermögens an den Mehrheitsgesellschafter zustimmt, wobei die Gesellschafterversammlung den Zustimmungsbeschluss erst nach dem Auflösungsbeschluss fassen darf.[1188]

13. Die übertragende Auflösung der AG, der GmbH und der KG verstößt grundsätzlich nicht gegen den Gleichbehandlungsgrundsatz. In dem Umstand, dass die Gesellschaft ihr ganzes Vermögen an den Mehrheitsgesellschafter und nicht an die Minderheitsgesellschafter veräußert, kann nur dann ein Verstoß gegen den Gleichbehandlungsgrundsatz gesehen werden, wenn hierfür kein sachlicher Grund vorliegt. Ein sachlicher Grund liegt insbesondere vor, wenn die Minderheitsgesellschafter die rechtliche und tatsächliche Möglichkeit haben, das Gesellschaftsvermögen selbst zu erwerben, sie aber kein besseres Kaufangebot als der Mehrheitsgesellschafter abgeben.

1188 Dazu S. 193 ff.

Ein Verstoß gegen den Gleichbehandlungsgrundsatz liegt vor, wenn die Bedingungen des Kaufvertrags ohne sachlichen Grund einem Drittvergleich nicht standhalten. Das Vertretungsorgan der Gesellschaft muss den Minderheitsgesellschaftern das Unternehmen der Gesellschaft grundsätzlich nicht zum Kauf anbieten.[1189]

14. Bei der übertragenden Auflösung der AG, der KG und der GmbH bedürfen die Beschlüsse der Gesellschafterversammlung über die Auflösung der Gesellschaft und die Veräußerung des ganzen Gesellschaftsvermögens keiner sachlichen Rechtfertigung.[1190]

Vereinbarkeit mit Kapitalerhaltungs- und Thesaurierungsgeboten

15. Bei der übertragenden Auflösung der AG und der GmbH kann ein Verstoß gegen die Kapitalerhaltungsgebote (§ 57 Abs. 1 AktG, § 30 Abs. 1 GmbHG) und die nach der Auflösung geltenden Thesaurierungsgebote (§§ 271 Abs. 1, 272 Abs. 1 AktG, § 73 Abs. 1 GmbHG) vorliegen, wenn der mit dem Mehrheitsgesellschafter über das ganze Gesellschaftsvermögen vereinbarte Kaufpreis einem Drittvergleich nicht standhält. Ein solcher Verstoß führt nicht zur Nichtigkeit des Kaufvertrags oder der zur Erfüllung des Kaufvertrags erforderlichen dinglichen Verfügungsgeschäfte. Bei der AG ist der Beschluss der Hauptversammlung über die Veräußerung des ganzen Gesellschaftsvermögens in diesem Fall nicht nichtig, sondern nur anfechtbar. Bei der GmbH hat der Verstoß keine Auswirkungen auf die Wirksamkeit des Beschlusses der Gesellschafterversammlung über die Veräußerung des ganzen Gesellschaftsvermögens. Im KG-Recht bestehen keine vergleichbaren Kapitalerhaltungsregeln und Thesaurierungsgebote.[1191]

Präventiver Schutz der Minderheitsgesellschafter

16. Bei der übertragenden Auflösung der AG, der GmbH und der KG sind in entsprechender Anwendung der §§ 8 ff. UmwG ein Bericht des Vertretungsorgans der Gesellschaft und eine Prüfung durch einen sachverständigen Prüfer nebst Prüfungsbericht erforderlich. Bei der GmbH und der KG gilt das Prüfungserfordernis jedoch nur, wenn ein Gesellschafter eine Prüfung verlangt (§§ 44, 48 UmwG analog). Bei der KG entfällt das

1189 Dazu S. 208 ff.
1190 Dazu S. 213 ff.
1191 Dazu S. 225 ff.

Berichtserfordernis, wenn alle Gesellschafter zur Geschäftsführung berechtigt sind (§ 41 UmwG analog).[1192]

17. Für die AG regelt § 179a AktG den Fall der übertragenden Auflösung nicht abschließend. Die Entstehungsgeschichte des § 179a AktG spricht im Gegenteil dafür, dass der Gesetzgeber sogar die rechtliche Behandlung der Veräußerung des ganzen Gesellschaftsvermögens an einen gesellschaftsfremden Dritten ohne Auflösung der Gesellschaft, dann aber erst recht die übertragende Auflösung, der Diskussion in Rechtsprechung und Literatur überlassen wollte.[1193]
18. Es besteht kein umwandlungsrechtliches „Analogieverbot" dahingehend, dass eine analoge Anwendung umwandlungsrechtlicher Vorschriften außerhalb des Umwandlungsgesetzes schlechthin nicht in Betracht kommt.[1194]

Rechtsschutz der Minderheitsgesellschafter

19. Die Minderheitsgesellschafter haben bei einer übertragenden Auflösung der AG, der GmbH und der KG in entsprechender Anwendung des § 15 Abs. 1 Satz 1 UmwG das Recht, von dem Mehrheitsgesellschafter einen Ausgleich durch bare Zuzahlung zu verlangen, wenn ein zu niedriger Kaufpreis für das ganze Gesellschaftsvermögen vereinbart worden ist. Die Höhe der angemessenen Zuzahlung können die Minderheitsgesellschafter im Spruchverfahren durch das Gericht bestimmen lassen (§ 15 Abs. 1 Satz 2 UmwG analog). Die bare Zuzahlung ist der Anteil des jeweiligen Gesellschafters an dem Differenzbetrag zwischen dem vereinbarten und dem vom Gericht als angemessen angesehenen (höheren) Kaufpreis. Der Anteil des jeweiligen Gesellschafters an dem Differenzbetrag hängt von der Höhe seiner Beteiligung ab.[1195]
20. Bei der übertragenden Auflösung der AG, der GmbH und der KG kann eine Klage gegen die Wirksamkeit der Beschlüsse der Gesellschafterversammlung über die Auflösung der Gesellschaft und die Veräußerung des ganzen Gesellschaftsvermögens an den Mehrheitsgesellschafter nicht darauf gestützt werden, dass ein zu geringer Kaufpreis für das Gesellschaftsvermögen vereinbart worden ist (§ 14 Abs. 2 UmwG analog). Die Erhebung einer Klage gegen die Wirksamkeit der bei der übertragenden Auflösung

---

1192 Dazu S. 237 ff.
1193 Dazu S. 254 ff.
1194 Dazu S. 261 ff.
1195 Dazu S. 286 ff.

gefassten Gesellschafterbeschlüsse wegen anderer Beschlussmängel bleibt aber möglich und richtet sich nach den allgemeinen Grundsätzen. Die Klage muss jedoch innerhalb eines Monats nach der Beschlussfassung erhoben werden (§ 14 Abs. 1 UmwG analog).[1196]

1196 Dazu S. 310 ff.

Literaturverzeichnis

Adolff, Johannes/Tieves, Johannes, Über den rechten Umgang mit einem entschlusslosen Gesetzgeber: Die aktienrechtliche Lösung des BGH für den Rückzug von der Börse, Anmerkung zum Urteil des BGH vom 25. 11. 2002 (Macrotron), BB 2003, 806 ff., BB 2003, S. 797–805.

Altmeppen, Holger, Gesetz betreffend die Gesellschaften mit beschränkter Haftung, Kommentar, 10. Aufl., München 2021 (zitiert: *Altmeppen*, GmbHG).

Altmeppen, Holger, Kernbereichslehre, Bestimmtheitsgrundsatz und Vertragsfreiheit in der Personengesellschaft, NJW 2015, S. 2065–2071.

Angerer, Lutz, Der Squeeze-out, BKR 2002, S. 260–268.

Angerer, Lutz/Geibel, Stephan/Süßmann, Rainer (Hrsg.), Wertpapiererwerbs- und Übernahmegesetz, Kommentar, 3. Aufl., München 2017 (zitiert: *Bearbeiter*, in: Angerer/Geibel/Süßmann, WpÜG).

Bachmann, Gregor, Der beschleunigte Anteilserwerb nach dem Finanzmarktstabilisierungsergänzungsgesetz vor dem Hintergrund des Verfassungs- und Europarechts, ZIP 2009, S. 1249–1256.

Bauer, Patrick, Anmerkung zu BVerfG, Beschluss v. 23. 8. 2000 - 1 BvR 68/95 und 147/97, NZG 2000, S. 1214–1215.

Baumbach, Adolf/Hopt, Klaus, Handelsgesetzbuch mit GmbH & Co., Handelsklauseln, Bank- und Kapitalmarktrecht, Transportrecht (ohne Seerecht), Kommentar, 40. Aufl., München 2021 (zitiert: *Bearbeiter*, in: Baumbach/Hopt, HGB).

Baumbach, Adolf/Hueck, Alfred, Gesetz betreffend die Gesellschaften mit beschränkter Haftung, Kommentar, 22. Aufl., München 2019 (zitiert: *Bearbeiter*, in: Baumbach/Hueck, GmbHG).

Bayer, Walter/Lieder, Jan/Hoffmann, Thomas, Übertragung des gesamten Gesellschaftsvermögens nach § 179a AktG, Eine rechtstatsächliche Umschau mit Würdigung, AG 2017, S. 717–726.

Beck'sches Handbuch der AG, Gesellschaftsrecht, Steuerrecht, Börsengang, hrsg. v. Drinhausen, Florian/Eckstein, Hans-Martin, 3. Aufl., München 2018 (zitiert: *Bearbeiter*, in: Beck. HdB. AG).

Beck'sches Handbuch der GmbH, Gesellschaftsrecht, Steuerrecht, hrsg. v. Prinz, Ulrich/Winkeljohann, Norbert, 6. Aufl., München 2021 (zitiert: *Bearbeiter*, in: Beck. HdB. GmbH).

Becker, Michael, Der Ausschluß aus der Aktiengesellschaft, ZGR 1986, S. 383–417.

Berkefeld, Sebastian, Praktische Auswirkungen der Entscheidung des BGH v. 8. 1. 2019 – II ZR 364/18 zu § 179a AktG (analog), DNotZ 2020, S. 85–94.

Bommert, R., Anmerkung zu BGH, Urteil v. 1. 2. 1988 – II ZR 75/87, JR 1988, S. 509–511.

Bork, Reinhard/Schäfer, Carsten (Hrsg.), GmbHG, Kommentar, 4. Aufl., Köln 2019 (zitiert: *Bearbeiter*, in: Bork/Schäfer, GmbHG).

Böttcher, Lars/Habighorst, Oliver/Schulte, Christian (Hrsg.), Umwandlungsrecht, Gesellschaftsrecht, Steuerrecht, Verfahrensrecht, Kommentar, 2. Aufl., Baden-Baden 2019 (zitiert: *Bearbeiter*, in: Böttcher/Habighorst/Schulte, UmwR).

Braunfels, Florian, Gesetzliche Stimmverbote bei der GmbH, AG und Personengesellschaft, MittRhNotK 1994, S. 233–246.

Bredol, Martin/Natterer, Joachim, Von Irrungen und Wirrungen bei der Veräußerung des „ganzen" Vermögens einer Kommanditgesellschaft: Keine analoge Anwendung von § 179a AktG!, ZIP 2015, S. 1419–1426.

Bredthauer, Jürgen, Zum Anwendungsbereich des § 179a AktG, NZG 2008, S. 816–819.

Brocker, Moritz/Schulenburg, Volker, Drum prüfe, wer sich (ewig) bindet – das Damoklesschwert des § 179a AktG bei M&A-Transaktionen im Allgemeinen sowie im insolvenznahen Bereich, BB 2015, S. 1993–1998.

Bungert, Hartwin, Ausgliederung durch Einzelrechtsübertragung und analoge Anwendung des Umwandlungsgesetzes, Anmerkung zu LG Karlsruhe, Beschl. v. 6. 11. 1997 – O 43/97 KfH I, NZG 1998, S. 367–370.

Bungert, Hartwin, Festschreibung der ungeschriebenen "Holzmüller"-Hauptversammlungszuständigkeiten bei der Aktiengesellschaft, Besprechung der Gelatine-Urteile des BGH vom 26. 4. 2004 – II ZR 155/02, BB 2004, 1182 ff., und II ZR 154/02, BB 2004, S. 1345–1352.

Bungert, Hartwin/Evertz, Moritz, Anmerkung zu BGH, Urteil v. 8. 1. 2019 – II ZR 364/18, EWiR 2019, S. 263–264.

Bungert, Hartwin/Mennicke, Petra, BB-Gesetzgebungsreport: Das Spruchverfahrensneuordnungsgesetz, Eine einheitliche, umfassende Regelung des Spruchverfahrens ab dem 1. 9. 2003, BB 2003, S. 2021–2030.

Danzeglocke, Michael/Fischer, Jannis, Sperrjahr und Ausschüttungssperre bei Liquidation der GmbH & Co. KG?, NZG 2019, S. 886–890.

Decker, Torsten, Beurkundungspflicht des Zustimmungsbeschlusses bei der Übertragung des gesamten Vermögens einer GmbH?, NZG 2018, S. 447–453.

Dreher, Meinrad/Neumann, Kerstin, Anmerkung zu OLG Stuttgart, Beschluss v. 4. 12. 1996 – 8 W 43/93, EWiR 1997, S. 197–198.

Dreier, Peter/Fritzsche, Michael/Verfürth, Ludger C. (Hrsg.), Spruchverfahrensgesetz, Kommentar, 2. Aufl., Berlin 2016 (zitiert: *Bearbeiter*, in: Dreier/Fritzsche/Verfürth, SpruchG).

Ebenroth, Carsten/Boujong, Karlheinz/Joost, Detlev/Strohn, Lutz, Handelsgesetzbuch, Kommentar, Bd. I: §§ 1–342e, 4. Aufl., München 2020 (zitiert: *Bearbeiter*, in: EBJS, HGB).

Ehricke, Ulrich/Roth, Markus, Squeeze-out im geplanten deutschen Übernahmerecht, DStR 2001, S. 1120–1127.

Eickelberg, Jan/Mühlen, Fabian, Versteckte Vorgaben für Unternehmenskaufverträge mit einer GmbH als Veräußerin, Fragestellungen im Hinblick auf § 311b III BGB und § 179a AktG, NJW 2011, S. 2476–2481.

Emmerich, Volker, Aktien- und Bilanzrecht, AG 1998, S. 151–152.

Emmerich, Volker/Habersack, Mathias/Schürnbrand, Jan, Aktien- und GmbH-Konzernrecht, Kommentar, 9. Aufl., München 2019 (zitiert: *Bearbeiter*, in: Emmerich/Habersack, Aktien- und GmbH-Konzernrecht).

Eschwey, Claudius, Der wundersame Aufstieg des § 179a AktG – ein Stolperstein auch beim Grundstückskaufvertrag, MittBayNot 2018, S. 299–316.

Even, Frank/Vera, Antonio, Die Techniken des Going Private in Deutschland, DStR 2002, S. 1315–1321.

Feldhaus, Heiner, Der Verkauf von Unternehmensteilen einer Aktiengesellschaft und die Notwendigkeit einer außerordentlichen Hauptversammlung, BB 2009, S. 562–569.

Fleischer, Holger, Anmerkung zu BVerfG, Beschluss v. 23. 8. 2000 – 1 BvR 68/95 u. 1 BvR 147/97, DNotZ 2000, S. 876–880.

Fleischer, Holger, Das neue Recht des Squeeze out, ZGR 2002, S. 757–789.

Fleischer, Holger, Reichweite und Grenzen der unbeschränkten Organvertretungsmacht im Kapitalgesellschaftsrecht, NZG 2005, S. 529–537.

Fleischer, Holger, Zweifelsfragen der verdeckten Gewinnausschüttung im Aktienrecht, WM 2007, S. 909–917.

Friedrich, Christopher V., Auflösung einer Kapitalgesellschaft und Übernahme des Unternehmens durch einen Gesellschafter, BB 1994, S. 89–94.

Ganske, Joachim, Der Weg vom Diskussionsentwurf zum Referentenwurf eines Gesetzes zur Bereinigung des Umwandlungsrechts, in: Institut der Wirtschaftsprüfer (Hrsg.), Reform des Umwandlungsrechts, Vorträge und Diskussionen, IDW-Umwandlungssymposium am 8./9. Oktober 1992, Düsseldorf 1993, S. 15–32 (zitiert: *Ganske*, in: IDW, Reform des Umwandlungsrechts).

Geißler, Markus, Die Gesellschafterrechte in der Liquidation der GmbH, DZWIR 2013, S. 1–6.

Geißler, Markus, Die Stellung und Funktion des GmbH-Geschäftsführers als Liquidator bei einem mangels Masse abgewiesenen Insolvenzantrag, GmbHR 2018, S. 1048–1058.

Geßler, Ernst/Hefermehl, Wolfgang/Eckardt, Ulrich/Kropff, Bruno (Hrsg.), Aktiengesetz, Kommentar, Bd. VI: §§ 291–410, München 1994 (zitiert: *Bearbeiter*, in: Geßler/Hefermehl/Eckardt/Kropff, AktG).

Giedinghagen, Jan/Keller, Tobias, Keine analoge Anwendung von § 179a AktG auf die GmbH, NJW-Spezial 2019, S. 271–272.

Goette, Wulf, Anmerkung zu BGH, Urteil v. 9. 1. 1995 – II ZR 24/94, DStR 1995, S. 425–426.

Götze, Cornelius, Karriereknick eines Fremdkörpers – Zur Nichtanwendbarkeit des § 179a AktG in der GmbH, NZG 2019, S. 695–697.

Grigoleit, Hans Christoph (Hrsg.), Aktiengesetz, Kommentar, 2. Aufl., München 2020 (zitiert: *Bearbeiter*, in: Grigoleit, AktG).

Gromm, Marcel, Die übertragende Auflösung nach Aktien- und GmbH-Recht, Hamburg 2016 (zitiert: *Gromm*, Übertragende Auflösung).

Grunewald, Barbara, Anmerkung zu BGH, Urteil v. 9. 1. 1995 – II ZR 24/94, JZ 1995, S. 577–578.

Grunewald, Barbara, Das Recht zum Austritt aus der Aktiengesellschaft, in: Festschrift für Carsten Peter Claussen, Zum 70. Geburtstag, Köln u. a. 1997, S. 103–114.

Grunewald, Barbara, Der Ausschluß aus Gesellschaft und Verein, Köln u. a. 1987 (zitiert: *Grunewald*, Ausschluß).

Grunewald, Barbara, Die neue Squeeze-out-Regelung, ZIP 2002, S. 18–22.

Grunewald, Barbara, Gesellschaftsrecht, 11. Aufl., Tübingen 2020 (zitiert: *Grunewald*, GesR).

Grunewald, Barbara, Zum Informationsrecht in der GmbH & Co. KG, Besprechung der Entscheidung BGH WM 1988, 1447, ZGR 1989, S. 545–553.

Grunewald, Barbara/Müller, Hans-Friedrich, Die Entwicklung des Gesellschaftsrechts in den Jahren 1999 und 2000, JZ 2001, S. 1120–1131.

Gummert, Hans (Hrsg.), Münchener Anwaltshandbuch, Personengesellschaftsrecht, 3. Aufl., München 2019 (zitiert: *Bearbeiter*, in: MAH PersGesR).

Habersack, Mathias, Der Finanzplatz Deutschland und die Rechte der Aktionäre, Bemerkungen zur bevorstehenden Einführung des „Squeeze Out", ZIP 2001, S. 1230–1239.

Habersack, Mathias, Mitwirkungsrechte der Aktionäre nach Macrotron und Gelatine, AG 2005, S. 137–149.

Habersack, Mathias/Casper, Matthias/Löbbe, Marc (Hrsg.), Gesetz betreffend die Gesellschaften mit beschränkter Haftung, Großkommentar, 3. Aufl., Bd. II: §§ 29–52, Tübingen 2020 (zitiert: *Bearbeiter*, in: Habersack/Casper/Löbbe, GmbHG).

Habersack, Mathias/Schäfer, Carsten (Hrsg.), Das Recht der OHG, Kommentierung der §§ 105 bis 160 HGB, 2. Aufl., Berlin 2019 (zitiert: *Bearbeiter*, in: Habersack/Schäfer, OHG).

Hadding, Walther, Einschränkung des Umfangs organschaftlicher Vertretungsmacht bei OHG und KG entsprechend § 179a AktG?, in: Festschrift für Marcus Lutter zum 70. Geburtstag, Deutsches und europäisches Gesellschafts-, Konzern- und Kapitalmarktrecht, Köln 2000, S. 851–869.

Halm, Dirk, „Squeeze-Out" heute und morgen: Eine Bestandsaufnahme nach dem künftigen Übernahmerecht, NZG 2000, S. 1162–1165.

Hanau, Hans, Der Bestandsschutz der Mitgliedschaft anlässlich der Einführung des „Squeeze Out" im Aktienrecht, Zur Verfassungsmäßigkeit des Zwangsausschlusses, NZG 2002, S. 1040–1047.

Heckschen, Heribert, Die Entwicklung des Umwandlungsrechts aus Sicht der Rechtsprechung und Praxis, DB 1998, S. 1385–1399.

Heckschen, Heribert, Keine analoge Anwendung des § 179a AktG auf die GmbH, Kommentar zu BGH v. 8. 1. 2019 – II ZR 364/18, AG 2019, 422, AG 2019, S. 420–422.

Heckschen, Heribert/Heidinger, Andreas, Die GmbH in der Gestaltungs- und Beratungspraxis, 4. Aufl., Köln 2018 (zitiert: *Bearbeiter*, in: Heckschen/Heidinger, GmbH).

Heidel, Thomas (Hrsg.), Aktienrecht und Kapitalmarktrecht, Kommentar, 5. Aufl., Baden-Baden 2020 (zitiert: *Bearbeiter*, in: Heidel, AktR).

Heidelberger Kommentar zum GmbH-Recht, Bartl, Harald/Bartl, Angela/Beine, Klaus/Koch, Detlef/Schlarb, Eberhard/Schmitt, Michaela C., GmbH-Recht, 8. Aufl., Heidelberg 2019 (zitiert: *Bearbeiter*, in: Heidelberger Komm. GmbHR).

Heidinger, Andreas/Leible, Stefan/Schmidt, Jessica (Hrsg.), Kommentar zum Gesetz betreffend die Gesellschaften mit beschränkter Haftung, 3. Aufl., München 2017, Bd. I: §§ 1–34, Bd. II: §§ 35–88, EGGmbHG (zitiert: *Bearbeiter*, in: MHLS, GmbHG).

Henssler, Martin/Strohn, Lutz (Hrsg.), Gesellschaftsrecht, 5. Aufl., München 2021 (zitiert: *Bearbeiter*, in: Henssler/Strohn, GesR).

Henze, Hartwig, Auflösung einer Aktiengesellschaft und Erwerb ihres Vermögens durch den Mehrheitsgesellschafter, ZIP 1995, S. 1473–1481.

Henze, Hartwig, Der Schlußpunkt des Bundesverfassungsgerichts unter den Streit um die „übertragende Auflösung", in: Festschrift für Martin Peltzer zum 70. Geburtstag, Köln 2001, S. 181–194.

Henze, Hartwig, Die Treupflicht im Aktienrecht, Gedanken zur Rechtsprechung des Bundesgerichtshofes von "Kali und Salz" über "Linotype" und "Kochs Adler" bis zu "Girmes", BB 1996, S. 489–499.

Henze, Hartwig, Entscheidungen und Kompetenzen der Organe in der AG: Vorgaben der höchstrichterlichen Rechtsprechung, BB 2001, S. 53–61.

Henze, Hartwig, Erscheinungsformen des squeeze-out von Minderheitsaktionären, in: Festschrift für Herbert Wiedemann zum 70. Geburtstag, München 2002, S. 935–953.

Henze, Hartwig, Minderheitenschutz durch materielle Kontrolle der Beschlüsse über die Zustimmung nach § 179a AktG und die Änderung des Unternehmensgegenstandes der Aktiengesellschaft?, in: Verantwortung und Gestaltung, Festschrift für Karlheinz Boujong zum 65. Geburtstag, München 1996, S. 233–250.

Hillers, Klaus, Personengesellschaft und Liquidation, Köln u. a. 1989 (zitiert: *Hillers,* Personengesellschaft).

Hirte, Heribert, Bezugsrechtsausschluß und Konzernbildung, Minderheitenschutz bei Eingriffen in die Beteiligungsstruktur der Aktiengesellschaft, Köln u. a. 1986 (zitiert: *Hirte,* Bezugsrechtsausschluß).

Hoffmann, Jochen, Möglichkeiten und Grenzen einer analogen Anwendung des Spruchverfahrens, in: Festschrift für Eberhard Stilz zum 65. Geburtstag, München 2014, S. 267–286.

Hölters, Wolfgang (Hrsg.), Aktiengesetz, Kommentar, 3. Aufl., München 2017 (zitiert: *Bearbeiter,* in: Hölters, AktG).

Hommelhoff, Peter, Unternehmensführung in der mitbestimmten GmbH, ZGR 1978, S. 119–155.

Hopt, Klaus J./Wiedemann, Herbert (Hrsg.), Großkommentar zum Aktiengesetz, 4. Aufl., Bd. II: §§ 53a–75, Berlin 2008, Bd. VII/2: §§ 241–277, Berlin 2013, 27. Lieferung: §§ 327a–328; 396–398, Berlin 2007 (zitiert: *Bearbeiter,* in: Großkomm. AktG).

Hübner, Ulrich, Die Ausgliederung von Unternehmensteilen in aktien- und aufsichtsrechtlicher Sicht, in: Festschrift für Walter Stimpel zum 68. Geburtstag am 29. November 1985, Berlin, New York 1985, S. 791–809.

Hüffer, Uwe, Der korporationsrechtliche Charakter von Rechtsgeschäften – Eine hilfreiche Kategorie bei der Begrenzung von Stimmverboten im Recht der GmbH?, in: Festschrift für Theodor Heinsius zum 65. Geburtstag am 25. September 1991, Berlin, New York 1991, S. 337–356.

Hüffer, Uwe/Koch, Jens, Aktiengesetz, Kommentar, 15. Aufl., München 2021 (zitiert: *Koch*, in: Hüffer/Koch, AktG).

Hüren, Dominik, Gesamtvermögensgeschäfte im Gesellschaftsrecht, RNotZ 2014, S. 77–98.

Joost, Detlev, »Holzmüller 2000« vor dem Hintergrund des Umwandlungsgesetzes, ZHR 163 (1999), S. 164–186.

Kallmeyer, Harald (Hrsg.), Umwandlungsgesetz, Kommentar, 7. Aufl., Köln 2020 (zitiert: *Bearbeiter*, in: Kallmeyer, UmwG).

Kallmeyer, Harald, Anwendung von Verfahrensvorschriften des Umwandlungsgesetzes auf Ausgliederungen nach Holzmüller, Zusammenschlüsse nach der Pooling-of-interests-Methode und die sog. übertragende Auflösung, in: Festschrift für Marcus Lutter zum 70. Geburtstag, Deutsches und europäisches Gesellschafts-, Konzern- und Kapitalmarktrecht, Köln 2000, S. 1245–1260.

Klausing, Friedrich, Gesetz über Aktiengesellschaften und Kommanditgesellschaften auf Aktien (Aktien-Gesetz) nebst Einführungsgesetz und „Amtlicher Begründung", Berlin 1937 (zitiert: *Klausing*, AktG von 1937).

Kleindiek, Detlef, Mehrheitsentscheidungen in der Personengesellschaft: Formelle und materielle Legitimation, GmbHR 2017, S. 674–679.

Klöhn, Lars, Das System der aktien- und umwandlungsrechtlichen Abfindungsansprüche, Tübingen 2009 (zitiert: *Klöhn*, Abfindungsansprüche).

Kölner Kommentar zum Aktiengesetz, hrsg. v. Zöllner, Wolfgang, Bd. VII: §§ 339–361, 2. Aufl., Köln 1990 (zitiert: *Bearbeiter*, in: Kölner Komm. AktG).

Kölner Kommentar zum Aktiengesetz, hrsg. v. Zöllner, Wolfgang/Noack, Ulrich, Bd. IV/1: §§ 179–191, 3. Aufl., Köln 2020, Bd. VI: §§ 15–22, 291–328, 3. Aufl., Köln 2004, Bd. IX: SpruchG, 3. Aufl., Köln 2013 (zitiert: *Bearbeiter*, in: Kölner Komm. AktG).

Koppensteiner, Hans-Georg, GmbH-rechtliche Probleme des Management Buy-Out, ZHR 155 (1991), S. 97–119.

Koppensteiner, Hans-Georg, Sonderrechte bei Auflösung, Unternehmensübertragung und verschmelzender Umwandlung im Recht der GmbH, in: Familiengesellschaften, Festschrift für Walter Sigle zum 70. Geburtstag, Köln 2000, S. 163–182.

Kort, Michael, Die Änderung der Unternehmenspolitik durch den GmbH-Geschäftsführer, Zugleich Besprechung des BGH-Urteils vom 25. Februar 1991 – II ZR 76/90, ZIP 1991, 509, ZIP 1991, S. 1274–1279.

Kossmann, Alfred, Ausschluß („Freeze-out") von Aktionären gegen Barabfindung, NZG 1999, S. 1198–1203.

Krieger, Gerd, Inhalt und Zustandekommen von Beherrschungs- und Gewinnabführungsverträgen im Aktien- und GmbH-Recht, DStR 1992, S. 432–436.

Krieger, Gerd, Squeeze-Out nach neuem Recht: Überblick und Zweifelsfragen, BB 2002, S. 53–62.

Küting, Karlheinz, Der Ausschluss von Minderheiten nach altem und neuem Recht – unter besonderer Berücksichtigung des „Squeeze Out", DStR 2003, S. 838–844.

Land, Volker/Hasselbach, Kai, "Going Private" und "Squeeze-out" nach deutschem Aktien-, Börsen- und Übernahmerecht, DB 2000, S. 557–562.

Land, Volker/Hennings, Frank, Aktuelle Probleme von Spruchverfahren nach gesellschaftsrechtlichen Strukturmaßnahmen, AG 2005, S. 380–387.

Larenz, Karl/Canaris, Claus-Wilhelm, Methodenlehre der Rechtswissenschaft, 3. Aufl., Berlin u. a. 1995 (zitiert: *Larenz/Canaris*, Methodenlehre).

Leinekugel, Rolf, Die Ausstrahlungswirkungen des Umwandlungsgesetzes, Köln u. a. 2000 (zitiert: *Leinekugel*, Ausstrahlungswirkungen).

Leitzen, Mario, Die analoge Anwendung von § 179a AktG auf Gesellschaften mit beschränkter Haftung und Personenhandelsgesellschaften in der Praxis, NZG 2012, S. 491–496.

Leuering, Dieter/Rubner, Daniel, Mehrheitsklauseln im Personengesellschaftsrecht, NJW-Spezial 2017, S. 655–656.

Liese, Stefan, Anmerkung zu BGH, Urteil v. 1. 2. 1988 – II ZR 75/87, JA 1988, S. 621–622.

Lindacher, W., Anmerkung zu BGH, Urteil v. 5. 4. 1973 – II ZR 45/71, JR 1973, S. 377.

Löffler, Joachim, Der Kernbereich der Mitgliedschaft als Schranke für Mehrheitsbeschlüsse bei Personengesellschaften, NJW 1989, S. 2656–2662.

Lohr, Martin, Der Stimmrechtsausschluss des GmbH-Gesellschafters (§ 47 IV GmbHG), NZG 2002, S. 551–562.

Lutter, Marcus, Die „Sterbehaus-Konstruktion", in: Festschrift für Winfried Werner zum 65. Geburtstag am 17. Oktober 1984, Handelsrecht und Wirtschaftsrecht in der Bankpraxis, Berlin, New York 1984, S. 477–493.

Lutter, Marcus, Die Treuepflicht des Aktionärs, Bemerkungen zur Linotype-Entscheidung des BGH, ZHR 153 (1989), S. 446–471.

Lutter, Marcus, Umwandlungsgesetz, Kommentar mit systematischer Darstellung des Umwandlungssteuerrechts und Kommentierung des SpruchG, hrsg. v. Bayer, Walter/Vetter, Jochen, 6. Aufl., Köln 2019 (zitiert: *Bearbeiter*, in: Lutter, UmwG).

Lutter, Marcus, Zur inhaltlichen Begründung von Mehrheitsentscheidungen, Besprechung der Entscheidung BGH WM 1980, 378, ZGR 1981, S. 171–182.

Lutter, Marcus/Drygala, Tim, Die Übertragende Auflösung: Liquidation der Aktiengesellschaft oder Liquidation des Minderheitenschutzes?, in: Festschrift für Bruno Kropff, Aktien- und Bilanzrecht, Düsseldorf 1997, S. 191–223.

Lutter, Marcus/Hommelhoff, Peter, Gesetz betreffend die Gesellschaften mit beschränkter Haftung, Kommentar, 20. Aufl., Köln 2020 (zitiert: *Bearbeiter*, in: Lutter/Hommelhoff, GmbHG).

Lutter, Marcus/Leinekugel, Rolf, Planmäßige Unterschiede im umwandlungsrechtlichen Minderheitenschutz?, Eine Besprechung des Beschlusses des Bayerischen Obersten Landesgerichts vom 17. September 1998, ZIP 1998, 2002 – Magna Media, ZIP 1999, S. 261–267.

Martens, Klaus Peter, Die GmbH und der Minderheitenschutz, GmbHR 1984, S. 265–272.

Martens, Klaus-Peter, Der Ausschluß des Bezugsrechts: BGHZ 33, S. 175, Zum Interesse an wirtschaftlicher Selbstständigkeit, in: Festschrift für Robert Fischer, Berlin, New York 1979, S. 437–460.

Maunz, Theodor/Dürig, Günter, Grundgesetz, Kommentar, hrsg. v. Herzog, Roman/Scholz, Rupert/Herdegen, Matthias/Klein, Hans H., Loseblatt, 94. Ergänzungslieferung, Stand: Januar 2021, München (zitiert: *Bearbeiter*, in: Maunz/Dürig, GG).

Mecke, Thomas, Von der Personen- zur Kapitalgesellschaft, Vertragsändernde Mehrheitsbeschlüsse in der OHG und KG am Beispiel der Umwandlung, ZHR 153 (1989), S. 35–59.

Mertens, Hans-Joachim, Die Übertragung des ganzen Vermögens ist die Übertragung des (so gut wie) ganzen Vermögens, in: Festschrift für Wolfgang Zöllner, Zum 70. Geburtstag, Bd. I, Köln u.a. 1998, S. 385–393.

Meyer, Andreas H., Übertragung des ganzen Gesellschaftsvermögens in GmbH und Personengesellschaften, GmbHR 2019, S. 973–980.

Meyer, Torsten, Liquidatorenkompetenzen und Gesellschafterkompetenzen in der aufgelösten GmbH, Köln 1996 (zitiert: *T. Meyer*, Liquidatorenkompetenzen).

Morgen, Carl-Christian von, Das Squeeze-Out und seine Folgen für AG und GmbH, WM 2003, S. 1553–1560.

Mülbert, Peter O., Abschwächungen des mitgliedschaftlichen Bestandsschutzes im Aktienrecht, in: Festschrift für Peter Ulmer zum 70. Geburtstag am 2. Januar 2003, Berlin 2003, S. 433–450.

Mülbert, Peter O., Aktiengesellschaft, Unternehmensgruppe und Kapitalmarkt, Die Aktionärsrechte bei Bildung und Umbildung einer Unternehmensgruppe zwischen Verbands- und Anlegerschutzrecht, München 1995 (zitiert: *Mülbert*, Unternehmensgruppe).

Müller, Klaus J., Reichweite der Vertretungsmacht des GmbH-Geschäftsführers bei der Veräußerung des gesamten Gesellschaftsvermögens, NZG 2019, S. 807–813.

Münchener Anwaltshandbuch Aktienrecht, hrsg. v. Schüppen, Matthias/Schaub, Bernhard, 3. Aufl., München 2018 (zitiert: *Bearbeiter*, in: MAH AktR).

Münchener Handbuch des Gesellschaftsrechts, hrsg. v. Gummert, Hans/Weipert, Lutz, Bd. II: Kommanditgesellschaft, GmbH & Co. KG, Publikums-KG, Stille Gesellschaft, 5. Aufl., München 2019 (zitiert: *Bearbeiter*, in: Münch. HdB. GesR II).

Münchener Handbuch des Gesellschaftsrechts, hrsg. v. Priester, Hans-Joachim/Mayer, Dieter/Wicke, Hartmut, Bd. III: Gesellschaft mit beschränkter Haftung, 5. Aufl., München 2018 (zitiert: *Bearbeiter*, in: Münch. HdB. GesR III).

Münchener Handbuch des Gesellschaftsrechts, hrsg. v. Hoffmann-Becking, Michael, Bd. IV: Aktiengesellschaft, 5. Aufl., München 2020 (zitiert: *Bearbeiter*, in: Münch. HdB. GesR IV).

Münchener Handbuch des Gesellschaftsrechts, hrsg. v. Lieder, Jan/Wilk, Cornelius/Ghassemi-Tabar, Nima, Bd. VIII: Umwandlungsrecht, Gesellschaftsrecht, Insolvenzrecht, Steuerrecht, Bilanzrecht, Arbeitsrecht, Kartellrecht, Öffentliches Recht, 5. Aufl., München 2018 (zitiert: *Bearbeiter*, in: Münch. HdB. GesR VIII).

Münchener Kommentar zum Aktiengesetz, hrsg. v. Goette, Wulf/Habersack, Mathias, Bd. I: §§ 1–75, 5. Aufl., München 2019, Bd. III: §§ 118–178, 4. Aufl., München 2018, Bd. IV: §§ 179–277, 5. Aufl., München 2021, Bd. V: §§ 278–328, SpruchG, 5. Aufl., München 2020 (zitiert: *Bearbeiter*, in: Münch. Komm. AktG).

Münchener Kommentar zum Bürgerlichen Gesetzbuch, hrsg. v. Säcker, Franz/Rixecker, Roland/Oetker, Hartmut/Limperg, Bettina, Bd. I: §§ 1–240, AllgPersönlR, ProstG, AGG, 9. Aufl., München 2021, Bd. II: §§ 241–310, 8. Aufl., München 2019, Bd. VI: §§ 705–853, PartGG, ProdHaftG, 8. Aufl., München 2020 (zitiert: *Bearbeiter*, in: Münch. Komm. BGB).

Münchener Kommentar zum Gesetz betreffend die Gesellschaften mit beschränkter Haftung, hrsg. v. Fleischer, Holger/Goette, Wulf, Bd. I: §§ 1–34, 3. Aufl., München 2018, Bd. II: §§ 35–52, 3. Aufl., München 2019, Bd. III: §§ 53–88, 3. Aufl., München 2018 (zitiert: *Bearbeiter*, in: Münch. Komm. GmbHG).

Münchener Kommentar zum Handelsgesetzbuch, hrsg. v. Schmidt, Karsten, 4. Aufl., Bd. II: §§ 105–160, München 2016, Bd. III: §§ 161–237, München 2019 (zitiert: *Bearbeiter*, in: Münch. Komm. HGB).

Natterer, Joachim, Vom Musiklehrer und dem Retuscheur zu den Herren „Ba.“ und „Bä.“ – Neues zur analogen Anwendung von § 179a AktG außerhalb des Aktienrechts, Zugleich Besprechung BGH v. 8. 1. 2019 – II ZR 364/18, ZIP 2019, 701, ZIP 2019, S. 1796–1802.

Neye, Hans-Werner, Anmerkung zu BVerfG, Beschluss v. 23. 8. 2000 – 1 BvR 68/95 u. 1 BvR 147/97, EWiR 2000, S. 913–914.

Noack, Ulrich, „Holzmüller“ in der Eigenverwaltung – Zur Stellung von Vorstand und Hauptversammlung im Insolvenzverfahren, ZIP 2002, S. 1873–1879.

Oetker, Hartmut (Hrsg.), Handelsgesetzbuch, Kommentar, 7. Aufl., München 2021 (zitiert: *Bearbeiter*, in: Oetker, HGB).

Paefgen, Walter G./Wallisch, Kai, Zu den Rechten der Gesellschafter beim Gesamtvermögensgeschäft der GmbH, Zugleich Besprechung des BGH-Urteils vom 8. 1. 2019 – II ZR 364/18, DZWIR 2020, 77, DZWIR 2020, S. 51–61.

Peters, Torsten, Übertragung von Gesellschaftsvermögen und "Freezeout" – Konfliktpotential im Minderheitenschutz, BB 1999, S. 801–805.

Pluskat, Sorika, Going Private durch reguläres Delisting, WM 2002, S. 833–839.

Priester, Hans-Joachim, Die klassische Ausgliederung – ein Opfer des Umwandlungsgesetzes 1994?, ZHR 163 (1999), S. 187–202.

Prittwitz, Adrian von, Licht und Schatten – Das „Januar-Urteil“ des BGH zu Gesamtvermögensgeschäften bei der GmbH sowie dem Missbrauch der Vertretungsmacht, DStR 2019, S. 1265–1270.

Raiser, Thomas, Anlegerschutz in der Rechtsprechung des Bundesverfassungsgerichts, in: Bankrecht und Kapitalmarktrecht in der Entwicklung, Festschrift für Siegfried Kümpel zum 70. Geburtstag, Berlin 2003, S. 437–451.

Raiser, Thomas/Veil, Rüdiger, Recht der Kapitalgesellschaften, Ein Handbuch für Praxis und Wissenschaft, 6. Aufl., München 2015 (zitiert: *Raiser/Veil*, Recht der Kapitalgesellschaften).

Reichert, Jochem, Ausstrahlungswirkungen der Ausgliederungsvoraussetzungen nach UmwG auf andere Strukturänderungen, in: Habersack, Mathias/Koch, Ulrich/Winter, Martin (Hrsg.), Die Spaltung im neuen Umwandlungsrecht und ihre Rechtsfolgen, ZHR-Beiheft Nr. 68, Heidelberg 1999, S. 25–76.

Reinisch, Armin, Der Ausschluß von Aktionären aus der Aktiengesellschaft, Köln 1992 (zitiert: *Reinisch*, Ausschluss).

Röhricht, Volker/Graf von Westphalen, Friedrich/Haas, Ulrich (Hrsg.), Handelsgesetzbuch, Kommentar zu Handelsstand, Handelsgesellschaften, Handelsgeschäften, besonderen Handelsverträgen und Internationalem Vertragsrecht (ohne Bilanz-, Transport- und Seerecht), 5. Aufl., Köln 2019 (zitiert: *Bearbeiter*, in: Röhricht/Graf v. Westphalen/Haas, HGB).

Römermann, Volker (Hrsg.), Münchener Anwaltshandbuch, GmbH-Recht, 4. Aufl., München 2018 (zitiert: *Bearbeiter*, in: MAH GmbH-Recht).

Rosengarten, Joachim, Die Rechtsfolgen eines „verdeckten" Verstoßes gegen § 57 AktG: Endgültiger Abschied von der Nichtigkeit, ZHR 168 (2004), S. 708–725.

Roth, Markus, Die übertragende Auflösung nach Einführung des Squeeze-out, NZG 2003, S. 998–1005.

Rowedder, Heinz/Schmidt-Leithoff, Christian, Gesetz betreffend die Gesellschaften mit beschränkter Haftung, Kommentar, 6. Aufl., München 2017 (zitiert: *Bearbeiter*, in: Rowedder/Schmidt-Leithoff, GmbHG).

Rühland, Hans-Philipp, Der Ausschluß von Minderheitsaktionären aus der Aktiengesellschaft (Squeeze-out), Eine rechtsdogmatische, rechtsvergleichende und ökonomische Untersuchung zur Ausgestaltung des Ausschlussrechts der §§ 327a ff. AktG de lege lata und de lege ferenda, Baden-Baden 2004 (zitiert: *Rühland*, Ausschluss).

Rühland, Hans-Philipp, Die Zukunft der übertragenden Auflösung (§ 179a AktG), Die Konsequenzen des gesetzlichen Ausschlussrechts, der geplanten Reform des Spruchverfahrens und der MotoMeter-Entscheidung des BVerfG für die übertragende Auflösung, WM 2002, S. 1957–1966.

Saenger, Ingo/Inhester, Michael (Hrsg.), GmbHG, Kommentar, 4. Aufl., Baden-Baden 2020 (zitiert: *Bearbeiter*, in: Saenger/Inhester, GmbHG).

Schäfer, Carsten, Vom Einstimmigkeitsprinzip zum treupflichtgetragenen Mehrheitsentscheid im Personengesellschaftsrecht, ZGR 2013, S. 237–272.

Scharpf, Thomas, Chancen und Risiken beim Ausschluss von Minderheitsaktionären, Baden-Baden 2004 (zitiert: *Scharpf*, Ausschluss).

Schlitt, Michael, Die gesellschaftsrechtlichen Voraussetzungen des regulären Delisting – Macrotron und die Folgen, ZIP 2004, S. 533–541.

Schlitt, Michael, Die Informationsrechte des stillen Gesellschafters in der typischen stillen Gesellschaft und in der stillen Publikumsgesellschaft, Berlin 1996 (zitiert: *Schlitt*, Informationsrechte).

Schmidt, Karsten, Gesellschaftsrecht, 4. Aufl., Köln u. a. 2002 (zitiert: *K. Schmidt*, GesR).

Schmidt, Karsten, Gesetzliche Gestaltung und dogmatisches Konzept eines neuen Umwandlungsgesetzes, Überlegungen zur legislatorischen Praxis und Theorie, ZGR 1990, S. 580–606.

Schmidt, Karsten, Informationsrechte in Gesellschaften und Verbänden, Ein Beitrag zur gesellschaftsrechtlichen Institutionenbildung, ZHR-Beiheft Nr. 57, Heidelberg 1984 (zitiert: *K. Schmidt*, Informationsrechte).

Schmidt, Karsten, Vermögensveräußerung aus der Personengesellschaft: ein Lehrstück am Rande des neuen Umwandlungsrechts, Besprechung der Entscheidung NJW 1995, 596, ZGR 1995, S. 675–687.

Schmidt, Karsten, Wider eine „lex Holzmüller“, §§ 251, 252 des Diskussionsentwurfs eines neuen Umwandlungsrechts in der Kritik, in: Festschrift für Theodor Heinsius zum 65. Geburtstag am 25. September 1991, Berlin, New York 1991, S. 715–731.

Schmidt, Karsten/Lutter, Marcus (Hrsg.), Aktiengesetz, Kommentar, 4. Aufl., Köln 2020, Bd. I: §§ 1–132, Bd. II: §§ 133–410, SpruchG (zitiert: *Bearbeiter*, in: K. Schmidt/Lutter, AktG).

Schmitt, Joachim/Hörtnagl, Robert (Hrsg.), Umwandlungsgesetz, Umwandlungssteuergesetz, Kommentar, 9. Aufl., München 2020 (zitiert: *Bearbeiter*, in: Schmitt/Hörtnagl, UmwG).

Schneider, Uwe H., Die Vertretung der GmbH bei Rechtsgeschäften mit ihren Konzernunternehmen, Zugleich ein Beitrag zu den Folgen der verdeckten Gewinnausschüttungen bei der GmbH, BB 1986, S. 201–206.

Schneider, Uwe H., Konzerngründung im faktischen GmbH-Konzern, Die Mitwirkungsbefugnisse der Gesellschafter des herrschenden Unternehmens an der Konzernbildung und die Grenzen der Mehrheitsmacht, GmbHR 2014, S. 113–119.

Schnorbus, York, Analogieverbot und Rechtsfortbildung im Umwandlungsrecht, Ein Beitrag zum Verständnis des § 1 Abs. 2 UmwG, DB 2001, S. 1654–1660.

Schnorbus, York, Gestaltungsfreiheit im Umwandlungsrecht, Das Verhältnis des UmwG zu Strukturmaßnahmen außerhalb seines Anwendungsbereiches im System des deutschen und europäischen Umwandlungsrechts, Baden-Baden 2001 (zitiert: *Schnorbus*, Gestaltungsfreiheit).

Schockenhoff, Martin/Culmann, Johannes, Shareholder Activism in Deutschland, ZIP 2015, S. 297–307.

Scholz, Kommentar zum GmbH-Gesetz, Bd. I: §§ 1–34, 12. Aufl., Köln 2018, Bd. II: §§ 35–52, 12. Aufl., Köln 2021, Bd. III: §§ 53–85 GmbHG, EGGmbHG, 12. Aufl., Köln 2021 (zitiert: *Bearbeiter*, in: Scholz, GmbHG).

Schön, Wolfgang, Der Aktionär im Verfassungsrecht, in: Festschrift für Peter Ulmer zum 70. Geburtstag am 2. Januar 2003, Berlin 2003, S. 1359–1392.

Schoppe, Bastian, Aktieneigentum, Verfassungsrechtliche Strukturen und gesellschaftsrechtliche Ausprägungen der Aktie als Gegenstand des Art. 14 GG, Köln 2011 (zitiert: *Schoppe*, Aktieneigentum).

Schubert, Werner/Schmiedel, Burkhard/Krampe, Christoph (Hrsg.), Quellen zum Handelsgesetzbuch von 1897, Bd. II/2: Denkschriften, Beratungen,

Berichte, Frankfurt a. M. 1988 (zitiert: *Schubert/Schmiedel/Krampe*, Quellen zum HGB 1897).

Schulze-Osterloh, Joachim, Das Grundlagengeschäft zwischen Geschäftsführungsmaßnahme und der Änderung des Gesellschaftsvertrages, in: Festschrift für Walther Hadding zum 70. Geburtstag am 8. Mai 2004, Berlin 2004, S. 637–653.

Schwichtenberg, Jörg, Going Private und Squeezeouts in Deutschland, DStR 2001, S. 2075–2082.

Semler, Johannes/Stengel, Arndt/Leonard, Nina, Umwandlungsgesetz, Kommentar, 5. Aufl., München 2021 (zitiert: *Bearbeiter*, in: Semler/Stengel/Leonard, UmwG).

Reichert, Jochem (Hrsg.), Arbeitshandbuch für die Hauptversammlung, 5. Aufl., München 2021 (zitiert: *Bearbeiter*, Semler/Volhard/Reichert, Hauptversammlung).

Servatius, Wolfgang, Die Anwendung von § 179a AktG und § 311b Abs. 3 BGB beim Asset Deal, in: Festschrift für Eberhard Stilz zum 65. Geburtstag, München 2014, S. 601–616.

Sosnitza, Olaf, Anmerkung zu BayObLG, Beschluß vom 17. 9. 1998 - 3Z BR 37/98, NZG 1998, S. 1003.

Spindler, Gerald/Stilz, Eberhard (Hrsg.), Kommentar zum Aktiengesetz, 4. Aufl., München 2019, Bd. I: §§ 1–149, Bd. II: §§ 150–410, SpruchG, SEVO (zitiert: *Bearbeiter*, in: Spindler/Stilz, AktG).

Staub, Handelsgesetzbuch, Großkommentar, hrsg. v. Canaris, Claus-Wilhem/Habersack, Mathias/Schäfer, Carsten, 5. Aufl., Bd. III: §§ 105–160, Berlin 2009, Bd. IV: §§ 161–236, Berlin 2015 (zitiert: *Bearbeiter*, in: Staub, HGB).

Stellmann, Frank/Stoeckle, Matthias, Verpflichtung zur Übertragung des ganzen Vermögens einer Gesellschaft, WM 2011, S. 1983–1990.

Stodolkowitz, Andreas, Umgehung von Rechtsnormen und vertraglichen Regelungen, JuS 2019, S. 1144–1147.

Timm, Wolfram, Anmerkung zu BGH, Urteil v. 1. 2. 1988 - II ZR 75/87, NJW 1988, S. 1582–1583.

Timm, Wolfram, Der Mißbrauch des Auflösungsbeschlusses durch den Mehrheitsgesellschafter, Zugleich Anmerkung zu BGH JZ 1980, 355, JZ 1980, S. 665–672.

Timm, Wolfram, Die Aktiengesellschaft als Konzernspitze, Die Zuständigkeitsordnung bei der Konzernbildung und Konzernumbildung, Köln u. a. 1980 (zitiert: *Timm*, Konzernspitze).

Timm, Wolfram, Hauptversammlungskompetenzen und Aktionärsrechte in der Konzernspitze – zugleich Überlegungen zum Urteil des LG Hamburg vom 1. 10. 1979, AG 1980, S. 172–187.

Timm, Wolfram, Zur Bedeutung des „Hoesch"-Urteils für die Fortentwicklung des Konzern- und Verschmelzungsrechts, JZ 1982, S. 403–411.

Timm, Wolfram, Zur Sachkontrolle von Mehrheitsentscheidungen im Kapitalgesellschaftsrecht – dargestellt am Beispiel „strukturverändernder Entscheidungen", ZGR 1987, S. 403–442.

Trölitzsch, Thomas, Aktuelle Tendenzen im Umwandlungsrecht, DStR 1999, S. 764–769.

Ulmer, Peter, Begründung von Rechten für Dritte in der Satzung einer GmbH?, in: Festschrift für Winfried Werner zum 65. Geburtstag am 17. Oktober 1984, Handelsrecht und Wirtschaftsrecht in der Bankpraxis, Berlin, New York 1984, S. 911–931.

Ulmer, Peter, Die Anfechtbarkeit von Umwandlungsbeschlüssen wegen Mißbrauchs des Mehrheitsgesellschafters, BB 1964, S. 665–668.

Ulmer, Peter, Mehrheitsbeschlüsse in Personengesellschaften: definitiver Abschied vom Bestimmtheitsgrundsatz, Randbemerkungen zu BGH v. 21. 10. 2014 – II ZR 84/13, ZIP 2014, 2231 (Anteilsabtretung), ZIP 2015, S. 657–662.

Ulmer, Peter/Habersack, Mathias/Löbbe, Marc (Hrsg.), Gesetz betreffend die Gesellschaften mit beschränkter Haftung, Großkommentar, Bd. III: §§ 53–88, Tübingen 2016 (zitiert: *Bearbeiter*, in: Ulmer/Habersack/Löbbe, GmbHG).

Vetter, Jochen, Ausweitung des Spruchverfahrens, Überlegungen de lege lata und de lege ferenda, ZHR 168 (2004), S. 8–54.

Weber, Johannes, Gesamtvermögensgeschäft und Gesellschafterbeschluss: Eine Studie des § 179a AktG am Beispiel von Grundstücksgeschäften, DNotZ 2018, S. 96–129.

Weiss, Mario, Der Ausschluss von Minderheitsaktionären, Eine rechtsvergleichende Untersuchung nach US-amerikanischem und deutschem Recht, 2003 (zitiert: *Weiss*, Ausschluss).

Werner, Rüdiger, Die analoge Anwendung von § 179a AktG auf die GmbH und ihre Konsequenzen, GmbHR 2018, S. 888–894.

Wicke, Hartmut, Gesetz betreffend die Gesellschaften mit beschränkter Haftung, Kommentar, 4. Aufl., München 2020 (zitiert: *Wicke*, GmbHG).

Widmann, Siegfried/Mayer, Dieter, Umwandlungsrecht, Umwandlungsgesetz, Umwandlungssteuergesetz, Spruchverfahrensgesetz, Kommentar, 193. Lieferung, Stand: August 2021, Bonn (zitiert: *Bearbeiter*, in: Widmann/Mayer).

Wiedemann, Herbert, Anmerkung zu BGH, Urteil v. 1. 2. 1988 – II ZR 75/87, JZ 1989, S. 447–449.

Wiedemann, Herbert, Das Abfindungsrecht – ein gesellschaftsrechtlicher Interessenausgleich, ZGR 1978, S. 477–497.

Wiedemann, Herbert, Entwicklungen im Kapitalgesellschaftsrecht, DB 1993, S. 141–153.

Wiedemann, Herbert, Gesellschaftsrecht, Ein Lehrbuch des Unternehmens- und Verbandsrecht, Bd. I: Grundlagen, 1. Aufl., München 1980 (zitiert: *Wiedemann*, GesR I).

Wiedemann, Herbert, Ist der Kleinaktionär kein Aktionär, in: Festschrift für Karsten Schmidt zum 70. Geburtstag, Köln 2009, S. 1731–1742.

Wiedemann, Herbert, Minderheitsrechte ernstgenommen, Gedanken aus Anlaß der Magna Media-Entscheidung BayObLG ZIP 1998, 2002, ZGR 1999, S. 857–872.

Wiedemann, Herbert, Rechtsethische Maßstäbe im Unternehmens- und Gesellschaftsrecht, ZGR 1980, S. 147–176.

Wiedemann, Herbert, Treuebindungen und Sachlichkeitsgebot, Ein Systemvergleich, WM 2009, S. 1–9.

Wiedemann, Herbert, Zu den Treuepflichten im Gesellschaftsrecht, in: Festschrift für Theodor Heinsius zum 65. Geburtstag am 25. September 1991, Berlin, New York 1991, S. 949–966.

Wilhelm, Jan, Kapitalgesellschaftsrecht, Mit Grundzügen des Kapitalmarktrechts, 5. Aufl., Berlin 2020 (zitiert: *Wilhelm*, KapGesR).

Wilhelm, Jan, Treuepflicht und Privatautonomie im Kapitalgesellschaftsrecht, in: Festschrift für Ulrich Huber zum siebzigsten Geburtstag, Tübingen 2006, S. 1019–1033.

Wilhelm, Jan/Dreier, Nils, Beseitigung von Minderheitsbeteiligungen auch durch übertragende Auflösung einer AG?, ZIP 2003, S. 1369–1375.

Willms, Michael, Auflösung einer Kapitalgesellschaft und Vermögensübernahme durch den Mehrheitsgesellschafter oder dessen Tochtergesellschaft, Frankfurt am Main u. a. 1999 (zitiert: *Willms*, Auflösung und Vermögensübernahme).

Windbichler, Christine, Anmerkung zu BayObLG, Beschluss v. 17. 9. 1998 – 3Z BR 37/98, EWiR 1998, S. 1057–1058.

Windbichler, Christine, Die Rechte der Hauptversammlung bei Unternehmenszusammenschlüssen durch Vermögensübertragung, Anmerkung zum Urteil des OLG Hamm vom 9. 6. 1980, AG 1981, S. 169–175.

Windbichler, Christine, Gesellschaftsrecht, Ein Studienbuch, 24. Aufl., München 2017 (zitiert: *Windbichler*, GesR).

Winter, Martin, Mitgliedschaftliche Treubindungen im GmbH-Recht, Rechtsformspezifische Aspekte eines allgemeinen gesellschaftsrechtlichen Prinzips, München 1988 (zitiert: *Winter*, Treubindungen).

Wolf, Martin, Der Minderheitenausschluss qua „übertragender Auflösung“ nach Einführung des Squeeze-Out gemäß §§ 327a-f AktG, ZIP 2002, S. 153–160.

Zacher, Thomas, Beschränkungen und Mißbrauch der Vertretungsmacht des GmbH-Geschäftsführers, GmbHR 1994, S. 842–849.

Zöllner, Wolfgang, Die Schranken mitgliedschaftlicher Stimmrechtsmacht bei den privatrechtlichen Personenverbänden, München, Berlin 1963 (zitiert: *Zöllner*, Schranken).

Zöllner, Wolfgang, Zur Problematik der aktienrechtlichen Anfechtungsklage, AG 2000, S. 145–157.

www.ingramcontent.com/pod-product-compliance
Ingram Content Group UK Ltd.
Pitfield, Milton Keynes, MK11 3LW, UK
UKHW022104051026
15623UKWH00003B/661

9 783631 864180